KB193886

리처드 백스터의

성도의 영원한 안식

리처드 백스터의

성도의 영원한 안식

리처드 백스터 지음 · 스데반 황 옮김

평단 아가페

| 편집자의 글 |

안일한 마음을 흔들어 놓고 타락한 자를 회복하게 한다

리처드 백스터는《성도의 영원한 안식》뿐만 아니라 여러 다른 훌륭하고 유익한 책의 저자로 잘 알려져 있다. 그는 부지런한 학자였으며 거룩한 성도였다. 그는 1615년에 슈루즈베리Shrewsbury에서 태어나 1691년 런던에서 사망했다.

그는 한 곳에 정착하지 않고 런던 및 여러 지역에서 수년 동안 사역했다. 그의 사역은 가는 곳마다 큰 성공을 이루었다. 그는 특히 키더민스터Kidderminster에 가장 오래 머물렀는데 그곳 사역이 가장 마음에 들었기 때문이다. 하지만 그는 그곳을 떠나야 했다. 이는 부분적으로는 건강 때문이었지만, 주된 이유는 내전의 비극 때문이었다. 아무튼 그는 16년을 그곳에서 사역하고 결국 1660년에 그곳을 떠나게 되었다.

키더민스터는 백스터가 그곳에 오기 전까지는 무지와 부패로 가득찬 마을이었다. 하지만 백스터가 온 이후로 하나님께서 그의 지혜롭고 신실한 노력에 축복해주시므로 의의 열매가 풍성하게 열리게 되었다. 그가 맨 처음 그곳에 왔을 때는 겨우 한두 가정만이 날마다 가정 예배를 드렸는데 그가 떠날 때는 한두 가정을 제외하고는 모든 가정이 날마다 가정 예배를 드리게 되었다. 백스터가 오기 전 그곳 주민은 주일이면 공공연히 더럽고 타락한 생활을 하였지만, 그가 온 이후로는 많은 변화가 있었다. 주일이면 온 마을에 계속 이어지는 공식 예배가 있었고 그 지역의 수백 가정은 〈시편〉을 노래하고 《성경》을 읽었다. 또한 좋은 책들과 설교 시간에 적어 놓았던 노트를 다시 읽곤 하였다.

백스터가 영혼들에게 쏟아 부은 노력은 참으로 대단했다. 또한 그의 수고로 말미암아 거둔 성공은 참으로 놀랍다. 세례를 받은 정규 교인 수가 600명이 넘었는데, 그들 중 신앙을 갖지 않은 사람이 12명도 되지 않는다고 한다. 감사하게도 이렇게 귀한 신앙의 흔적이 아직 그 마을과 이웃 마을에 어느 정도 남아 있다. (더 남아 있다면 얼마나 좋을까!) 그의 신앙 정신이 남아 있는 한 그 정신과 비례하여 백스터의 이름은 가장 영광스럽고 친밀한 기억 가운데 사람들의 마음속에 계속 이어질 것이다.

백스터는 그 시대의 가장 위대한 몇몇 사람에게서 훌륭한 저술가로 인정을 받았다. 그들은 백스터를 잘 알고 있었지만, 그에 대해 편파적인 평을 할 그러한 사람들이 아니었다. 배로우Barrow 박사는 "그의 실천신학에 관한 글들은 고칠 것이 없었고 그의 변증신학의 글들도 거의 반박 받은 일이 없었다"라고 말한다. 영국 의원 로버트 보일Robert Boyle은 그의 성서 윤리에 대해 평하기를 "그에게는 사람들의 비위를 맞추려 하거나 사람들의 눈에 띄려는 소원이 없어서 그는 이 시대 가운데 윤리를 말할 수 있는 가장 적격의 인물이었다"라고 했다. 그를 관찰해 온 윌킨스Wilkins 주교는 "그는 그가 다루었던 모든 주제에 대해 깊게 연구했다. 만일 그가 초대 교회 시대에 살았다면 그는 교회 교부 중 한 사람이 되었을 것이다. 이 시대가 백스터와 같은 인물을 배출했다면 이 시대는 그것으로 충분하다"라고 평했다. 그를 대단히 높게 평가하던 대주교 어셔Usher는 그에게 그의 실천신학 설교 중에 몇을 책으로 저술하도록 부탁했다. 특히 그 유명한 설교《회개치 않은 자들을 향한 부르심His Call to the Unconverted》을 저술하도록 했다. 맨턴Manton 박사는 조금도 꺼림 없이 자신 있게 표현하기를 "나는 백스터는 이 시대의 그 누구보다 사도들의 글에 가장 가깝게 접근한 사람이라고 생각한다"라고 말했다. 백스터를 설교자와 저술가로 여기는 베이츠Bates 박사는 백스터의 장례식에서 다음과 같은 연설을 했다.

> "그의 설교는 주제가 분명한 가운데 논증이 뛰어나서 사람들을 설득하여 마음을 움직이게 하였습니다. 그의 예리한 눈에는 사람들을 논리적으로 설득할 수 있는 모든 자원이 훤하게 보였습니다. 청중은 하나님의 계시와 이성을 부인하지 않고서는 그의 설교의 힘을 거부할 수 없었습니다. 그의 말솜씨는 놀라울 정도로 뛰어났고 그의 어휘는 풍성했습니다. 그의 생각들은 화려한 말로 표현하기에는 너무 위대했습니다. 그래서 그런지 그의 언변 스타일에는 고결한 자유분방함이 있었습니다. 그는 번뜩이는 미사여구를 혐오했지만, 그의 표현은 분명하고 강력했습니다. 그의 설교는 매우 설득력이 강하였으며 누구든지 이해하기 쉬웠고, 따라서 그의 설교는 듣는 사람의 영혼에 깊게 파고들어 감동을 불러일으켰습니다. 만일 이렇게 지혜롭고 매력적인 설교자에게 매력을 느끼지 못하는 사람들이

있었다면 오직 귀가 꽉 막힌 귀머거리밖에는 없었을 것입니다. 그는 성령으로 감동되어 청중에게 하늘의 불을 불어넣었습니다. 죽은 죄인들에게 열기와 생명을 불어넣음으로써 무덤 속에 얼어붙은 그들의 완고함을 녹였습니다. 그가 쓴 책이 (120권이 넘음) 많고 또한 주제도 다양해서 그의 책들만으로도 도서관을 만들 수 있을 정도입니다. 그의 책들은 변증신학, 윤리신학, 실천신학의 보화를 담고 있습니다. 그의 실천신학의 책들은 이 시대의 그 어떤 다른 책과 비교될 수 없을 정도로 더 많은 죄인을 효과적으로 하나님께로 돌아오게 하고 있습니다. 교회가 이 땅에 존재하는 한 그의 책들은 잃은 영혼들을 회복하는 데 계속적인 효력을 나타낼 것입니다. 그의 책들 안에는 독자들로 하여금 자신을 보며 깨닫게 하는 강한 고동이 흐르고 있습니다."

이외에 그의 실천신학 4권을 편집한 편집자들도 말하기를, "아마 우리가 출판한 책 중에 이 책보다 더 참된 기독교 정신을 담고 있는 책은 없을 것이다. 이 책은 비판과 사랑을 가장 잘 엮어 놓았으며 그 내용은 순결하고 온전한 종교를 되살리는 경향이 매우 강하다. 안일한 마음을 흔들어 놓고, 무지한 자를 교육하며, 믿음이 흔들리는 자에게 확신을 주고, 낙심한 자를 위로하며, 타락한 자를 회복하고, 진지한 참 성도들을 성장하도록 돕는다. 이러한 면에서, 국외에서 이 저자의 책보다 더 높게 평가되는 책이 없고 또한 국내에서 이 책보다 더 복되었던 책은 없었다"라고 했다.

이와 같은 평가는 백스터와 그의 작품을 매우 잘 아는 사람들의 평가지만, 백스터를 잘 알지 못하던 애디슨Addison 씨가 우연히 그의 책을 접한 후 다음과 같이 기쁜 마음으로 진솔하게 고백했다. "어쩌다가 백스터의 책을 한 페이지 보게 되었는데 저자의 경건에 대한 생각이 참 좋다는 생각을 하게 되면서 당장 그의 책을 전부 구매하게 되었습니다."

백스터가 왕정복고王政復古(1660~1685년, 1660년의 찰스 2세의 복위—역주) 직후에 찰스 왕 2세King Charles II의 상임 목사로 위임되어 왕 앞에서 설교하였던 점, 그리고 왕의 보좌관인 대법관 클래런던Clarendon이 그에게 헤리퍼드Hereford의 주교가 되어달라고 부탁한 점은 그가 그 당시 설교자와 저술가로서 얼마나 뛰어난 명성을 얻고 있었는지를 말해준다. 물론 그는 정중한 편지를 왕께 드려 그 부탁을 거절했다.

《성도의 영원한 안식》은 그의 실천신학 분야의 작품 중에서 가장 가치 있는 작품이다. 그가 이 글을 쓸 때는 고향에서 멀리 떨어져 있었으며 건강이 악화하여 죽음 앞에 서 있었고 그의 손에는 오직 《성경》 한 권밖에 없었다. 그러한 가운데 그는 자기 자신을 위해 '천국'을 깊게 생각하게 되었다. 그는 이 주제가 "내 생애의 모든 연구보다 더 많은 유익을 주었다"라고 고백한다. 이 글을 쓸 당시 그의 나이는 삼십 안팎이었다. 그는 나중에 건강을 회복한 후에 키더민스터에서 매주 이 주제를 가지고 설교했고, 1650년에 그 내용을 책으로 출판하였다. 이 책은 실천신학 분야에서 출판된 그의 모든 책 중에 가장 첫 번째 작품이었던 것으로 보인다. 베이츠는 이 책에 대해 다음과 같이 평가했다.

"그는 삶과 죽음을 헤매면서 초췌한 가운데 이 글을 썼다. 하지만 그의 글에는 거룩하고 힘찬 그의 마음이 담겨 있다. 그는 우리의 열망을 사로잡기 위해 천국의 성소를 열어 보여주었으며 하나님 앞에 서 있는 복된 주의 백성의 영광과 즐거움을 드러내었다. 그 빛이 너무나 강하고 생생해서 이 세상의 모든 헛된 영광은 그 앞에서 다 사라진다. 마치 어른들이 어렸을 때의 장난감과 유치한 보물을 무시하는 것처럼, 진실한 성도들은 이 세상의 모든 영광을 무시하게 된다. 그는 우리의 두려움을 더욱 강렬하게 하려고 칸막이를 치우고 영원한 지옥 불을 생생하게 보여준다. 그 장면은 저주받은 사람들의 고통을 너무나 끔찍하게 제시하고 있기 때문에 가장 탐욕스럽고 더러운 사람일지라도 그 장면을 보게 되면 고삐 풀린 방탕한 정욕을 억제하고 통제하게 될 것이다."

천국의 안식은 그 성격상 모든 사람에게 중요하고 흥미로운 주제다. 그래서 그런지 이 책은 대단히 큰 호응을 얻었다. 또한 이 주제를 다룬 방법이 특이했기 때문에 특별한 축복을 누린 부분도 있다. 하나님의 은혜가 역사하는 때는 가장 알맞은 은혜의 수단을 사용할 때가 아니고 언제이겠는가? 사실 올바른 수단을 사용할 때 하나님의 은혜가 강하게 나타난다. 뛰어난 분별력과 신앙심을 가진 사람 중에는 맨 처음 그들이 신앙생활을 시작할 때 이 책을 읽고 하늘의 영감을 얻게 되었다고 고백하는 자가 많다. 또한 그들 중에는 이 책에서 신령한 삶의 기준과 발전을 발견했다고 고백하는 사람들도 있다. 이 정도면 이 책을 추천할 만하지 않겠는가?

백스터가 '성도의 영원한 안식'에 대해 처음으로 설교할 때 그 설교를 듣고 회심한 사람 중에는 토머스 둘리틀Thomas Doolittle 목사가 있다. 그는 키더민스터 출신으로서 그가 백스터의 설교를 들을 때는 17세의 학생이었다. 나중에 백스터는 그를 케임브리지 대학교의 펨브로크 홀Pembroke Hall로 보내었고 둘리틀은 거기서 학위를 받게 된다. 그는 대학교에 들어가기 전에 어떤 변호사 밑에서 사환으로 있었다. 그 변호사는 그에게 주일에 나와서 일을 하라고 명령하였고 그는 딱 한 번 억지로 그 명령에 순종하였지만, 그 다음 날 집으로 돌아와서는 복음을 통해 그리스도를 섬기는 것 외에는 다른 어떤 직업을 갖지 않기로 맘먹었다. 우리가 잘 알듯이 둘리틀의 신앙과 그의 사역, 그리고 교수와 저술가로서 그의 엄청난 업적들은 아직도 교회 내에서 칭찬이 자자하다.

1657년에 사망한 케임브리지 킹스 대학의 특별 연구원인 존 제인웨이John Janeway 목사의 생애를 살펴보면 그가 회심하게 된 가장 큰 이유는 《성도의 영원한 안식》을 읽었기 때문이다. 그가 후에 가까운 친척에게 쓴 편지에는 이 책을 통한 천국에 대한 묵상을 언급하고 있다.

"모든 우울증을 몰아낼 수 있는 의무가 있습니다. 내가 의미하는 의무는 천국에 대한 묵상이며 또한 참된 기독교가 민감하게 다루는 내용에 대한 묵상입니다. 만일 우리가 이 의무를 위해 하루에 한 시간씩 하나님과 친밀하게 동행하면 온종일 엄청난 영향이 나타날 것입니다. 또한 제대로 이 의무가 날마다 수행될 때 전 생애에 큰 영향이 나타날 것입니다. 이 의무의 유익과 방법, 그리고 그 방향에 대해 전에도 어느 정도는 알고 있었지만, 백스터의 《성도의 영원한 안식》을 읽은 후에는 더욱 이 의무를 반드시 지키게 되었습니다. 이 책은 아무리 높이 평가해도 부족하며 이 책으로 말미암아 하나님께 한없는 영광을 돌립니다."

이 뛰어난 젊은 사역자가 《성도의 영원한 안식》의 지침에 따라 얼마나 즐겁게 천국을 묵상하였는지를 보더라도 그의 전기는 읽을 만하다.

조지프 앨린Joseph Alleine 목사는 이 책의 마지막 장에 있는 천국에 대한 묵상의 예를 그의 대화 가운데 상당히 자주 인용했다. 그는 말을 할 때마다 엄숙하게 "하나님의 거룩한 사람 백스터가 말하기를…"라고 말하곤 했다.

신앙이 깊은 베이츠 박사는 백스터의 가장 친한 친구이며 유언 집행자였던 헨리 애셔스트Henry Ashurst 경의 장례식 설교에서 다음과 같이 말했다. "백스터는 당신이 가장 존경하고 사랑할만한 사람이었습니다. 당신의 영혼이 처음으로 천국에 감동한 때는 그의 소중한 책인《성도의 영원한 안식》을 읽은 때였습니다."

우리는 매슈 헨리Matthew Henry 목사의 전기에서 신앙이 깊은 그 유명한 판사 워버튼Warburton의 아들이며 또한 매슈 헨리의 두 번째 아내의 아버지이기도한 그랜지의 로버트 워버튼Robert Warburton 변호사에 대해 듣게 된다. "그는 특히 그의 삶의 후반 부에 은퇴 제도 및 사생활 분야에 지대한 영향을 끼친 신사였습니다. 그는《성경》과 백스터의《성도의 영원한 안식》을 거실 탁자 위에 두고 매일 읽었습니다. 그는 대부분의 시간을 독서와 기도로 보냈습니다."

명성이 대단하고 신앙이 가장 뛰어난 기사였던 너대니얼 바나디스튼Nathaniel Barnardiston 경의 전기를 읽어보아도 "그는 늘 은밀히 기도하였고《성경》을 읽었습니다. 그 다음 그는 그가 좋아하는 저자들의 책을 읽었습니다. 하지만 그가 세상을 떠나기 직전에는 백스터의《성도의 영원한 안식》만을 읽으며 기쁨 가운데 죽음을 예비하였습니다. 그 책은 하나님의 은혜로운 섭리 가운데 그에게 주어진 책으로써 그가 안식에 신속하게 들어갈 수 있도록 인도하는 안내서였습니다"라는 내용을 접할 수 있다.

신앙이 깊은 플래벨Flavel은 백스터가 살아 있을 때 이 책에 대해 따스한 평을 했다. "백스터는 천국에 있는 것과 다를 바가 없었습니다. 그는 날마다 성도들이 하나님 앞에서 누리게 될 영원한 안식을 바라보며 기쁨으로 살았습니다. 그는 우리 가운데 잠시 거하면서 믿음의 삶이 얼마나 위대한 삶인지를 남겨 놓았습니다."

백스터도 친히 그의 책《자기 부인에 대한 연구The Treatise of Self-Denial》의 서언에서 "내가 쓴 모든 책 중에 날마다 내 자신의 영혼을 위해 꾸준히 사용하는 책은《믿음의 삶Life of Faith》,《자기 부인에 대한 연구》, 그리고《성도의 영원한 안식》이다"라고 말했다. 아무튼 여러 가지를 고려할 때에 캘러미Calamy 박사가 이 책에 대해 "이 책은 수없이 많은 사람으로 하여금 하나님을 영원히 찬양하게 만들었다"라고 언급한 것은 당연하다.

이 뛰어나고 유익한 책이 이제 축소판으로 나왔다. 대부분의 사람에게는 그의 축약되지 않은 방대한 분량의 책을 읽기에 무리가 되어 이 축소판이 나오지 않았다면 이 책을 읽을 기회를 잃었을 것이다. 하지만 하나님의 축복 가운데 편집되어 나온 이 축소판은 많은 사람에게 유익을 줄 것이다. 나는 축소판을 만들면서 저자의 의도를 그대로 전하기를 간절히 바랐으며 또한 진지한 독자들의 즐거움과 유익을 도모하였다. 또한 학식과 분별력과 신앙에서 매우 존경할 만한 분들의 제안과 도움을 받았다. 그들의 도움이 없었다면 나는 이 일을 시도할 생각조차 못했을 것이다. 이 작업이 부족하게 보일지라도 감사하게도 이 작업은 내 생애 가운데 가장 즐거운 수고였음을 고백한다.

영원한 안식에 대한 묵상은 지난 세대의 사람들에게 뿐만 아니라, 이 시대의 사람들에게도 즐거움이 될 것이다. 나는 그러한 천국에 대한 묵상이 오늘날에 절대적으로 필요하다고 본다. 현재 영원한 안식을 무시하려는 유혹이 과거 어느 때보다 크다. 사람들은 영원한 안식보다는 보잘것없는 사소한 것들을 더 선호하고 있고 따라서 영원한 안식의 가치를 전혀 느끼지 못하고 있다. 그러나 누구든지 이 책을 읽으며 이 책의 거룩한 논리를 따라간다면 (성령과 구속주의 은혜가 이 일을 이루시기를!) 허영을 따르던 이 시대의 사람들이 다시 한 번 진지한 태도를 취하게 될 것이다. 쾌락으로 말미암아 힘을 잃은 마음들이 다시 이성의 힘을 회복할 것이며 기독교의 탁월함이 무엇인지 깨달을 것이다. 인간을 속이는 쾌락들은 이 땅에 임한 하늘의 영광스런 기쁨의 실체에 의해 물러날 것이며, 사람들의 삶 자체와 대인 관계는 진지한 신앙의 모습과 위엄으로 가득하여질 것이다. 또한 사회의 모든 구성원은 사회 전체의 아름다움과 행복에 효과적으로 도움을 줄 것이다. 나는 이 땅의 모든 사람이 이 책을 읽고 하나님께서 약속하신 말씀을 의지하여 하나님의 백성에게 남아 있는 영원한 안식에 들어갈 자격을 얻기를 소망한다. 그 후 즐거운 확신 가운데 삶과 죽음, 그리고 이 세상과 저 세상을 준비할 수 있기를 바란다.

1758년 12월 25일

키더민스터에서

벤저민 포셋Benjamin Fawcett

contents

Chapter 1 | Nature of Rest

성도의 안식의 본질

인간이 영원한 안식을 목표로 삼아야 하는 이유는 죽음을 지나 영화로워진 영혼들은 하늘의 안식을 누릴 수 있지만, 마귀들과 저주받은 자들은 영원한 안식을 누릴 수 없기 때문이다.

아담의 타락으로 말미암아 인류는 하나님에 대한 관심이나 하나님을 아는 영적 지식과 더할 나위 없는 행복을 누릴 성향도 잃어버렸다. 이후에 하나님의 아들이 회복의 은혜를 가져오셔서 영원한 행복과 영광을 제시하셨지만, 사람들은 그의 증거를 믿지 않았다. 마치 어떤 가난한 사람이 자신이 소유할 수 없는 큰돈을 다른 누군가가 가지고 있다는 사실을 믿지 않는 것처럼, 사람들은 인간이 한때 누렸던 최고의 행복이 있었다는 사실을 믿으려 하지 않았다. 더욱 사람들은 그러한 행복을 그리스도가 우리에게 주신다는 사실을 말하면 더더욱 믿으려 하지 않는다.

하나님께서 이스라엘 백성을 안식의 땅으로 이끄시고 주의 안식을 허락하셨다. 하지만 이스라엘 백성은 그들의 원수를 이기는 것보다 안식을 믿는 일을 훨씬 더 어려워했다. 전쟁에서 승리한 안식은 그리스도를 통해 얻게 되는 안식의 작은 암시며 징조일 뿐임에도, 그들은 이 땅의 안식 외에 완전한 안식을 믿으려 하지 않았다. 오히려 그들은 이 땅의 향락에 빠져 "이보다 더 좋은 천국이 없다"라고 말하며 안주했다. 그들이 메시야를 통해 기대했던 것은 이 세상에서의 행복을 늘리는 것이었다.

〈히브리서〉를 쓴 사도는 그들의 완고함에 대해 서신을 쓴다. 그러면서 그들이 가진 모든 의식과 그림자의 목표는 예수 그리스도께로 그들을 인도하기 위해서라고 말한다. 안식일의 안식과 가나안 땅의 안식은 그들로 하여금 참된 행복인 더 나은 안식을 바라보도록 가르치기 위해서다. 〈히브리서〉 4장 9절은 다양한 논쟁을 거친 후에 사도가 내린 결론이다. "그런즉 안식할 때가 하나님의 백성에게 남아 있도다." 이 결론은 모든 성도가 위로를 받을 근거이며, 그들의 모든 의무와 그들이 당하는 고난이 지향하는 목표다. 또한 모든 복된 약속의 핵심이며 그리스도인의 모든 특권의 요약이다.

개인적인 고민과 무거운 책임 가운데 지쳐 있는 사람들에게, 또는 낙심될 일들과 고난 가운데 처한 사람들에게 안식보다 더 반가운 것은 없다. 안식은 우리의 위로일 뿐만 아니라 우리를 지속하게 하는 안정된 힘이기도 하다. 또한 안식은 우리로 하여금 모든 의무를 힘차게 감당하게 하며 환난을 견디게 하고 온 힘을 다해 하나님을 높이고 서로 사랑하고 감사하게 하는 은혜다. 그렇다. 우리의 신앙과 기독교의 존재는 안식에 대한 우리의 진지한 생각과 믿음에 달렸다.

나는 이 책을 읽는 당신에게 주의 이름으로 부탁한다. 당신이 젊든지 나이가 들었든지, 부자든지 가난하든지 상관없다. 주께서는 곧 당신을 불러 심판하여 영원히 바뀔 수 없는 상태를 판결하실 것이다. 그러니 이 책을 읽고 수긍하는 것으로 끝나지 말고 당신의 참된 안식을 위해 마음을 모으고 그리스도 안에서 하나님을 붙들라. 무엇보다 당신의 마음을 주께 고정하라. 성도들의 분깃이며 안식이신 살아 계신 하나님께서 우리의 육적인 마음을 영적으로 만들어주시고, 우리의 세속적인 마음을 천국의 마음으로 바꾸셔서 주를 사랑하고 주 안에서 즐거워하는 일이 우리의 삶이 되게 하시기를 기도한다. 책을 쓰는 필자나 이 책을 읽는 사람들이 다 같이 생명의 길에서 벗어나지 않기를 기도한다. 그리고 우리 자신의 불신앙으로 "그의 안식에 들어갈 약속이 남아 있을지라도 너희 중에는 혹 이르지 못할 자가 있을까" 히브리서 4:1를 두려워한다.

성도의 안식은 그리스도인의 최고의 행복한 상태다. 이 상태는 부활과 심판을 지난 후의 상태로서 성도의 영혼과 몸은 완전하게 되어 하나님을 즐거워하게 된다. 그러므로 죽게 될 인간은 영원한 안식을 삶의 목표로 삼아야 한다. 그 이유는 죽음을 지나 영화로워진 영혼들과 천사들은 하늘의 안식을 누릴 수 있지만, 마귀들과 저주받은 자들은 영원한 안식을 누릴 수 없기 때문이다. 또한 인간이 안식과 행복을 얻기 위해서는 반드시 하나님을 믿어야 한다. 자신의 행복을 위해 하나님이 아닌 다른 것을 택할 때 그는 안식을 얻을 자격을 상실하기 때문이다.

현재 인간은 영원한 안식으로부터 멀리 떨어져 있다. 타락 이후 모든 인간은 비참한 상황에 처해있다. 그리스도께서 거듭남의 은혜를 가지고 이 땅에 오셨음에도 인간은 영원한 파멸을 향하여 달리고 있고 지옥을 향해 달려가고 있다. 하지만 주님은 그들에게 죄를 깨닫게 하심으로 그들의 달음질을 멈추게 하시고 그 후 회심을 통해 그들의 마음을 바꾸신 후 다시 진심으로 주를 향해 살게 하신다. 그러므로 우리는 안식의 목표와 그 뛰어남을 사람들에게 알려줌으로써 사람들에게 고민하게 해야 한다. 아무리 선한 것이라도 알려주지 않으면 사람들이 그것을 바라거나 그것을 위해 노력할 수 없기 때문이다.

자신은 하나님이 함께하지 않는 죄인이며, 따라서 지옥으로 향하고 있다는 사실을 알지 못하는 사람은 결코 천국으로 가는 길을 알 수 없다. 하지만 하나님과 자기 영혼을 잃었다는 사실을 깨달은 사람은 "나는 망하였도다"라고 절규할 것이다. 영원한 안식을 얻는 자가 적은 이유는 사람마다 그 안식에서 멀리 떨어져 있으며, 그 안식의 방향과는 정반대로 가고 있다는 사실을 인정하지 않기 때문이다.

그리고 가장 뛰어난 동인動因(어떤 상태를 일으키거나 변화하게 하는데 작용하는 직접적인 원인. 가장 뛰어난 동인은 하나님을 의미한다—역주)의 영향이 있어야 한다. 그렇지 않으면 우리는 멈춰 서서 안식을 향해 움직이지 않을 것이다. 하나님께서 우리를 움직이게 하지 않으시면 우리는 움직일 수 없다. 우리가 하나님을 의지하며 순종할 때 안식을 향해 움직이게 된다. 따라서 하나님을 의지하며 순종하는 것이 기독교에 있어서 가장 필수적인 부분이다. "우리가 무슨 일이든지 '우리에게서 난 것 같이 스스로 만족할 것이 아니니 우리의 만족은 오직 하나님으로부터 나느니라" 고린도후서 3:5.

그 다음으로는 이 안식을 구하는 자들은 영적인 생명의 내적 원리를 따라야 한다. 하나님은 돌을 움직이듯 사람을 움직이지 않는다. 하나님은 사람들에게 생명을 부여하신다. 생명을 부여하심은 사람들로 하여금 하나님 없이 독립적으로 움직이도록 하기 위함이 아니라, 제1의 동인이신 하나님께 순종하도록 하기 위해서다.

더욱이 이 안식을 향하는 사람은 생활에서 규칙적이며 부지런하고 성실한 노력을 해야 한다. 자신의 달란트를 숨긴 사람은 게으른 종이 받은 보응을 받게 될 것이다. 그리스도는 이 안식에 이르는 유일한 문이며 길이다. 그러나 "그 문은 좁고 길이 협착하다"마태복음 7:14. 따라서 그리로 들어가려면 노력해야 한다. 그 이유는 들어가기를 구하여도 얻지 못하는 자가 많기 때문이다누가복음 13:24. 만일 우리가 영으로 시작하여 육으로 마친다면 이 또한 성도의 목표에 이르지 못한다. 오직 끝까지 견디는 자만이 구원을 얻을 수 있다마태복음 24:13.

우리의 옛 본성의 죄성은 하나님을 향하는 이러한 거룩한 소원을 매우 약하게 하고 방해한다. 하지만 옛 본성이 결코 이길 수 없다. 따라서 또 한 가지는 거룩한 소원을 방해하는 것들이 있으므로 우리는 마음을 다해 하나님의 말씀에 순종하는 삶을 살아야 한다. 이러한 내용이 하늘나라의 안식에 들어가기 위해 우리가 취해야 할 태도다.

이제 계단을 따라 올라와 바깥뜰로 들어왔으니 휘장 안을 들여다보자. 안식이 전제하는 것들뿐만 아니라 그것이 담고 있는 것을 실제로 볼 수 있을까? 주님은 우리에게 그것을 보여주신다. 주님은 약간의 빛을 여시고 당신과 내게 하늘의 기업을 보여주신다. 이는 발람의 경우와는 다르다. 그는 눈이 열려서 야곱의 장막과 이스라엘의 성막의 축복을 보았다. 하지만 그는 그 분깃을 전혀 얻지 못하고 오히려 멸망했다. 또한 모세의 경우와도 다르다. 그는 안식의 땅을 발견했지만 소유하지 못하고 멀리서 바라만 볼 수밖에 없었다. 그러나 복음서에 나오는 상인과는 같다. 그는 진주를 발견했을 때 자신이 가진 모든 것을 팔아 그 진주를 취했다. 그때까지 그는 맘의 쉼을 얻지 못했다. 또한 스데반의 경우와도 같다. 그는 이제 그가 곧 들어가게 될 하늘나라를 직접 보았다. 마찬가지로 주께서 우리에게 지금 보여주시는 빛은 우리가 천국에서 누릴 안식과 같은 종류이며 우리는 반드시 그 실체를 소유하게 된다. 그리고 하늘의 안식은 다음과 같은 사실들을 포함한다.

은혜의 수단이 필요 없는 천국의 안식

배가 항구에 닿으면 항해는 마쳐진다. 일꾼이 품삯을 받으면 이는 그가 일을 마쳤다는 뜻이다. 여행을 마쳤다는 것은 가야 할 길을 다 지났다는 뜻이다. 예언도 폐하고 방언도 그칠 것이다. 어떤 지식이든 그것이 수단이었다면 그 지식은 사라진다. 기도도 필요 없게 된다. 그 이유는 더는 필요한 것이 없기 때문이다. 우리에게 죄와 유혹이 더는 다가올 수 없기에 우리는 경계해야 할 필요도 없고, 금식할 필요도 없으며, 슬퍼할 필요도 없다. 설교도 그치고 인간의 사역도 멈추며 규례들도 필요 없다. 추수할 곡식이 거두어지고 가라지는 불타 모든 일이 마쳐졌으므로 일꾼들도 돌아온다. 거듭나지 않은 사람들은 가망이 없지만, 성도들은 영원토록 어떤 두려움도 당하지 않는다.

모든 죄악으로부터 자유로워지는 천국의 안식

우리는 영원한 불꽃과 끝없는 비참에서 자유로울 뿐만 아니라, 우리의 인생길에서 항상 달라붙었던 모든 죄악, 또한 최고선이 부족한 우리에게 따라오는 온갖 종류의 죄악으로부터 자유로워질 것이다. 그러나 그리스도와 은혜를 소홀히 여기는 자들은 영원한 불꽃과 비참 가운데 떨어져 영원히 고통당하게 된다.

천국에는 더럽히는 것과 불결한 것이 없다. 청결한 것만 있다. 슬픔이나 눈물도 없다. 또한 창백한 얼굴, 기력 없는 몸, 연약한 관절, 무력한 갓난아이, 노쇠한 늙은이, 사악한 농담들, 고통, 수척하게 만드는 질병들, 귀찮게 하는 두려움, 애간장을 태우는 염려 등 그밖에 악으로 불릴만한 모든 것이 천국에는 없다. 세상이 기뻐할 때 우리는 울고 탄식했으나 그곳에서 우리의 슬픔은 기쁨으로 바뀌게 되며, 아무도 그 기쁨을 우리에게서 빼앗아 갈 수 없다.

성도의 몸과 영혼이 완전한 상태에 이르는 천국의 안식

안식의 영광이 아무리 대단하더라도 그 영광을 누리기에 합당할 만큼 성도가 개인적으로 완전하여지지 못하면 안식의 영광은 의미가 없다. "하나님이 자기를 사랑하는 자들을 위하여 예비하신 모든 것은 눈으로 보지 못하고 귀로 듣지 못하고 사람의 마음으로 생각하지도 못하였었다"고린도전서 2:9. 지금 우리의 눈으로 하나님이 예비하신 모든 것을 볼 수 없으며, 귀로는 천국의 소리를 들을 수 없고, 마음으로는 영원한 안식을 이해할 수 없다. 그러나 천국에서는 우리의 눈과 귀와 마음이 그 모든 것을 누리게 된다. 하지만 우리의 눈과 귀와 마음이 변하지 않으면 우리를 위해 마련된 것들을 누릴 수 없다. 시력이 완전할수록 아름다운 물체들은 더 큰 즐거움을 준다. 식욕이 완벽할수록 맛난 음식은 더 맛있다. 음악을 듣는 귀가 발달할수록 아름다운 멜로디를 들을 때 그만큼 더 즐겁다. 마찬가지로 영혼이 완전해야 천국의 기쁨을 누릴 수 있다. 이는 천국의 영광은 무한할지라도 우리가 영화로워지는 만큼 천국의 영광을 누리게 된다는 뜻이다.

하나님과 함께 즐거워하는 천국의 안식

주님은 사랑하는 제자들에게 안식의 상태가 어떠할지를 일반적으로만 "그가 나타나시면 우리가 그와 같을 것이다"요한일서 3:2라고 알려주셨다. 사실 그대로를 다 보여주지는 않으셨다.

하나님에 대해 아는 바도 별로 없는데 어떻게 하나님을 즐거워하는 것에 대해 알 수 있겠는가? 인간의 영혼에 대해서도 아는 바가 없는데 하물며 모든 영의 아버지이신 하나님과 내 자신의 영혼의 상태에 대해 아는 것은 얼마나 부족하겠는가?

한번은 가만히 서서 개미들이 떼로 모여 있는 것을 보았다. 나는 그것들을 볼 때 한눈에 보았다. 하지만 개미들은 나와 같은 피조물임에도 나를 알지 못하며 나의 존재, 특성, 생각을 알지 못한다. 하물며 단 한 번에 우리를 정확하게 보시는 창조자이신 하나님에 대해 우리가 무엇을 알겠는가? 하지만 성도는 하나님의 은혜로 거울을 보는 것처럼 어렴풋이 천국의 맛을 맛보았기에 하나님에 대해 부분적으로나마 희미하게 이해할 수 있다. 그러나 불신자들은 이 땅에서의 성도의 거룩과 영적인 기쁨이 무엇인지 말해주어도 이해하지 못한다. 은혜를 체험하지 못한 사람은 은혜를 알지 못하기 때문이다.

만일 안식의 축복을 한마디로 말하라고 하면 "하나님을 가장 가까이에서 즐거워하는 것"이라는 답변 외에 뭐라고 말할 수 있겠는가? "아버지여 내게 주신 자도 나 있는 곳에 나와 함께 있어 아버지께서 창세 전부터 나를 사랑하시므로 내게 주신 나의 영광을 그들로 보게 하시기를 원하옵나이다"요한복음 17:24. 매 단어에 생명과 기쁨이 충만하다. 만일 스바 여왕이 솔로몬의 영광을 보고 "복되도다 당신의 사람들이여, 복되도다 당신의 이 신하들이여, 항상 당신 앞에 서서 당신의 지혜를 들음이로다" 역대하 9:7라고 말하였다면, 하나님 앞에 항상 서서 주의 영광과 어린양의 영광을 보는 자들은 솔로몬의 신하들보다 더욱 행복할 것이다. 그리스도는 성도들에게 생명나무의 실과와 감추어진 만나를 먹게 하실 것이다. 그렇다. 주님은 그들을 하나님의 성전 기둥들이 되게 하셔서 그들은 성전을 떠나지 않게 될 것이다. 그리스도께서는 그들의 머리에 하나님의 이름과 하나님 도성의 이름을 적으신다. 그 도성은 하나님에게서 내려오는 새 예루살렘이다. 또한 그들에게 새 이름을 주시고, 나아가 주께서는 그들이 주와 함께 주의 보좌에 앉는 것도 허락하신다. "내가 말하기를 내 주여 당신이 아시나이다 하니 그가 나에게 이르되 이는 큰 환난에서 나오는 자들인데 어린양의 피에 그 옷을 씻어 희게 하였느니라 그러므로 그들이 하나님의 보좌 앞에 있고 또 그의 성전에서 밤낮 하나님을 섬기매 보좌에 앉으신 이가 그들 위에 장막을 치시리니" 요한계시록 7:14~17.

이처럼 하나님의 도성에는 하나님의 장막이 사람들과 함께 있으며, 하나님은 그들과 함께 거하시고, 그들은 주의 백성이 되고 하나님은 그들과 함께하시며 그들의 하나님이 되실 것이다. 하나님의 영광이 그 도성을 비출 것이며 그곳에서는 어린양이 빛이 되신다. 더는 저주가 없고 오직 하나님과 어린양의 보좌가 도성 안에 가득하다. 주의 종들이 주를 섬기며 그들은 주의 얼굴을 뵙고 주의 이름은 그들의 이마 위에 있게 된다. 이 모든 것이 그대로 다 곧 이루어질 것이다.

그러므로 당신은 주 안에서 기뻐하라. 또한 주의 종 다윗처럼 "여호와는 나의 산업과 나의 잔의 소득이시니 나의 분깃을 지키시나이다 내게 줄로 재어 준 구역은 아름다운 곳에 있음이여 나의 기업이 실로 아름답도다 나를 훈계하신 여호와를 송축할지라 밤마다 내 양심이 나를 교훈하도다 내가 여호와를 항상 내 앞에 모심이여 그가 나의 오른쪽에 계시므로 내가 흔들리지 아니하리로다 이러므로 나의 마음이 기쁘고 나의 영도 즐거워하며 내 육체도 안전히 살리니 이는 주께서 내 영혼을 스올에 버리지 아니하시며 주의 거룩한 자를 멸망시키지 않으실 것임이니이다 주께서 생명의 길을 내게 보이시리니 주의 앞에는 충만한 기쁨이 있고 주의 오른쪽에는 영원한 즐거움이 있나이다"시편 16:5~11라고 말하라.

만일 하나님께서 우리 앞에서 이러한 말씀을 하지 않으셨다면, 우리는 그러한 말을 해서는 안 된다. 그러나 주께서 말씀하셨으니 우리는 그 말씀을 믿고 그 말씀대로 말할 수 있다. 그리고 하나님은 참되시니 그리스도께서 기뻐하는 자들에게 주의 말씀이 그대로 이루어질 것이다.

그리스도인들이여! 용기를 내라. 하나님과 당신이 만날 날이 거의 다가왔다. 그날이 오면 당신은 당신이 원하는 만큼 하나님과 가까워질 것이며 하나님의 가족 안에 거하게 될 것이다. 당신은 항상 주 앞에 설 것이며, 주의 보좌 곁에 있게 되고, 주님과 같은 방에 있게 될 것이다. 당신은 주의 나라의 상속자가 되며 나아가 하나님 아들의 배우자가 된다. 주는 당신의 머리시고 당신은 하나님과 하나이신 주님과 하나가 된다. 이러한 하나 됨은 주께서 친히 원하셨던 바다. "아버지여, 아버지께서 내 안에, 내가 아버지 안에 있는 것같이 그들도 다 하나가 되어 우리 안에 있게 하사 세상으로 아버지께서 나를 보내신 것을 믿게 하옵소서 내게 주신 영광을 내가 그들에게 주었사오니 이는 우리가 하나가 된 것같이 그들도 하나가 되게 하려 함이니이다 곧 내가 그들 안에 있고 아버지께서 내 안에 계시어 그들로 온전함을 이루어 하나가 되게 하려 함은 아버지께서 나를 보내신 것과 또 나를 사랑하심 같이 그들도 사랑하신 것을 세상으로 알게 하려 함이로소이다"요한복음 17:21~23.

모든 능력이 기쁨 가운데 끊임없이 나타나는 천국의 안식

하늘의 안식은 돌이 중심 자리를 잡고 움직이지 않는 그러한 안식이 아니다. 하나님의 나라를 유업으로 받을 수 없는 육체는 완전히 변화하여 영적인 몸이 된다. 영적인 몸은 우리가 심은 몸이 아니라, 하나님께서 각각의 씨에 원하시는 대로 몸을 주시듯이 주께서 주시는 하늘의 몸이다. 만일 은혜가 어떤 사람을 과거와는 전혀 다른 사람으로 변화하게 할 수 있다면 천국의 영광은 우리에게 그보다 더 많은 변화를 줄 것이다. 영광에 있어서 태양보다 훨씬 찬란한 영적인 몸이 지금 우리의 연약한 몸을 능가할 만큼 영적인 몸의 감각은 지금 우리가 소유하고 있는 몸의 감각보다 능가할 것이다. 만일 안식의 영광에 몸을 위한 몫이 없다면 몸의 부활이 필요하지 않았을 것이다. 그러나 이 몸이 순종과 고통에 참여했기 때문에 반드시 이 몸은 부활하여 하늘 안식의 축복을 누리게 된다.

그리스도께서는 육체와 영혼의 전인全人을 구속하셨다. 따라서 구속의 영원한 복락에 참여하게 될 존재도 육체와 영혼의 전인이다. 우리는 영화로워진 영적인 몸을 입고 하나님과 어린양의 보좌 앞에 서서 영원히 찬양할 것이다. "우리 주 하나님이여 영광과 존귀와 권능을 받으시는 것이 합당합니다. 죽임을 당하신 어린양은 능력과 부와 지혜와 힘과 존귀와 영광과 찬송을 받으시기에 합당합니다. 일찍이 죽임을 당하사 각 족속과 방언과 백성과 나라 가운데에서 사람들을 피로 사서 하나님께 드리시고 우리로 우리 하나님 앞에서 나라와 제사장들을 삼으셨으니, 구원과 영광과 능력이 우리 하나님께 있습니다. 주 우리 하나님이 통치하십니다" 요한계시록 4:11, 5:12, 5:9~10, 19:1, 19:6.

이것이 그리스도인에게 복된 안식이다. 이 안식은 쉬지 않는 안식이다. 따라서 "그들은 밤낮 쉬지 않고 이르기를 거룩하다 거룩하다 거룩하다 주 하나님 곧 전능하신 이여 전에도 계셨고 이제도 계시고 장차 오실 이시라" 요한계시록 4:8고 외친다. 만일 우리의 몸이 이렇게 쓰일 것이라면 우리의 영혼은 얼마나 춤추겠는가! 그 영혼의 힘이 최대가 됨으로써 그 활동은 가장 강할 것이며 그 영혼이 누리는 즐거움은 최고가 될 것이다. 또한 우리의 영혼은 영화로워진 우리의 눈을 통해 보면서, 우리의 팔을 통해 안으면서 즐거워할 것이다.

지식 그 자체는 매우 바람직한 것이다. 이성적인 사람이 감각적인 사람보다 뛰어난 것처럼, 자연의 비밀들을 발견하며 과학의 신비를 알아내는 철학자의 즐거움은 술주정뱅이와 방탕한 자들과 호색가들의 즐거움보다 훨씬 뛰어나다. 사실 모든 진리는 대단히 뛰어나다. 그렇다면 진리의 하나님을 아는 자들의 즐거움은 어떠하겠는가? 영혼의 기능인 이해력은 얼마나 고귀한 것인가? 이해력은 땅을 측량할 수 있으며 태양과 달과 별들과 하늘을 잴 수 있다. 심지어 일식이 일어나기 수년 전에 이미 각 일식이 언제 발생할지 분 단위까지 미리 알아맞힐 수 있다. 이해력의 뛰어남 중에 가장 으뜸이 되는 것은 무한하시며 이 모든 것을 창조하신 하나님을 이 세상에서도 조금 알 수 있고 훗날 천국에서 훨씬 많이 알게 된다는 점이다.

이렇게 주께서는 이해력을 창조하실 때 그 이해력이 목적하는 바가 진리를 아는 것이 되게 하셨다. 따라서 이해력은 자연스럽게 진리로 기울어지고 진리로 향한다.

이 땅에서 당신이 그리스도 안에서 하나님을 아는 대부분의 지식은 당신이 그곳에서 하나님에 대해 알게 될 지식에 비하면 아무것도 아니다. 실제로 지금 아는 지식은 지식이라 부르기도 모호하여질 것이다. 우리의 몸처럼 지금의 지식은 멈춰지고 더 완전한 지식이 계속 이어질 것이다. "지식도 폐하리라 우리는 부분적으로 알고 부분적으로 예언하니 온전한 것이 올 때에는 부분적으로 하던 것이 폐하리라 … 우리가 지금은 거울로 보는 것같이 희미하나 그때에는 얼굴과 얼굴을 대하여 볼 것이요 지금은 내가 부분적으로 아나 그때에는 주께서 나를 아신 것같이 내가 온전히 알리라" 고린도전서 13:8~12.

그러므로 그리스도인들이여, 하나님과 예수 그리스도를 아는 것이 어떻게 영원한 생명이 될 수 있는지에 대해 놀라지 마라. 하나님과 그리스도를 즐거워하는 것이 영생이다. 세상만을 맛보며 육체만을 염두에 두는 사람들은 하나님을 아는 것이 별 볼 일 없는 행복이라고 생각하지만, 실제로 영혼의 즐거움은 하나님을 앎에 있다. "또 아는 것은 우리는 하나님께 속하고 온 세상은 악한 자 안에 처한 것이며 또 아는 것은 하나님의 아들이 이르러 우리에게 지각을 주사 우리로 참된 자를 알게 하신 것과 또한 우리가 참된 자 곧 그의 아들 예수 그리스도 안에 있는 것이니 그는 참 하나님이시요 영생이시라" 요한일서 5:19~20.

기억력은 천국에서 소용이 없어지는 것이 아니라 복된 일들을 계속하게 될 것이다. 성도는 그 높은 곳에서 자신의 과거와 미래를 보게 된다. 복된 영혼들은 과거의 것들을 천국에서 실제로 누리는 것과 비교하면서 그 상태에 대해 무한한 귀중함을 느끼게 될 것이다. 광야와 가나안을 한눈에 볼 수 있는 천국에서 과거의 이 땅의 모습과 천국을 균형 있게 비교하면서 그 영혼은 황홀함에 젖어 부르짖게 될 것이다.

"이 안식은 너무나 귀한 그리스도의 피로 값 주고 산 것이구나. 이 안식이야말로 성령 사역의 목표가 아니겠는가? 은혜의 폭풍이 나를 그 항구로 몰아오지 않았던가? 그리스도께서 내 영혼을 감싸주어 이곳까지 오게 하셨구나. 이것이 《성경》이 말하는 영광이며 사역자들이 그렇게 많이 선포하던 영광이로구나. 나는 복음이 참으로 좋은 소식이며 평화의 선한 소식이고 모든 민족에게 가장 큰 기쁨의 소식임을 본다. 나는 탄식과 금식과 눈물 가운데 겸허하게 되어 무거운 걸음을 걸었는데 그 걸음이 나를 결국 이곳까지 오게 하였구나. 깨어 기도하며 죄를 두려워하므로 달려왔는데 결국 이곳에 이르게 되었구나. 나의 모든 고통과 사탄의 유혹마저, 세상의 멸시와 조롱마저 나를 이곳에 이르게 하였구나. 오, 무가치한 영혼이여! 이곳이 바로 당신이 억지로 오게 된 장소인가? 신앙의 의무가 귀찮았었는가? 세상이 너무나 좋아서 버릴 수 없었던가? 당신은 이 축복을 위해 모든 것을 버리고 모든 것을 부인하며 어떤 고통이라도 감당할 수는 없었는가? 이곳에 오기 위해 죽을 각오를 하는 것이 그렇게 싫었던가? 오, 거짓된 마음이여! 너는 나를 반역하여 나를 지옥의 불꽃으로 떨어뜨릴 뻔하였구나. 이 천국의 영광을 잃을 뻔하게 만들었구나!"

"내 영혼아, 이제 너는 너를 이곳까지 인도해온 그 사랑을 항상 의심했던 사실에 부끄러움을 느끼는구나. 주의 신실하심에 몹시도 경계하였던 네 모습이 부끄럽고, 네 자신을 의심해야 했을 그때에 주의 사랑을 의심하였으니 참으로 부끄럽구나. 또한 성령을 소멸하였던 일들, 주의 섭리를 오해하여 이 복된 목적지로 이끄는 여러 과정에 대해 불평하였으니 이를 돌아볼 때 부끄럽기 짝이 없구나. 이제 너는 너의 복된 구속자께서 너의 욕망을 십자가에 못 박을 뿐만 아니라 때때로 그냥 내버려 두신 것도, 네 마음을 붙들고 상하게 하신 것도, 다 너를 구원하기 위함이었음을 이제야 깨닫는구나. 네가 받은 이 면류관을 보며 자격이 되지 않는 네 자신에게 감사하지 마라. 오직 영원토록 영광 받으실 여호와 하나님과 어린양께 감사하도록 하라."

이렇게 우리가 고백할 수밖에 없는 천국의 즐거움은 사랑의 즐거움이다. "하나님은 사랑이시라 사랑 안에 거하는 자는 하나님 안에 거하고 하나님도 그의 안에 거하시느니라"요한일서 4:16. 하지만 지금 가련한 영혼들은 "오, 그리스도를 더 사랑할 수 있다면!"라고 자기 자신에 대해 투덜거린다. 그러나 그때가 되면 당신은 주님을 사랑하지 않을 수 없게 될 것이다. 지금 당신은 그분의 아름다움을 알지 못해 그분을 사랑하지 않는다. 그러나 그때가 되면 당신의 눈은 주의 완벽한 아름다움을 보므로 끊임없는 사랑을 느끼게 될 것이다.

당신은 주의 사랑에 대한 체험들을 기억할 때 주의 사랑이 솟아나지 않는가? 당신이 주를 사랑하게 될 때 어떤 역사가 나타날까? 하나님께서 우리에게 주를 사랑할 기회를 남겨두신 것이 얼마나 큰 자상함인가? 주 앞에서 정욕과 죄를 껴안았던 우리에게 다시 주를 안을 기회를 주신 그 은혜는 얼마나 큰가! 우리가 주님을 사랑할 때 주님은 우리에게 수천 배로 보답하시고, 수천만 배로 하나님의 사랑을 받게 될 것이다.

하나님 아들의 팔이 십자가에서 열렸고, 그 가슴은 창에 찔려 옆구리가 터졌다. 마찬가지로 그때에도 주의 팔과 가슴은 영광 가운데 당신에게 열려 있을 것이다. 당신이 그분을 사랑하기 전에 주께서 먼저 당신을 사랑하셨다. 그분은 당신이 원수였을 때, 죄인이었을 때, 심지어 당신 자신을 증오하고 있었을 때도 당신을 사랑하셨다. 이제 주께서는 아들인 당신을, 완벽한 성도가 된 당신을, 사랑을 사랑으로 보답

프라 필리포 리피Fra Filippo Lippi의 〈무릎을 꿇은 기부자가 있는 수태고지〉(1944~1945년). 이탈리아 로마의 국립회화관 소장.

마리아가 천사로부터 성령으로 잉태하여 아들을 낳을 것이라는 메시지를 듣는 이 장면은 미술에서는 대부분 마리아가 책을 읽고 있는 모습과 실을 뽑는 모습으로 표현하기도 한다. 천사가 들고 있는 백합은 순결을 상징하며, 위에서 내려오는 비둘기는 성령에 의하여 잉태함을 상징한다. "아들을 낳으리니 이름을 예수라 하라 이는 그가 자기 백성을 그들의 죄에서 구원할 자이심이라 하니라"마태복음 1:21.

할 줄 아는 당신을 더욱 무한하게 사랑하신다. 멸망이 가까운 옛 예루살렘을 바라보며 사랑 가운데 눈물을 흘리셨던 주께서 영광스러운 새 예루살렘을 보실 때 얼마나 그 사랑 가운데서 기뻐하시겠는가?

당신은 깊게 생각해보라. "당신은 영원 전부터 영원까지 이어지는 그 사랑의 팔에 영원히 안길 것이다!" 그 사랑은 하나님의 아들을 하늘에서 땅으로, 땅에서 십자가로, 십자가에서 무덤으로, 무덤에서 영광으로 이끈 사랑이다. 그 사랑은 지치고 배고프고 시험당하고 조롱받고 채찍을 맞고, 침 뱉음을 당하고, 십자가에 못 박히고, 창으로 찔린 사랑이다. 그 사랑은 금식하며, 기도하며, 가르치며, 치유하며, 울며, 땀을 흘리며, 피를 흘리며 죽으신 사랑이다. 바로 그 사랑이 당신을 영원히 품는다!

완벽해진 피조물의 사랑과 가장 완전한 창조주의 사랑이 서로 만날 때의 장면은 요셉이 그의 형제들을 만나 서로 목을 껴안고 울던 장면이 아니다. 즉, 사랑과 기쁨의 장면이지 사랑과 슬픔의 장면이 아니다. 그렇다. 요셉의 형제들이 도착하였다는 소식이 바로의 궁정에 퍼진 것처럼, 성도들이 지옥에서 영원히 벗어나 주님의 품에 거할 때 그 소식은 사탄의 궁정을 울리며 온 하늘에 퍼질 것이다.

이제 당신에게 영원한 위로가 되는 이 사실을 기억하라. 만일 주의 팔이 한번 당신을 안으면 죄나 지옥이나 그 어떤 것도 영원히 당신에게 해를 끼치지 못한다. 그 이유는 변함도 없고 회전하는 그림자도 없으신 하나님의 사랑을 받고 있기 때문이다. 당신을 향한 주의 사랑은 이 땅에서 주를 향한 당신의 사랑과 같지 않다. 당신의 사랑은 불규칙하고 차갑고 변덕이 많은 사랑이다. 그럼에도 주님은 당신을 변함없이 사랑하셨다. 주님은 당신의 적대감과 불친절과 무시와 심술궂은 저항에도 그 사랑을 멈추거나 감하지 않으셨다. 그러한 주께서 사랑스러워진 당신을 어떻게 그만 사랑할 수 있겠는가? 환난과 슬픔과 핍박과 기근과 벌거벗음과 위험과 칼을 당한 당신을 늘 변함없이 사랑하신 주께서 이제 그러한 위험이 없는 당신을 얼마나 더욱 사랑하시겠는가?로마서 8:38~39 그 사랑을 당신은 천국에 이른 후에야 진실로 확신하게 될 것이며, 사도처럼 "그런즉 이 일에 대하여 우리가 무슨 말 하리요"로마서 8:31라는 감탄을 연발하게 될 것이다.

만일 이 땅에서 성도들이 "지식에 넘치는 그리스도의 사랑을 알고 그 너비와 길이와 높이와 깊이가 어떠함을 깨닫는"에베소서 3:18~19다면 영원한 안식을 이 땅에서도 누릴 것이다. 이러한 결실을 거둘 때 그 기쁨은 대단할 것이다. 이 기쁨은 다른 사람이 간섭할 수 없는 기쁨이다. 그리고 우리는 그날에 이 기쁨보다 그 이상으로 충만하게 누릴 것이다. 그러므로 그날이 될 때까지 조심스럽게 행하며 항상 깨어 있으라. 하나님께서 이 땅에서도 당신의 삶의 길이와 기쁨을 알맞게 나누어주실 것이다. 주님은 당신이 더 원할 때까지 그 기쁨의 분량을 유지하게 하실지도 모른다. 그러므로 당신이 영원한 안식에 안전하게 들어가기 위해 이 땅의 안락을 포기하라. 혹시 두려움과 슬픔이 가득한 가운데 죽게 되더라도 그 기간은 단지 순간일 것이며 곧 상상을 초월하는 기쁨이 임하게 될 것이다시편 30:5.

당신이 천국에서 누리는 기쁨은 당신 홀로의 기쁨이 아니다. 그 기쁨은 서로 사랑하듯, 서로 기뻐하는 기쁨이다. 당신이 회심할 때도 하늘에서 큰 기쁨이 있었다. 하물며 당신이 영광을 얻게 될 때 천국에 아무런 기쁨이 없겠는가? 천사들이 그곳에서 당신을 환영하며 당신의 안전한 도착을 축하하지 않겠는가? 그렇다. 그 기쁨은 예수 그리스도의 기쁨이다. 그 이유는 우리가 기쁨을 누릴 때 주의 수고와 고생과 고난과 죽음의 목적이 이루어지기 때문이다. 그때 주께서는 "그의 성도들에게서 영광을 받으시고 모든 믿는 자에게서 놀랍게 여김을 얻으실" 데살로니가후서 1:10 것이며, "그가 자기 영혼의 수고한 것을 보고 만족하게 여길 것이다" 이사야 53:11. 또한 우리가 기뻐할 때 하나님도 친히 기뻐하신다. "너의 하나님 여호와가 너의 가운데에 계시니 그는 구원을 베푸실 전능자이시라 그가 너로 말미암아 기쁨을 이기지 못하시며 너를 잠잠히 사랑하시며 너로 말미암아 즐거이 부르며 기뻐하시리라" 스바냐 3:17. 그때 우리도 기쁨으로 하나님 안에서 즐거워하며 사랑 안에서 안식하고 즐거이 노래를 부르며 주 안에서 기뻐할 것이다.

Chapter 2 | **Preparatives for Rest**

영원한 안식에 들어가기 위한 준비 과정

무에서 하늘과 땅의 모든 것을 창조하신 하나님은 죽은 자를 살리신다. 죽은 뼈들과 흙과 어려움을 바라보지 말고 약속을 바라보라. 당신은 반드시 썩지 않을 몸으로 다시 일어나게 된다.

낙원으로 통하는 길은 율법과 저주가 지배하던 때와는 달리 활짝 열려 있다. 그러므로 사랑하는 그리스도인들이여! 우리로 하여금 담대하게 지성소에 들어갈 수 있게 하려고 휘장, 즉 그리스도의 육체를 통해 우리를 위해 열어 놓으신 새로운 살 길을 주셨으니 히브리서 10:20, 더 확실한 확신으로 영원한 안식으로 함께 나아가자. 또한 화염검이 제거되었음을 알게 되었으니 다시 우리 하나님의 낙원을 들여다보자. 이제 그 낙원의 열매는 금단의 열매가 아니며 영의 양식으로 좋고 영적인 눈에 즐거움을 준다. 그 나무는 사람을 지혜롭고 행복하게 하기에 바람직하다. 나는 지금 이 사실을 알고 성령의 도움을 통해 내 자신이 먼저 그 열매를 따 먹고 그리고 힘이 닿는 대로 당신에게도 주어 당신으로 먹게 할 참이다. 이 성전의 현관은 대단히 아름다우며 그 문은 미문美門이라고 불린다. 현관의 네 귀퉁이처럼 우리가 새 하늘과 새 땅을 위해 준비해야 할 것은 크게 네 가지가 있다.

그리스도의 영광스런 재림

주의 백성의 영광을 생각할 때 먼저 우리는 하나님 아들의 영화로운 재림을 살펴보아야 한다. 주께서는 주의 백성을 위해 이 세상에 오셔서 고난을 당하시고 죽으시고 부활하시고 승천하셨다. 주께서 다시 오시는 것도 주의 백성을 위해서다. 그리스도께서는 우리를 위해 다시 오셔서 그의 백성을 영접하시고 주께서 계신 곳에 우리도 있게 하실 것이다. 신랑이 떠난 것은 이혼 때문이 아니었다. 주님은 다시는 안 돌아오실 생각으로 우리를 떠나시지 않았다. 오히려 주께서는 우리로 하여금 그가 반드시 돌아오신다는 확신을 하도록 약속들을 남겨 놓으셨다. 우리에게는 주께서 다시 오실 때까지 주의 십자가의 죽음을 밝혀 주는 주의 말씀과 약속과 규례가 있고, 또한 주께서 재림하실 때까지 우리를 인도하고 성화하게 하며 위로하시는 성령님이 있다. 우리의 삶 가운데는 주께서 하신 약속들과 우리를 잊지 않으심을 보여주는 주의 사랑의 증거가 자주 나타난다. 우리는 날마다 주께서 친히 말씀하신 예언 그대로 주의 재림의 징조들을 본다. 우리는 무화과나무가 잎사귀를 내는 것을 보면 여름이 다가온 것을 안다. 하나님을 대항하는 이 세상은 주께서 재림을 지체한다고 말하지만, 성도들은 그 구속이 가까웠기에 머리를 든다.

그러면 만일 주께서 재림하지 않는다면 우리는 무엇을 해야 하는가? 우리는 이 땅에서 어떤 처지가 되겠는가? 늑대와 사자와 독사들로 가득한 이 땅에 주께서 우리를 남겨두고 잊으신다면 우리는 어떻게 되겠는가? 주께서 그렇게 값비싸게 우리를 사신 후에 우리로 하여금 매일 죄를 짓고 고통당하고 신음하며 죽도록 내버려 두시겠는가? 주께서 다시는 우리에게 오시지 않겠는가? 그럴 수 없다. 오히려 주의 재림을 잊어버리는 것은 그리스도를 향한 우리의 불손이며, 세상의 안일함에 빠져 주의 오심에 대해 마음을 쓰지 않는 것은 그리스도를 슬프게 하는 것이다. 주님은 우리를 절대로 잊지 않으신다. 고난을 받기 위해서도 기꺼이 이 땅에 오셨던 주님은 승리를 위해 반드시 다시 오실 것이다. 피로 구속하기 위해 기꺼이 오셨던 주님은 그 피로 사신 것을 소유하기 위해 반드시 다시 오실 것이다. 우리의 모든 소망이 주의 재림 외에 어디에 있을 수 있겠는가? 주의 재림은 우리의 믿음이며 기도며 눈물이며 기다림이다. 성도들이 모든 인내로 견디는 이유가 주의 재림 외에 무엇이 있겠는가? 주의 재림이 있기 때문에 우리는 모든 사람 중에서 가장 비참한 자로 여겨져도 견디는 것이 아니겠는가?

그리스도인들이여! 그리스도께서는 우리로 하여금 온 세상을 버리게 하시고 모든 세상 가운데 버림을 받게 하셨다. 또한 세상의 모든 것을 미워하게 하시고 세상의 모든 것에 의해 미움을 받게 하셨다. 이 모든 역사는 우리로 하여금 세상의 모든 것 대신에 그리스도만을 소유하게 하기 위해서다. 이러한 주께서 우리를 버리시거나 잊으실 것으로 생각하지 마라. 하지만 왜 주님은 이 땅에 계속 남아 있으면서 주의 백성과 함께 있지 아니하셨을까? 왜 주님은 이 땅을 떠나셨을까? 이 땅에서의 그분의 사역은 분명히 마무리되었다. 분명히 주님은 우리를 대표하여 영광을 받으셨다. 주님은 아버지께 간구하고 주의 고난들을 아뢰었으며 성령으로 충만하여 성령을 보내셨고 권세를 받으셨고 그의 원수를 장악하셨다. 우리가 이 땅에 거하는 기간은 짧다. 만일 주께서 이 땅에 남아 있었다면 우리는 짧은 기간만 주님을 즐거워하고 그 후에는 죽어야 하지 않겠는가? 천국에는 주님이 함께 거할 성도가 더 많다. 심지어 수많은 영혼과 수천 세대의 영혼이 있다. 그러므로 주께서는 천국으로 가셨다가 다시 오실 것이다. 그때까지 우리는 눈에 보이는 것으로 사는 것이 아니라 믿음으로 살아야 한다.

그러면 죄와 죄인들과 죽음에 의해 무덤의 감옥 속에서 지내던 우리를 주께서 친히 꺼내 주실 그날은 어떠한 날일까? 그날은 주께서 궁핍과 멸시 가운데 오셔서 침 뱉음을 당하고 매를 맞고 십자가에 못 박히셨던 초림의 때와는 다르다. 주께서 다시 오실 때는 조롱이나 무시를 더는 받지 않을 것이다. 초림 때에도 주의 영광은 부족함이 없었다. 하늘의 천군 천사들이 주의 탄생을 축하하며 하나님을 찬양했다. 그렇다면 주의 재림 때에는 천사들과 성도들이 어떤 외침으로 하나님께 영광을, 사람들에게는 평화와 온정을 선포하겠는가? 그때는 별 하나가 먼 곳에서 동방의 박사를 인도하여 구유에 누인 아기에게로 인도하여 경배하게 하였던 것처럼, 모든 세상으로 하여금 주의 주권을 인정하도록 강권하실 것이다.

그리고 그때에 땅의 모든 족속이 통곡할 것이다마태복음 24:30. 그날에는 회개치 않은 죄인들에게 무서운 두려움이 임할 것이다. 반면 믿는 성도들에게는 끝없는 즐거움이 임할 것이다. 그날에 악한 자들은 주를 보면서 "저기에 우리가 그의 피를 업신여기고 그의 은혜를 거절하며 그의 권고를 거절하고 그의 다스림을 벗어 던진 그분이 온다"라고 통곡할 것이다. 그러나 성도들은 상상할 수 없는 기쁨 가운데 "저기에 그의 피로 우리를 사시고 그의 영으로 우리를 씻기시며 그의 법으로 우리를 다스리신 그분이 오신다. 우리는 그를 신뢰하였고 주께서는 그 기대를 저버리지 않으셨다. 우리는 오랫동안 그를 기다려왔는데 과연 우리의 기다림은 헛되지 않았구나! 오, 저주받을 부패함이여! 너는 우리에게 세상의 것들을 제시하며 '무엇을 위해 더 주를 기다리려 하느냐'며 조롱했고 기회만 나면 우리를 세상으로 돌아가게 하려 했다. 그러나 지금 우리는 주를 기다린 모든 자가 얼마나 축복된 자인지를 본다"라고 외칠 것이다.

우리는 이제 다음 기도를 멈추지 말고 계속 간절히 간구하도록 하자. "언제 주의 나라가 임하옵니까? 성령과 신부가 말씀하시기를 오라 하십니다. 듣는 자도 오라 하십니다"요한계시록 22:17. 그러면 주께서 친히 대답하실 것이다. "내가 진실로 속히 오리라"요한계시록 22:20.

모든 사람의 일반 부활

새 하늘과 새 땅이 이르기 전에 예수 그리스도께서 하시는 또 다른 일은 우리의 몸을 흙에서 일으키셔서 영혼과 다시 결합하는 것이다. 이 일은 주의 무한한 능력과 사랑의 놀라운 결과다. 이 약속에 대해 불신자들은 "네, 참으로 놀랍네요. 하지만 그 말이 맞는다면 어떻게 흩어진 뼈와 흙이 다시 사람이 될 수 있다는 말입니까?"라고 묻는다. 나는 경외함으로 하나님께 묻는다. "제가 소망하는 부활은 어떤 능력에 의해 이루어질 것인지요?"

생각해보라. 무엇이 이 육중한 지구를 지탱하고 있는가? 무엇이 광대한 대양의 물을 제한하고 있는가? 끝없는 밀물과 썰물의 파도를 만드는 그 힘은 어디에서 오는가? 태양은 지구보다 얼마나 큰가? 무에서 하늘과 땅의 모든 것을 창조한 능력이라면 죽은 자를 살리기가 쉽지 않겠는가? 죽은 뼈들과 흙과 어려움을 바라보지 말고 약속을 바라보라. 당신의 썩을 몸을 감옥에 던져야 할 때는 즐거운 마음으로 하라.

그 감옥은 당신의 몸을 오래 붙들지 못할 것이다. 죽음 앞에 설 때 평안히 누워 쉼을 취하라. 그것은 영원한 어둠도 아니며 무한한 잠도 아니다. 만일 벗는 것이 당신이 두려워하는 것이라면 죽음을 지난 후에 당신은 더 좋은 옷을 입게 될 것이다. 당신이 두려워하는 것이 집이 없어 문밖에 서는 것이라면 "만일 땅에 있는 우리의 장막 집이 무너지면 하나님께서 지으신 집 곧 손으로 지은 것이 아니요 하늘에 있는 영원한 집이 우리에게 있는 줄"고린도후서 5:1을 기억하라. 썩을 이 육체를 기꺼이 내려놓아라. 당신은 반드시 썩지 않을 몸으로 다시 일어나게 될 것이다. 이 세상의 육신의 몸을 아낌없이 내려놓아라. 당신은 그 몸을 하늘나라의 영적인 몸으로 다시 얻게 될 것이다. 비록 커다란 수치 가운데 썩을 몸을 내려놓게 될지라도 우리가 몸을 다시 얻을 때는 영광 가운데 얻게 될 것이다. "마지막 나팔에 순식간에 홀연히 다 변화되리니 나팔 소리가 나매 죽은 자들이 썩지 아니할 것으로 다시 살아나고 우리도 변화되리라"고린도전서 15:51~52. "그리스도 안에서 죽은 자들이 먼저 일어나고 그 후에 우리 살아남은 자들도 그들과 함께 구름 속으로 끌어 올려 공중에서 주를 영접하리라"데살로니가전서 4:16~17.

당신은 이러한 약속을 믿으며 그 가운데서 승리하라. 이제 얼마 후면 당신은 그 약속이 실현된 것을 볼 것이다. 그날은 주께서 모든 것을 완성하는 날이다. 우리는 그날에 기뻐하며 즐거워할 것이다. 주님을 붙들어 놓지 못했던 무덤은 우리의 몸도 가둘 수 없다. 주께서 우리를 위해 부활하셨으니 그 부활의 능력으로 우리를 부활하게 하실 것이다. "우리가 예수께서 죽으셨다가 다시 살아나심을 믿을진대 이와 같이 예수 안에서 자는 자들도 하나님이 그와 함께 데리고 오시리라"데살로니가전서 4:14. 절대 무덤을 보지 말고 그 무덤을 넘어서는 부활을 보라.

최후의 심판

영원한 안식에 들어가는 순서에는 성도들이 공적으로 엄숙한 심판을 받는 순서가 있다. 성도들은 그 심판에서 무죄로 판결되고 나아가 의로운 자로 선포되어 영원한 안식으로 들어가게 된다. 그 다음 성도들은 그리스도와 함께 온 세상을 심판한다. 창세로부터 그때까지 있었던 모든 사람이 신분과 나라를 초월하여 젊은이든 늙은이든 심판대 앞에 서게 되며 최후의 심판을 받게 된다. 주의 재림을 무시한 자들에게는 그날이 두려운 날이 되겠지만, 그날을 바라며 소망했던 성도들에게는 한없는 즐거움의 날이다. 그때 온 세상은 하나님의 선하심과 엄하심을 동시에 보게 된다. 하나님은 멸망하는 자들에게는 엄중함을, 그러나 택한 자들에게는 선하심을 보이신다.

최후의 심판대 앞에서 모든 사람은 자기에게 맡긴 책무에 대해 설명해야 한다. 시간과 건강, 재능과 자비, 고난, 부, 경제 등 뭐든지 다 어떻게 사용했는지를 설명해야 한다. 그들이 이미 잊어버린 젊을 때의 죄악들과 은밀한 죄악들이 천사들과 사람들 앞에서 다 드러날 것이다. 그들은 주님을 무시하고 말씀에 불순종했으며, 주의 사역자들을 멸시하고 미워했다. 그런데 이제 그들은 보좌에 앉으셔서 심판하시는 예수님을 보게 된다. 그들의 양심이 저지른 모든 잘못을 다 고발할 것이며 자신들이 지은 모든 죄악을 다 기억하게 될 것이다. 이 가련한 사람들은 무엇을 바라보겠는가? 누가 그의 마음속에 있는 두려움을 이해할 수 있을까? 이제 세상은 그를 도울 수 없다. 그의 오랜 동료도 도울 수 없다. 성도들도 도울 수 없고 도우려 하지도 않을 것이다. 오직 예수만이 도울 수 있다. 그러나 주께서 돕지 않으실 것이기에 그들은 비참한 상태에 처한다.

이러한 사람들에게도 주님은 도우려 하신 때가 있었다. 하지만 그 사람들은 주의 도움을 받으려 하지 않았다. 그러한 그들이 심판대 앞에서 주의 도움을 받고자 하지만, 주께서는 돕지 않으신다. 아무리 그들이 "산들과 바위에 말하되 우리 위에 떨어져 보좌에 앉으신 이의 얼굴에서와 그 어린양의 진노에서 우리를 가리라"요한계시록 6:16고 말해도 아무런 소용이 없다. 그 이유는 그들이 산과 바위의 주인이신 주님을 원수로 삼아왔기 때문이다. 산과 바위는 주의 음성에 순종하지 그들의 목소리에 순종하지 않을 것이다. 그러므로 나는 하나님 앞에서, 그리고 산 자와 죽은 자를 심판하실 주 예수 그리스도 앞에서 이 사실들을 당신이 심각하게 곰곰이 생각해보기를 원한다.

그러면 당신은 왜 떠는가? 대홍수 때에 노아 한 사람을 잊지 않으셨던 주님께서, 소돔에서 롯 한 사람을 생각하셔서 그가 안전하게 소돔에서 나갈 때까지 아무런 심판을 내리지 않으셨던 주님께서 어찌 그날에 당신을 잊겠는가? "주께서 경건한 자는 시험에서 건지실 줄 아시고 불의한 자는 형벌 아래에 두어 심판 날까지 지키신다"베드로후서 2:9. 주님은 그날을 불의한 자에게는 가장 두려운 날로, 그의 백성에게는 큰 기쁨의 날로 만드실 것이다. 그리고 주 안에 있는 자들에게는 절대 정죄함이 없다로마서 8:1. 이러한 우리를 율법이 고발하지 못하며로마서 8:2, 양심이 고발하지 못한다로마서 8:16, 33, 34. 즉, 심판자만이 우리를 정죄하실 수 있다.

우리의 영혼을 사랑하며 우리의 사랑을 받으시는 따스한 주님이 우리의 심판자라니 이 얼마나 말로 다 할 수 없는 기쁨인가! 가장 친한 친구에게 심판받을 때 무슨 두려움이 있겠는가? 자기 남편에게 심판받는 아내가 무엇을 두려워하겠는가? 그리스도인들이여! 그리스도는 당신을 위해 이 땅에 내려오셔서 고난당하시고 눈물을 흘리시고 피를 흘리시며 돌아가셨다. 그러한 그분이 당신을 정죄하겠는가? 당신 대신에 심판받고 정죄를 당하고 처형당하신 그분이 친히 당신을 정죄하겠는가? 당신을 구속하고 거듭나게 하고 거룩하게 하고 보존하는 일이 이미 거의 다 끝났는데 이제 그 모든 일을 수포로 돌아가게 하겠는가? 절대로 그렇지 않다. 그렇다면 우리는 그날을 두려워할 필요 없다. 그날은 오히려 마귀들과 악한 자들이 떠는 날이고 우리에게는 기쁨의 날일 뿐이다.

그날에 우리는 주의 자비와 행복을 느낄 것이다. 우리는 기쁨으로 승리하지만, 불의한 자들은 공포로 떨 것이다. 우리는 하나님 나라의 상속자로 선포되지만, 세상 사람들은 영원한 불꽃으로 떨어질 것이다. 그날에 우리는 같은 마을에 살았던 이웃들, 같은 교회에 다녔던 사람들, 같은 집에 거했던 식구를 보게 될 것이다. 이 엄청나고 두려운 날에 대해 바울은 애절하게 표현했다. "너희로 환난을 받게 하는 자들에게는 환난으로 갚으시고 환난을 받는 너희에게는 우리와 함께 안식으로 갚으시는 것이 하나님의 공의시니 주 예수께서 자기의 능력의 천사들과 함께 하늘로부터 불꽃 가운데에 나타나실 때에 하나님을 모르는 자들과 우리 주 예수의 복음에 복종하지 않는 자들에게 형벌을 내리시리니 이러한 자들은 주의 얼굴과 그의 힘의 영광을 떠나 영원한 멸망의 형벌을 받으리로다 그날에 그가 강림하사 그의 성도들에게서 영광을 받으시고 모든 믿는 자에게서 놀랍게 여김을 얻으시리라" 데살로니가후서 1:6~10.

그리고 앞에서 말했듯이 우리는 그날에 심판자가 된다. 이는 그리스도께서 그의 백성에게 자신의 임무를 맡기시는 것이다. 그래서 성도들은 주님과 함께 앉아 주의 의로우신 심판을 승인하게 된다. "성도가 세상을 판단할 것을 너희가 알지 못하느냐 우리가 천사를 판단할 것을 너희가 알지 못하느냐"고린도전서 6:2~3. 이 말씀이 주님이 친히 하신 말씀만 아니라면 그러한 높은 자리에 우리가 오른다는 것은 불가능하다. 하지만 아담의 칠대 손인 에녹도 이 사실을 예언했다. "보라 주께서 그 수만의 거룩한 자와 함께 임하셨나니 이는 뭇 사람을 심판하사 모든 경건하지 않은 자가 경건하지 않게 행한 모든 경건하지 않은 일과 또 경건하지 않은 죄인이 주를 거슬러 한 모든 완악한 말로 말미암아 그들을 정죄하려 하심이라"유다서 1:14~15. 따라서 성도들은 영광을 얻을 것이며 "정직한 자들이 아침에 그들을 다스릴 것이다"시편 49:14.

만일 세상 사람들이 지혜가 있어 이것을 깨달았으면 종말을 분별하였을 것이다신명기 32:29. 그러나 그들은 지혜가 없기에 "하늘이 큰 소리로 떠나가고 물질이 뜨거운 불에 풀어지고 땅과 그중에 있는 모든 일이 다 타버려도"베드로후서 3:10 깨닫지 못할 것이다. "너희가 어떠한 사람이 되어야 마땅하냐 거룩한 행실과 경건함으로 하나님의 날이 임하기를 바라보고 간절히 사모하라 그날에 하늘이 불에 타서 풀어지고 물질이 뜨거운 불에 녹아지려니와 우리는 그의 약속대로 의가 있는 곳인 새 하늘과 새 땅을 바라보도다"베드로후서 3:11~13.

성도의 대관식

영원한 안식을 위한 마지막 준비는 엄숙한 대관식과 함께 하나님의 나라를 상속받는 것이다. 성도의 머리이신 그리스도께서 왕과 대제사장으로 기름 부음을 받음으로써 그분 아래에 있는 그의 백성은 하나님 앞에서 왕과 제사장이 되어 영원토록 다스리며 영광을 드리게 된다.

그들을 위해 마련된 의의 면류관은 의로우신 재판장이신 주님에 의해 그날에 그들에게 주어지게 될 것이다. 그들은 죽기까지 충성하였으므로 주께서 그들에게 '생명의 면류관'을 주실 것이다. 또한 이 땅에서 그들이 얼마나 자신들의 재능을 향상하게 했는지에 따라 그들의 통치권과 위엄의 크기가 정해질 것이다. 그때 그들은 허울 좋은 명분만 있는 위엄이 아니라 실제 통치하는 위엄을 누리게 될 것이다. 그리스도는 그들에게 주와 함께 주의 보좌에 앉는 것을 허락하실 것이며, 주께서 아버지에게서 나라를 받으신 것처럼 그들에게 나라들을 다스릴 수 있는 권세를 주실 것이다. 또한 주님은 그들에게 "새벽 별을 주실 것"이며 요한계시록 2:28, 그들을 칭찬하시며 소유를 주실 것이다 마태복음 25:23.

주님은 다음과 같은 복된 선포와 함께 그들에게 관을 씌우실 것이다. "내 아버지께 복 받을 자들이여 나아와 창세로부터 너희를 위하여 예비된 나라를 상속받으라" 마태복음 25:34. 이 말씀의 모든 단어마다 생명과 기쁨으로 가득하다. '나아와'는 우리가 이 영광의 자리에 나아오는 것을 보장하기 위해 주께서 황금 홀을 주시는 것을 뜻한다. 이제 당신이 원하는 대로 맘껏 가까이 나아가라. 벨세메스의 심판처럼 두려운 심판이 아니니 무서워 마라. 그곳에 더는 적개심이란 있을 수 없다.

'나아와'도 감미롭지만, '복 받을 자들이여'라는 말은 훨씬 더 좋다. 주님이 우리에게 이 말씀을 하실 때 얼마나 복되겠는가? 세상은 우리를 재수 없다고 여겼고 우리도 그렇게 생각할 때가 있었다. 하지만 분명히 주께서 우리를 복되다 부르셨기에 우리는 복되다. 주께서 저주한 자들만이 저주를 받는다. 주의 축복은 취소될 수 없다.

'내 아버지께'라는 단어는 아버지와 아들이 하나이시니 우리는 아들의 사랑뿐만 아니라, 아버지의 사랑 안에서 복되다는 뜻이다. 아들이 그의 사랑을 증명한 것처럼 아버지께서도 성도를 선택함으로써, 그리스도께 그들을 의탁하심으로써, 그리스도를 이 땅에 보내심으로써, 주의 대속을 받아주심으로써 아버지의 사랑을 증명하셨다.

'상속하라'는 말은 이제 성도들은 더는 하인이나 종이 아니며, 나이가 덜 차서 종들과 신분만 다를 뿐 실제로는 아무것도 소유할 수 없는 어린아이의 상태가 아니라는 뜻이다. 그러나 이제 우리는 하나님 나라의 상속자이며 그리스도와 공동 상속인이다.

'나라'는 실제 나라를 의미한다. 참으로 만왕의 왕이시며 만주의 주라는 칭호는 주님께만 합당한 칭호다. 그러나 주와 함께 다스리는 '왕들'이 되는 것은 우리이며 우리의 칭호다. 이 나라의 즐거움은 태양의 빛을 누림과 같다. 즉, 각 사람이 태양 빛을 누리지만 여전히 그 빛은 똑같이 남아 있는 것과 같다.

'너희를 위하여 예비된'이라는 표현은 하나님께서 우리 축복의 끝이며 처음이라는 뜻이다. 영원한 사랑이 그 나라의 기초를 놓았다. 주께서는 우리를 위해 나라를 예비하신 후에 우리가 그 나라에 들어갈 수 있도록 준비하셨다. 이것이 바로 하나님께서 주의 경영과 계명을 준비하신 이유다.

'너희를 위하여'라는 말은 모든 성도를 말한 것이 아니라 개별적으로 각 성도에게 하시는 말씀이다. '창세로부터'라는 말은 이 약속은 아담이 타락한 이후에 주어진 약속이 아니라, 그 훨씬 전인 영원 전부터 있었다는 뜻이다.

이처럼 우리 그리스도인은 새 하늘과 새 땅에 안전하게 도착하여 영광스럽게 자기의 안식으로 옮겨질 것이다.

Chapter 3 | Excellence of Rest

영원한 안식의 뛰어남

하나님은 인간의 구원을 위한 모든 경륜이 예수 그리스도의 피로 사심과 거저 주심으로 이루어지게 하심으로써 구원받은 자에게 사랑과 기쁨으로 완성되게 하셨다.

좀 더 가까이 가서 이 안식이 제공하는 더 뛰어난 점들을 살펴보자. 우리가 그 뛰어난 점들을 보기 위해 가까이 가는 동안 주께서 우리를 바위 틈에 숨기시고 주의 관대한 은혜의 손으로 우리를 보호하시길 바란다.

주님이 피 값으로 사서 소유하게 된 안식

영원한 안식은 값을 치르고 산 소유라는 점이 가장 중요하다. 즉, 성도의 안식은 하나님 아들의 피로 값 주고 사신 열매다. 그렇기에 모든 열매 중에서 가장 중요한 열매이며 목적이며 완성이다. 사랑에 빠진 사람이 그의 생명을 사랑하는 사람을 위해 내어놓는 사랑보다 더 큰 사랑은 없다. 이 사랑을 이루신 구속자가 우리 눈앞에 보일 때 우리는 우리를 위해 피를 흘리시며 돌아가신 그 사랑을 가장 선명하게 기억하게 된다. 우리는 이 보혈의 강에서 세상의 폭력과 사탄의 덫과 육체의 유혹과 율법의 저주, 분노하시는 하나님의 진노와 죄책감을 느끼는 양심의 고발, 불신하는 마음의 의심들과 두려움을 뚫고 나아가 하나님 앞에까지 안전하게 도착하게 될 것이다.

주께서 우리에게 외치신다. "네가 겪는 모든 슬픔이 대단한 것이 아니란다. 보라, 내 슬픔에 비교할 만한 슬픔이 있느냐?" 우리는 주의 애통의 소리를 간신히 듣고 그때야 그 상처를 보기 위해 슬쩍 몸을 돌린다. 하지만 그때가 되면 우리의 완벽해진 영혼은 그 사랑 때문에 사랑 안에서 불타며 사랑을 느낄 것이다. 그때에는 구속받은 성도들은 주께서 치르신 대가와 그 값으로 얻으신 결과들을 체험하며 감당할 수 없는 감격 가운데 그들의 복된 구속자Redeemer를 영원토록 바라볼 것이다. 그때에는 주님이 가진 사랑의 상처를 보게 될지라도 우리 슬픔의 상처는 다시는 기억나지 않을 것이다. 부활하신 후 큰 죄인에게 "여자여 어찌하여 우느냐"요한복음 20:13라고 첫 말씀을 하신 주님은 우리에게서 슬픔의 구름이나 눈물의 폭풍을 제거하시고 사랑과 기쁨을 만들어 내실 수 있다. 만일 우리가 누리는 것이 우리의 가장 친한 친구의 생명을 주고 산 것이라면 우리는 그것을 얼마나 귀중히 여기겠는가? 사랑하는 친구가 죽어가면서 우리에게 그의 마지막 사랑의 증표를 건네준다면 우리는 그것을 얼마나 조심스럽게 보관하겠는가? 또한 그 증표를 볼 때마다 얼마나 그를 기억하게 되겠는가? 마찬가지로 그때가 되면 주님의 죽음과 보혈 덕분에 우리가 소유하게 된 영광을 누리면서 더욱 주의 무한한 사랑으로 말미암아 즐거울 것이다.

우리가 구매한 물건에 가격이 있는 것처럼, 우리의 의와 영광도 그 가격이 있다. 그 가격은 바로 그리스도의 보혈이다. 주의 고난은 피를 요구하는 공의를 만족하게 했으며 죄인들에게 합당한 대가를 치렀고 나아가 그들이 잃었던 영생과 행복을 회복하게 해주었다. 이 주님의 구속은 아버지를 매우 기쁘시게 했다. 이에 아버지께서는 그리스도께 그의 택한 자들을 높이고 그에게 부여된 영광을 그들에게도 나누어 줄 권한을 주셨다. 이 모든 일은 "그의 뜻의 결정대로 일하시는 이의 계획을 따라"에베소서 1:11 이루어졌다.

은혜의 선물로 주어지는 안식

성도의 왕관에는 또 다른 진주가 있다. 그 진주는 성도의 안식은 은혜의 선물이라는 사실을 말한다. 이 두 가지, 즉 성도의 안식은 피로 샀다는 점과 은혜라는 점은 하나님의 성전 기둥의 맨 꼭대기를 장식하는 금 사슬의 화관이다. 이를 위해 그리스도께서는 값비싼 대가를 치르셨지만, 우리에게는 값없이 은혜로 주어졌다. 주님이 지불하신 것은 자신의 피로서 금과 은의 가치와 비교할 수 없으며 인간의 기도와 눈물로도 갚을 수 없다. 우리가 주께 드릴 수 있는 것은 그 선물을 감사함으로 받는 것 외에는 없다. 그러므로 우리는 안식을 아무런 대가를 치르지 않고 거저 얻은 것이다. 은혜로 용서해주신 사실을 감사히 받는다고 해서 그 자체가 죄의 빚을 갚는 것은 아니다. 이는 모든 것이 은혜이기 때문이다. 만일 하나님이 우리에게 아들을 거저 주시고, 아들은 우리의 죄를 거저 갚아주시고, 또한 하나님은 아들의 지불을 받으시고 원금을 다 갚은 것으로 치신다면, 또한 하나님과 아들이 우리가 감사히 받기만 하면 피로 사신 생명을 거저 주신다면, 나아가 하나님과 아들이 거저 성령을 보내셔서 우리로 하여금 그 생명을 받게 하신다면, 도대체 성도의 안식에 이르는 과정에 은혜가 아닌 것이 무엇이 있겠는가?

우리는 이러한 은혜를 생각할 때마다 하나님을 찬송하지 않을 수 없다. "주께서 내 속에서 무엇을 보셨기에 내가 그러한 위치에 적합하다고 판결하셨을까? 병든 자이며 가난한 자이며 멸시받는 자인 내게 어찌 이러한 화려한 영광을 받게 하셨을까? 벌레 같은 나를 이러한 높은 위엄의 자리로 올리시다니! 얼마 전까지만 해도 신음하며 울며 죽어가던 내가 이제는 이토록 실컷 기뻐할 수 있다니! 그래. 주께서는 무덤에서 썩어가던 나를, 사람들에게 잊혀서 어둠과 먼지 가운데 있던 나를 끄집어내어 주의 보좌 앞에 두신다. 나는 모르드개처럼 억압에서 벗어나 왕 곁에 앉는다. 다니엘처럼 사자 굴에서 나와 군주들과 방백들의 통치자가 된다. 누가 이 무한한 사랑을 측량할 수 있겠는가?"

우리를 받아주는 조건이 우리 자신의 자격이라면 하나님 앞에 자격이 있는 사람은 아무도 없다. 만일 자격으로 주 앞에 서게 하신다면 아무도 자격이 되지 않는 것을 보고 통곡했던 요한처럼, 우리도 이 땅에 앉아 통곡하게 될 것이다. 그러나 "유대 지파의 사자"요한계시록 5:5는 자격이 되시며 이기셨다. 따라서 우리는 그분의 이름으로 하늘을 상속받는다. 우리는 그곳에서 다윗이 마시기를 거절했던 생명의 물을 주께 길어 드릴 것이며역대상 11:18, 우리가 거저 얻은 상속에 대해 무궁한 찬양을 올릴 것이다. 따라서 이 땅에서 우리에게는 해야 할 위임된 일이 있다. 그것은 "너희가 거저 받았으니 거저 주라"마태복음 10:8는 것이다. 하지만 그리스도는 엄청난 대가를 치르고 사셔서 우리에게 거저 주셨다.

영원한 안식에 들어가는 것이 우리의 공로와 상관없이 오직 은혜로 이루어진다는 것도 대단히 놀라운 일인데, 더욱이 영원한 안식은 우리가 멸망을 위해 행한 오랜 노력과 정반대되는 것임을 볼 때 더욱 놀랍다. 우리가 처해야 할 마땅한 비참과 우리가 받아 누리는 영광을 비교해 보면 그 차이가 무한하여 우리는 저절로 입을 벌리게 된다. 즉, 지옥에 있어야 마땅할 우리가 지옥을 내려다보는 위치에 있게 된 것을 깨달을 때 그 감격은 어떠할까? 지옥의 아들인데 오직 주님의 은혜로 하나님의 양자 된 것을 알 때 그 감격은 어떠할까?

우리는 찡한 사랑을 느끼며 다음과 같이 생각할 것이다. "죄가 나를 데려간 자리는 저곳이었는데, 그러나 그리스도께서 나를 이곳으로 인도하셨구나! 내 죄의 삯은 저곳 죽음이었는데 나의 주 예수 그리스도를 통한 하나님의 은사는 이곳의 영생이로구나! 누가 나를 이렇게 다르게 대하셨을까? 내 자신의 고집과 내 뜻대로 하도록 내버려두셨다면 나도 저 불꽃 속에 있지 않겠는가? 만일 하나님께서 자비 가운데 나를 끄집어 내지 않으셨다면 지옥의 불꽃이 나를 사로잡을 때까지 소돔에 머물러 있었을 것이다."

가장 화려한 왕관이 가장 악한 죄인인 우리의 머리에 씌워질 때 그 사건은 의심할 여지 없이 우리의 영원한 감동이 될 것이다. 그토록 오랫동안 열매도 없고 고약하기만 하던 우리가 훌륭한 사람으로 변해 있을 때, 그토록 사악한 반역자가 가장 귀한 기쁨을 누리게 될 때 어찌 우리가 주의 은혜를 찬양하지 않겠는가?

아무튼 하나님께서는 주의 무한한 지혜 가운데서 인간의 구원을 위한 모든 경륜이 주의 피로 사심과 거저 주심으로 이루어지게 하심으로써 구원받은 자의 사랑과 기쁨이 완성되게 하시고 은혜의 영광이 가장 높이 오르게 하셨다. 인간의 공로로 천국에 들어간다는 사상은 성도의 안식을 주의 피로 사심과 거저 주심을 흐리게 하거나 방해한다. 피로 사심과 거저 주심, 이 둘은 천국문의 두 돌쩌귀로서 이것 때문에 천국문은 열린다. 따라서 '자격'이라는 안내표는 지옥문에 적혀 있고 '은혜'라는 표는 천국문에 쓰여 있다.

성도에게만 주어지는 안식

영원한 안식은 성도들에게만 주어진다. 모든 이집트가 빛을 받을 때 이스라엘 족속도 똑같이 빛을 받았다. 그러나 모든 이집트인이 어둠 속에 있을 때는 이스라엘 족속만 그 빛을 누렸다. 그때 그들은 자신들이 특권을 누리고 있다는 사실을 느꼈을 것이다. 구별된 자비는 보통 자비보다 더 많은 의미를 주며 더 많은 영향을 끼친다. 만일 바로 왕이 이스라엘처럼 홍해를 안전하게 건넜다면 홍해 사건은 기억되지 않았을 것이다. 만일 온 세상이 물에 잠기지 않았다면 노아의 구원은 대단한 일이 아니었을 것이다. 소돔과 고모라가 불에 타지 않았다면 롯의 구원도 이야기할 것이 없게 된다.

사람들을 보면 어떤 사람은 깨달음이 있지만, 어떤 사람은 여전히 어둠 가운데 있다. 한 사람은 변하지만 다른 사람은 여전히 정욕의 노예로 살아간다. 자신을 향한 하나님의 구별된 은혜를 깨달은 자들은 이렇게 외친다. "주여 어찌하여 자기를 우리에게는 나타내시고 세상에는 아니하려 하시나이까" 요한복음 14:22.

엘리사 선지자는 이스라엘의 모든 사람 중에 오직 과부 한 사람에게 보내졌다. 또한 모든 문둥병 환자 중에 오직 나아만 장군 한 사람을 깨끗하게 하였다. 이때 주의 자비는 더욱 분명하게 드러났다. 둘이 한 자리에 누워 있는 데 하나는 데려감을 얻고 하나는 버려둠을 당한다. 두 사람이 밭에 있는 데 한 사람은 데려가고 한 사람은 버려둠을 당한다. 그날이 되면 이 두 사람 모두 강렬한 느낌을 받게 될 것이다. 하나는 비참한 느낌을, 다른 하나는 말로 다 할 수 없는 기쁨을 누릴 것이다.

안전한 곳에 거하며 행복을 느끼는 성도들은 타는 불못을 내려다보면서 하나님의 의로운 행위와 과정에 고개를 끄덕거리며 기뻐할 것이다. "전에도 계셨고 지금도 계신 거룩하신 이여 이렇게 심판하시니 의로우시도다"요한계시록 16:5라고 노래할 것이다.

성도와 천사들이 함께 나누는 안식

영원한 안식은 모든 성도에게 공통되며 천사들과 함께 공유한다. 완전하게 된 성도들은 그곳에서 그리스도를 머리로 하여 하나의 공동체를 이룰 것이며 그때 성도들의 교제는 완전할 것이다. 우리는 성도로서 수고와 의무와 위험과 어려움을 함께 겪었기 때문에 보상과 구원도 함께 누린다. 다 같이 멸시와 천대를 받았듯이 우리는 함께 하나가 되어 영광을 누린다. 슬픔의 날들을 함께 지난 우리는 기쁨의 날들도 함께 맞이한다. 핍박과 감옥 속에서 우리와 함께했던 자들은 우리가 위로를 받을 때 함께 위로를 받을 것이다. 우리는 얼마나 자주 고통의 신음 가운데 한목소리를 내었던가! 우리의 눈물은 하나의 강을 이루었고 우리의 바람은 기도로 하나 되어 하나님께 드려졌었다! 이제 우리의 모든 찬양은 하나의 곡조가 될 것이다. 모든 교회가 한 교회가 되며 우리는 모두 한 몸을 이룰 것이다. 우리는 아버지와 아들이 하나인 것처럼, 그리스도 안에서 서로 하나가 될 것이다. 그러므로 우리는 홀로 영원한 안식을 찾으려 하지 않도록 주의해야 한다.

우리는 천국에서 아브라함과 이삭과 야곱과 함께 앉을 것이다. 이러한 생각을 미리 하면서 우리는 큰 기쁨을 누릴 수 있다. 하물며 실제 그들을 만나 함께 앉아 얼굴을 맞대게 될 때 그 기쁨은 얼마나 클까! 그날에 우리는 모세와 함께 노래하고 다윗과 함께 〈시편〉을 읽으며 모든 구속받은 사람과 함께 어린양을 영원히 찬양할 것이다. 이 생각만 해도 이렇게 위로가 되는데 실제로 그렇게 할 때는 어떨까! 그날에 우리는 에녹이 하나님과 함께 걷는 것을 볼 것이며, 혼자 남아서 한 시대의 종말을 보았던 노아와 고결한 요셉, 인내의 욥, 의롭던 히스기야 왕, 그리고 믿음의 결말을 누리는 모든 성도를 볼 것이다. 우리가 알던 사람들뿐만 아니라 육체로는 한 번도 만나지 못했던 모든 시대의 성도를 다 만나게 된다. 우리는 그곳에서 편안하게 서로 알며 즐거워할 것이다. 그렇다. 성도들만이 아니라 천사들도 우리의 복된 친구들이 될 것이며, 지금 우리를 섬기고 있는 영들은 그날에 즐거움 가운데 우리의 동료가 되어줄 것이다. 우리가 회개할 때 하늘에서 즐거워했던 사람들은 우리가 영화로워진 것을 보며 진정으로 기뻐할 것이다. 그때 우리는 진심으로 다윗처럼 "나는 주를 경외하는 모든 자들과 친구라" 시편 119:63고 말할 것이다. 그때 우리가 "이른 곳은 시온 산과 살아 계신 하나님의 도성인 하늘의 예루살렘과 천만 천사와 하늘에 기록된 장자들의 모임과 교회와 만민의 심판자이신 하나님과 및 온전하게 된 의인의 영들과 새 언약의 중보자이신 예수께서" 히브리서 12:22~24 계신 곳일 것이다. 우리가 "성도들과 동일한 시민이요 하나님의 권속이라"는 사실은 하늘의 안식이 가지고 있는 뚜렷한 또 다른 뛰어남이다.

하나님에게서 직접 기쁨을 가져오는 안식

영원한 안식의 또 다른 특징은 우리는 그 기쁨을 하나님에게서 직접 가져온다는 점이다. 지금 우리는 하나님에게서 직접 아무것도 가져오지 못하고 제삼자의 손을 거쳐 기쁨을 받는다. 자연에서, 사람에게서, 태양과 달에서, 섬기는 천사들에게서, 성령에게서, 그리스도에게서 받는다. 천사들을 통해 받더라도 그 기쁨의 강은 죄인의 불완전함은 없겠지만, 천사라는 피조물의 불완전함이 있다. 한편 사람에게서 오는 기쁨은 죄악이 포함되어 있다.

하나님의 말씀은 영혼을 살리기도 하며 찌르기도 한다. 그러나 연약한 인간이 그 말씀을 다룰 때는 아무런 역사가 일어나지 않을 때가 많다. 복된 복음의 모든 구절마다 사실 대단히 귀하며 중요하다. 누가 생각해도 그 복음의 말씀들은 가장 어리석은 영혼의 마음을 뚫고 들어가 그 생각과 감정을 송두리째 사로잡을 만하다. 하지만 얼마나 종종 복음은 마치 바위에 떨어진 물방울처럼 아무런 효력이 나타나지 않는가? 우리가 다루는 하나님의 것들은 신성하지만, 그것을 다루는 우리의 방법은 인간적이기 때문이다. 건드리지 않은 것으로 보여도 사람을 거치면 항상 인간의 자국들이 뒤에 남는다. 하지만 만일 하나님께서 친히 그 말씀을 하신다면, 그 말씀은 사람의 마음을 꿰뚫으며 녹일 것이다.

그리스도인이 경험에 의해 아는 바는 그가 직접 하나님께 받는 기쁨만이 가장 감미로운 기쁨이라는 사실이다. 이러한 기쁨은 사람에게서 얻을 수 없고 대부분 성령에게서 얻는다. 은밀한 기도를 많이 드리고 말씀을 깊게 묵상하는 그리스도인들은 가장 큰 생명과 기쁨을 누리게 된다. 그 이유는 그들은 다 하나님에게서 직접 받기 때문이다. 우리는 하나님의 말씀을 읽는 일과 함께 모이는 일, 그리고 주의 계명들을 소홀히 여겨서는 안 된다. 그러한 것들을 사용하며 하늘의 삶을 사는 것이 그리스도인의 삶이다.

저 멀리에서부터 이러한 하늘의 축복들을 직접 누리는 것도 기쁨이지만, 하나님 앞에 직접 설 때의 충만한 기쁨은 어떠하겠는가? 그때 우리는 전등이 필요 없이 항상 빛 가운데 있을 것이며 태양도 없이 영원한 낮을 즐길 것이다. "그 성은 해나 달의 비침이 쓸데없으니 이는 하나님의 영광이 비치고 어린양이 그 등불이 되심이라 다시 밤이 없겠고 등불과 햇빛이 쓸데없으니 이는 주 하나님이 그들에게 비치심이라 그들이 세세토록 왕 노릇 하리로다"요한계시록 21:23, 22:5. 우리는 《성경》 없이 환하게 다 이해할 것이며 기록된 율법 없이 주의 다스림을 받을 것이다. 이는 주께서 우리 마음속에 주의 법을 완전하게 하셔서 우리가 하나님을 완전하게 알 것이기 때문이다. 그때 우리가 누리는 기쁨은 약속을 바라보는 기쁨이 아니며 믿음과 소망에 의해 붙드는 기쁨이 아니다. 그리스도께서 우리와 함께 아버지의 왕국에서 새 포도주를 마실 때 우리는 이 땅의 포도 열매나 성례를 통한 교통이 아니라, 하나님과 직접 나누는 교통을 누리게 될 것이다. 그때 우리는 주께서 직접 주시는 위로의 잔으로 새 포도주를 마시며 새 힘을 얻게 될 것이다.

지옥의 상태란 필요한 것은 많은 데 공급이 없는 데 있다. 피조물을 수단으로 하여 우리의 필요를 채우는 것이 이 땅에서의 우리의 상태다. 천국 성도들의 상태는 하나님에게서 직접 필요를 공급받는 것이다. 아무것도 영원히 필요로 하지 않는 상태는 오직 하나님만이 누리시는 특권이다.

적합한 시기에 허락되는 영원한 안식

영원한 안식의 또 다른 특징은 적합한 시기에 허락된다는 점이다. 철이 되면 포도나무에 열매를 기대하듯, 하나님은 자녀에게 "시냇가에 심은 나무처럼 철을 따라 열매를 맺게"시편 1:3 하신다. 또한 하나님은 정하신 시기가 되면 자녀에게 면류관을 주신다. 때가 되면 지친 영혼들에게 기쁨의 말씀을 주시던 주님은 반드시 가장 적합한 시기에 우리에게 기쁨의 시간을 주실 것이다. 착한 일을 행하는 데 지치지 않는 영혼들은 낙심하지 않으면 때가 차면 열매를 거둔다. 만일 하나님께서 원수들에게도 계절을 따라 비를 내려주시며 추수의 기간을 정해주며 또한 그들의 계절에도 낮과 밤의 약속을 지켜주신다면, 주께서는 성도들의 가장 영광스러운 추수의 때를 반드시 그 시기에 맞게 허락하여 주실 것이다. 의심할 여지 없이 단 하루도 약속에서 벗어나지 않으신 주께서는 430년이 지난 후에 정확하게 이집트에서 이스라엘을 해방하셨다. 하물며 그 백성의 영광을 위해 정해 놓은 가장 적합한 시기에 주께서 하루 한 시간이라도 실수하시겠는가?

우리가 이 세상에서 오랜 어둠의 밤을 지난 후면, 그때 의의 태양이 솟아나 날을 밝히는 것이 가장 적합하다. 큰 위험을 지나 길고 지루한 여행을 마친 후 만일 우리가 집에 도착한다면 그때가 가장 적합한 시기가 될 것이다. 길고 위험한 전쟁을 겪으며 많은 상처가 있을 그때가 평화와 승리가 임할 가장 적절한 시기가 아니겠는가? 사람들은 계속되는 피곤 가운데 살아간다. 특히 성도들은 세상이 느낄 수 없는 것에 대해서 가장 피곤을 느낀다. 어떤 성도들은 영의 눈이 멀어서 지쳐 있고, 어떤 이는 마음이 완악하여 지쳐 있다. 어떤 성도들은 매일 있는 두려움과 의심 때문에, 또 어떤 이는 영적인 기쁨이 없어서 지쳐 있다. 어떤 사람은 하나님의 진노를 느끼며 힘들어한다. 이러한 가엾은 그리스도인이 여러 해 동안 구원을 바라며 기도하고 기다리고 있을 때 그때 구원이 임하는 것은 가장 시기적절하지 않겠는가? 우리는 이 세상 광야에서 가나안 땅을 발견하지 못해서, 또한 낯선 이 세상 나라에서 시온의 노래를 발견하지 못해서 애통한다. 우리는 이 세상이라는 거대한 대양에서 항구를 찾지 못하며 더운 여름 땡볕 아래서 안식을 얻지 못한다. 그러므로 이 세상을 떠나 하늘에 들어갈 때가 모든 안식을 누리게 될 가장 적합한 때이다.

성도에게 적합한 안식

성도들에게 영원한 안식은 적합한 때에 허락된다. 즉, 성도들은 새로운 속성을 지니게 되면서 그들의 영혼은 이 안식을 누리기에 적합하게 될 것이다. 그날에 그리스도의 영이 그들의 마음속에서 타오르면 그들에게서 나타나는 거룩은 그 속성의 작은 불꽃밖에 되지 않는다. 그 거룩의 불꽃은 그 기원이 하나님께 있음을 기억하면서 주님을 드러낸다. 세상의 왕관과 나라들은 성도들에게 안식을 마련해 줄 수 없다. 이는 그들은 값으로 치를 수 없는 가장 귀한 것으로 구속을 받았고 가장 귀한 속성을 부여받았기 때문이다. 하나님께서는 그들의 존재와 어울리는 영적 예배를 받으시면서 그들에게 그들의 영적인 속성에 적합한 영적 안식을 공급하실 것이다. 그리고 천국에서 성도들은 주의 높으심을 끝없이 찬양하는 가운데 하나님과 그리스도를 알며 서로 사랑 안에서 즐거이 만족하고 영원히 하나님을 즐거워하며 기뻐하게 된다. 그때 우리는 새로운 속성 가운데 살게 될 것이다.

지금 우리는 어항 안의 물고기처럼 어항이 허락하는 만큼만 누릴 수 있다. 하지만 대양에 있게 될 때는 어떠하겠는가? 우리는 숨을 쉬기에 필요한 만큼만 공기를 들이마신다. 하지만 그 공기는 시온 산 위에서 부는 그 향긋하고 신선한 바람과 비교될 때 어떠하겠는가? 지금은 어둠을 밝히며 우리를 따스하게 해주는 태양 빛이 있지만, 그때에는 우리가 빛 그 자체 안에 거하며 그 열에 의해 늘 소생하게 될 것이다. 성도들은 본성에 따라 소원한다. 우리의 새로워진 속성은 그 속성에 적합한 영원한 안식을 소원하게 될 것이다.

우리의 소욕이 부패하여 늘 썩을 것만 구하고 있다면 그 소욕은 채워져야 하는 것이 아니라, 오히려 거부되어야 하고 파괴되어야 한다. 그래야 우리에게 훨씬 큰 자비가 이루어지기 때문이다. 그러할 때 하나님은 친히 신령한 소욕을 우리 안에 심어주시고 그 소욕이 자라나도록 물을 주실 것이다. 그로 말미암아 우리는 완전한 의 가운데서 행복을 누리게 된다.

이 안식이 바로 당신의 마음에 적합한 안식이다. 이 안식은 당신의 마음이 소원하는 모든 것을 담고 있다. 그 안에서 당신은 당신이 바라고 기도하고 수고해 왔던 모든 것을 다 발견하게 될 것이다. 당신에게는 이 세상 전부를 소유하는 것보다 그리스도 안에서 하나님을 소유하는 것이 훨씬 더 좋다. 그곳에서 당신은 하나님을 소유하게 될 것이다.

주의 사랑이 확실하다면 당신이 주지 못할 것이 무엇이 있겠는가? 그곳에서 당신은 아무런 의심 없이 주의 사랑에 대해 완전한 확신을 하게 될 것이다. 그곳에서는 그리스도인이 하늘나라의 절반이라도 바라고 구하면 다 받게 된다. 나아가 그 나라와 왕으로도 즐거워할 수 있다. 지금 이곳의 삶은 바람과 기도의 삶이다. 그러나 저곳의 삶은 즐기며 만족하는 삶이다.

영원한 안식은 성도의 속성과 소욕에 적합할 뿐만 아니라 성도의 필요에도 꼭 맞는다. 영원한 안식은 그들이 원했던 모든 것을 담고 있다. 그것은 사울 왕이 다윗에게 준 갑옷처럼 잘 안 맞아서 유익보다는 오히려 짐이 되는 그러한 이기적이고 인위적인 위로를 제공하지 않는다. 성도들이 이 땅에서 가장 필요로 했던 것은 그리스도와 완벽한 거룩이었는 데 그곳에서 이러한 것들이 다 채워질 것이다.

죄와 고난이 없는 완벽한 안식

우리가 맞이하게 될 안식은 완벽한 안식이다. 그때에는 우리가 슬픔 없이 기쁨을 누리며 곤함 없이 쉼을 누릴 것이다. 우리가 누리는 은혜에는 다시는 부패가 없을 것이며 우리가 누리는 위로에는 더는 고통이 없을 것이다. 그 항구에는 지금처럼 우리를 뒤흔들어 놓는 파도가 없을 것이다.

이 땅에서는 오늘 평안해도 내일 아프다. 오늘 존경을 받다가도 내일 불명예를 입는다. 오늘은 친구가 있지만, 내일은 없다. 그렇다. 지금 이 땅에서는 포도주도 마시지만 신 식초도 마셔야 한다. 만일 우리가 계시를 받아 삼천 층에 올라가려 하면 육체의 가시가 우리를 잡아당기고 마귀들이 어느새 우리 앞에 나타나 약점을 붙들고 늘어진다. 그러나 천국에는 이러한 불일치가 전혀 없다. 만일 완벽한 사랑이 두려움을 내어 쫓는다면 완벽한 기쁨은 슬픔을 내어 쫓고 완벽한 행복은 남아 있는 모든 비참을 제거할 것이다. 우리는 그곳에서 모든 죄와 고난의 악으로부터 안식을 취할 것이다.

천국은 속성과 관련되든, 아니면 대화에 관련되든 그 어떠한 죄라도 받아들이지 않는다. "무엇이든지 속된 것이나 가증한 일 또는 거짓말하는 자는 결코 그리로 들어가지 못하되"요한계시록 21:27. 만일 천국이 불완전한 영혼들을 받아들일 수 있다면 그리스도께서 죽을 이유가 없다. "하나님의 아들이 나타나신 것은 마귀의 일을 멸하려 하심이라"요한일서 3:8. 결국 주께서 피 흘리시고 성령께서 이 모든 역사를 행하심은 우리를 더러움 가운데 남겨두지 않기 위해서다. "빛과 어둠이 어찌 사귀며 그리스도와 벨리알이 어찌 조화되리요" 고린도후서 6:14~15. 만일 당신이 천국에 오르게 되면 다시는 죄를 범하지 않게 될 것이다. 이 소식은 그토록 오랫동안 죄에 대항하며 기도해 왔던 당신에게 얼마나 복된 소식인가? 만일 지금이라도 선택만 할 수 있다면 당신은 온 세상을 갖는 것보다 죄로부터 자유로워지는 것을 선택할 것이다.

이러한 소망을 가진 당신에게 그날은 그 소원대로 될 것이다. 매사에 당신을 따라다니던 강팍한 마음과 악한 생각들은 영원히 뒤에 남겨질 것이다. 당신의 이해력은 다시는 어둠 가운데 어리석어지는 일이 없을 것이며 모호하던 모든《성경》내용은 알게 될 것이다. 모순되어 보이는 듯한 모든 것이 조화를 이룰 것이다. 그곳에서는 가장 가련했던 그리스도인일지라도 지금 이 땅의 그 어떤 그리스도인들보다 더 완벽하게 거룩하여질 것이다. 오, 실수와 오류가 영원히 추방될 행복한 그날이여! 우리는 하나님으로 충만하여 모든 것을 온전히 이해하며 또한 주의 빛으로 말미암아 모든 어둠이 우리 안에서 사라지게 된다. 주의 얼굴은《성경》이 되어 우리는 주의 얼굴에서 진리를 읽을 것이다.

이 땅의 많은 경건한 사람이 자신의 잘못된 열정 때문에 얼마나 많은 형제를 속이고 잘못된 길로 빠지게 하였던가? 행여나 후에 자신의 잘못을 깨닫고 잘못된 길로 빠진 자들을 돌이키려고 해도 이미 방법이 없을 때가 많다. 그러나 그곳에서는 진리이신 주님 안에서 모든 성도가 온전히 하나가 된다. 우리 또한 우리의 의지와 감정과 대화 가운데 그 어떤 죄도 범하지 않게 된다. 항상 하나님을 대항하던 우리 안의 불순종의 성향이 더는 존재하지 않는다. 우리를 썩게 하는 죽음의 세력도 더는 우리를 짓누르지 못하며 근처에도 다가오지 못한다. 교만, 정욕, 게으름, 무정함이 우리 속에 들어오지 못한다. 하나님 및 하나님의 일들과 관계없는 것들, 차가운 감정, 사랑의 불완전함도 없다. 변덕스러운 행위도, 성령을 근심케 하는 일도, 수치스러운 행동도, 거룩하지 않은 대화도 없다. 이러한 모든 것은 우리에게 다시는 있지 않을 것이다. 그때는 거울에 비친 얼굴처럼 우리의 뜻이 하나님의 뜻과 일치할 것이며 우리의 법과 규칙은 하나님의 뜻에서 벗어나지 않을 것이다. "그의 안식에 들어간 자는 하나님이 자기의 일을 쉬심과 같이 그도 자기의 일을 쉬느니라" 히브리서 4:10.

우리의 고난은 우리가 지은 죄악의 결과에 불과하지만, 천국에서는 고난과 죄악이 없다. 우리는 하나님의 사랑을 다시는 의심하지 않게 된다. 더는 "의심은 엉겅퀴와 같은 잡초와 같지만 좋은 토양에서 자라난다"는 격언을 들을 수 없을 것이다. 의심이라는 것은 뿌리째 뽑혀 사라지고 더는 은혜로 충만한 영혼들을 귀찮게 하지 않을 것이다. 또한 우리는 "어떻게 해야 내 상태를 알 수 있을까? 하나님이 나의 아버지이심을, 그리고 내 마음이 올바른지를 어떻게 알 수 있을까? 내가 구원받은 것이 사실인가? 내 믿음은 진실한 것인가? 정말로 내 죄가 다 용서받은 것일까? 내가 행한 모든 행위가 위선은 아닐까? 하나님께서 나를 거절하지는 않으실까? 주께서 나의 기도를 정말 들으실까?"라는 의심의 말을 하지 않을 것이다. 오히려 이 모든 의심의 말은 전부 찬양으로 바뀔 것이다.

우리는 하나님께서 우리를 기뻐하지 않으신다는 느낌을 다시는 갖지 않게 될 것이다. 지옥은 하늘나라와 섞일 수 없다. 이 땅에 사는 동안은 종종 은혜를 입은 영혼이라도 하나님을 기억할 때면 마음이 힘들었던 일들이 떠오른다. 낙망하여 주의 위로를 거절한 적도 있었고, 하나님의 진노가 엄하게 임한 적이 있었으며, 하나님께서 풍랑을 일게 하셔서 어려움을 주신 때도 있었다. 그러나 복된 그날이 되면 하나님께서는 잠깐 얼굴을 감추더라도 언제나 우리에게 영원한 자비를 부으실 것이다.

그때 우리는 사탄의 유혹에서 완전한 안식을 누리게 된다. 세상에서 우리가 유혹에 빠지지는 않더라도 사탄에게서 계속 주를 부인하라는 재촉을 받을 때 이 얼마나 비통한 일이었던가? 우리 영혼이 이러한 끔찍한 제안을 받는다는 그 자체가 얼마나 고통스러웠던가? 우리 마음속에 이러한 신성모독적인 생각이 잠시라도 지나간다면 이 얼마나 비참한 일인가? 어떤 때는 유혹을 받아 하나님에 대한 잔인한 생각들, 그리스도에 대해 우습게 여기는 생각들, 《성경》을 믿지 않으려는 생각들, 하나님의 섭리에 대해 조롱하려는 생각들이 들기도 했다. 이 얼마나 가련한 일인가? 세상의 것을 의지하게 하는 유혹들, 죄에 빠지게 하는 달콤한 미끼들, 육체의 쾌락을 과감하게 추구하고 싶은 유혹들, 가끔은 무신론자가 되고 싶은 유혹들이 우리 주변에 항상 있다. 특히 우리는 우리 자신의 마음이 매우 반항적이라서 마귀가 성냥만 그어도 곧 불이 붙을 것을 잘 알고 있다. 사탄은 이곳 광야에서 우리를 유혹할 권한을 가진다.

하지만 결코 거룩한 성에 들어가지는 못한다. 그는 우리를 이 땅의 예루살렘 성전 꼭대기에 둘 수는 있지만, 새 예루살렘에는 근처도 갈 수 없다. 그는 지금 이 땅의 가장 높은 산으로 우리를 끌고 갈 수는 있어도 시온 산에는 오를 수 없다. 주의 나라를 소유한 영혼에게는 마귀가 이 세상의 모든 나라와 영광을 가지고 아무리 유혹해도 전혀 먹혀들지 않는다.

세상과 우리의 육체로부터 오는 모든 유혹도 그칠 것이다. 우리가 이 땅에서 행할 때 매시간 위험이 다가온다. 모든 감각과 기능이 덫이며 모든 피조물과 관용과 의무까지 우리에게 덫이다. 우리는 눈만 뜨면 우리보다 높은 곳에 있는 자들을 바라보며 부러워하고 우리보다 못한 자들을 바라보며 멸시한다. 다른 사람의 영광과 부유를 탐내며, 헐벗고 가난한 자들을 향해 교만한 눈을 뜨고 무자비하게 대한다. 아름다움을 볼 때는 정욕에 빠지고 추함을 볼 때는 혐오와 멸시에 빠진다. 비방의 소문과 쓸데없는 농담과 음탕한 말들은 우리 마음속에 어찌나 쉽게 들어오는지! 얼마나 강하고 부지런히 우리의 탐욕을 붙들어 매야 하는지! 잘 생기거나 미모가 뛰어나면 얼마나 쉽게 교만하여지는지! 못생기면 또 얼마나 푸념을 하는지! 머리가 좋아서 학식을 얻게 되면 우쭐하여져서 사람들을 멸시하고 또한 사람들의 인정과 갈채를 추구하느라 바쁘다. 무식할 때는 저돌적으로 제멋대로 군다. 권세가 있는 자리에 오르면 권한을 남용하여 자기 뜻을 법으로 만들고 자기의 유익을 따라 정책과 규율을 만들어서 다른 사람의 즐거움을 다 빼앗아 버린다. 열등감을 느낄 때는 다른 사람의 뛰어남을 부러워하는 가운데 그들의 행동을 자신의 심판 잣대로 판단한다. 부자가 되면 한없이 도도해지고, 가난해지면 모든 것에 만족함이 없다. 모든 의무를 행할 때 주님께 하듯 하지 못하며 열심을 내지 못하고 게으름에 빠진다. 이러한 부패한 모습들은 하나님께서 허락하신 상황 때문이 아니라 우리 자신의 부패로 말미암아 나타난다.

하지만 우리는 영원한 안식을 생각하며 위로를 받는다. 그때 우리는 이러한 모든 것으로부터 자유로워진다. 사탄은 그곳에 들어올 수 없으므로 그의 악한 유혹들이 그곳에 있을 수 없다. 오히려 그곳에 있는 모든 것은 우리와 함께 우리의 위대한 구원의 주를 높이 찬양할 것이다.

레오나르도 다 빈치Leonardo da Vinci와 안드레아 델 베로키오Andrea del Verrocchio의 합작인 〈그리스도의 세례〉(1472~1473년), 이탈리아 피렌체 우피치 미술관 소장.
예수님은 30세쯤 요단 강에서 세례 요한에게 세례를 받으셨다. 이때 하늘로부터 "이는 내 사랑하는 아들이요 내 기뻐하는 자라"마태복음 3:17는 음성이 들렸다. 이 세례 장면은 3세기 카타콤 벽화나 로마의 돌널 조각에 나타나 있다.

그곳에는 유혹이 없을 뿐만 아니라 이 세상의 학대와 박해가 없다. 제단 아래에 드려진 기도들은 다 이루어질 것이다. 하나님께서는 땅 위에 거하는 자녀에게 그들의 피를 갚아주실 것이다. 지금은 가시 면류관을 쓰는 때지만, 그때는 영광의 면류관을 쓰게 될 것이다. 지금은 주와 더불어 경건하게 살면서 박해를 받지만 디모데후서 3:12, 그때가 되면 주와 함께 영광을 누리게 될 것이다. 지금 우리는 그리스도 때문에 모든 사람에게 미움을 받지만, 그때가 되면 그리스도께서는 그들을 통해 찬미를 받으실 것이다. 우리는 이곳에서 세상과 천사들과 사람들에게 이 세상의 찌끼나 혐오스러운 대상처럼 구경거리가 되었다. 따돌림을 당하고 사람들에게 욕을 먹으며 우리 이름을 저주하는 말을 듣기도 하였다. 그러나 그때가 되면 그들은 영광 가운데 있는 우리를 쳐다볼 것이며 그들은 자신들이 원하든 원하지 않든 성도들의 교회로부터 차단되어 우리와 분리될 것이다. 지금 세상 사람들은 우리의 기도 소리와 찬송 소리를 듣기 싫어한다. 따라서 우리는 세상 가운데서 기도하기 어렵고 하나님을 찬송하기가 어렵다. 하지만 그때가 되면 그들은 비탄에 빠져 울부짖는 가운데서 우리 찬양의 모습과 기뻐하는 모습을 보게 될 것이다. 이때 그들은 얼마나 고통스럽겠는가!

형제들이여! 지금은 세상을 사랑하는 마음을 버리지 않고는 하나님의 일을 이룰 수 없다. 그러나 하늘나라에서는 영원한 기쁨과 찬양 가운데 온 마음을 다해 당신의 일에 더욱 전념하게 될 것이다. 그때까지 인내로 당신의 영혼을 지키라. 모든 비난을 당신의 머리에 씌울 면류관으로 여기라. 주를 위해 받는 고난을 세상의 모든 보화보다 더 큰 부유함으로 생각하라. "너희로 환난을 받게 하는 자들에게는 환난으로 갚으시고 환난을 받는 너희에게는 우리와 함께 안식으로 갚으시는 것이 하나님의 공의시라" 데살로니가후서 1:6~7.

그때에 우리는 모든 슬픈 분열과 그리스도인답지 못한 말다툼에서 자유로워질 것이다. 수천수만의 그리스도인이 비록 이 땅에서는 온전히 일치되지 못한 채 살았더라도 천국에서는 다 함께 하나가 될 것이다. 그 모습이 얼마나 아름답겠는가! 그곳에는 교만과 무지와 부패가 없으므로 더는 다툼이 없다. 자기 당을 강하게 만들려는 음모나 다른 형제를 대항하려는 은밀한 계획도 없다. 혹시 천국에 슬픔이나 부끄러움이 있을 수 있다면 과거에 이 땅에서의 이러한 모든 행위를 기억하고 미안해하며 부끄러워하는 일일 것이다. 마치 요셉의 형제가 요셉을 만났을 때 과거의 잘못을 기억할 때와 같다. 우리는 세상이 우리를 대항하는 것도 부족하여 우리끼리 서로 대항했다. 하마터면 우리의 자유와 번영이 내부의 다툼에 의해 잿더미가 될 뻔했다. 하지만 세상에서 박해받았던 시절로 말미암아 우리는 사랑 안에서 복된 하나 됨을 이루었다. 하물며 그때에 한 분 하나님과 한 분 그리스도, 한 분 성령이 계시는 곳에서 우리도 한마음이 되고, 한 교회 안에서 영원히 함께하며 한 영광 가운데 안식을 누리는 그날은 얼마나 행복한 날이겠는가?

그때에 우리는 우리 형제의 고통에 참여할 일이 없을 것이다. 이 땅의 교회는 병원과 같다. 어떤 사람은 깨닫지 못하여 신음하고, 다른 이는 무감각한 마음 때문에 고통을 당한다. 또 어떤 사람은 열매를 맺지 못하는 자신의 연약함으로 고뇌하고, 또 다른 이는 실패와 외고집으로 피를 흘린다. 어떤 사람은 가난 때문에 흐느끼고, 어떤 이는 통증과 병마 때문에 신음한다. 어떤 이는 온갖 종류의 재난 때문에 비통에 잠긴다. 그러나 무엇보다 가장 큰 슬픔은 가장 친한 친구들이 그리스도의 진리에서 돌아서는 때다. 나아가 계속하여 그리스도를 무시하며 자신들의 영혼을 내버려두는 것을 볼 때, 그리고 그들의 안일함으로부터 그들을 깨어나게 하는 방법이 없음을 볼 때 그 비통함은 이루 말할 수 없다. 또한 불신자인 내 어머니와 아버지, 형제나 누이, 남편이나 아내, 자녀나 친구들을 바라보면서 그들이 거듭나지 않는 현재 상태로 죽게 되면 반드시 영원한 지옥 불에 떨어진다는 것을 생각할 때 그 안타까움과 아픔은 이루 말할 수 없다. 우리의 교회 공동체에서 복음이 떠나가는 것을 생각할 때, 주의 영광이 거두어지는 것을 볼 때, 가련한 인생들이 그들을 구원으로 인도하는 빛을 의도적으로 대적함으로써 어둠과 궁핍함 가운데 남겨지는 것을 볼 때 이는 더할 나위 없이 고통스럽다. 그러나 우리의 영원한 안식의 날에는 이러한 모든 고통으로부터 자유로워진다. 모든 슬픔의 날은 그칠 것이다.

"오! 주님, 그날에 당신의 백성은 모두 의로워질 것입니다. 그들은 주께서 심은 가지와 주의 손으로 이루신 모든 열매와 함께 그 땅을 영원히 상속받을 것입니다. 그날에 당신은 영광을 얻게 될 것입니다."

그때에 우리는 모든 개인적 고통으로부터 자유로워질 것이다. 지금 이 땅에서 안락한 삶과 형통한 삶을 사는 자들에게는 이 소식이 크게 느껴지지 않겠지만, 매일 고통을 당하는 영혼들에게는 이 소식을 들을 때 천국을 생각하면서 즐거움을 얻게 된다. 우리의 생명은 날마다 시간마다 고통으로 가득한 채 죽어간다. 우리의 구속자는 어느 정도의 재난을 우리에게 남겨 두시면서 우리가 은혜를 입은 이유를 알게 하시고 우리가 무엇을 잊지 말아야 하는지를 기억나게 하신다. 이러한 고난은 주의 지혜와 풍성하신 은혜의 경륜 가운데 우리가 최종적으로 회복될 때 가장 충만하게 하려고 유익을 베풀기 위해서다. 고통을 당할 때는 모든 감각이 함께 당하며 몸 전체와 영혼이 다 힘을 잃는다. 우리

존재의 부분 중에 혼자만 고통을 당하며 무너지는 곳이 어디 있겠는가? 그러나 그날이 되면 죄와 육욕, 더러움과 고통이 다 뒤로 사라지게 될 것이다.

오, 복된 평온함이여! 그곳에는 오직 계속되는 감미로운 평강만 있구나! 오, 아무도 병든 자가 없는 건강으로 충만한 곳이여! 모두가 왕이 되어 있는 행운의 땅이여! 모두가 제사장인 거룩한 회중이여! 지극히 높으신 왕 외에는 그 누구도 아무에게 종으로 있지 아니하는 자유로운 나라여! 가난한 사람이 더는 그의 수고 때문에 지치는 일이 없고, 배고픔과 목마름이 없으며, 추위와 헐벗음을 당하지 않게 될 것이다. 살을 에는 추위나 지글거리는 불볕더위가 없을 것이다. 우리의 얼굴에는 더는 창백함이나 슬픔이 없을 것이다. 우정이 깨어지는 일도 없고, 친구와 헤어질 일도 없을 것이다. 우리의 관계에 문제가 생기는 일도 없고, 우리가 거하는 곳에서 탄식의 소리도 없을 것이다. 하나님께서는 우리의 눈에서 모든 눈물을 닦아주실 것이다. 그러므로 당신은 이 땅에서의 장막의 연약함을 감당하라. 잠시 후면 문까지 다가오시는 구속자의 발소리를 듣게 될 것이다.

우리는 또한 모든 힘든 책임에서 자유로워질 것이다. 이 땅에서는 성실하고 양심적인 집정관들과 부모와 사역자들은 "오, 내 어깨에 얹힌 무거운 짐이여!"라고 절규한다. 모든 관계와 신분과 나이에 따라 다들 다양한 책임이 있다. 특히 성실한 그리스도인은 "오, 이 짐이여! 나의 연약함이 더욱 이 짐을 무겁게 하는구나!"라고 외친다. 그러나 우리에게 남아 있는 안식은 이 짐들을 가볍게 한다.

다시 한 번 말하면, 우리가 영원한 안식에 들어갈 때는 모든 성가신 괴로움이 사라질 것이다. 우리의 바람과 소망, 고대와 기다림을 뒤흔

드는 문제들이 그칠 것이다. 우리는 더 이상 마음의 보물이 사라지는 사건을 겪지 않을 것이며 우리의 마음을 열어보면 언제나 그 안에 그리스도께서 계실 것이다. 따라서 계속되는 규례 속에서 주님을 찾는 일이 필요 없게 될 것이다. 이 모든 것이 영원한 안식의 가장 복된 충만한 즐거움에 다 포함되어 있다.

영원한 안식

우리의 안식은 영원하다. 영원하지 않으면 모든 의미가 사라진다. 언젠가 안식이 사라진다면 우리의 기쁨은 비참하게 된다. 천국에서 다시 천국을 잃을 가능성이 있다면 이는 지옥으로 떨어지는 것과 같다. 영원하지 않은 천국이 있다면 그 천국은 저주받는 천국으로서 모두가 그곳에서 도망가려고 할 것이다. 영원하지 않은 즐거움이라면 최고의 즐거움이 될 수 없다. 우리에게서 즐거움이 사라지고 있을 때 어찌 즐거워할 수 있겠는가! 그러나 그곳에서 우리는 끝이라는 당황함에 빠지지 않는다. 우리의 즐거움은 끝이라는 두려움에 의해 방해받는 일이 없을 것이다. 우리는 그곳에서 "하나님 성전에 기둥이 되어 결코 다시 나아가지 아니할 것이다"요한계시록 3:12. 우리가 계약에 의해 종으로 고용되는 때는 잠깐 있는 이 세상에서다. 하지만 영원한 집에서는 "아들로서 영원히 거하게 된다"요한복음 8:35. "오, 내 영혼아. 이 땅의 즐거움을 떠나보내라. 땅과 육체를 붙잡지 마라. '영원'이라는 이 한 단어를 자주 상고하고 철저하게 연구하라. 영원히 살며 영원히 죽지 않는 그것! 그것을 기뻐하되 영원하다는 사실을 마음 깊은 곳에 두라!"

오, 이 땅에서 지옥의 죄악 가운데 즐거워하는 자들은 영원히 지옥에서 벗어날 수 있겠는가? 오, 이 땅에서 고통 가운데서 천국을 누리는 자들은 수백만 세대가 지나더라도 천국을 빼앗기겠는가? '영원히' 라는 이 단어는 그들의 고통이 영원하며 우리의 영광이 영원하다는 의미다. 그러므로 만일 죄인들이 이 단어를 제대로 이해한다면 깜짝 놀라서 그 깊은 잠에서 벗어날 것이고, 은혜가 충만한 영혼이 이 단어를 연구한다면 가장 깊은 고통 가운데서도 힘을 얻을 것이다.

"주여, 저는 그때 틀림없이 영원히 살 것입니다. 저는 영원히 사랑할 것입니다. 제 기쁨은 틀림없이 영원할 것입니다. 그러할 때 제 감사함이 무궁하지 않겠습니까? 제가 결코 제 영광을 잃지 않을 것이기에 주를 찬양함이 절대로 그치지 않을 것입니다. 만일 당신이 저를 완전하게 하시고 또한 제 영광을 영원히 지속하신다면 저는 제 것이 아니라 당신의 것이며, 제 영광도 당신의 영광이 될 것입니다. 그리고 주께서 끝없는 영광으로 제게 관 씌우실 때, 당신은 제가 영광을 받는 것으로 주의 영광의 궁극적인 목적을 이루시며, 제가 영광 받게 되면 그 목적은 다시 주의 영광을 돌리는 것입니다. '영원하신 왕 곧 썩지 아니하고 보이지 아니하고 홀로 하나이신 하나님께 존귀와 영광이 영원무궁하도록 있을지어다. 아멘.'"

나는 당신에게 앞으로 다가오는 영광을 어렴풋이나마 보여주려고 노력했다. 그러나 그 뛰어남을 글로써 표현하는 것은 부족할 수밖에 없다. 당신이 겸손하고 진실한 성도라면 이 영원한 안식을 간절히 기다리며 수고하라. 당신은 이제 곧 이 모든 진리를 그대로 보며 느끼게 될 것이다. 그때 당신은 이 복된 상태를 최고로 느끼면서 죽을 운명에 처한 인간으로 있었을 때의 무지하고 헛된 소리에 안타까움을 느낄 것이며 또한 그때 들었던 모든 것이 실제 영원한 안식을 누리며 알게 되는 모든 진리와 비교할 때 수천만 배 부족하다는 사실을 알게 될 것이다. 한편 그날이 될 때까지, 이 정도 아는 것으로 당신의 열망을 불태우며 노력하도록 하라. 똑바로 서서 계속 수고하라. 달리며 노력하며 싸워서 붙들라. 당신 앞에 분명히 영광스러운 상급이 있다. 하나님은 당신을 속이지 않으신다. 스스로 속지 마라. 지체함으로 당신의 영혼을 저버리지 마라. 모든 것이 당신에게 달렸다.

만일 그리스도인이 그들의 생각 속에서 늘 이 영광을 생생하게 유지하고 싶다면 삶을 꾸려나가고 의무를 감당하는 데 있어서 어떤 종류의 사람이 되어야 하며 무슨 생각을 해야 마땅할까? 천국에 대한 생각으로 삶에 활기가 넘치고 믿음이 넘친다면 그들의 영혼은 어떤 모습을 띠게 될까? 그들의 마음이 무거운 가운데 슬픈 기색을 하게 될까? 이 땅에서 위로를 받아야 할 필요가 생길까? 고난이 너무 싫고 죽음이 두려울까? 쾌락의 날이, 아니면 매일 하루가 일 년처럼 지루하게 느껴질까? 주께서 우리의 부패한 심령을 치유하셔서 "그들이 믿지 아니하므로 능히 들어가지 못하는" 히브리서 3:19 일이 없기를 바란다.

Chapter 4 | Persons for Rest

영원한 안식을 누리는 자의 특징

무화과 잎사귀 같은 우리의 불의한 의로는 우리의 부끄러움을 가리기에 부족하다. 하지만 그리스도의 의는 충분하다. 오직 그리스도에게서 나오는 자비만이 우리를 구원할 수 있다.

나는 당신이 내가 제시하는 하나님 백성의 특성으로 자신을 점검해보기를 바란다. 《성경》은 많은 증거를 제시함으로써 하나님의 백성이 이 안식을 누리기를 바란다. 이 안식은 성도들을 위해 남아 있지만, 그들이 그 세계로 들어갈 때까지는 안식을 즐길 수 없다. 이 장은 그들의 영혼이 몸과 분리되는 동안에 이 안식을 즐길 것을 보여주면서 결론을 짓는다.

천국에 있으면서 성도의 안식의 뛰어남을 서술하는 동안 나는 그곳에 있는 것이 좋다고 느끼며 더 머물렀다. 그러나 내가 그곳에 더 오래 머물렀다면 이 주제를 다루는 나의 개념에 심각한 불균형이 있었을 것이다. 행복한 땅을 기대하는 사람이 지루함을 느낄 수 있을까? 그 땅에서 누릴 말로 형언할 수 없는 높은 영광에 대해 읽은 당신은 그러한 엄청난 준비가 과연 어떤 피조물을 위한 것인지 궁금해질 것이다. 그러면서 이에 대해 환하게 설명해 줄 태양이 떠오르기를 기대할지도 모르겠다.

그 행복한 땅의 영광을 소유하게 될 주인공은 바로 하나님의 은혜의 능력으로 거듭난 한 줌의 먼지로 구성된 영혼과 이성을 지닌 사람이다. 당신은 이 피조물이 그 땅에 들어갈 자격을 얻기 위해서는 뭔가 중요한 요소가 더해져야 한다거나 혹은 어떤 자격이 있어야 한다고 생각할 것이다. 그러나 보라! 그에게는 아무것도 없고 따라서 아무 자격이 없다. 그렇다. 만일 그가 스스로 자격을 얻는 방향으로 나아가게 되면 오히려 그는 자격을 상실하게 된다. 그러나 사랑에 사로잡혀 모든 것이 되시는 주께로 인도된다면, 그래서 주님을 가장 뜨겁게 받아들이고 그분을 의지한다면, 그는 그분 안에서 그리고 그분을 통해 이 모든 것을 받게 된다. 더욱 구체적으로 말하면, 이 안식은 영원 전부터 하나님께 선택을 받고, 구속자 그리스도께 주어지고, 거듭나며, 죄의 악함과 죄로 인한 비참, 피조물의 헛됨, 그리스도의 충족하심에 대해 깊게 확신하는 자들을 위해 마련된 것이다. 그들의 의지는 새로워졌고 그들은 언약 가운데 그리스도와 약속을 맺은 자다. 그들은 끝까지 그리스도와의 약속을 지켜 낼 것이다.

영원부터 택함을 받음

하나님께서 마련하신 영원한 안식을 누리게 될 '하나님의 백성'이라고 불리는 사람들은 "창세 전에 그리스도 안에서 하나님께 택함을 받아 사랑 안에서 그 앞에 거룩하고 흠이 없게 된"에베소서 1:4 자이다. 《성경》에 따르면 그들은 분명히 인류의 한 부분이다. 하지만 그들은 적은 무리이며 그들에게 "아버지께서 그 나라를 주시기를 기뻐하신다"누가복음 12:32. 그들은 생각보다 그 수가 적다. 그러나 어떤 맥 빠진 영혼들이 생각하듯 그렇게 극소수는 아니다. 어리석은 생각을 하는 자 중에는 자신은 주의 백성이 되기를 원하지만, 하나님께서는 그들의 하나님이 되기를 원하지 않는다고 의심하는 자도 있다.

그리스도께 드려짐

이 사람들은 하나님에 의해 그분의 아들에게 드려져서 주 예수 그리스도에 의해 그들의 상실한 상태로부터 구속을 받고 안식의 영광으로 나아온 자다. 하나님은 모든 것을 그의 아들에게 주셨다. 그러나 창세 전부터 택하신 자들을 하나님께서 아들에게 주실 때는 그 방법이 특이했다. "아버지께서 아들에게 주신 모든 사람에게 영생을 주게 하시려고 만민을 다스리는 권세를 아들에게 주셨음이로소이다"요한복음 17:2. 그 차이는 사도의 말에 의해 더욱 분명하게 표현된다. "또 만물을 그의 발 아래에 복종하게 하시고 그를 만물 위에 교회의 머리로 삼으셨느니라"에베소서 1:22. 그리스도는 만유를 대속하셨지만, 그러나 주의 백성을 위한 그분의 대속은 특별한 차원에 있었다.

거듭남

이 사람들이 영원한 안식을 누릴 자격이 되는 이유는 거듭났기 때문이다. 이 땅에 태어나지 않고는 한 가족의 일원이 될 수 없는 것처럼, 그 누구도 거듭나지 않고는 하나님 나라의 백성이 될 수 없다. 사람은 모태에서 태어날 때 하나님의 원수로 태어나기 때문에 거듭나지 않으면 하나님의 원수로 남게 된다. 영혼 속에서 역사하는 거듭남의 새 생명이 없이는 누구든지 자신의 삶에 가장 위대한 변화를 이룰 수 없다.

만일 거듭남이 없이 영원한 안식에 이르려고 하는 사람은 심각한 속임수에 빠진 상태일 뿐이지 절대 구원에 이를 수 없다.

그리스도의 완전하심을 확신함

하나님의 백성 안에 있는 이 새 생명은 영혼 깊은 곳에서 신성한Divine 것들을 깨닫거나 느낌으로써 그 존재를 드러낸다. 새 생명은 죄의 악을 깨닫는다. 죄를 즐겼던 자신이 얼마나 큰 죄인인지 깨닫게 되며, 죄라는 것은 두꺼비나 뱀보다 더 징그러운 것이고 온역이나 기근보다 더 무서운 악이라는 사실을 깨닫는다. 죄는 지극히 높으신 하나님의 의로운 법을 어김으로써 하나님께는 모욕을, 죄인에게는 멸망을 가져온다는 사실을 보게 된다.

죄인들은 죄에 대한 책망의 말씀을 심각하게 듣지 않는다. 자신들의 죄를 언급하면 잠깐 마음의 가책을 받지만, 여전히 자기보다 악한 자들을 바라보며 자신을 의롭게 여긴다. 그는 왜 사람들이 죄에 대해 그토록 민감해야 하는지, 약간의 금지된 쾌락을 즐기는 것이 무슨 해가 되는지 의아해 하는 것이 버릇이 되어 버렸다. 그는 그리스도께서 죄 때문에 죽어야 하는 죄의 가증함을 보지 못하며 그리스도가 없는 이 세상은 지옥에 떨어져 영원한 고통을 받기에 합당하다는 사실을 보지 못한다. 하지만 이제 상황이 달라졌다. 하나님께서는 거듭난 자들의 눈을 여셔서 죄의 형언할 수 없는 극악함을 보여주신다.

그들은 죄로 말미암아 자신들의 비참을 깨닫는다. 전에는 하나님 율법의 경고를 먼 나라의 전쟁 이야기를 듣는 것처럼 심각하게 대하지 않았지만, 지금은 그 경고가 자신들의 이야기인 것을 발견한다. 그들은 율법을 대하면서 자신들의 운명을 깨닫는다. 자신들의 이름이 저주의 책에 기록되어 있는 것을 발견하며 또한 율법을 읽을 때 나단 선지자의 "당신이 그 사람이라"사무엘하 12:7는 음성을 듣게 된다. 전에는 하나님의 진노란 그저 멀쩡한 집에 사는 사람에게 폭풍이 임하거나 평범한 사람에게 갑자기 병마의 고통이 임하는 사건으로 보았다. 하지만 지금은 자신이야말로 병에 걸려 있으며 저주받은 자임을 느낀다. 자신은 율법의 관점에서 볼 때 이미 죽은 자요 정죄 받은 사람이며, 앞으로 그에게 남아 있는 것은 영원히 회복될 수 없는 비참으로 떨어뜨리는 형 집행밖에 없다는 사실을 발견한다. 이러한 깨달음이 바로 모든 거듭난 자 안에서 역사하시는 성령의 역사다.

어떤 사람이 자신은 죄인이며 정죄 받았다는 사실을 먼저 깨닫기 전에 어떻게 용서를 바라고 그리스도께 올 수 있겠는가? "건강한 자에게는 의사가 쓸데없고 병든 자에게라야 쓸 데 있느니라"마태복음 9:12고 하신 주의 말씀처럼, 자신이 영적으로 죽었다는 사실을 발견하지 못한 사람이 어떻게 생명을 얻기 위해 그리스도께 나아오겠는가? 무서운 고통을 미리 피하려면 이러한 비참을 발견함으로써 신속한 치유책을 발견해야 한다. 이때 하나님의 자비를 발견하고 깨닫게 된다면 그 기쁨은 모든 비참을 신속하게 잊게 할 것이다.

또한 주의 백성은 피조물의 헛됨과 부족을 깨닫는다. 모든 사람은 본성적으로 우상 숭배자다. 인간의 마음은 인류의 조상 아담의 첫 번째 타락과 함께 하나님으로부터 멀어졌다. 그 이후로 인간은 피조물을 신으로 섬겨왔다. 이것이 인간의 본성이 지닌 가장 무서운 죄다. 거듭나지 않은 모든 사람은 피조물에 신성을 부여하고 그것을 자기 영혼의 가장 높은 곳에 둔다. 혹시 비참을 겪게 되면 사람들은 그 우상을 구세주로 믿고 우상으로 나아간다. 참으로 하나님과 그리스도만이 주와 구세주로 불려야 할 텐데, 거듭나지 않은 사람들은 실제로 피조물에 기대하며 피조물이 하나님의 역사를 일으킨다고 덧붙인다.

쾌락과 이익과 명예가 자연인의 세 가지 신이다. 이 세 가지는 자연인의 정욕적인 자아 안에서 하나를 이룬다. 인간의 첫 번째 죄는 신이 되기를 갈망하는 것이었고, 가장 무서운 이 죄는 모든 세대를 통해 인간의 본성에 퍼져 나갔다. 이후로 인간은 하나님의 인도를 거부하고 자기 멋대로 살아갔다. 하나님이 인간의 주권자가 되셔야 하는데 인간은 자신을 스스로 다스렸다. 그들은 주께서 주신 율법에 대해 트집을 잡고 수정하였다. 나아가 주의 율법을 버리고 인간 스스로 주의 율법과는 전혀 다른 인간적 율법을 만들어 사용했다. 주께서 우리를 보살펴주셔야 살 수 있는데(그렇지 않으면 우리는 망한다), 우리는 자신을 보살피려 한다. 날마다 주를 의지하며 주님께 받아 살아야 하는데 우리는 오히려 자기 몫을 손에 붙들고 독립하려고 한다. 주의 섭리에 순복해야 할 때 주의 섭리에 대해 잘잘못을 따지면서 하나님보다 자신이 더 잘할 수 있다고 착각한다. 하나님을 생각하고 사랑하고 신뢰하고 존경해야 하는데 우리는 정욕적인 자아를 생각하고 사랑하고 믿고 귀하게 여긴다. 우리는 하나님보다 사람들의 눈과 기대를 더 의식하며, 다른 사람의 마음이 주께로 향하게 하기보다 우리 자신에게 오게 한다. 나아가 모든 사람의 감사가 하나님이 아니라, 우리에게 돌려지도록 애를 쓴다. 우리는 많은 사람 앞에서 가장 칭송을 받고 가장 부러움을 사는 사람이 되기를 바란다. 이처럼 우리는 본성적으로 자기 자신을 우상으로 삼기를 원한다.

하지만 하나님께서 우리의 영혼을 새롭게 하시면, 우리 안의 다곤Dagon은 무너진다. 사람의 마음을 다시 하나님께로 돌아오게 하는 것이 하나님의 위대한 사역의 주된 목표다. 주께서는 죄인들을 설득하셔서 깨닫게 하신다. 피조물은 인간에게 행복을 주는 신이 될 수 없으며 나아가 인간의 타락과 비참에서 회복하게 할 수 있는 그리스도가 될 수 없음을 깨닫게 하시고 오직 여호와 하나님만이 인간의 행복이며 그리스도만이 그들을 하나님께로 돌아오게 할 수 있는 구세주임을 알려주신다. 이때 하나님은 인간을 설득하며 깨닫게 하려고 주의 말씀과 섭리를 통해 역사하신다. 이러한 이유로 인간의 회심의 역사는 종종 고난을 통해 나타난다.

가장 강력하게 말해도 듣지 않을 때 법정 논쟁으로 가면 정신을 차리고 들을 수밖에 없다. 만일 어떤 죄인이 명예를 그의 신으로 삼고 있다면 하나님께서는 그를 가장 부끄러운 곳으로 떨어뜨리신다. 자기의 부귀를 우상으로 삼는 자는 그러한 부귀가 그를 도울 수 없는 곳으로 인도하거나 그 부귀가 날개를 달고 달아나게 하신다. 이러한 하나님의 섭리는 인간으로 하여금 복음을 깨닫게 하는 데 큰 도움을 준다. 만일 어떤 사람이 쾌락을 자신의 신으로 삼고 두리번거리는 시선과 호기심으로 꽉 찬 귀를 가지고 게걸스런 식탐이나 욕정에 찬 마음이 뭐든 원하는 대로 다 하고자 할 때 하나님께서는 그에게서 이러한 모든 것을 빼앗아 쓸개와 개똥쑥으로 만들어 버리신다. 다시 말하면, 하나님께서는 사람을 병에 걸리게 하셔서 점점 쇠약해지게 하시고 혹은 그의 마음에 깊은 상처를 주시며, 양심으로 말미암아 가책을 느끼게 하신 후에 그에게 말씀하신다. "네 명예와 부귀와 쾌락이 너를 도울 수 있는지 시험해보라. 그것이 너의 상한 마음을 치유할 수 있는지 보라. 그것이 지금 너의 무너지는 장막을 지탱할 수 있느냐? 그것이 네 영혼이 너의 몸에서 떠나가는 것을 막을 수 있느냐? 그것이 나의 영원한 진노로부터 너를 구원할 수 있느냐? 그것이 네 영혼이 영원한 불못에 들어가지 못하도록 너를 구속할 수 있느냐? 그것에 크게 외쳐 도움을 청해보라. 그것이 네게 하나님과 그리스도 대신에 그 일들을 할 수 있는지 확인해보라."

기근에 처한 사람은 음식의 필요를 깨달으며 정죄의 판결을 받은 사람은 용서의 필요를 깨닫는다. 빚더미로 감옥에 갇힌 사람은 그를 풀어줄 보석금이 필요하다는 사실을 깨닫는다. 마찬가지로 하나님의 백성은 예수 그리스도를 완벽하게 필요로 하며 그분의 충족함과 완벽한 뛰어남을 깨닫는 사람이다. 이제 죄인은 자신의 죄 짐을 감당하기에 불가능한 것을 느끼며 오직 그리스도만이 그의 죄 짐을 벗겨주실 수 있음을 발견한다. 그는 율법이 자기를 반란자로 선포하는 것을 깨닫고 오직 그리스도만이 그에게 평강을 주실 수 있음을 본다. 그는 무서운 사자가 추격해 오는 것을 느끼며 안전한 성소를 발견하지 못하면 틀림없이 멸망하게 될 것을 알아챈다. 이제 그는 결단해야 할 자리까지 왔다. 즉, 그를 의롭다고 하실 그리스도를 모시든지, 아니면 영원히 정죄를 받아 멸망해야 한다. 그를 구원할 그리스도를 모시든지, 아니면 영원히 타는 지옥 불에 들어가야 한다. 자신을 하나님께로 인도하실 그리스도를 모시든지, 아니면 영원히 주님 앞에서 쫓겨나야 한다. 이때 그는 순교자처럼 "오직 그리스도십니다! 오직 그리스도밖에는 없습니다!"라고 외쳐야 구원받는다. 또한 이미 깨달음을 얻은 자라도 그렇게 외치는 것이 당연하다. 굶주린 자를 만족하게 하는 것은 금이 아니라 빵이다. 정죄 받은 자를 위로할 수 있는 것은 오직 그리스도의 죄 사함밖에 없다.

모든 것이 배설물로 여겨질 때 우리는 그리스도를 얻게 될 것이다.

지금까지 유익하다고 여기던 것들을 이제는 그리스도를 위해 해로 여긴다. 죄인은 그의 비참을 본다. 하지만 자기 자신도, 이 세상의 그 무엇도 그 비참에서 자신을 꺼내줄 수 없다는 사실을 깨달으면서 오직 그리스도에게서 나오는 자비만이 그를 구원할 수 있음을 보게 된다. 그는 피조물도, 자기도 자신을 도울 수 없음을 알지만, 그리스도는 그를 도울 수 있음을 발견한다. 무화과 잎사귀 같은 우리의 불의한 의로는 우리의 부끄러움을 가리기에 부족하다. 하지만 그리스도의 의는 충분하다. 우리의 의는 율법의 공의에 한참 부족하지만, 그리스도의 의는 율법의 공의에 조금도 부족함이 없다. 만일 그리스도께서 우리를 위해 중보하시면 아무도 우리를 거부하지 못한다. 그분의 인격의 위엄, 그리고 그분께서 이루신 공로의 가치는 하늘 아버지께서 그가 원하는 모든 것을 허락해 줄 정도이기 때문이다. 전에는 그리스도의 뛰어남을 보면서도 눈먼 장님이 태양 빛을 보듯 아무것도 느낄 수 없었지만, 지금은 눈이 열려 그 영광을 보는 자가 되었다.

의지가 균형 있게 변화됨

이 깊은 확신 후에 의지의 변화가 나타난다. 예를 들어, 바른 이해는 죄를 악한 것으로 선포하듯, 의지는 혐오스러운 것에서 우리를 돌아서게 한다. 의지의 변화는 감각적 욕구가 변하여 어떤 대상을 혐오스럽게 느끼는 그러한 변화가 아니다. 옳고 그름을 판단하는 이성을 거슬리는 것과 하나님을 대항하여 죄를 짓게 하는 것에 대한 혐오에 의해 생기는 의지의 변화다. 즉, 의지의 변화란《성경》과 '이성'을 기준으로 하여 우리가 감각의 종이 되어 무질서와 악을 행할 때를 혐오하는 것이다. 또한 변화된 의지는 죄로 말미암아 비참을 분별하며 그러한 비참으로 말미암아 애통한다. 그러한 영혼은 하나님께 죄를 범하거나 혹은 죄악으로 말미암아 어떤 재난을 당하게 되면 반드시 회개하게 되어 있다. 죄를 범할 때마다 자신이 그리스도를 죽였으며 심지어 자기 자신마저 죽였다는 사실을 깨달으며 심한 양심의 가책을 받게 된다. 그는 울지 않을 수는 있어도 자신이 이해하고 있는 것에 따라 그 마음이 신음하며 아파하는 것은 피할 수 없다. 변화된 의지는 피조물을 자기 신으로 모시기보다는 그것을 헛된 것으로 여긴다. 피조물을 천대하거나 피조물을 사용하는 것을 정죄하는 것은 아니다. 그러나 피조물을 우상의 대상으로 만들거나 불의하게 착취할 때 이를 정죄한다.

그리스도가 수단이고 피조물이 목적일 수 있는가? 그리스도보다 피조물을 더 좋아하면서 과연 하나님께 회복되기 위해 그리스도를 찾을 수 있는가? 거듭나지 못한 모든 사람에게는 피조물이 그들의 영혼의 신이며 그리스도다. 어떤 사람이 피조물로부터 돌아서서 하나님께로 가려 할 때 만일 그리스도에 의해 돌아선 것이 아니라면 그의 돌아섬은 진정한 돌아섬이 아니다. 또한 피조물이 마음을 사로잡고 있는데 그가 그리스도를 믿는다고 하면 그의 믿음은 참된 믿음이 아니다. 우리가 죄를 미워하고 우상을 버리고 그리스도를 바르게 영접할 때 그때야 비로소 그에게 하나님께서 이루시려는 일이 시작된다. 그때부터 우리의 의지는 하나님 아버지와 그리스도께 매달린다. 이 세상 그 어디에도 참된 행복이 없음을 깨달은 죄인은 이제 그의 참된 행복은 하나님 안에 있음을 발견한다. 또한 그리스도만이 그에게 평강을 주실 수 있고 평강을 주시기를 기뻐하신다는 사실을 깨닫고 가장 사모하는 마음으로 그리스도를 구세주와 주로 받아들인다.

바울의 설교는 "하나님께 대한 회개와 우리 주 예수 그리스도께 대한 믿음을 증언한다"사도행전 20:21. 영생은 먼저 "유일하신 참 하나님과 그가 보내신 자 예수 그리스도를 아는 것"요한복음 17:3이다. 주the LORD를 하나님으로 여기는 것은 자연 영역에서의 언약이다. 그러나 그리스도를 구속자로 모시는 것은 초자연적 영역에서의 언약이다. 물론 전자가 먼저 필요하고 구속자를 모시는 것은 그 다음이다. 그리스도를 향해 호감과 사랑이 없을 때는 그 믿음은 거짓 믿음으로써 우리를 의롭게 할 수 없다. 사랑은 믿음의 열매로 따라오는 것이 아니라, 반드시 믿음과 동행하기 때문이다. 참 믿음은 그리스도를 온 영혼을 다해 받아들인다. 이에 주께서는 "아버지나 어머니를 그리스도보다 더 사랑하는 자는 주께 합당하지 아니하다"마태복음 10:37라고 말씀하셨고, 이에 그러한 마음으로는 주님에 의해 의롭다 함을 얻지 못한다. 믿음은 예수 그리스도를 구세주와 주로 영접한다. '구세주와 주!', 이 두 관계 속에서 예수 그리스도를 영접하지 않으면 아무런 의미가 없다. 믿음은 십자가상에서의 주의 고난이 나를 위한 것임을 인정함으로써 용서와 영광을 받아들이는 것일 뿐만 아니라 주의 주권을 인정함으로써 주의 통치와 구원의 방법에 순복하는 것이다.

그리스도와 언약을 맺음

하나님 백성의 특징 중 가장 두드러진 것은 이제 그들은 온 맘을 다해 그리스도와 언약을 한다는 사실이다. 그 죄인은 그때까지 그리스도와의 언약을 평안하게 느끼거나 그 언약을 심각하게 고려해본 적이 없었다. 그는 그리스도께서 자기의 생명을 걸고 죄인들에게 영원한 안식을 거저 주시겠다는 언약에 온 맘을 다해 동의한다. 따라서 언약은 완전하게 체결되었다. 이 언약에 의해 그리스도는 죄인들과 평안한 관계를 맺는 자리로 나아가신다. 그리고 죄인들도 자기 자신을 그리스도에 의해 구원받고 통치를 받을 수 있도록 내어 놓는다. 이제 그 영혼은 굳은 결의 가운데 결론짓는다. "나는 눈이 가려져서 너무나 오랫동안 육신과 정욕, 세상과 마귀에 이끌리는 삶을 살아옴으로써 거의 완전한 파멸까지 이르렀었다. 이제 나는 피로 값 주고 나를 사신 내 주님께 내 자신을 다 맡긴다. 주께서는 나를 주의 영광으로 인도하실 것이다."

약속 안에서 견딤

하나님 백성의 또 다른 특징은 그들은 이 언약 안에서 끝까지 견딘다는 점이다. 성도는 유혹받을 수는 있지만, 절대로 주를 부인하거나 주님과의 관계를 끊거나 혹은 주님과의 언약을 후회하는 일이 없다. 언약의 조건인 믿음이 이어지는 한 언약이 파기되었다고 말하는 것은 적절하지 않다. 혹시 진심이 아니라 말로만 언약을 맺은 사람이 있다면 그 사람은 자기 발로 주의 언약의 피를 짓밟을지 모르겠다. 하지만 택함 받은 사람은 그렇게까지 될 수 없다. 그들은 거룩하지 않은 자였지만, 주의 언약의 피로 거룩하여져서 이미 교회 밖에 있는 사람들로부터 구별되었기 때문이다. 참된 성도들은 이러한 견인堅忍을 반드시 이루어 낸다. 왜냐하면 견인은 구원의 조건이기 때문이다. 물론 견인은 처음에 주어진 칭의와는 달리 그들의 계속적인 풍성한 삶과 의로운 삶의 조건이 된다. 하지만 영원히 찬송을 받아야 하는 것은 우리의 견인이 아니라, 우리의 견인이 가능하도록 은혜의 언약을 이끌어 내신 하나님의 사랑이다. 하나님의 사랑은 안식의 조건이 되는 우리의 견인을 끝까지 붙들어주고 인을 쳐주시며 또한 그 견인의 조건에 따라 베푸시는 하나님의 나라를 서명하여 보장해주신다.

이러한 조건이 하나님의 백성에게 반드시 필요하다. 물론 나는 그들의 모든 뛰어남을 충분히 다 설명한 것은 아니다. 또한 그 구별된 표시들을 전부 나열한 것도 아니다. 나는 당신이 그리스도인의 소망을 가진 자로서, 인간의 이성을 가진 자로서, 의로우신 하나님에 의해 이제 곧 심판받을 자로서 다음 질문들에 진실하게 답변하며 자기 자신을 진단해보기를 바란다. 나는 이 질문들을 통해 성령의 역사에 대한 순서나 발생 시간을 기억하는지를 묻는 것이 아니다. 이에 대해서는 틀릴 수도 있고 불확실할 수도 있다. 또한 성령의 역사가 당신 안에 발생한 것이 확실하더라도 그 역사의 때와 방법을 아는 것이 그렇게 중요한 것도 아니다. 그러나 다음 질문들은 당신 자신에게 물어보며 조심스럽게 자신을 점검할 수 있도록 돕는다.

"당신은 당신의 영혼 전부가 부패했다는 사실을 철저하게 인식하는가? 당신의 모든 생애가 악으로 가득하다는 것에 동의하는가? 죄가 얼마나 사악한지 깨닫는가? 아무리 작은 죄를 범할지라도 율법의 언약에 의해 영원한 죽음이 마땅하다고 여기는가? 당신은 하나님의 율법은 참되고 의롭다는 사실에 동의하는가? 당신은 그 율법에 따라 사형에 해당한다는 사실을 깨닫는가? 당신은 모든 피조물은 그 자체로는 당신의 행복이 될 수 없고 또한 당신의 비참을 제거하는 수단이 될 수 없다는 사실을 인정하는가? 당신은 당신의 행복은 오직 하나님 안에 있으며 하나님만이 당신의 행복 목표이며, 또한 그리스도 안에서만 하나님께로 나아갈 수 있다는 사실을 인정하는가? 당신은 그리스도를 통해 하나님께 인도되어야 하며 그렇지 않으면 영원히 멸망하게 되는 것을 아는가? 당신은 그리스도를 누려야 할 절대적인 필요를 느끼며 또한 당신의 사정이 어떠하든 당신이 요구하는 모든 것을 주께서 행하시기에 조금도 부족함이 없다고 보는가? 당신은 하나님 나라의 진주를 발견한 후에 그 뛰어남이 너무 커서 당신의 모든 소유를 다 팔아 그 진주를 샀는가? 당신의 깨달음은 독서나 교육에 의해 의견이 바뀌는가, 아니면 목이 말라 죽을 것 같은 상태에서 주님에게서 얻는가? 죄로 말미암아 비참함을 볼 때 당신은 죄에 대한 혐오와 부담을 느끼는가? 눈물은 나지 않더라도 당신의 마음은 감당할 수 없는 죄와 비참의 무게 때문에 신음하는가? 당신은 자신의 모든 의를 거부했는가? 당신은 마음에서 우상을 제거하고 그 어떤 피조물도 당신의 마음을 주관하지 못하게 하는가? 이제 당신은 하나님과 그리스도의 종인가? 당신은 그리스도를 당신의 유일한 구세주로 영접하며, 오직 그리스도에게서 당신의 의롭다 함과 회복과 영광을 바라는가? 당신의 삶과 영혼은 주의 율법을 최고의 명령으로 여기는가? 당신은 일반적으로 그리스도의 율법을 따라 행함으로써 육체의 소욕을 이기며, 명예와 이익과 쾌락을 추구하는 당신의 이기심을 막아내는가? 그리스도가 당신의 마음과 사랑에서 최고의 자리를 차지하는가? 비록 당신이 원하는 만큼 그리스도를 충분히 사랑하지는 못하더라도 그리스도보다 더 사랑하는 것은 아무것도 없는가? 당신은 이 목적을 가지고 진실한 마음으로 주님과 언약을 하였으며 당신 자신을 주께 다 바쳤는가? 당신은 이 언약에 신실한 자로 입증되는 일에 가장 많은 신경을 쓰며 항상 깨어 있기를 노력하겠는가? 혹시 죄에 빠지더라도 당신은 여전히 주님과 맺은 언약을 취소하거나, 당신의 주主를 바꾸거나, 또는 세상을 위해 어떤 다른 통치에 당신 자신을 맡기지 않을 것을 분명히 하는가?

만일 이러한 질문들에 진실로 확답을 한다면, 당신은 하나님의 백성이며 진실한 하나님의 약속에 따라 당신을 위해 영원한 복된 안식이 예비되어 있을 것이다. 그리스도 안에 거하며 끝까지 견딜 수 있도록 온 마음을 다하라. 그렇지 않고 "뒤로 물러가면 주의 마음이 당신을 기뻐하지 아니하실 것이다" 히브리서 10:38. 하지만 만일 당신이 위의 질문들에 확답할 수 없다면, 당신의 기만적인 마음이 무엇을 생각하든, 아무리 헛된 소망을 크게 갖든, 당신이 철저하게 회개하지 않는다면 결국 그때 가서 영원한 안식이 당신에게 해당하지 않는 사실을 발견하면서 "오, 내가 지혜로웠다면… 이 사실을 이해하고 그 결말을 고려했더라면!"라고 통곡하게 될 것이다. 하지만 당신의 영혼이 당신 몸 안에 있는 동안은 아직 당신에게 결정권이 있기 때문에 여전히 당신 앞에 기회와 소망이 있다. 아직 당신의 귀는 열릴 수 있으며 당신의 마음은 하나님의 설복에 순복될 수 있다. 당장 회개하여 주 예수 그리스도를 영접할 기회를 놓치지 마라. 그리하면 당신은 주의 백성과 함께 안식하게 될 것이며 "빛 가운데서 성도의 기업의 부분을 얻기에 합당하게" 골로새서 1:12 될 것이다.

하나님의 백성이 영원한 안식을 누릴 것이라는 진리에 대해 더 증거가 필요하다면 《성경》은 분명하게 여러 다양한 방법으로 이를 확언해준다. 예를 들어, 《성경》은 하나님의 백성에 대해 그들은 그 안식을 받기 위해 미리 정해져 있고 그 안식은 그들을 위해 마련되었다고 말한다. "그들이 이제는 더 나은 본향을 사모하니 곧 하늘에 있는 것이라 이러므로 하나님이 그들의 하나님이라 일컬음 받으심을 부끄러워하지 아니하시고 그들을 위하여 한 성을 예비하셨느니라" 히브리서 11:16. 그들은 "영광 받기로 예비하신바 긍휼의 그릇" 로마서 9:23으로 불린다. 그들은 "모든 일을 그의 뜻의 결정대로 일하시는 이의 계획을 따라 우리가 예정을 입어 그리스도 안에서 기업이 되었다"에베소서 1:11. "또 미리 정하신 그들을 또한 영화롭게 하셨다"로마서 8:30. 누가 하나님의 영원한 목적 가운데 주의 백성을 위해 마련된 영원한 안식을 그들에게서 앗아갈 수 있겠는가? 《성경》은 우리에게 말하길 그들은 이 안식에 들어가도록 구속함을 받았다고 말한다. "우리가 예수의 피를 힘입어 성소에 들어갈 담력을 얻었나니"히브리서 10:19. 이 담력은 그곳에 들어가기 위해 우리가 이 땅에서 드리는 기도와 믿음에서 나오는 것이 아니며, 그곳에 들어가서 소유하게 될 충만한 영광 때문에 생기는 것도 아니다. 그 담력은 오직 예수의 피 때문에 생긴다. 그러므로 하늘의 성도들은 "각 족속과 방언과 백성과 나라 가운데에서 사람들을 피로 사서 하나님께 드리시고 그들로 우리 하나님 앞에서 나라와 제사장들을 삼으신"요한계시록 5:9~10 주께 새로운 노래를 불러 드린다.

그리스도께서 자신의 피와 고난을 통해 "자기 영혼의 수고한 것을 보고 만족하게"이사야 53:11 여기는 한 "안식할 때가 하나님의 백성에게 남아 있다"히브리서 4:9. 《성경》 안에는 이 안식이 그들에게 약속되어 있다. 궁창에 별이 있듯이 《성경》을 보면 하나님의 이러한 약속들이 별처럼 반짝거리고 있다. 예수님은 "적은 무리여 무서워 말라 너희 아버지께서 그 나라를 너희에게 주시기를 기뻐하시느니라"누가복음 12:32고 말씀하셨고, 또한 "내 아버지께서 나라를 내게 맡기신 것같이 나도 너희에게 맡겨 너희로 내 나라에 있어 내 상에서 먹고 마시게"누가복음 22:29~30 하겠다고 말씀하셨다. 은혜의 모든 방편과 영혼에 끼치는 성령의 역사, 성도의 은혜로운 활동들, 회개하고 믿고 금식하고 기도하고 두드리고 구하며 노력하고 수고하고 달리며 싸우라는 모든 명령은 하나님의 백성을 위한 안식이 남아 있다는 사실을 입증한다. 만일 우리가 바라고 사랑하는 안식을 받을 수 없다면 성령께서 우리 마음속에 하늘을 향한 강한 열망이나 예수 그리스도를 향한 뜨거운 사랑을 일으키실 리 없다.

"우리 발을 평강의 길로 인도하시는"누가복음 1:79 주께서는 반드시 우리를 평강의 목적지로 데려가실 것이다. 하지만 "천국은 침노를 당하나니 침노하는 자가 빼앗는다"마태복음 11:12. 이 얼마나 목표와 수단이 밀접하게 연결되어 있는가! 따라서 거듭난 가운데 그리스도를 힘껏 따르는 자들은 영광의 보좌에 앉게 된다. 《성경》은 성도들이 이곳에서 그 영원한 안식의 시작을 맛볼 수 있으며 또한 그 안식의 담보와 인을 가지고 있다고 확신하여 준다. "예수를 너희가 보지 못하였으나 사랑하는도다 이제도 보지 못하나 믿고 말할 수 없는 영광스러운 즐거움으로 기뻐하니 믿음의 결국 곧 영혼의 구원을 받음이라"베드로전서 1:8~9. 그들은 이 땅에서 벌써 하나님의 영광 가운데 기뻐하고 하나님은 그들에게 그들의 기업의 보증이신 약속의 성령을 주심으로 인을 치셨으니 그날에 어찌 주께서 충만한 안식의 소유를 주의 백성에게 주시기를 거절하시겠는가? 《성경》은 또한 이 안식에 들어간 사람들의 이름을 언급한다. 그 이름으로는 에녹과 아브라함, 나사로 및 그리스도와 함께 십자가에 못 박힌 강도 등이 있다. 만일 이들을 위한 안식이 있다면, 반드시 모든 성도를 위한 안식이 있다. 아무튼 《성경》 그 자체의 목적은 인간에게 최종 안식의 복된 상태로 인도하는 길을 보여주고 또한 어떻게 그 안식을 누릴 자격을 소유할 수 있는지를 보여주려는 데 있다. 이 목적 외에 다른 목적을 이유로 《성경》의 모든 증거를 다 모을 필요는 없다.

《성경》은 이 안식이 하나님의 백성을 위해 남아 있다는 사실을 입증할 뿐만 아니라, 이 안식은 오직 그들만을 위한 것이기 때문에 세상의 나머지 사람들은 그 안식에 들어갈 수 없다는 사실을 증명한다.

"거룩함이 없이는 아무도 주를 보지 못하리라. 사람이 거듭나지 아니하면 하나님의 나라를 볼 수 없느니라. 아들에게 순종하지 아니하는 자는 영생을 보지 못하고 도리어 하나님의 진노가 그 위에 머물러 있느니라. 음행하는 자나 더러운 자나 탐하는 자 곧 우상 숭배자는 다 그리스도와 하나님의 나라에서 기업을 얻지 못하리라. 악인들이 스올로 돌아감이여 하나님을 잊어버린 모든 이방 나라들이 그리하리로다. 진리를 믿지 않고 불의를 좋아하는 모든 자로 하여금 심판을 받게 하실 것이라. 주 예수께서 하늘로부터 불꽃 가운데에 나타나실 때에 하나님을 모르는 자들과 우리 주 예수의 복음에 복종하지 않는 자들에게 형벌을 내리시리니 이러한 자들은 주의 얼굴과 그의 힘의 영광을 떠나 영원한 멸망의 형벌을 받으리로다" 히브리서 12:14, 요한복음 3:3, 36, 에베소서 5:5, 시편 9:17, 데살로니가후서 2:12, 1:7~9.

만일 경건하지 않은 자들이 그들의 생을 마치기 전에 회개하고, 마음을 다해 예수 그리스도를 구세주와 왕으로 모셨다면, 그러면서 주의 가장 합당한 조건에 따라 주께서 제안하신 주의 방법으로 구원을 받으려 했다면 그들은 구원받았을 것이다. 그러나 하나님께서는 은혜로 그들에게 영생을 제시하셨지만, 애석하게도 그들은 그 제안을 받아들이지 않았다. 그들은 성도들의 영광보다 정욕의 쾌락을 더 바랐다. 사탄은 그들에게 하나님이 제시하는 것과는 전혀 다른 것을 제시했다. 이때 그들은 자신이 원하는 대로 선택할 수 있었는데 그들은 그리스도와의 영원한 안식보다는 "잠시 죄악의 낙을 누리는 것" 히브리서 11:25을 택하였다. 그러니 그들이 원치 않는 것을 그들에게 주지 않는 것이 합당하지 않겠는가? 하나님께서 그들에게 그토록 간절하게 들어오라고 재촉을 하고 설득하며 부탁을 했어도 그들은 들어오려고 하지 않았으니 그들은 바깥 어두운 곳에서 개들과 함께 있어야 하는 것이 타당하다.

우리는 인간이 매우 악해서 은혜의 강력한 역사가 그에게 임할 때까지는 전혀 하나님께 항복하지 않을 것을 잘 안다. 그러나 그럼에도 우리는 여전히 누구든지 하나님의 조건에 따라 구원받기를 원하기만 하면 구원을 받게 될 것이라고 확실하게 말할 수 있다. 그가 어쩔 수 없는 도덕적 부패에 빠져 있고 의도적인 죄악에 빠져 있다 할지라도 그가 복음을 통해 그리스도를 영접하지 못할 핑계는 없다. 이는 마치 나는 간음자이니 다시는 아내를 사랑하지 않겠다는 말이요, 나는 내 형제를 미워하니 다시는 그를 사랑하지 않겠다는 말과 같다. 이렇게 끝까지 은혜를 거절하는 사람들이야말로 가장 악하므로 더 무서운 형벌을 받아야 마땅하지 않을까? 죄인들은 지옥에서 자신의 어리석은 고집을 영원히 탓하게 될 것이다. 지옥은 이성적인 속성을 지닌 인간이 자신의 양심의 호소에 따라 합리적으로 고통이 있는 곳이다. 만일 죄인들이 실제로 문제가 하나님께 있고 자신들에게 없다고 증명할 수 있다면 그들의 양심은 곧바로 평안하여지고 그들의 고통은 누그러질 것이다. 그렇다면 지옥은 더는 지옥일 수 없다. 그러나 자신들의 악독함과 고집 때문에 지옥에 들어오게 되었다면 그들은 자신을 꾸짖는 영원한 양심의 '구더기'를 제거하지 못할 것이다.

이 안식이 주의 백성을 위해 남아 있지만, 하나님께서는 그들이 천국으로 들어오기 전에는 그 안식을 누릴 수 없도록 하셨다. 피조물을 창조하신 분 외에 누가 그것을 맘대로 정하실 수 있겠는가? 우리는 아마 봄과 가을만 있으면 되지 왜 겨울이 있느냐고 따질지 모르겠다. 또는 왜 이 땅은 아래에 있고 하늘은 위에 있느냐고 물을 수도 있겠다. 마찬가지로 왜 지금 이 땅에서 영원한 안식을 주시지 않느냐고 의아해할지도 모르겠다. 하지만 모든 것은 점차 완전한 곳으로 나아가게 되어 있다. 만일 우리의 영원한 안식이 기껏해야 이곳이라면, 하나님의 대부분 섭리는 당장 쓸모없게 된다. 교회의 기적적인 구원이나 원수의 멸망으로 말미암은 하나님의 영광이 이곳에 나타나지 않을 것이다. 그렇게 되면 과연 우리는 이곳에서 행복을 누릴 수 있을까?

만일 우리가 이 땅에서 행복하고 순결하고 완벽하다면 우리를 거룩하게 하고 의롭게 하고 장래의 구원을 예비하는 영광스러운 주의 일들은 더는 소용이 없을 것이다. 만일 우리가 아무것도 원하지 않는다면 우리는 하나님을 가깝게 의존하거나 간절하게 주를 부르지 않을 것이다. 만일 우리가 가지고 싶은 모든 것을 가지고 있다면 우리는 전혀 기도하지 않을 것이다. 만일 우리가 내 맘대로 편안한 상황을 선택할 수 있다면 하나님은 홍해에서 부른 모세의 찬미 소리와 광야에서 들려오는 드보라, 한나, 다윗, 히스기야의 찬송 소리 등을 절대 듣지 못하실 것이다.

당신이 하나님께 높은 영광을 돌릴 때는 큰 위험과 비참을 지나면서 구원을 받았던 때가 아니었던가? 하나님께서 이 세상을 통해 큰 영광과 찬송을 받으시는 이유는 그리스도로 말미암은 구속과 화목과 구원 때문이다. 그런데 사람들은 비참을 당할 때에야 그리스도께로 나오지 않던가? 또한 하나님께서 주의 자비를 베풀 기회가 있어야 그만큼 사람들은 주의 자비를 즐기며 행복해하지 않겠는가? 사람들이 하나님에게서 위로를 받아야 하나님께 영광을 돌리지 않겠는가?

오, 성도들이 기도 가운데 얻게 되는 하나님의 위로는 얼마나 감미로운가! 타락한 탕자처럼 우리가 이 땅의 쾌락과 유익이 얼마나 헛된 것인지를 깨닫지 못한다면 우리가 어찌 하늘 아버지가 참으로 온유하신 분인 줄 알 수 있겠는가? 만일 우리가 무겁고 힘든 짐과 배고픔과 목마름과 가난과 뉘우침을 친히 겪어보지 않았다면 어찌 그리스도의 온유하심을 체험하여 보았겠는가? 나그네와 군인들은 위험을 벗어난 후 그 일을 되돌아보며 기뻐한다. 마찬가지로 하늘나라의 성도가 이 땅에서의 죄악과 슬픔들, 두려움과 눈물들, 원수와 위험들, 결핍과 재난들을 되돌아볼 때 천국에서의 기쁨은 더 큰 기쁨이 된다. 그러므로 복 있는 자들은 비참과 궁핍과 죄악으로부터 그들을 꺼내어 하나님께 왕과 제사장을 만드신 어린양을 찬양하며 "각 족속과 방언과 백성과 나라 가운데서"요한계시록 5:9 구속하신 주님을 노래할 것이다. 하지만 그들이 만일 이 땅에 만족하며 안식을 누린다면 이후에 이러한 즐거움을 누릴 기회가 없을 것이다.

그뿐만 아니라 우리는 이 땅에서 안식을 누릴 수 없다. 우리에게는 은혜가 많이 부족하고 또한 죄에 빠지기 쉬운 속성이 아직 남아 있기 때문에 완전한 안식을 누릴 수 없다. 또한 육신의 정욕에 가득 찬 이웃들과 함께 어쩔 수 없이 같이 지낼 수밖에 없기에 완전한 만족과 영원한 안식을 누릴 수 없다. 영혼의 안식이란 죄와 불완전함과 원수로부터의 자유로워지는 것 외에 또 무엇을 의미하겠는가? 만일 우리가 이러한 것들 때문에 괴로움을 당하되 끊임없이 당한다면 과연 그 영혼이 안식을 누릴 수 있을까? 왜 그리스도인들이 그토록 자주 "오호라 나는 곤고한 사람이로다 이 사망의 몸에서 누가 나를 건져내랴"로마서 7:24는 바울의 고백을 외치는가? 만일 그들이 현재 상황에서 영원한 안식을 누릴 수 있다면 왜 그들은 "아직 잡은 줄로 여기지 아니하고 앞에 있는

것을 잡으려고 푯대를 향하여 달려가는가?" 빌립보서 3:13~14

우리의 영혼뿐만 아니라 우리의 몸도 지금 상황에서는 영원한 안식을 누릴 수 없다. 지금 우리의 몸은 장래에 입을 태양처럼 빛나는 몸이 아니다. 그때는 "이 썩을 것이 반드시 썩지 아니할 것을 입겠고 이 죽을 것이 죽지 아니함을 입을 것이다" 고린도전서 15:53. 하지만 지금의 우리 몸은 마치 감옥처럼 답답하고 돌처럼 무거우며 약점과 결점이 많다. 그래서 우리는 대부분의 시간을 몸을 치유하고 몸의 끝없는 필요를 메우는 데 사용한다. 불멸의 영혼이 이러한 망가진 처소에서 안식을 취할 수 있을까? 분명한 것은 현재의 이 병들고 지치는 지긋지긋한 몸으로는 영원한 안식을 누릴 수 없다. 만일 이 몸으로 영원한 안식을 누리려면 그전에 몸은 반드시 새롭게 변화되어야 한다.

우리가 이 땅에서 누리는 대상들은 우리에게 영원한 안식을 주지 못한다. 이 세상에서 가장 많이 가진들 그것은 가장 무거운 짐밖에 되지 않는다. 세상에서 자리 잡고 세상에서 기뻐하는 자들은 마침내 그 헛됨과 성가심 때문에 절규하게 될 것이다. 사람들은 이 땅에 천국을 세워보겠다고 약속하지만, 그들이 즐길만하면 천국은 그들 손에 있지 않고 날개를 달고 날아간다.

주께서 하신 일들을 소중하게 여기는 자들은 그 일들의 목적이 우리의 우상을 무너뜨리고 세상에 싫증을 느끼게 하며 주 안에서 우리의 안식을 구하도록 하는 것임을 쉽게 발견한다. 주께서 우리를 가장 방해하실 때는 우리가 이 세상으로 가장 만족해하며 안일해지려는 때다. 만일 당신이 당신 자녀를 맹목적으로 사랑하면 그는 얼마 후에 당신의 가장 큰 골칫거리와 슬픔이 될 것이다. 만일 당신이 어떤 친구를 제대로 판단하지 못하고 무조건 신뢰하면 그는 당신을 징벌하는 자로 변할 것이다. 이러한 이곳이 과연 안식의 장소이며 안식의 상태인가?

우리가 이 땅에서 즐기는 대상들도 우리에게 영원한 안식을 주지 못한다. 마찬가지로 우리는 이곳에서 충만하신 하나님을 충분히 다 누릴 수 없다. 하나님께서 주의 영광의 알현실謁見室을 마련해 두신 곳은 이곳이 아니다. 하나님은 이곳에 우리와 자신 사이에 장막을 드리우셨다. 우리는 피조물로서 그분에게서 멀리 떨어져 있으며, 연약한 죽을 인생이기에 더 멀리 떨어져 있고, 죄인이기 때문에 가장 멀리 떨어져 있다. 우리는 이따금 주님에게서 오는 위로의 말씀을 들으며 우리에게 용기와 소망을 주는 사랑의 증표를 받기도 한다. 하지만 그것이 우리가 누릴 즐거움의 전부는 아니다. 하나님에 의해 구원을 받아 하나님을 자신의 분깃으로 삼은 모든 영혼은 주님에게서 그렇게 먼 곳에 떨어져 가끔 그리고 조금 주님을 누리는 상태에서 영원한 안식을 발견할 수 없다.

또한 안식을 누리기 전에 반드시 우리의 가치를 평가하는 일이 있어야 하므로 지금은 영원한 안식을 누릴 수 없다. 주님은 귀중한 자들에게만 면류관을 주실 것이다. 우리는 승리하기 전에는 면류관을 받을 자격이 없다. 경주를 다 마치지 않고는 상을 받을 수 없다. 포도원에서 수고를 마치지 않고는 임금을 받을 수 없다. 우리의 재능을 계발하지 않고는 열 고을을 다스릴 자격이 없다. 착하고 충성스러운 종으로 입증되기 전에는 주님의 즐거움에 들어갈 수 없다. 하나님께서는 당신이 수고하기도 전에 안식을 주시거나 승리하기 전에 면류관을 주심으로서 주의 공의를 무너뜨리는 일은 절대 하지 않으신다. 이처럼 우리의 안식이 장차 올 생애 때까지 남겨져야 하는 데는 충분한 이유가 있다.

당신은 이 세상에서 안식을 꾀한다든지 또는 안식을 찾으려 애쓰지 않도록 주의하라. 지금 이 육신 안에서 살면서 겪는 어려움과 수고와 궁핍 때문에 하나님을 원망하는 일이 없도록 하라. 가난이 당신을 힘들게 하는가? 병마와 모진 원수들과 불친절한 친구 때문에 피곤한가? 이곳에서는 그럴 수밖에 없다. 이 시대의 가증한 일들과 성도들의 죄악들, 악한 자들의 강퍅함이 당신을 지치게 하는가? 당신이 영원한 안식에 들어가기 전까지는 항상 그럴 수밖에 없다. 당신의 죄악과 고약하고 못된 심보가 당신을 힘들게 하는가? 그렇다면 더 신음하며 힘들어하라. 그러나 이 모든 피곤함 가운데 당신은 당신의 안식이 되시는 하나님께로 기꺼이 나아가는가? 또한 당신의 싸움이 마무리되며 당신의 경주와 수고가 곧 끝나기를 간절히 기대하는가? 그렇지 않다면 당신의 마음이 안식을 바랄 때까지 자신의 마음에 대해 더 불만을 품고 더 힘들게 하라.

이제 이 장을 마치면서 하나만 더 말하고 싶다. 즉, 성도의 영혼은 그 영혼이 몸과 분리된 상태에서도 말로 다 형언할 수 없는 축복과 영광을 누릴 수 있다는 사실이다. 바울의 다음 말보다 이 사실을 더 분명하게 보여주는 것은 없다. "그러므로 우리가 항상 담대하여 몸으로 있을 때에는 주와 따로 있는 줄을 아노니 이는 우리가 믿음으로 행하고 보는 것으로 행하지 아니함이로라 우리가 담대하여 원하는 바는 차라리 몸을 떠나 주와 함께 있는 그것이라"고린도후서 5:6~8. 또는 "내가 그 둘 사이에 끼었으니 차라리 세상을 떠나서 그리스도와 함께 있는 것이 훨씬 더 좋은 일이라"빌립보서 1:23는 바울의 말도 이 사실을 분명하게 한다. 만일 바울이 자신이 부활할 때까지는 그리스도를 즐거워할 수 없다고 생각했다면 왜 그가 둘 사이에 끼었을 때 세상을 떠나기를 원하였겠는가? 아니, 그는 똑같은 이유 때문에 이 세상을 떠나기를 싫어했다. 그 이유는 그가 육체 안에 있는 동안에도 그리스도를 어느 정도 누릴 수 있었기 때문이다. 따라서 죽음 직후에 그리스도로 누리는 것이 불가능하다면 이 세상을 떠나기를 택할 마음이 바울에게 들 수 없다.

주께서 도적에게 하신 말씀은 이 사실을 더욱 분명하게 한다. "오늘 네가 나와 함께 낙원에 있으리라"누가복음 23:43. 만일 죽음 직후에 각 사람의 영혼이 누리는 행복이나 비참이 없다면 부자와 나사로의 비유를 통해 그리스도께서 그렇게 명백하게 알리실 리 없다. 우리 주님께서 부활을 주장하실 때 하신 "하나님은 죽은 자의 하나님이 아니요 산 자의 하나님이시라"마가복음 12:27는 말씀도 보면 아브라함과 이삭과 야곱은 영혼으로 살아 있다는 것을 알 수 있다. 만일 "주 안에서 죽는 자들은 복이 있는 것"요한계시록 14:13이 무덤 속에서 쉬는 것이라면 짐승과 돌도 복이 있는 것이 된다. 그렇지 않다. 이는 오히려 저주이지 복이 아니다. 무덤에 있는 때보다는 살아 있는 때가 더 큰 복이 아닌가? 살아서 하나님을 섬기며 선을 행하던 때가 더 큰 축복이 아닌가? 무덤에 썩어 누워 있는 것보다 살아서 모든 위로를 누리고 성도들과 교제하며 말씀의 위로와 함께 그리스도를 누리는 것이 낫지 않은가? 그러므로 죽음 이후에 훨씬 더 복된 어떤 상태가 약속되어 있어야 한다. 그렇지 않다면 어떻게 "너희가 이른 곳은 온전하게 된 의인의 영들이 있는 곳"히브리서 12:22~23이라고 말할 수 있겠는가? 분명히 부활의 때에 영혼과 마찬가지로 몸도 완벽하게 될 것이다. 그러나 《성경》은 우리에게 에녹과 엘리야가 이미 들려 올라갔다고 말한다. 그렇다면 우리는 에녹과 엘리야만이 영광을 소유하고 있다고 보아야 옳을까? 베드로와 야고보와 요한도 변화산에서 그리스도와 함께 있던 모세를 보지 않았던가? 그러나 《성경》은 말하기를 모세는 죽었다고 했다. 그는 아직 부활하지 않았다. 따라서 부활 전에 그가 영광을 누리지 못한다면 제자들에게 모세를 보여주시는 주님은 제자들의 감각을 속인 셈이 된다. 그러나 그럴 수 없다. 스데반의 "주 예수여 내 영혼을 받으시옵소서"사도행전 7:59라는 말은 대단히 명백하지 않은가? 분명히 주께서 그를 받으셨다면 그 상태는 잠든 상태도, 죽은 상태도, 소멸한 상태도 아니어야 한다. 그는 주님이 계신 곳에서 주의 영광을 보는 상태여야 한다. 이는 몸이 없는 영혼의 상태에서 하늘의 영광을 누린다는 사실을 입증한다.

지혜자도 같은 말을 한다. "그 영은 그것을 주신 하나님께로 돌아간다"전도서 12:7. 왜 우리는 이미 "영생을 얻었다"는 말을 들으며 "하나님을 아는 것이 영생"이라는 말을 듣는가? 또한 "아들을 믿는 자는 영생을 얻었다"고 한다. 어떻게 우리 안에 하나님의 나라가 있는가? 만일 부활 때까지 우리의 영생에 어마어마한 공백이 생긴다면 어찌 우리가 영생을 이미 얻었다 할 수 있으며 어찌 우리 안에 "영원한 하나님의 나라"가 임하였다고 말할 수 있겠는가? 소돔과 고모라의 도시가 "영원한 불의 형벌을 받았다"유다서 1:7는 말은 악한 자들이 이미 영원한 불로 들어가 고통을 받고 있는 것을 의미한다. 그렇다면 의심할 여지 없이 경건한 자들은 이미 영원한 복락을 누리고 있다는 뜻이 된다.

사도 요한이 영광스러운 계시의 장면들을 보았을 때 그는 "영 안에서" 그리고 "성령에 이끌려" 그 장면을 보았다고 말했다. 바울이 셋째 하늘에 이끌려 갔을 때 그는 자신이 "몸 안에 있었는지 몸 밖에 있었는지"고린도후서 12:3 알지 못했다고 말했다. 그의 말은 영은 몸의 도움 없이도 이러한 영광스러운 일들을 체험할 수 있음을 의미한다. 또한 요한이 "내가 보니 하나님의 말씀 때문에 죽임을 당한 영혼들이 제단 아래에 있다"요한계시록 6:9고 말했다. 이 내용은 부활 때까지 성도들의 영혼이 하나님의 제단 앞에 있음을 말한다. 그리스도께서 "몸은 죽여도 영혼은 능히 죽이지 못하는 자들을 두려워하지 말고"마태복음 10:28라고 하신 말씀은 분명히 악한 자가 우리의 몸을 죽일지라도, 즉 우리의 몸으로부터 영혼을 분리할지라도 그 영혼은 여전히 살아 있다는 것을 뜻한다. 그리스도의 영혼은 그의 몸이 죽음을 당할 때 살아 있었다. 마찬가지로 우리의 영혼도 우리의 몸이 죽을 때 살아 있을 것이다. 이는 예수님께서 도적에게 하신 "내가 진실로 네게 이르노니 오늘 네가 나와 함께 낙원에 있으리라"누가복음 23:43는 말씀에서도 나타나며, 십자가상에서 하신 말씀, "아버지 내 영혼을 아버지 손에 부탁하나이다"누가복음 23:46에서도 볼 수 있다. 만일 노아의 때에 순종하지 않았던 자들의 영혼이 옥에 있다면베드로전서 3:19~20, 즉 살았지만 고통을 받는 상태라면 분명히 몸이 없는 의로운 자들의 영혼들은 정반대로 행복한 상태에 있어야 한다. 그러므로 그리스도를 믿는 신실한 영혼들은 육체에서 떠나는 순간 천사들이 그들을 호위할 것이다. 그래서 그 영혼들은 곧 그리스도와 모든 완전해진 의인의 영혼이 있는 곳으로 가게 될 것이다. 그곳에서 그리스도와 모든 완전해진 영혼과 함께하게 될 것이다. 천국은 그들의 거처가 되며 하나님은 그들의 행복이 될 것이다. 그러한 자들이 죽을 때는 믿음 가운데 담대히 스데반처럼 "주여, 내 영혼을 받아주소서"라고 말할 것이다. 그리고 그리스도께서 아버지의 손에 그 영혼을 의탁한 것처럼, 자신의 영혼을 그리스도께 의탁할 것이다.

Chapter 5 | Misery of Lose Rest

영원한 안식을 잃는 자가 겪는 비참

악인들의 장막은 주님과 교제할 수 없으며 그들은 하나님의 도성에 거할 수 없다. 오직 이 땅에서 하나님과 동행했던 자들만이 천국에서 주와 함께 살며 행복을 누린다.

만일 당신이 그리스도를 모르는 사람이며 지금까지 묘사된 주의 백성의 거룩한 속성과 삶에 대해 모른 채 그 상태로 살다가 죽는다면, 당신은 절대로 천국의 기쁨에 참여할 수 없으며 영원한 안식을 조금이라도 맛볼 수 없다. 에훗이 에글론 왕에게 "내가 하나님의 명령을 받들어 당신에게 아뢸 일이 있나이다"사사기 3:20라고 말한 것처럼, 나도 당신에게 "하나님의 말씀은 참되니 당신은 절대로 평강 가운데 하나님의 얼굴을 뵐 수 없다"고 알려주고 싶다.

주께서 내게 당신에게 알려주라는 주의 판결을 말했으니 당신은 할 수 있다면 그 판결을 피하도록 하라. 내가 아는 것은 당신이 겸손한 마음으로 진실하게 그리스도께 순종하면 그 판결을 피할 수 있다는 사실이다. 당신이 그리스도께 순종하면 주께서는 당신을 주의 백성 중에 한 사람으로 인정할 것이며, 당신에게 주의 택한 백성이 누리는 기업의 한 분깃을 주실 것이다. 만일 나의 메시지가 다행스럽게 성공하게 되면 나는 요나처럼 후회하는 일이 없을 것이고, 하나님께서 경고하신 심판은 당신을 피할 것이니 나는 하나님께서 나를 당신을 위한 메신저로 삼으신 이날을 복되다 할 것이다. 하지만 만일 당신이 거듭나지 않은 상태에서 일생을 마치게 되면, 당신은 분명히 영원한 안식에 들어갈 수 없고 오히려 영원한 불못으로 떨어질 것이다.

아마 당신은 지금 내가 하는 말을 듣고 화를 내며 "언제 하나님이 당신에게 생명의 책을 보여주었으며 구원받을 자가 누구며 저주받을 자가 누군지 말해주었습니까?"라고 물을 것이다. 이에 대해 나는 어떤 사람의 이름이 생명의 책에 쓰여 있는지 알 수 없지만, 내가 아는 것은 거듭나지 않는 사람의 마지막은 반드시 지옥이라고 말할 수 있다. 나는 누가 회개하고 누가 회개하지 않을지 모른다. 혹은 당신이 절대로 회개하지 않을 것이라고는 더더욱 말할 수 없다. 오히려 나는 당신에게 아직 기회가 있으니 가만히 앉아 있지 말고 그 기회를 잡으라고 말할 것이다. 나는 당신에게 문이 닫히기 전에 서둘러 회개하라고 재촉할 것이다.

하지만 앞에서 묘사한 하나님 백성의 특징들이 당신 영혼의 상태와 맞지 않는다면 당신이 구원받는다는 것은 불가능할 것이다. "거룩함이 없이는 아무도 주를 보지 못하리라"히브리서 12:14는 사실을 확인하기 위해 천국에 올라가 봐야 할 필요가 있을까? "마음이 청결한 자들이 하나님을 볼 것이라"마태복음 5:8는 사실과 "사람이 거듭나지 아니하면 하나님의 나라에 들어갈 수 없다"요한복음 3:5는 사실을 꼭 천국에서 확인해보아야 할까? 우리에게 말씀해주시기 위해 친히 이 땅에 오신 주님, 그리고 우리에게 말씀하시기 위해 그의 사도들에게 성령을 보내신 주님, 나아가 모든 세상이 알 수 있도록 주님과 사도들이 남긴 《성경》의 기록이 있다. 그런데 우리는 이것을 확인하기 위해 반드시 하늘로 올라가서 다시 그리스도께 질문할 필요가 있을까? 비록 나는 당신의 깊은 마음 상태를 알지 못하므로 당신의 이름을 거론하며 말할 수는 없을지라도 당신이 부지런히 알아본다면 자신이 하늘나라의 상속자인지 아닌지 알 수 있을 것이다. 내가 원하는 바는 만일 당신이 비참의 상태라면 그 상태를 알고 신속히 피하라는 것이다. 그러나 당신이 그리스도와 구원을 무시한다면 어떻게 그 비참을 피할 수 있겠는가? 이는 마귀가 구원을 받는 것만큼이나 불가능한 일이다.

하나님께서는 《성경》 안에서 마귀들에 대해 말하는 것보다 당신과 같은 죄인들에 대해 더 자주 분명하게 언급하신다. 그 예로써 이 말씀은 당신에게 놀라움과 공포를 줄 것이다. "사람의 손가락들이 나타나서 왕궁 촛대 맞은편 석회벽에 글자를 쓰는데 벨사살 왕이 그 글자 쓰는 손가락을 본지라 이에 왕의 즐기던 얼굴빛이 변하고 그 생각이 번민하여 넓적다리 마디가 녹는 듯하고 그의 무릎이 서로 부딪친지라" 다니엘 5:5~6. 하나님의 손이 당신을 대항할 때, 그것도 한두 문장이 아니라 《성경》 전반에 걸쳐 당신이 영원한 나라를 잃을 것이라고 경고할 때, 그때 당신에게 임하는 두려움은 어떤 것이겠는가? 나는 당신이 이 사실을 마음속에 새길 수 있도록 천국을 잃는 것이 무엇이며 그 결과는 무엇인지를 말하겠다.

천국을 잃으면

개인적 완성을 잃는다. 불신자들이 잃는 것은 성도들이 천국에서 즐기게 될 영광스러운 개인적 완성이다. 그들은 대낮의 태양보다 더 밝은 몸의 광채를 잃는다. 비록 악한 자들이라도 부활할 것이며 그때 그들의 몸은 이 땅에서보다 영적인 부분이 더 많아질 것이다. 그러나 그들의 몸은 더 분명한 고통을 느끼게 된다. 그들은 오히려 몸의 각 지체가 죽는 것이 고통을 덜 느낄 것이기에 몸이 죽기를 바랄 것이다. 만일 몸이 썩어 시체가 되고 다시 먼지로 돌아간다면 그들은 더없이 기쁠 것이다. 하지만 광채를 잃은 그들의 부활한 몸은 영원히 멸하지 않는다.

몸의 광채를 잃는 것보다 더 열악한 것은 그들은 복된 자들이 누리는 도덕적 완성을 잃는다. 그들에게는 거룩을 원하는 마음과 하나님을 기쁘게 순종하려는 마음이 없기에 전혀 바른 행동이 있을 수 없다. 그 대신 그들은 이 땅에서 그랬던 것처럼 비뚤어진 의지를 가지고 선한 것을 싫어하며 악을 행하기를 기뻐하고 정욕을 위해 폭력을 휘두를 것이다.

분명한 것은 과거와 같은 유혹들이 그들에게 더는 없지만, 그들은 과거에 거짓에 속았다는 것을 체험적으로 알아 죄악이 얼마나 악한 것인지 잘 알고 있지만, 여전히 똑같은 죄의 성향을 가지고 할 수만 있으면 같은 죄악들을 기꺼이 저지를 것이다. 단지 그들에게는 죄악을 저지를 기회가 부족할 뿐이다. 이러한 악독한 자들과 영화로워진 그리스도인들의 간격은 두꺼비와 하늘의 태양의 간격보다 더 클 것이다. 즉, 그들의 간격은 죽음 이후에 이 땅에서 고운 자주색 옷을 입고 풍성한 잔치를 즐기던 부자와 그의 집 문 앞에서 구걸하던 병든 거지 나사로 사이에 있었던 큰 구렁텅이와 같을 것이다.

하나님을 잃는다. 그들은 하나님과 불편한 관계를 갖게 되며 하나님과 교통할 수 없게 된다. "그들은 마음에 하나님 두기를 싫어하며"로마서

1:28 또한 "하나님께 말하기를 우리를 떠나소서 우리가 주의 도리 알기를 바라지 아니하나이다"욥기 21:14라고 말했었다. 따라서 하나님께서도 그들을 주의 집에 두기를 싫어하실 것이다. 주께서는 절대로 그들이 주의 성도들의 기업을 받도록 허락하지 않으실 것이며, 그들이 주 앞에 서는 것도 용납하지 않을 것이다. 하나님께서는 그들에게 "내가 너희를 도무지 알지 못하니 불법을 행하는 자들아 내게서 떠나가라"마태복음 7:23고 말씀하실 것이다. 그러나 그전에 그들은 마치 진실하게 믿는 성도들처럼 그리스도와 천국을 자신 있게 주장한다. 욕설하는 자들과 술주정꾼, 간음하는 자들이 말하길 "하나님께서는 너희 아버지시지만, 우리의 아버지이시기도 하다"라고 한다. 하지만 그리스도께서는 주를 따르는 자들과 원수들을 분리하시고 주의 진실한 친구들과 간교한 아첨꾼들을 나누신다. 이때 그들의 주제넘은 주장이 어디에 설 수 있겠는가?

그때에 그들은 하나님은 그들의 아버지가 아니며 자신들은 주의 백성이 아닌 사실을 발견하게 될 것이다. 그들은 이 땅에서 주의 영으로 그들 안에 거하시겠다는 하나님의 제안을 동의하지 않았다. 그러므로 악인들의 장막은 주님과 교제할 수 없으며 악한 자들은 하나님의 도성에 거할 수 없다. 오직 이 땅에서 하나님과 동행했던 자들만이 천국에서 주와 함께 살며 행복을 누릴 것이다.

세상은 하나님을 잃은 영혼이 무엇을 잃는지 아무것도 모른다. 만일 이 지구가 태양을 잃으면 어떤 지하 감옥이 되겠는가? 육체가 영혼을 잃어버린다면 그 몸은 얼마나 징그러운 시체가 되겠는가? 그러나 이러한 상실은 하나님을 잃는 것에 비교할 때 아무것도 아니다. 하나님을 즐거워하는 것이 성도들의 천국이듯, 하나님을 잃는 것은 불신자들의 지옥이다. 하나님을 즐거워함이 모든 즐거움을 얻는 것이라면, 하나님을 잃는 것은 모든 즐거움을 잃는 것이다.

하나님을 향한 사랑을 잃는다. 그들은 또한 하나님을 향한 모든 즐거운 애착을 잃는다. 하나님을 아는 황홀한 지식, 주의 영광의 얼굴을 보는 즐거움, 주를 사랑할 때의 말로 형언 못할 희열, 우리를 향한 주의 무한한 사랑에 대한 깨달음, 주의 성도들의 계속되는 기쁨, 주께서 성도들에게 만족하게 할 때 강물같이 흐르는 위로 등을 잃는다.

한 나라를 다스리는 왕의 사역이 가장 악독하고 게으른 종의 사역과 비교될 수 없듯, 하늘 왕의 사역은 이 땅의 왕 사역을 무한하게 초월한다. 하나님은 인간에게 본성에 따라 행하도록 하셨다. 죄인인 그들은 인생을 사는 동안에 하나님을 마음에 둔 적이 없었으며, 주의 사랑을 따스하게 느낀 적도 없었고, 주님을 즐거워하려고 노력한 적도 없었다. 그들은 주님에 대해 말하는 것도, 그분에 대해 듣는 것도 좋아하지 않았다. 그들은 영광의 하나님을 찬양하는 데 관심을 두기보다 어떻게 해서든 이 땅에 계속 거하기를 원한다. 그러한 사람들이 천국의 찬양대에 잘 어울리겠는가?

천사들과 영화로워진 영혼들을 잃는다. 그들은 천사들 및 영화로워진 영혼들과의 복된 공동체의 일원이 되지 못한다. 그들은 천국의 행복한 영혼들과 함께하거나 승리한 왕들 중 하나로 여겨지는 대신에 지옥으로 떨어져 천국의 영혼들과는 전혀 다른 본성과 성질을 가진 존재들과 함께하게 될 것이다. 그들은 성도들을 미워하고 조롱하며 학대하였고 그들의 재난을 보고 기뻐하였다. 하지만 그러한 행위들은 그들이 저주받게 되는 요인이 되었다.

아, 가련한 불신자들이여! 당신은 당신이 문전 박대하던 성도들의 모임에 들어갈 수 없게 되었고, 당신이 절대로 함께하려 하지 않던 그들로부터 영원히 분리되었다. 당신은 당신의 집과 마을과 나라에서 그들이 너무 싫어 견딜 수 없어 했다. 당신은 아합이 엘리야에게 말하듯, 그들을 향해 "이 땅을 괴롭게 하는 자"열왕기상 18:17들이라고 외쳤고, 사도들이 "천하를 어지럽게 하던 사람들"사도행전 17:6로 불렸던 것처럼 그들을 문제아로 여겼다. 그래서 무슨 문제만 생기면 당신은 전부 그들 때문에 생긴 일이라고 말했다. 그들이 죽거나 추방을 당하면 당신은 정부가 그들을 제거한 것은 참 잘한 것으로 생각하면서 그들이 사라졌기에 매우 즐거워했다. 그들은 신실하게 당신의 죄악을 꾸짖음으로써 당신을 괴롭혔고, 그들의 거룩한 대화는 당신보다 뛰어난 것을 드러내기에 당신의 양심을 힘들게 했다. 그들이 그들의 가정에서 기도하고 찬양하는 것을 들을 때면 당신은 신경질이 났다. 그러니 당신이 멋 훗날 그들로부터 분리된다면 놀랄 것이 무엇이 있겠는가? 그들이 당신을 괴롭히지 않을 날이 매우 가까웠다. 당신과 그들 사이에 커다란 구렁텅이가 놓일 것이다. 성도들은 이 세상에서 조롱과 궁핍함과 고생과 고통을 당했고, 또한 성도들 자신도 아직은 개인적으로 완전하지는 못하다. 하지만 성령께서 보실 때에 성도들은 "세상이 감당할 수 없는"히브리서 11:38 사람들이다. 하물며 영광 가운데 거하는 성도들을 이 세상이 어찌 조금이라도 감당할 수 있으랴!

천국을 잃음으로 악화하는 것

나는 이 세상의 많은 사람이 위에서 언급한 것들(개인적 완성, 하나님, 하나님을 향한 즐거운 애착, 천사들 및 영화로워진 영혼들과의 복된 공동체)이 없어도 잘 지낼 수 있다는 것을 안다. 하지만 오는 세상에서는 그러한 것들이 없이는 절대로 잘 지낼 수 없다. 따라서 나는 그들에게 다음과 같은 내용을 생각하게 함으로써 그때에 가서 그들이 천국을 잃는 것이 왜 가장 고통스러운 사건이 되는지 보여주고자 한다.

실제를 분명하게 알게 된다. 그때가 되면 불신자들은 자신들이 얼마나 귀한 것을 잃었는지 분명히 알게 된다. 지금 그들은 하나님의 뛰어남을 전혀 모르기 때문에 하나님을 놓쳐도 탄식하지 않는다. 그들은 거룩한 일들과 거룩한 공동체의 귀중함을 느끼지 못하므로 그러한 것들을 잃어도 상관없다. 보석을 단지 돌로 여기던 사람은 그 보석을 잃어버려도 별로 상관하지 않는다. 하지만 그가 잃어버린 것이 보석이었다는 것을 알 때는 탄식하게 된다. 저주를 받는 자들의 이해력은 거룩하여지지 않을 것이다. 하지만 여러 착각에서 벗어나 분명하게 이해하게 될 것이다. 현재 그들은 내세를 위해 수고하는 것보다 현재의 영광과 재물과 쾌락과 건강 등 이 세상의 삶을 위해 수고하는 것이 가치가 있다고 본다. 그러나 읽고 듣기만 하던 비극적인 일이 자신들에게 직접 임하게 되면 그들은 비참을 체험하게 되면서 생각이 바뀌게 된다.

그들은 바다에 빠져 보기 전에는 자신들이 익사할 수 있다는 가능성을 믿지 않으며, 불 속에 던져지기 전에는 자기들이 불에 타 죽을 수 있다는 사실을 믿지 않는다. 하지만 그들이 실제로 재난을 겪게 되면 믿을 수밖에 없다. 심판의 날이 오면 그들은 실제 경험을 통해 하나님을 업신여겼던 일, 주께 드리는 예배를 혐오했던 일, 주의 백성을 비방했던 일이 죄였다는 것을 깨닫게 되면서 아무 소리도 못 하게 된다. 그날이 되면 그들은 분명하게 알게 되면서 그들의 슬픔은 더욱 커질 것이다.

오, 가련한 영혼들이 자신의 백치와 짐승들처럼 아무것도 알지 못한다면 모든 것을 알게 되는 그때보다는 덜 고통스러울 텐데, 그들이 지옥에서 자세히 알게 되지 않고 그들이 땅에 있을 때 아는 만큼만 알고 있다면 좀 더 덜 괴로울 텐데, 그들이 무엇을 놓쳤는지 모른다면 그 놓친 것 때문에 덜 섭섭할 텐데, 천국과 같은 장소가 실제 있다는 것을 몰랐다면 좀 나을 텐데, 그러나 안타깝게도 그들은 실제를 분명하게 알게 된다.

그들은 지식이 그들의 비참을 막을 수 있는 때는 참된 지식을 얻기 위해 《성경》을 읽거나 연구하지 않았다. 하지만 그날이 되면 그들이 원하든 원하지 않든 실제를 알게 되면서 더 큰 고통을 당하게 된다. 그들은 현재 이 땅에서 자신들이 이 세상에서 가장 행복한 사람이라는 죽음의 꿈을 꾸며 잠들어 있다. 그러나 죽음이 그들을 깨울 때는 그들의 착각이 순식간에 드러날 것이다. 그때가 되면 그들은 그 사실을 알고 싶지 않지만, 저절로 알게 되면서 부끄러움을 느낄 것이다.

더 넓게 인식하게 된다. 그들의 이해는 분명해지면서 더욱 확장될 것이다. 그러면 그들은 자신들이 잃은 영광의 가치가 어떠한 것인지 더욱 깊게 깨닫게 될 것이다. 그들은 바르게 이해할 뿐만 아니라 그들의 이해력 또한 증가할 것이다. 실제로 그들은 하나님의 진노를 겪고 죄악의 결과들을 체험하면서 땅에서 그러한 비참에 대해 듣기만 하던 때와 전혀 비교할 수 없을 정도로 그 비참에 대해 더 많이 알게 될 것이다. 삶의 전성기를 누리던 때와 비교하여 이제 사형 선고를 받게 된 사람에게 생명의 가치가 얼마나 예민하게 느껴지겠는가? 실재하는 영원한 축복을 놓쳤다는 사실을 알 때 저주받은 자는 자기가 잃은 것이 무엇인지를 더욱 뼈저리게 느끼게 된다. 큰 그릇이 조개껍데기보다 더 많은 물을 담을 수 있듯, 더 확장된 이해력은 과거 이 땅에서 이해력이 적을 때보다 더 많은 고통을 느끼게 한다.

양심이 진실하고 깊게 적용된다. 그들의 양심 또한 더 진실해지고 깊어지므로 그들의 고통은 더욱 커진다. 그때 그들은 "오, 내가 얼마나 귀한 것을 잃었던가! 이제는 돌이킬 수 없는 영원한 비참에 떨어졌구나!"라고 말하게 된다. 양심의 적용이 부족할수록 마음의 불편은 덜하다. 그러나 양심이 예민하여질수록 마음의 고통은 심해진다.

그들은 이 땅에 살 때 이러한 비참의 상태가 존재한다는 사실을 좀처럼 믿으려 하지 않았다. 그들은 자신들이 이러한 비참의 상태에 처하게 될 줄은 더더욱 믿지 않았다. 그들은 수많은 메시지를 놓쳤으며 모든 위협과 경고를 농담으로 여겼다. 그리스도의 사역자가 그들에게 가장 쉽고 분명하게 그들이 당하게 될 비참을 알려주었어도 그들은 자신들이 그렇게 비참하게 되리라고는 전혀 생각지 못했다. 주의 사역자가 그들에게 그들이 놓치게 될 영광에 대해, 그리고 그 영광을 놓칠 때 당할 고통에 대해 말해주면 그들은 그 경고가 자신들에게 적용되는 것이 아니라 다른 악명 높은 죄인들에게 해당한다고 생각했다. 이 세상에서 가장 어려운 일은 악한 자에게 그가 악하다는 사실을 깨닫게 하는 것과 그가 진노와 정죄의 상태에 있다는 사실을 깨닫게 하는 것이다.

그들은 거듭남이 무엇인지 모르고 거룩에 대해 분노와 증오하고 있기 때문에 자신들은 분명히 거듭남과 거룩과는 무관하다는 사실을 쉽게 발견할 수 있다. 그럼에도 그들은 여전히 마치 자신들이 이 세상에서 가장 거룩한 사람인 양 생각한다. 따라서 죽음 이후에도 자신들은 하나님을 보게 되며 구원을 얻게 될 것으로 기대한다. 사람 중에 자신의 상태를 분명하게 발견하고 "내가 바로 그 사람이라!"고 탄식하는 사람이 얼마나 되는가? 또는 거듭나지 못한 사람 중에 자신들이 현재 그 상태로 죽는다면 영원히 파멸될 것이라고 인식하는 자가 과연 몇이나 있을까? 그러나 그들이 어느 날 갑자기 어둠의 땅에 있는 자신들을 발견하게 될 때, 그리고 작열하는 불꽃 속에서 신음하는 자신들을 보게 될 때, 하나님 앞에서 영원히 쫓겨난 것을 깨달을 때, 그들은 하나님의 진노가 그들에게 영원히 임하였다는 사실을 가장 확실하게 알게 될 것이다. 그때 그들은 탄식 가운데 "오 나의 비참이여, 오 나의 어리석음이여, 오, 이제야 선명하게 알게 된 이 돌이킬 수 없는 무한한 손실이여!"라고 부르짖게 될 것이다.

감정이 더 생생하게 된다. 마찬가지로 그때 그들의 감정은 더욱 생생할 것이며 더는 둔하여지지 않는다. 현재 이 땅의 강퍅한 마음들은 천국과 지옥을 사소한 것으로 여긴다. 우리는 그들에게 영원한 영광과 영원한 비참을 보여주지만, 그들은 잠들어 있어서 보지 못한다. 그들에게 하는 우리의 말은 벽에 던진 공처럼 다시 튕겨서 우리에게로 돌아온다. 우리는 무시무시한 사건들에 대해 말해주지만, 그들은 죽은 사람들처럼 반응이 없다. 우리는 그들에게서 상처를 찾아내지만, 그들은 전혀 아픔을 느끼지 못한다. 우리가 천국과 지옥 그리고 복음에 대해 그들에게 말할 때는 마치 바위에 말하는 듯하다.

하지만 청천벽력처럼 그들은 두려움에 떨게 된다. 그때에 그들의 감각은 열정적으로 일어나고 감정이 살아나면서 그들은 공포의 두려움과 함께 무한한 슬픔을 느끼게 될 것이다. 그때 그들은 자신을 탓하며 꾸짖을 것이다. 이 땅에서 했던 자신들의 미친 광기에 대해 분노할 것이다. 가장 사랑하는 남편을 잃은 아내의 탄식도, 가장 사랑하는 아들을 잃은 어머니의 슬픔도 천국을 잃은 그들의 탄식과 슬픔에 비하면 아무것도 아닐 것이다.

이러한 그들은 가슴을 찢으며 심지어 자신이 자신에게 하나님의 형벌을 가하는 집행자가 된다. 그들이 고통을 당하는 요인이 자신인 것처럼, 이제는 스스로 수석 집행자가 되어 자신에게 형을 집행한다. 사탄마저도 그들의 죄악의 직접적 요인은 아니므로 그들이 형벌을 받는데 있어서 자기 죗값은 자신이 치러야 한다. 그때 그들의 감각과 감정이 돌로 변하여 아무것도 느낄 수 없다면 얼마나 좋을까! 과거에 경고로만 듣고 이를 무시하며 지낼 그때가 실제로 그 경고가 사실로 이루어진 지금보다 훨씬 더 좋았다는 생각을 하게 될 것이다. 그들은 그들에게 경고하던 설교 시간에 잠을 잤듯이, 이제는 자신들에게 형을 집행하는 그 시간에 잠들기를 소원한다. 그러나 그들의 감각의 둔함은 사라졌다. 그리고 그 감각은 다시는 둔하여지지 않고 영원히 생생할 것이다.

기억은 확장되고 강해진다. 그들의 기억은 지식과 감정처럼 더욱 확장되고 강하여지게 된다. 기억이 사라진다면 천국을 잃은 기억도 사라지므로 고통을 느끼지 않을 수 있다. 기억이 사라지는 것은 그들에게 큰 자비가 되므로 기억은 사라지지 않는다. 그때가 되면 이해력과 양심, 감정과 기억은 다 살아나서 그들을 행복하게 해주는 것이 아니라 오히려 고통을 준다. 사람들은 영혼의 이러한 기능들에 의해 하나님의 사랑을 공급받고 하나님과 늘 함께하며 기쁨을 누려야 하는데 오히려 그들은 이러한 기능들에 의해 하나님의 진노를 실감하고 하나님 앞에서 쫓겨난 고통을 계속 당하게 된다.

그들이 과거에 이 땅에 거할 때 그들은 천국의 삶에 대해 아무 생각도 하지 않았고 기억조차 하지 않았다. 이제 그들은 아무 할 일도 없고 기억의 기능도 할 일이 없다. 그들이 과거에 이 땅에 거할 때 하나님께서는 그들의 영원한 상태의 말씀을 "그들의 집 문설주와 손목과 마음에 써 놓으셨다"신명기 6:8~9. 그래서 그들이 그 말씀을 마음에 두고 "누워 있을 때에든지 일어날 때에든지 집에 앉았을 때에든지 길을 갈 때에든지"신명기 6:7 말하게 하셨다. 하지만 그들은 주께서 하라는 대로 하지 않았다. 이제 그들이 갇힌 지옥에도 그 말씀이 여전히 그들 앞에 놓여 있을 것이며 그들이 어디를 보든 그 말씀을 보게 될 것이다. 그때 그들은 그들의 잃은 영광의 위대함을 기억하면서 고통을 당할 것이다. 만일 그 영광이 어딘가에 남아 있어서 어떤 수를 써서라도 다시 얻을 수 있다면 그 손실은 그들에게 그렇게 큰 문제가 되지 않을 것이다. 만일 그들이 잃은 것이 건강이나 부귀나 친구나 생명이라면 별것 아닐 것이다.

하지만 그들이 한때 그 엄청나고 영원한 영광을 얻을 기회가 있었다는 것을 생각하면 얼마나 고통스러울까? 그들은 기억할 것이다. "그때 내게도 천국을 얻을 공평한 기회가 있었구나. 내가 세상에 있을 때 만일 그리스도를 믿었다면 나도 지금 그 기업을 소유하고 있을 것이며 저 복된 성도들 가운데 있었을 텐데, 지금 나는 이렇게 저주받는 악령들과 함께 고통을 받는구나. 주께서 내 앞에 영생과 영원한 죽음을 두었건만, 나는 죽음을 선택했으니 이 고통을 당함이 마땅하구나. 내 앞에도 달려가 잡을 상이 놓여 있었건만, 그래서 노력했다면 그 상을 받았을 텐데, 용감히 싸웠다면 승리를 얻어 면류관도 받았을 텐데, 다 놓쳐 버렸구나!" 그들은 자신들도 면류관을 얻는 것이 가능할 뿐만 아니라 꼭 받을 수 있었다는 것을 기억할 때 더욱 고통 받게 될 것이다.

그리고 그들은 "나도 한때 나를 도우시려는 성령의 강한 역사를 느낀 적이 있었지. 나도 다른 사람에게 세상을 버리고 그리스도를 붙들라고 제시한 적도 있었지. 나는 거의 하나님을 위해 전적으로 헌신했었지. 나도 한때 뿌리 깊은 정욕의 유혹에서 돌아선 적이 있었지. 오랜 옛 친구들을 버리고 경건한 자들과 함께한 적도 있었다. 그러나 나는 내 마음을 바꾸어서 내가 붙들었던 것을 버리고 언약을 깨뜨렸다. 나는 거의 참된 그리스도인이 될 뻔하였지만, 그러한 설득을 발로 차버렸다. 신실한 목사가 진리를 강조하며 말할 때 도대체 내 마음속에는 무엇이 있었던 것일까? 오, 내가 지금 천국에 있다면 얼마나 좋을까? 나도 거의 천국을 소유했었는데 다 잃었구나! 계속 주를 따랐다면 지금 성도들과 함께 복된 자리에 있을 텐데!"라고 후회할 것이다.

그들은 자신들이 기회를 잃은 것을 기억할 때마다 큰 고통을 당할 것이다. "얼마나 많은 기회를 놓치며 살았던가. 만일 그 기회들을 활용했다면 지금 행복을 누릴 텐데! 오, 이 비참한 사람아! 그렇게 많은 시간에 이 일을 연구해볼 시간이 없었더냐? 영원을 위해 수고할 시간이 그렇게 없었더냐? 먹고 마시고 잘 시간은 있었어도 네 영혼을 구원할 시간은 없었더냐? 흥청망청하며 쓸데없는 이야기를 할 시간은 있었어도 기도할 시간은 없었더냐? 오, 귀중한 시간이여! 그때 충분한 시간이 있었는데, 이제는 그 시간을 가질 수 없구나. 오, 다시 딱 일 년 만

후안 데 플란데스Juan de Flandes의 〈그리스도의 유혹〉(1500년), 워싱턴 내셔널 갤러리 소장.
예수님은 성령의 인도로 광야에서 마귀의 시험을 받으셨다. 사십 주야를 금식하신 예수님께 마귀가 찾아와 유혹하며 "네가 만일 하나님의 아들이어든 명하여 이 돌들로 떡덩이가 되게 하라"고 말했다. 그때 예수님은 "사람이 떡으로만 살 것이 아니요 하나님의 입으로부터 나오는 모든 말씀으로 살 것이라 하였느니라" 하시며 마귀의 시험을 이기셨다마태복음 4:1~4.

이라도 살 수 있다면 정말 신속하게 회개할 텐데! 부지런히 주의 음성을 들을 텐데! 내 상태를 철저하게 점검할 텐데! 집중하고 바르게 살아볼 텐데! 그러나 너무 늦었구나!"

그들은 주께서 얼마나 자주 그들에게 돌아오라고 권면하였는지를 기억하면서 더 많은 비참을 느낄 것이다. "그 목사가 나로 하여금 이러한 고통을 피할 수 있게 한 것이로구나. 그는 사랑과 긍휼의 마음을 가지고 내게 권면했지! 그러나 나는 그 권면을 농담으로 여겼다. 얼마나 그가 자주 나를 설득하려 했던가! 그럼에도 나는 그의 모든 설득을 묵인해 버렸구나. 그가 얼마나 내 마음을 열려고 애를 썼는지! 하지만 나는 내 자신의 죄악 됨을 알고 싶지 않아 마음의 문을 열지 않았다. 오, 그때 내가 그리스도께로 진심으로 돌아섰다면 그 목사는 얼마나 기뻤을까! 내 경건한 친구들이 나를 꾸짖었다. 그들은 내게 나의 고집과 무지가 어떤 결말을 가져올지 말해주었다. 그러나 나는 그들의 말을 믿지 않았고 마음에 두지도 않았다. 또한 얼마나 오랫동안 하나님께서 자신을 낮추시고 내게 찾아오셔서 권면하셨던가! 성령께서는 얼마나 내가 그를 부인하는 것을 싫어하셔서 내 마음과 씨름하셨던가! 그리스도께서는 매주 내 마음의 문을 두드리시며 '죄인이여, 문을 열라. 네 맘을 구세주께 열라. 그러면 내가 네게 들어가 너와 함께 먹으며 너는 나와 함께하리라! 왜 지체하느냐? 얼마나 오랫동안 헛된 망상 가운데 거하려느냐? 죄 사함을 받고 거룩하여져서 행복을 누려야 하지 않느냐? 당장 그렇게 해야 하지 않느냐?'라고 소리치셨다!"

오, 하나님께서 그렇게 애원하던 일들이 기억날 때 저주받은 자들의 마음은 자신을 향해 얼마나 분노하겠는가? "내가 꼭 그리스도의 인내를 업신여겨야 할 필요가 있었을까? 하나님께서 나를 찾아오셨을 때 내가 꼭 그분의 수고를 헛되게 만들어야 했을까? 그분이 오셔서 얼마나 내게 지겨울 정도로 '회개하라, 돌아오라'고 외치셨던가! 오, 그분의 인내를 끝까지 무시하였더니 이제 나는 이렇게 거부할 수 없는 무서운 진노를 당하게 되었구나. 주께서 내게 '깨끗하여지지 않겠느냐? 언제 깨끗함을 받으려느냐?'라고 외치실 때 내 마음과 내 행동은 '절대로' 그렇게 하지 않겠다고 대답했으니! 이제 나는 '이 고통에서 해방되려면 얼마나 더 오래 있어야 합니까?'라고 말해야 하는 신세가 되어버렸구나. 하지만 '절대로, 절대로' 그곳에서 나올 수 없다는 답변만 듣게 되는구나. 그래도 아무 할 말이나 따질 것이 없구나!"

더욱이 그들이 지옥의 비참을 얼마나 쉽게 피할 수 있었는지를 기억할 때는 그 기억은 그들에게 가장 뼈아픈 고통이 될 것이다. 그들이 할 일은 산을 옮기거나 나라를 정복해야 하는 불가능한 일이 아니었다. 율법의 일 획까지라도 완전히 이루어야 하는 일도 아니었으며 모든 행동에서 완전한 공의를 세우는 것도 아니었다. 그리스도께서 그들의 어깨에 지우셨던 짐은 "쉽고 가벼운 짐"마태복음 11:30이었다. 그 짐은 단지 회개하고 주님을 진심으로 자신들의 구세주로 영접하는 것이었다. 그 짐은 다른 모든 행복을 거절하고 주님을 최고의 선으로 붙잡는 것이었다. 그 짐은 세상과 정욕을 거절하고 그 대신 주의 온유하시고 자비로우신 다스림에 순종하는 것이었다. 또한 그 짐은 내 주관대로 사는 길을 내려놓고 주의 거룩하고 즐거운 길로 걷는 것이었다. 지옥의 고통을 받는 그 가련한 영혼은 "아, 이 고통을 피하고자 그렇게 작은 수고마저 하지 않으려 했으니 내가 이 모든 고통을 당하는 것이 당연하구나! 그 은혜로운 제안을 거절할 때 도대체 나는 무슨 생각을 하고 있었던 것일까? 나는 주님을 고약한 주인이라고 불렀고 주를 맘껏 섬길 수 있는 순간들을 속박이라고 여겼다. 대신 나는 마귀와 정욕을 섬기는 것을 자유라고 생각했다. 내가 하나님의 거룩한 길을 쓸모없는 규칙이라고 판단했을 때 과연 나는 미친 사람보다 수천 배 더 미친 것이 아니었던가? 나는 그리스도의 명령을 지나치게 엄격한 것으로 생각했고 내세를 위해 무엇을 준비한다는 것은 도가 지나친 것으로 여겼다. 그러나 내가 이곳에서 영원히 당하는 이러한 고통에 비교할 때 그리스도를 위한 모든 고통과 수고가 뭐 그리 힘들었겠는가? 이제야 천국에만 있을 수 있다면 세상에서 무엇을 다 잃는다고 해도 보상이 될 것을 안다. 천국에 들어갈 수만 있다면 땅에서의 모든 고통을 다 잊을 것을 안다. 천국에만 있을 수 있다면 그리스도께서 어떤 중대한 일을 내게 맡기셔도, 또한 계속되는 두려움과 슬픔 가운데 살게 하셔도, 혹은 수백 번의 죽음의 고비를 지나게 하셔도, 분명히 내가 그 일을 하지 않았겠는가? 하물며 주께서 하신 부탁이 기껏 '믿고 구원을 얻어라. 내 얼굴을 찾아라. 그리하면 네 영혼이 살리라. 네 십자가를 지고 나를 따르라. 그리하면 내가 네게 영생을 주리라' 하신 것인데 천국을 놓쳐버렸으니 이 얼마나 후회스러운가! 오, 천국에 들어가는 것은 은혜로운 제안이었고 가장 쉬운 조건들이었는데! 이 저주받은 가련한 나는 그러한 제안을 거절하였으니!"라고 고백할 것이다.

또한 그들이 천국의 복락을 팔아 무엇을 샀는지를 기억할 때 더 고통스러운 기억이 될 것이다. 죄를 지을 때 잠깐의 쾌락과 비교하여 그로 말미암아 잃게 된 천국의 가치를 생각할 때 그 엄청난 불균형한 차이 때문에 깜짝 놀랄 것이다. 육체의 천박한 즐거움과 인간에게서 잠깐 받는 칭찬들을 생각해보고 그 다음 영원한 영광을 생각해보라. "이러한 더러운 쾌락 때문에 내 영혼과 내 하나님, 나의 영원한 복락을 팔아먹었다니!" 이러한 생각이 들 때 그 영혼의 가슴이 얼마나 찢어지게 될지 말로 다 표현할 수 없다. 그때 그는 자신의 어리석음에 대해 탄식할 것이다. "오, 이 비참하고 어리석은 사람아! 이러한 더러운 이득을 위해 내 영혼을 팔아먹은 것이더냐? 이 작은 먼지와 더러운 때를 위해 하나님을 버렸다는 말이냐? 가룟 유다처럼 한 푼 때문에 나의 구세주를 판 것이더냐? 나는 단지 천국을 누리는 꿈만 꾸고 있었지 실제로 깨어 보니 그 꿈은 사라지고 없구나! 이 땅에서 잠깐 맛보던 쾌락은 이제 쓸개즙이 되었고 내 술잔은 구더기로 가득 찼다. 이러한 쾌락들이 없어지니 내 즐거움도 함께 끝이 났구나. 이것이 내가 영원한 보화를 팔아먹고 얻은 전부라는 말인가? 나는 도대체 얼마나 정신 나간 거래를 한 것인가! 온 세상을 다 얻는다고 하더라도 내 영혼을 잃으면 무슨 소용이 있단 말인가! 아, 나는 온 세상이 아니라 이 세상의 가장 작은 썩을 것을 위해 나의 천국을 포기하였구나!"

또한 그들 자신의 멸망을 가장 적극적으로 추구했다는 사실을 기억할 때 그 기억은 더 큰 고통을 더할 것이다. 만일 그들이 죄를 짓도록 강요를 당했다면 양심으로 말미암은 분노의 자책은 덜하여질 것이다. 혹은 그들이 멸망하게 된 요인이 다른 사람의 실책 때문이거나 다른 원인이라면 좀 나을 것이다. 하지만 그 파멸이 자신의 선택이었다는 것을 생각할 때 그 분노는 더할 것이다. 이 세상 아무도 그들에게 자신의 의지에 거슬려 죄를 짓도록 강요하지 않았다. 이 생각을 하면 그들의 마음은 한없이 찢길 것이다. 이 비참한 인간은 "세상에서도 원수가 많았는데, 이제는 내 자신이 내게 원수란 말인가? 하나님은 마귀와 세상에 나로 하여금 죄를 짓게 할 만큼 그러한 큰 능력을 절대로 주지 않으셨다. 그들은 기껏해야 미혹했을 뿐이다. 악에 굴복하고 악을 범한 것은 내 자신이었다. 그렇다면 내가 내 영혼을 붙들어 내 손을 피로 물들어야 하는 것 아니겠는가? 내 자신보다 더 무서운 원수를 나는 보지 못했구나. 하나님께서는 내 영혼에 선으로 대하셨지만, 나는 언제나 그를 거절했다. 그럼에도 주님은 내게 계속 자비를 부어주시며 계속 구원의 기회를 주시고 내 마음을 주께로 이끌려고 하셨다. 그렇다. 그 분은 부드럽게 나를 책망하셨고 내가 불순종할 때는 불순종의 쓴 열매를 먹게 하심으로써 신음하게 하셨다. 그러면 나는 감정적으로 주를 섬길 것을 약속했지만, 결코 진심으로 주를 섬기려 한 적은 없었구나" 라고 기억을 한다. 이처럼 죄인들은 그들 자신이 파멸의 요인이라는 점을 기억하며 자기 자신을 향해 끝없이 마음속에서 이를 갈게 된다. 사실 그들은 끝까지 고집을 부리며 적극적으로 하나님을 대항하였고 마귀를 섬기는 일에 흔쾌히 나섰다.

더 나아가 그들은 자신들이 저주스런 파멸을 위해 많은 대가와 고생을 치렀다는 사실을 기억할 때 그들의 양심의 상처는 더욱 깊어질 것이다. 그들은 자신들의 멸망을 재촉하기 위해 얼마나 큰 수고를 했는지 모른다. 그들은 성령을 대적하였고, 자비의 힘과 심판의 힘, 심지어 하나님 말씀의 능력마저 이겼다. 이성의 힘을 짓누르고 양심을 무시했다. 이 모든 일을 그들은 적극적으로 자행한 것이다. 그들은 하나님의 진노를 받을 수 있는 계속적인 위험 속에서도 앞으로 밀고 나갔고, 주께서 그들을 당장 먼지로 만드셔서 지옥 불에 떨어뜨릴 수 있다는 사실을 알면서도 이 모든 악한 수고를 계속했다.

우리는 절제하기만 하면 어렵지 않게 건강과 편안함을 누릴 수 있다. 그러나 그들은 오히려 잔칫상과 술 취함에 빠져 가난과 부끄러움과 병을 얻었다. 욕심을 버리고 만족하면 평안과 즐거움을 누릴 수 있다. 그러나 그들은 오히려 탐욕과 야망을 품음으로써 염려와 두려움에 빠지고 또한 건강을 잃을 정도로 뭔가에 몸과 마음을 빼앗겼다. 그들은 자신의 영혼 구원을 위해 수고하는 대신 오히려 멸망을 받기 위해 수고했다. 화를 내는 것과 복수심과 부러움은 그들 자신을 괴롭히며 그들의 영혼을 지치게 함에도, 또한 더러운 행위들은 그들의 몸과 신분과 명성을 망가뜨리는 것을 아는 데도 그들은 여전히 이 모든 악한 일을 행하며 그 고통스러운 결과를 감당하려고 했다. 그러나 이제 그들은 자신의 어리석음에 분노하게 될 것이며 탄식하게 될 것이다.

"이 모든 수고와 아픔이 결국 저주를 위한 것이었던가? 이 저주를 얻기 위해 그렇게 애를 썼던 것인가? 어찌 나는 저주를 사기 위해 그렇게 힘든 수고를 했단 말인가? 그렇게 많은 수고 없이도 구원받을 수 있었다는 것을 생각했다면, 멸망하기 위해 그렇게 많은 수고를 하지는 않았을 것이다. 하나님께서는 내게 '너희 구원을 이루라'빌립보서 2:12고 명령하셨는데, 어찌 나는 그렇게 수고하여 저주를 이루어야만 했을까? 만일 내가 지옥을 위해 일한 만큼 천국을 위해 수고했더라면 나는 분명히 천국을 소유하였을 것이다. 하지만 나는 경건이 지루하다고 아우성을 쳤고 내 자아를 부인하는 과정이 고통스럽다고 소리쳤다. 반면 나는 사탄과 죽음을 향해서는 얼마든지 더 많은 수고를 할 수 있었다. 내가 나의 쾌락과 유익과 명예를 사랑했던 만큼 그렇게 그리스도를 사랑하고, 그렇게 주님을 자주 생각하고, 그렇게 수고스러울 정도로 주를 찾았다면 지금 나는 얼마나 행복할까? 천국을 살 기회가 내 손에 있었을 때 천국을 사기보다는 저주를 사기 위해 그러한 비싼 수고를 했으니, 나는 참으로 지옥의 불꽃의 고통을 당하는 것이 합당하구나!"

나는 하나님께서 당신을 설득하셔서 이러한 생각들이 '지금' 당신의 마음속에 들어가 그때 가서 지옥에서 자신을 끝없이 자책하고 자학하는 일이 없기를 바란다. 또한 그때 가서야 이러한 생각들을 하게 되지 않기를 바란다. 지금 이러한 생각들을 단지 상상이라고 말하지 마라. 《성경》에 나오는 그 부자가 고통 가운데 무엇을 생각하였는지 읽어보라. 천국의 기쁨이 주로 이성적인 영혼에 의해 이성적인 기능들 안에서 누리듯, 지옥의 고통도 이성적인 영혼에 의해 이성적인 기능들 안에서 체험될 것이다. 그들은 지옥에서 여전히 사람일 것이며 따라서 사람으로서 느끼고 반응하게 될 것이다.

Chapter 6 | Torments of Hell

즐거운 시간을 잃고 지옥의 고통을 당하는 자의 비참

사람의 영혼이 오랫동안 즐거이 함께하던 몸으로부터 갑자기 찰나의 순간에 떠나는 것처럼, 악한 자들의 소망도 그렇게 떠난다. 그들의 소망은 다시 부활하여 그들에게 돌아오지 않는다.

경건은 범사에 유익하므로 금생과 내생에 약속이 있다디모데전서 4:8. 만일 우리가 "먼저 그의 나라와 그의 의를 구하면 주께서 모든 것을 더하신다마태복음 6:33. 하지만 경건하지 않은 자들은 영적인 복과 이 땅에서의 복을 잃을 것이라고 했다. 그들은 하나님의 나라와 의를 먼저 구하지 않았기 때문에 그 둘을 잃을 뿐만 아니라, 그들이 이 땅에서 추구했던 것마저 다 빼앗기게 된다. 만일 그들이 이 땅에서의 즐거움을 유지할 수 있다면 천국을 잃어도 신경 쓰지 않을 것이다. 만일 그들이 그리스도를 위해 모든 것을 버리고 잃었다면 그들은 주 안에서 그 모든 것을 다시 얻었을 것이다. 그 이유는 주께서 그들에게 만유 가운데 모든 것이 되셨기 때문이다. 그러나 지금 그들은 다른 것을 위해 그리스도를 버렸으므로 그리스도를 잃게 될 것이다. 그래서 그들은 지옥에서 고통을 당하게 되며 모든 즐거운 시간을 잃을 것이다.

작은 믿음마저 잃게 된다. 그들은 지금 자신들이 하나님의 은혜와 그리스도의 공로에 관심이 있다고 생각하는 뻔뻔한 믿음을 가지고 있다. 그러나 그곳에서 그들은 그 믿음을 잃게 된다. 이 거짓 믿음은 지금 그들의 영을 붙들고 있으며, 공포로부터 그들을 보호한다. 그러나 그들이 믿는 것들이 거짓으로 드러나고 아무것도 더는 믿을 수 없을 때 무엇이 그들의 문제를 해결해주겠는가? 만일 어떤 사람이 가장 위험한 재난을 당할 위기에 있는데도 오히려 자신은 안전하다고 확신하고 있다면 그 순간만은 모든 것이 평탄한 것처럼 즐거워 보일 수 있다. 만일 그러한 헛된 믿음으로 행복을 느끼고 있다면 그 행복은 참된 행복과는 거리가 멀다. 믿음이 거듭난 자들에게 가장 앞서는 은혜인 것처럼, 거짓 믿음은 거듭나지 못한 자들에게 가장 앞서는 악이다.

왜 그렇게 많은 사람이 자신이 용서를 받을 기회가 있을 때 이미 자신은 용서를 받았다고 믿으며 그 기회를 놓치는 것일까? 만일 당신이 지옥에 있는 수많은 영혼에게 왜 그곳에 가 있느냐고 물을 수 있다면 그들 대부분의 대답은 "우리는 저주받는 그 순간까지 구원받은 것으로 착각하고 있었다. 그렇지 않았다면 거듭남과 경건의 능력을 간절히 추구했을 것이다. 하지만 우리는 진짜로 우리가 그리스도인이라고 생각했었다"라고 말할 것이다.

내가 진실로 당신에게 알려주고 싶은 진실은 무관심하고 더럽고 교만한 수많은 사람 모두가 자신은 좋은 상태에 있게 될 것이라고 착각하고 있다는 점이다. 그러나 그들의 거짓된 믿음은 결국 영혼을 저주하는 기만으로 입증될 것이다. 지옥에 떨어지면 그제야 그들은 자신의 믿음이 거짓이었음을 알게 될 것이다. 이는 사탄의 작전으로써 인간의 영혼의 눈을 멀게 하여 그들로 하여금 더 과감하게 자기를 따르도록 하고자 함이다. 그러나 그들의 눈이 열릴 때 그들은 자신이 어디에 와 있는지 보게 될 것이다.

소망을 잃게 된다. 이 세상의 삶에서도 그들은 하나님의 진노에 대해 경고를 받았다. 그러나 그들은 그 진노를 벗어날 것이라는 소망에 마음이 든든했다. 우리는 지금 가장 사악한 주정꾼들, 거짓 맹세하는 자들, 하나님을 조롱하는 자들에게 회개 없는 구원의 소망을 말하지 않는다. 그러나 그들은 모든 악함을 붙들고도 구원받을 것으로 소망한다. 오, 구원이 그들의 소망처럼 흔한 것이라면, 그러한 세상은 과연 행복한 세상이 될 수 있을까?

사람들의 헛된 소망이 너무나 강해서 그들은 심판대 앞에서 그리스도에게 따질 것이다. 그들은 주님과 함께 먹고 마시며 "주의 이름으로 선지자 노릇하며 주의 이름으로 귀신을 쫓아내었다" 마태복음 7:22라고 주장할 것이다. 나아가 그들은 배고프고 헐벗고 감옥에 있던 그리스도를 모른 채 한 적이 없다고 당당하게 우길 것이다. 하지만 주님은 그들에게 정죄를 선포하실 것이다.

자신들의 모든 소망을 영영 떨쳐버려야 하는 그 비참한 신세는 얼마나 슬플까! "악인은 죽을 때에 그 소망이 끊어지나니 불의의 소망이 없어지느니라" 잠언 11:7. "그러나 악한 자들은 눈이 어두워서 도망할 곳을 찾지 못하리니 그들의 희망은 숨을 거두는 것이니라" 욥기 11:20. "그들의 희망이 숨을 거둔다"라는 표현은 악한 자들이 모든 소망을 포기하게 되는 사실을 적절하고 무시무시하게 표현한 것이다. 영혼이 가장 큰 고통을 느끼는 때는 그 영혼이 몸에서 떠나는 때인 것처럼, 악한 자에게서 소망이 떠날 때 그들은 가장 큰 고통을 느끼게 된다. 사람의 영혼이 오랫동안 즐거이 함께하던 몸으로부터 갑자기 찰나의 순간에 떠나는 것처럼, 악한 자들의 소망도 그렇게 떠날 것이다. 몸을 떠난 영혼이 이 세상에서 다시 몸과 살려고 그 몸으로 돌아오지 않는 것처럼, 악한 자들의 소망은 그들의 영혼에서 영원히 사라질 것이다. 부활의 기적으로 영혼과 몸은 다시 합쳐지지만, 저주받는 자의 소망은 다시 부활하여 그들에게 돌아오는 일이 없다.

그러므로 당신은 《성경》의 약속에 근거하여 당신의 모든 소망을 말할 수 있을 때까지 안심하지 마라. 《성경》이 말하는 소망은 당신의 마음을 정결하게 하며, 경건에 힘쓰게 하며, 더 소망할수록 죄를 멀리하게 하며, 소망이 분명할수록 더욱 주를 순종하게 한다. 만일 당신의 소망이 이러한 소망이라면 주의 힘으로 계속 앞으로 나아가 당신의 소망을 꼭 붙들라. 그 소망은 결코 당신을 부끄럽게 만들지 않을 것이다. 하지만 당신의 소망이 당신의 영혼에 건전한 은혜의 효력을 나타내지 않는다면 그 소망을 당장 버리라. 거듭나지 않고도 구원받을 수 있다든지, 거룩함이 없어도 하나님을 볼 수 있다든지, 아버지와 어머니와 자신의 생명보다 그리스도를 더 사랑함이 없어도 그리스도 안의 기업을 받을 수 있다든지 하는 그러한 소망이 있다면 당장 버리라. 그러한 헛된 소망에 실망하는 것이 바로 천국을 향하는 첫걸음이다.

만일 어떤 사람이 자신의 길에서 벗어나면 그를 다시 제자리로 돌아오게 하려면 제일 먼저 어떤 과정이 필요한가? 먼저 그는 그가 서 있는 길이 잘못된 길로써 그의 여정의 목표를 절대로 이룰 수 없음을 깨닫고 좌절하는 것이다. 집은 동쪽인데 서쪽으로 향하면서 자신이 가는 길이 옳다고 기대하는 한 그는 더욱 멀리 벗어나게 된다. 하지만 그 길로는 그가 집으로 갈 수 없다는 것을 알고 실망하면, 그는 돌아서게 될 것이며 그때 비로소 그는 바른 소망을 갖게 된다.

죄인들이여! 당신의 영혼도 마찬가지다. 당신은 태어나자마자 천국으로 향하는 길에서 벗어났고 벌써 그 길을 여러 해 동안 달려왔다. 당신은 당신 자신이 많은 사람처럼 악하지 않기 때문에 여전히 구원받을 것으로 소망하고 있다. 하지만 만일 당신이 그러한 소망을 떨쳐 버리고 당신이 줄곧 천국을 향하는 길에서 벗어나 있다는 사실을 깨닫지 못한다면, 당신은 절대로 돌아서지 않을 것이며 따라서 구원받을 수 없게 된다. 아마 이 세상에 있는 것 중에 가장 천국을 막는 것이 있다면 구원의 길에서 벗어나 있으면서도 자신은 구원받을 것이라는 거짓 소망이다.

양심의 평강을 잃는다. 그들은 삶을 매우 편하게 느끼도록 해주는 양심의 거짓 평강을 다 잃게 될 것이다. 수없이 많은 경건하지 않은 자가 조용하게 살아가는 것을 볼 때 누가 그들이 이제 얼마 후에 영원히 타는 불못으로 들어갈 것으로 생각하겠는가? 그들은 순종하는 성도만큼이나 지옥에 대한 두려움이 없으며, 구원받게 될 성도들과 다름없이 그들 대부분은 마음이 평안하다. 만일 그들의 평강이 영원한 것이라면 그들은 얼마나 행복한 자이겠는가? 하지만 "그들이 평안하다, 안전하다 할 그때에 임신한 여자에게 해산의 고통이 이름과 같이 멸망이 갑자기 그들에게 이르리니 결코 피하지 못할 것이다" 데살로니가전서 5:3. 오, 이러한 모든 사람의 영혼은 본성상 사탄의 수비대 역할을 한다. 그러한 사람의 영혼은 그리스도가 찾아오셔서 심판과 지옥의 무서운 경고를 알려주고 경고와 공포의 말씀으로 그 영혼을 때리실 때까지는 헛된 거짓 평안을 누린다. 하지만 주님은 강한 자로 오셔서 "사탄을 굴복하게 하시고 그가 믿던 무장을 빼앗고 그의 재물을 나누신다"누가복음 11:22. 그러면 그 영혼은 거짓 평안을 다 잃고 주를 영접하고 주를 통치자로 모신다. 그 후 주님은 든든하고 영원한 평강을 그의 영혼 속에 주신다.

그러므로 만일 당신이 첫 번째 종류의 평강에 있다면 그것이 오래갈 것이라고 절대로 생각지 마라. 당신의 영혼이 그리스도와 원수로 있으면서 지속적인 평강을 누릴 수 있겠는가? 하나님께서 당신에게 전쟁을 선포하시는 데 과연 당신이 평안을 느낄 수 있겠는가? 나는 하나님께서 당신의 태평스러운 마음에 들이닥치셔서 당신을 흔들어 거짓된 평안에서 나오게 하여 당신이 그리스도의 발 앞에 꿇어 엎드려 "주여, 제가 무엇을 하여야 하리이까?"라고 말하게 되는 가장 큰 복을 얻게 되길 바란다. 그때 당신은 주님에게서 더 좋고 안전한 평안을 받게 될 것이다. 그 평안은 영원한 안식의 시작으로서 절대 부서지지 않으며, 당신이 망할 때 함께 무너지는 세상의 평안과는 달리 당신이 죽더라도 그 평안은 멸하지 않는다.

정욕적인 쾌락을 잃는다. 그들은 모든 정욕적인 쾌락을 잃게 된다. 그들은 그들의 "웃음에 관하여 말하여 이르기를 그것은 미친 것이라 하였고 희락에 대해 이르기를 이것이 무슨 소용이 있는가"전도서 2:2라고 말할 것이다. 그들의 쾌락으로 말미암은 "웃음소리는 솥 밑에서 가시나무가 타는 소리 같다"전도서 7:6. 즉, 그들의 정욕적인 쾌락은 잠깐 타오르더니 곧 사라져 다시는 돌아오지 않을 것이다.

이러한 그들은 죽음과 심판에 대한 이야기를 싫어한다. 그들의 쾌락을 망쳐놓기 때문이다. 또한 그들은 기분을 망치는 죄와 위험에 대한 생각을 싫어한다. 그리고 그들은 죄 때문에 운다는 것이 무엇인지 모르며 전능하신 하나님의 팔 앞에서 자신을 낮추는 것이 무엇인지 모른다. 그들은 웃음으로 슬픔을 쫓아내며 노래로 우울함과 염려를 멀리할 수 있지만, 말씀 묵상과 기도하라고 하면 미칠 정도로 짜증이 낸다.

가련한 영혼들이여! 그곳에는 슬픔밖에 없을 텐데, 당신은 얼마나 비참을 느끼게 될까? 그 슬픔은 강렬하게 가슴을 찌르는 엄청난 슬픔일 것이다. 당신에게는 성도들이 누리는 기쁨도 없고 당신이 과거에 누리던 쾌락도 이제 없으니 무슨 즐거움이 있겠는가? 지옥에는 즐거움을 누리거나, 밝은 얼굴을 하거나, 우스개 농담을 하는 단 한 영혼도 찾아볼 수 없다. 당신은 그곳에서 "작은 쾌락이 너무나 큰 슬픔을 가져왔구나"라며 절규하게 될 것이다.

아무리 작은 경건한 슬픔이라도 마침내 영원한 기쁨을 가져올 것을 잊지 마라. 그 기쁨은 당신이 누렸던 모든 어리석은 쾌락보다 무한하게 값질 것이다. 하지만 쾌락의 끝은 언제나 슬픔이다.

감각적인 즐거움을 잃는다. 그들은 하나님을 잃을 뿐만 아니라 그들의 으뜸 되는 선과 자신들의 신으로 여기며 좋아했던 것들과 천국으로 여겼던 것들을 잃게 된다. 교만하며 야심적인 사람이 높은 영광의 자리에서 떨어질 때 그 비참은 대단하다. 그의 시체의 먼지와 뼈는 가장 가난했던 거지의 먼지와 뼈로부터 구별되지 않을 것이다. 그의 영혼도 거지의 영혼보다 더 명예롭거나 특혜를 받지 못하게 될 것이다. 대단히 많은 위대하고 고상하고 학식 있는 자들이라도 그리스도 앞에서 쫓겨날 것이다. 그들에게는 화려한 집도, 부드러운 침대도, 안락한 소파도 없을 것이다. 진기한 정원과 유쾌한 초원과 풍부한 추수를 볼 수 없을 것이다. 그들의 식탁에는 음식도 없고 오는 사람도 없을 것이다. 그곳에는 "자색 옷과 고운 베옷을 입고 날마다 호화롭게 즐기는"누가복음 16:19 부자가 없고, 구경꾼들의 감탄 소리도 기대할 수 없을 것이다. 그들은 운동과 오락으로 시간을 보낼 수 없고 오직 슬픔 가운데 시간을 보내게 될 것이다. 그들은 과거와는 너무나 변화된 자신들의 신세를 발견하고 혀를 찰 것이다.

그곳에서 서로의 얼굴을 볼 때 그들의 마음은 얼마나 갈가리 찢어지겠는가? 서로 얼굴을 보면서 그들은 그들이 이 땅에서 서로 만났던 그날을 저주할 것이다. 오, 죄인들이 지금 이 땅에서 이 사실을 기억하고 다음과 같이 말한다면 얼마나 좋을까! "이 즐거운 만남이 그때에 우리를 천국으로 인도할 것이 확실한가? 그때에 그들을 기억할 때 그 기억이 우리에게 고통을 주는 것은 아닐까? 그때에 지금 우리가 악에 동참한 사실을 우정이라고 말할 수 있을까? 왜 쾌락을 맛보기 위해 말로 형언할 수 없는 영원한 기쁨을 팔아야 할까? 오라! 우리가 함께 죄를 지었으니, 함께 하나님께 기도하며 용서를 구하자. 서로 속이며 서로 망하는 것을 위해 돕지 말고 함께 천국을 향해 갈 수 있도록 서로 돕자." 지금 우리를 잡으려는 덫은 점점 세력을 얻고 있다. 속지 말고 당장 정욕을 버리고 주 예수를 붙들라.

저주받은 자가 당하는 큰 고통

영원한 안식을 상실한다는 것은 모든 즐거운 시간을 다 잃는 것을 의미할 뿐만 아니라, 지옥의 고통을 당하는 것을 의미한다. 다음의 내용은 지옥의 고통이 어떠할지를 말해준다.

전능자의 심판. 지옥의 고통의 가장 큰 원인은 하나님이시다. 죄인들이 모독한 대상은 하나님이었기 때문에 하나님께서 친히 그들의 범죄에 대해 벌하실 것이다. 주님은 원수들에 대해 지옥의 고통을 예비하셨다. 주의 계속되는 분노가 끊임없이 그들을 괴롭힐 것이며 주의 성난 숨결이 지옥의 불꽃을 타오르게 할 것이다. 주의 진노는 그들의 영혼이 감당하기에 견딜 수 없는 짐이 될 것이다. 만일 그들이 피조물을 상대하는 것이라면 어떻게 해서든 견딜 수 있을지 모르겠다. 하지만 그들은 전능자에게 공격을 받기에 엄청난 고통을 받게 된다. "살아계신 하나님의 손에 빠져 들어가는 것이 무서울진저"히브리서 10:31.

온 세상이 그들을 대적한다고 해도, 혹은 모든 피조물이 힘을 모아서 그들에게 형벌을 가한다고 해도 하나님의 진노에 비하면 아무것도 아니다. 그들은 과거에 집주인이나 고객, 상관, 친구, 이웃, 자신의 정욕을 위해 하나님을 기분 나쁘게 하는 편을 택했기에 그때에 그러한 고통을 당하게 된다. 그러나 그때가 되면 그들은 '하나님의 호의를 잃기보다 온 세상을 미워하였더라면' 하며 후회하게 될 것이다.

만일 이곳에 주의 진노가 잠깐이라도 나타나면 우리는 당장 풀처럼 시들어 버리게 된다. 우리의 힘은 신속하게 무너지며, 우리의 아름다움은 빠르게 추하게 된다. 불길이 마른 그루터기에 붙으면 오래 타듯, 하나님의 진노는 이 철면피 같은 악한 자들 위에 오래오래 머물 것이다. 그리스도를 위해 감옥이나 교수대나 화형을 견딜 수 없었고 나아가 작은 조롱마저 참지 못했던 그들이 이제 어찌 하나님의 타오르는 진노의 화염을 견딜 수 있을까?

고통의 장소 또는 상태. 고통의 장소와 상태는 하나님의 공의를 영화롭게 하려고 의도적으로 정해졌다. 하나님께서 자신의 능력을 영화롭게 하고자 하실 때 주께서 세상을 지으셨다. 주의 모든 피조물은 적절한 질서를 유지하며 주의 지혜를 선포한다. 주의 섭리는 만물을 유지하는 데서 드러난다. 주의 진노의 불꽃이 이 땅에 불붙으면 여덟 명을 제외하고는 온 세상이 물에 잠긴다. 소돔과 고모라와 아드마와 스보임은 하늘에서 떨어진 불로 타 버렸다. 바다가 입을 열어 어떤 사람들을 먹어버리고 땅이 갈라져서 다른 사람을 삼켜버리며 염병이 수천 수만의 사람을 멸절하였다. 현재 유대인의 비통한 상태야말로 하나님의 진노의 산 증거가 아니고 무엇이겠는가!

그러나 하나님의 자비와 공의의 최대 영광은 다음 세상에서 각 사람에게 주어질 삶을 통해 가장 뚜렷하게 드러날 것이다. 그때 하나님은 지금 이곳에서 하나님의 자비를 맛보는 성도들에게 상상을 초월하여 주의 자비를 맛보게 할 것이며, 마찬가지로 지금 이곳에서 하나님을 대적하는 자들에게 그날에 하나님의 공의를 완벽하게 드러내실 것이다. 하나님은 지옥의 영원한 화염을 반란자들에게 마땅한 것으로 여기실 것이며 심지어 더 뜨거워야 한다고 생각하실 것이다. 또한 그들이 수백만의 세대를 지옥에서 보낸다고 해도 주께서는 조금도 미안해하지 않으실 것이다. 화염으로 타지만 절대로 소멸하지 않던 떨기나무처럼, 질투하시는 전능자의 진노는 끝이 없을 것이다. 이 진노의 대상이 된 영혼들에게 화가 있을 지로다!

하나님의 보응으로 오는 고통. 저주받은 자들의 고통은 하나님의 보응이기 때문에 극심할 것이다. 진노는 무서운 것이지만, 복수는 인정사정이 없다. 크신 하나님께서는 "내게 반항하던 피조물은 이제 나의 인내를 모독한 대가로 그 값을 치러야 한다. 내가 얼마나 너를 기다렸는지 기억하라. 그러나 나의 기다림은 헛되었다. 내가 너를 설득하고 네게 애원하려고 얼마나 허리를 숙였는지 너는 기억할 것이다. 너는 내가 언제나 그렇게 경멸을 당할 것으로 생각했느냐?"라고 말씀하실 것이다. 그 후 주께서는 그리스도와 은혜를 무시하며 주의 자비를 업신여긴 모든 자에게 보응하실 것이다.

처벌하시는 하나님의 기쁨. 하나님께서는 사람들이 그리스도와 자비를 받아들이기를 바라시지만, 그들이 계속 반항을 고집할 때 주께서는 기꺼이 그들을 처벌하신다. 주님은 우리에게 "나는 노함이 없다"고 말씀하시면서 곧바로 "찔레와 가시가 나를 대적하여 싸운다 하자, 내가 그것을 밟고 모아 불사르리라"고 더하신다 이사야 27:4. "그들을 지으신 이가 불쌍히 여기지 아니하시며 그들을 조성하신 이가 은혜를 베풀지 아니하실 것이다" 이사야 27:11. 그들을 창조하신 하나님이 그들에게 자비를 베푸시지 않으실 때, 그들을 조성하신 주께서 그들에게 호의를 보이지 않으실 때 그들은 얼마나 가련하겠는가? 주님은 그들에게 선을 베푸시면서 기뻐하셨듯이 이제 주께서는 그들을 멸망하게 하시면서도 즐거워하실 것이다 잠언 1:26. 또한 주님은 그들의 두려움이 광풍같이 임할 때, 그들의 재앙이 폭풍같이 이를 때, 그들에게 근심과 슬픔이 임할 때 잠언 1:27 기뻐하실 것이다.

가장 무서운 것은 하나님 외에는 하늘과 땅의 그 누구도 그들을 도울 수 없다는 사실이며, 나아가 하나님께서 그들의 재앙에 기뻐하실 것이라는 사실이다. 《성경》이 하나님의 비웃음과 조롱을 말할 때는 사실 그대로이기보다 사람의 방식을 따라 표현한 것이지만, 아무튼 그 내용은 하나님께서 죄인에게 고통을 주시기를 기뻐하신다는 뜻이며 달리 적절하게 표현할 수 없다.

자신 때문에 처형당하는 사탄과 죄인들. 사탄과 죄인들은 자기 자신 때문에 처형을 당하게 된다. 이 땅에서 그들을 그리스도께로 가지 못하도록 유혹했던 사탄과 사탄에게 속아서 그리스도를 멀리했던 그들 모두가 벌을 받을 것이다. 그 벌은 하나님의 명령을 거절하고, 그리스도를 버리고, 그리스도의 권면을 받지 않도록 유혹한 사탄과 그 유혹에 빠져 죄를 범한 영혼들이 얻게 되는 보응이 될 것이다. 만일 그들이 사탄에게 속지 않고 그리스도를 충성스럽게 섬겼더라면 좋은 보상을 얻을 것이다. 하지만 스스로 사탄에게 속았으니 그때에 완전한 고통을 당하게 되는 것은 가장 타당하다. 그러니 그들이 자신들 외에 누구를 탓할 수 있겠는가?

보편적인 지옥의 고통. 지옥의 고통은 그곳에 들어온 모든 자에게 보편적일 것이다. 그들 모두 죄를 지었기 때문에 반드시 고통을 당한다. 죄를 짓는 데 주체였던 영혼은 고통을 받는 주체가 될 것이다. 영혼이 몸보다 훨씬 뛰어난 본질을 가진 것처럼, 영혼의 고통은 몸의 고통보다 훨씬 심할 것이다. 영혼의 기쁨이 모든 감각적인 기쁨을 훨씬 능가하는 것처럼, 영혼의 고통 또한 육체의 고통을 능가할 것이다. 고통을 받아야 하는 것은 그냥 영혼이 아니라 죄 많은 영혼이다. 불은 탈 연료가 없으면 탈 수 없다. 그러나 마른 나무가 있으면 불은 맹렬하게 탄다. 화약이 성냥불에 붙는 것같이 지옥의 화염은 맹렬하게 저주받은 영혼의 죄책감에 붙을 것이다.

몸도 그 나름대로 고통을 당한다. 조심스럽게 돌봄을 받고 귀중하게 다루어지고 호화스럽게 옷을 입던 몸도 이제 고통을 당한다. 그 교만한 자태는 땅바닥으로 떨어져 낮아지게 된다. 지옥의 화염은 몸의 잘생긴 모습이나 아름다움을 전혀 고려하지 않을 것이다. 진기한 물건들에 익숙해져 있는 눈들은 그때에는 끔찍한 장면들만을 보게 될 것이다. 그들은 자신들에게 분노하시는 하나님을 볼 것이며, 그들이 조롱했던 성도들이 자신들이 잃은 영광을 즐기는 것을 볼 것이다. 그들 주변을 보면 오직 마귀들과 저주받은 영혼들만 보일 것이다. 그들은 뒤를 돌아보며 "우리가 즐기던 모든 잔치와 놀이와 향연이 결국 이를 위한 것이었던가?"라고 말할 것이다. 음악과 노래에 익숙해져 있던 귀들은 저주받은 동료의 비명과 절규 소리를 듣게 될 것이다. 어린이들은 그들의 부모를 향해 악을 장려하고 악의 본을 보여준 사실에 대해 울고불고 난리를 칠 것이다. 남편과 아내, 주인과 사환들, 관리와 백성, 장관과 신하들은 그들에게 임한 재앙을 서로 탓하며 서로에게 의무를 행하지 못하도록 방해한 것에 대해, 죄악을 묵인한 것에 대해, 다가오는 위험을 분명히 알려주지 않고 침묵한 것에 대해 서로 비난하며 끝없이 외칠 것이다. 이처럼 영혼과 몸은 둘 다 지옥의 고통 가운데서 통곡할 것이다.

느슨하지 않은 형벌. 지옥의 고통은 완화되는 일이 없을 것이다. 이 세상에서 지옥에 대하여 들을 때는 양심 때문에 불편했지만, 쉽게 위로를 받을 수 있었다. 세상에 물든 정욕적인 친구들이나, 사업이나, 동료, 쾌락 등이 가까이 있었다. 또한 그들의 슬픔을 술과 놀이와 잠으로 떨쳐 버릴 수 있었다. 그러나 이제 이러한 모든 강구책은 사라졌다. 그들의 강팍하고 건방지고 믿으려 하지 않는 마음은 사실 그들의 마음이 불편해지는 것을 막는 방어벽이었다.

사탄이 인류의 첫 어머니의 위로자였듯, 그들의 위로자였다. 사탄은 그들에게 "하나님이 참으로 네게 먹지 말라 하시더냐? 네가 결코 죽지 아니하리라. 하나님이 네게 네가 지옥에 떨어질 것이라고 말씀하시더냐? 절대로 그럴 리 없다. 하나님은 훨씬 자비로우시다. 그러니 혹시 지옥이 있다 한들 두려워할 필요가 없다. 하나님은 자비롭지 않겠느냐? 네가 그리스도인이 아니냐? 그리스도의 피가 너를 위해 뿌려진 것이 아니냐?"라고 위로하였다. 성령이 성도들의 위로자인 것처럼, 사탄은 악한 자들의 위로자다. 도둑이 집을 털 때 사람들이 깨어나지 않게 조심하는 것처럼, 사탄은 죄인들이 깨어나지 못하도록 조심한다. 그러나 그 죄인이 멸망하면 사탄은 더는 그에게 아첨하거나 위로하지 않는다. 지옥에 떨어진 버림받은 죄인은 이제 어디서 위로를 찾을 수 있을까? 그를 함정에 빠뜨리고 안전을 약속했던 친구들은 다 그를 저버렸으며 그들 자신도 버림을 당하였다. 그의 위로자들은 다 사라지고 없다. 이제 그가 우습게 여기던 끊임없는 경고를 하셨던 의로우신 하나님께서는 조그마한 착오 없이 그 경고대로 그대로 행하실 것이다.

영원한 고통. 지옥의 고통이 가장 무서운 이유는 영원하기 때문이다. 수천만 년이 지나도 지옥의 고통은 언제나 처음과 같다. 만일 그 고통에 끝이 있다면 저주받은 자들은 그나마 바랄 것이 있을 것이다. 그러나 영원한 고통이라니, 그 생각을 하면 감당할 수가 없다. 그들이 죄를 짓는 데 지치지 않았던 것처럼, 하나님께서는 그들을 형벌하시는 데 지치지 않으실 것이다. 그들이 진심으로 죄를 회개한 적이 없듯이 하나님께서도 그들을 형벌하심을 후회하지 않으실 것이다. 그들은 영원하신 하나님의 율법을 범하였기 때문에 영원한 고통을 당하게 된다. 그들은 그들이 거절한 것이 영원한 나라였음을 알고 있었기에 그 나라에 영원히 들어가지 못하는 것이 당연하다. 불멸의 영혼들은 죄를 지었으므로 정죄 선고를 받아 불멸의 고통을 당해야 한다. 그들은 자신들이 만일 무덤에 누워 있거나 다시 무덤으로 돌아갈 수 있다면 얼마나 좋을까를 생각한다. 그들은 소리 질러 외치길 "오 죽음아, 너는 어디로 날아가 버린 것이냐? 이제 와서 이 서글픈 삶을 끊어주렴. 오, 이 고통이 나를 무너지게 하고 나의 존재를 끝낼 수만 있다면! 오, 마침내 내가 사라져 없어져 버린다면! 오, 내가 존재하지 않는다면!"라고 외칠 것이다. 이러한 신음은 그들이 어쩔 수 없이 고통의 영원함을 떠올릴 때마다 터져 나올 것이다. 그들은 늘 설교와 기도가 길다고 생각했다. 하물며 이 끝없는 고통을 당할 때 그들은 얼마나 그 고통이 길다고 생각하겠는가? 그들이 누린 쾌락의 길이에 비교하여 고통의 길이는 얼마나 긴 것인가? 하나는 순간이었지만, 다른 하나는 영원히 이어진다.

당신은 때가 거의 다 되었다는 사실을 기억하라. 당신은 영원의 문 앞에 서 있다. 죽음은 그 문을 열고 당신을 잡으려고 기다리고 있다. 가서 몇 밤을 더 자라. 이 땅에서 몇 날을 더 즐기라. 그러다 보면 당신의 밤과 낮은 끝이 나게 될 것이다. 당신의 생각과 세상 관심과 쾌락은 영원에 의해 삼킨 바 될 것이다. 당신은 영원히 변함없는 저주의 상태로 들어가야 한다. 천국의 기쁨을 우리가 다 알 수 없듯이 지옥의 고통도 마찬가지다. 영원한 고통은 상상조차 할 수 없는 고통이다.

그러나 나는 완고한 죄인들이 결사적으로 결심하는 것을 본다. "내가 저주받은 자라는 것이 확실하다면 내게는 다른 방도가 없다. 이제

《성경》이 요구하는 대로 살기보다는 《성경》에 대항하겠다. 나는 다른 사람처럼 《성경》에서 벗어나서 내가 할 수 있는 데까지 내 멋대로 하겠다." 만일 당신이 이러한 결심을 했다면 내가 당신에게 당부하고 싶은 것이 있다. 내가 던지는 몇 가지 질문에 주목하여 보라.

> 하나님의 진노를 받아야겠다는 당신은 누군가? 당신의 힘은 무엇인가? 당신은 고작 불에 대항하려는 양초나 마른 장작에 불과하지 않는가? 강한 폭풍 앞의 먼지나 겨가 아닌가? 당신의 힘이 철 같고 당신의 뼈가 놋쇠 같고, 당신의 기초가 땅 같고, 당신의 힘이 하늘 같다고 해도 주의 분노의 입김에 당신은 멸망할 수밖에 없다. 하물며 당신은 기껏해야 주의 지지와 호의에 의해 벌레에게 먹이지 않고 며칠밖에 버틸 수 없는 호흡하는 작은 진흙덩이인데 하나님을 대항하겠다는 것인가? 사실 당신은 전능자의 능력과 진노의 표시만 보아도 두려워 떨지 않는가? 당신은 천둥소리와 번개, 또는 힘센 떡갈나무를 산산조각으로 만들어 놓고 가장 강력한 건물을 무너뜨리는 어떤 보이지 않는 힘에 두려워 떨며, 염병이 당신 주변에서 유행할 때 떨지 않는가? 만일 당신이 이집트의 재앙들을 보았다면, 땅이 갈라져 다단과 아비람을 삼키는 것을 보았다면, 엘리야가 하늘로부터 불을 내려 아하시야 왕의 장군들과 그의 부하들을 멸망시키는 것을 보았다면 겁을 먹지 않겠는가? 하물며 당신이 지옥의 재앙을 감당할 수 있겠는가? 왜 당신은 이 땅에서 작은 고통을 당하면서도 낙망하는가? 치통이나 통풍, 우박이 내리는 날씨, 사지의 절단, 거지가 되거나 수치를 당할 때는 절망하지 않던가? 그러나 이 모든 재앙을 다 합쳐도 지옥에서 고통 받는 하루에 비하면 행복한 상태라고 치부할 것이다.
>
> 죽음이 다가오면 당신은 왜 그렇게 놀라는가? 오, 죽음이 당신의 마음

을 얼어붙게 하는가? 하지만 죽음의 장소인 무덤은 고통의 장소인 지옥에 비하면 아무것도 아니지 않은가? 불에 몸의 한 부분이 탈 때 견딜 수 없지 않은가? 그렇다면 지옥에서 수천만 배로 뜨거운 불에 영원히 탈 때는 어떠하겠는가? 지옥에 대한 생각이나 언급마저 우리 마음을 불편하게 하는데 하물며 지옥을 실제로 체험할 때 당신은 감당할 수 있겠는가? 부자가 왜 지옥에서 아브라함에게 고통을 원망했겠는가? 왜 죽음 앞에서 많은 사람이 용기를 잃고 교만한 자세를 바꾸는가? 지옥은 당신이 그렇게 우습게 여길 수 있는 곳이 아니다.

당신은 절망에 빠진 사람을 만나 대화를 나눈 적이 있었는가? 그와의 대화는 얼마나 불편했던가? 그의 삶은 얼마나 무거웠던가? 그가 가진 그 어떤 것도 그에게 효과가 없었다. 그는 고기를 먹으며 술을 마셔도 즐겁지 않았고 친구를 만나는 것을 불편했다. 그는 삶에 지쳤고 죽음을 두려워하고 있었다. 만일 저주받은 자의 지옥의 고통이 참을 만한 것이라면 왜 사람들은 지옥을 조금이라도 맛보면서 그렇게 견딜 수 없어 하는가? 당신에게 마귀가 흉측한 모양으로 나타나면 당신의 심장은 멎고 머리카락은 쭈뼛한다. 하물며 마귀들과 저주받는 자들 외에는 아무도 없는 그곳에서 그들과 함께, 그리고 그들에 의해 고통을 받으며 영원히 사는 것을 당신은 견딜 수 있겠는가?

내가 한 번만 더 물어보겠다. 만일 하나님의 진노가 사소한 것이라면 왜 하나님의 아들이 친히 그 문제를 그렇게 중요한 문제로 삼으셨을까? 이 문제 때문에 "그의 땀이 땅에 떨어지는 핏방울같이 되었다"누가복음 22:44. 생명의 주께서 절규하시길 "내 마음이 심히 고민하여 죽게 되었다"마가복음 14:34라고 하셨고, 십자가 위에서는 "나의 하나님, 나의 하나님, 어찌하여 나를 버리셨나이까"마태복음 27:46라고 하셨다. 분명히 이러한 고통을 쉽게 감당할 수 있는 분이 있었다면 그분은 예수 그리스도셨을 것이다. 그분은 당신과는 비교될 수 없을 정도로 고통을 감당할 힘이 있으셨다. 그럼에도 지옥의 고통에 대해 주께서 절규하며 신음하지 않으셨던가?

헛된 망상 가운데 안전을 기대하는 죄인인 당신에게 화가 있을 것이다. 당신은 그리스도에게도 무거웠던 것을 당신이 견뎌낼 수 있다고 생각하는가? 율법의 저주에서 하나님의 아들이 지독한 고통과 피 같은 땀을 흘리셨거늘, 하물며 연약하고 어리석은 당신이 감히 훨씬 더 엄중한 형벌을 요구하는 복음의 저주를 감당할 것을 두려워하지 않을 수 있겠는가? 선하신 주께서는 당신이 제멋대로 속아서 그렇게 비싼 값으로 지옥을 사지 않도록 하시기 위해 당신이 회개하고 바른 마음을 가질 수 있도록 인도하신다.

이제 나는 당신의 결단을 요청한다. 당신은 이 모든 진리를 어떻게 이용하겠는가? 다 갖다 버리겠는가, 아니면 진실하게 고민해보겠는가? 당신은 하나님께서 하신 수차례의 경고를 무시해 왔다. 이번에도 그렇게 하겠는가? 조심하라. 하나님께서 항상 경고와 위협을 알려주시는 것은 아니다. 보응의 손이 들려 내려치면 그때 주의 경고를 가볍게 여기는 자들에게 화가 있을 것이다.

당신은 이 책이 지옥과 저주만 말하는 책이라고 하며 이 책을 집어던지겠는가? 마찬가지로 당신은 경고의 메시지를 외치는 목사에게 불평하는 것에 익숙해져 있다. 하지만 당신이 우리에게 이러한 경고를 말하지 못하게 하더라도, 만일 우리가 하나님께서 우리에게 알리라고 한 것을 알리지 않고 침묵하면 우리는 당신의 영혼의 피 값에 대해 책임을 지게 된다. 당신은 우리가 당신에게 진리를 말함으로써 불편을 느끼게 하기보다는 조용히 편안하게 멸망하며 또한 우리도 진리를 말 못하고 당신과 함께 멸망하기를 원하는가? 만일 당신이 그러한 비인간적인 잔인함으로 죄악을 고집한다고 할지라도 하나님께서는 우리가 진리를 말 못하는 그러한 어리석음을 저지르는 것을 금하신다.

이러한 종류의 설교나 글은 미움받기에 십상이다. 사람들은 본성적으로 칭찬을 좋아하므로 이러한 불편한 내용에 대해 아무도 즐거워하지 않는다. 그러나 생각해보면, 이러한 경고는 옳고 경고를 싫어하는 사람들이 다르지 않은가? 만일 그들이 다르다면 나는 무조건 온 마음을 다해 그 흉악한 사람들에게서 당신을 꺼내오기를 원한다. 만일 이러한 경고가 하나님의 말씀이고 당신이 이 경고를 생각하지도 듣지도 않는다면, 당신은 결국 가장 가엾고 불쌍한 존재가 될 것이다.

만일 당신이 하나님의 백성이라면 이 가르침은 당신에게 공포가 아니라 위로가 될 것이다. 만일 당신이 아직 거듭난 사람이 아니라면 지옥에 대한 내용은 물론이고 천국이나 구원이라는 단어만 들어도 걱정과 함께 두려움이 몰려올 것이다. 하지만 당신에게 천국과 자비를 설교하는 것은 당신이 천국과 자비를 거부하지 말고 구하라고 부탁하려 함이며, 지옥을 설교하는 이유는 당신이 단지 그것을 피할 수 있도록 설득하려 함이다. 만일 당신이 지옥을 피할 가망이 전혀 없다면 내가 당신에게 지옥을 말하는 것은 헛수고일 것이다. 그러나 당신이 아직 이곳에 살아 있는 한 당신이 회복할 기회는 아직 있다. 따라서 나는 모든 수단을 동원하여 당신을 당신의 무감각 상태에서 깨우려고 하는 것이다.

아, 하나님의 진노 아래 있는 영혼들의 고통을 지금 이 땅의 사람들이 어찌 알 수 있겠으며, 어떻게 다 표현할 수 있겠는가? 죄인들이여! 그때에 당신은 예수 그리스도께 외칠 것이다. "오, 이 가련한 영혼에게 자비를 베푸소서! 불쌍히 여기소서!" 내가 왜 예수 그리스도의 이름으로 당신에게 "지금 당장 당신의 영혼을 위해 자비를 받아라. 긍휼을 얻어라"고 외치겠는가? 그러나 긍휼을 원치 않는 당신에게 어떻게 하나님께서 긍휼을 베푸실 수 있겠는가? 만일 당신의 말Horse이 앞에 있는 구덩이를 본다면 당신은 그 말을 구덩이에 떨어뜨리지 않을 것이다. 그러나 당신은 당신 앞에 위험이 훤히 보이는데도 고집스럽게 지옥으로 떨어지려는가? "누가 능히 그의 분노 앞에 서며 누가 능히 그의 진노를 감당하랴"나훔 1:6. 이제 당신에게 더 이상의 말이 필요 없는 것 같다. 당장 결심하여 영혼을 망하게 하는 죄악들을 멀리하고 그리스도께 당신 자신을 전부 드리도록 하라. 그러면 당신은 천국에서 영원한 안식을 누릴 것이다. 당신의 마음이 주께 설득되어 더는 지체하지 말고 복음의 언약을 붙들기를 바란다. 만일 당신이 죽기까지 마음을 강퍅하게 하면 그때는 회복할 수 없다. 다른 날로 미루지 말고 지금 당신에게 진실하게 경고하는 이 친구의 말을 들어라. 그러면 당신에게 저주가 임하는 것을 기꺼이 막으려 하는 친구 하나를 얻을 것이다.

Chapter 7 | Diligently Seeking of Rest

영원한 안식을 구해야 할 이유

자신의 영혼이 영원한 상태에서 어떻게 될지 확신하지 못하는 사람이 너무나 많다. 거룩함에 거하고 있지만, 아직 성화가 완성되지 않은 경건한 사람들은 어떤 사람들이 되어야 마땅할까?

만일 성도들을 위한 영광스러운 안식이 있다면 왜 그것을 추구하려는 간절함이 없을까? 만일 어떤 사람이 단 한 번이라도 그러한 형언할 수 없는 영광을 얻을 수 있다는 사실을 듣고 그가 들은 바를 믿는다면 그는 그것을 구하려는 열정에 빠져서 먹고 마시는 것도 잊고 다른 아무것도 신경 쓰지 않은 채 다른 것을 말하거나 묻지 않고, 어떻게 하면 그 보화를 얻을 수 있는지만 생각할 것이다. 하지만 그것을 매일 듣고 자신의 믿음의 가장 근본적인 조항이라고 고백하는 사람들은 거의 그것을 신경 쓰지 않으며 그것을 위해 수고하지 않는다. 그들의 자세는 마치 그 내용을 한 번도 들어보지 못한 사람들과 같으며 또는 그 내용을 들었으나 믿지 않는 자들의 자세와도 같다. 이러한 책망은 세속적인 마음을 가진 사람들과 불경스러운 대중들과 형식적인 고백자들과 심지어 경건한 사람들에게 적용될 수 있다.

세속적인 마음을 가진 사람들은 해 아래 속한 것들을 구하는 데 정신이 없다. 그들은 영원한 안식에 대해서 들을 시간도, 추구할 시간도 없다. 세상은 그들을 꾀어 잔인한 짐승으로 만들며 심지어 미치광이로 만들어 놓는다. 그들은 아무것도 아닌 것을 얻으려고 뛰고 달리고 서두르며 안달하면서도 영원한 안식은 무시한다. 또한 성도가 누리는 왕 같은 품위를 무시하면서 이 세상에서 다른 동료보다 더 높은 자리에 오르려고 갖은 노력을 한다. 심지어 그들은 하나님께 드리는 찬양과 천사들의 기쁨은 지겨운 짐으로 여기면서 육체의 탐욕스러운 즐거움을 날마다 추구한다. 심판은 다가오는데 (아마도 가난한 사람은 하루 벌어 하루 먹고사는 데) 그들은 후손을 기르고 재산을 늘리는데 피곤을 모른 채 바쁘다. 이는 자신들과 자녀의 명성을 쌓기 위해서다. 그러나 그들은 심판의 때에 그들에게 어떤 일들이 발생할지는 한 시간도 생각하지 않는다. 그럼에도 이들은 "그렇게 야단법석을 떨지 않고도 우리는 구원을 받게 되지 않을까?"라고 소리친다. 그들은 종들을 얼마나 일찍 깨워서 일하게 하는지! 그러나 종들에게 기도하거나 《성경》을 읽으라고 말한 적은 없다. 세상을 사랑하는 사람들은 그리스도와 천국을 무시하지만, 세상을 더욱 추구하려고 항상 열심을 낸다. 하지만 그들이 사랑하던 세상이 내세來世에서 그들을 위해 무엇을 하겠는가?

이 세상에 태어나면 일반적으로 고통과 슬픔이 있다. 인생길을 걷는 와중에는 계속되는 염려와 수고가 있다. 이 세상을 떠날 때는 가장 큰 아픔이 있다. 그리고 세상에 있는 쾌락과 즐거움은 우리 곁에 계속 머무르지 못한다. 혹 당신은 당신이 심판받을 때 금과 세상의 영광이 신속하게 당신을 도울 수 있다고 생각하는가? 당신이 재앙을 당하는 그날에 그것들이 당신의 절규를 들을 수 있다고 생각하는가? 당신이 죽는 그 순간에 그것들이 당신에게 대답하거나 당신을 구해주겠는가? 세상에 속한 그것들이 당신이 지옥으로 들어갈 때 당신과 함께 들어와서 심판자에게 뇌물을 주고 당신을 꺼내주겠는가? 또는 당신을 위해 천국의 자리를 사서 복된 자들 사이에 당신 자리를 마련해주겠는가? 그렇다면 왜 그 부자는 "물을 찍어 내 혀를 서늘하게 하소서"누가복음 16:24라고 말했겠는가? 현재의 달콤한 쾌락과 영광을 맛보는 것이 영원한 안식보다 더 가치가 있는가? 세상의 것들이 당신이 잃은 영원한 보화를 보상해줄 수 있겠는가? 이러한 일이 조금이라도 가능하겠는가?

우리는 자주 세상을 향해 가장 충성했던 사람들의 입에서 불평하는 말을 듣는다. "오, 세상이 나를 속였고 나를 망하게 하였구나! 세상은 내가 번창할 때는 내게 아첨하였지만, 이렇게 궁핍하여지니 나를 버리는구나. 만일 내가 세상을 섬기듯, 그리스도를 충성스럽게 섬겼다면 그분은 나를 이렇게 소망과 위로 없이 내버려두지는 않으셨을 것이다." 이러한 하소연이 세상에는 많지만, 여전히 다른 죄인은 그러한 하소연을 경고로 받아들이지 않는다.

경건하지 않은 대중은 구원을 위한 수고보다 종교의 일반적인 외적 의무 사항에 더 마음이 끌린다. 만일 그들이 자기의 마을에서 복음을 듣게 된다면 한 번 와서 듣고는 다시는 가지 않을 것이다. 만일 한 식구가 그 집회에 간다면 나머지 식구들은 반드시 집에 머물 것이다. 그러나 복음의 분명하고 강력한 설교가 아니라면 마치 그들은 몸의 필요를 위해 수 마일 떨어진 시장을 가는 것처럼, 그 설교를 들으려고 아무리 멀어도 달려갈 것이다. 그들은《성경》이 하나님의 법이고 이 법에 따라 그들이 심판 때에 용서나 정죄를 받는다는 사실을 알며 "복 있는 사람은 오직 여호와의 율법을 즐거워하여 그의 율법을 주야로 묵상하는 자"

시편 1:2인 것을 안다. 하지만 그들은 하루에 《성경》 한 장 읽는 것도 힘들어한다. 교회를 갈 때만 《성경》을 만지지 그렇지 않으면 일주일 내내 멀리한다. 그들은 쉬지 말고 기도하고 항상 기도하라는 명령을 알고 있지만, 가정에서나 개인적으로나 절대로 기도하는 일이 없다.

다니엘은 집에서 하루에 세 번씩 기도하다가 사자 굴에 갇혔어도 계속 쉬지 않고 기도했다. 하지만 경건하지 않은 사람들은 기도를 통해 자신의 안전을 구하기보다 차라리 우는 사자 같은 사탄의 영원한 먹잇감이 되려고 과감히 달려든다. 혹시 기도하게 되면 차갑거나 마음이 없는 기도를 드리기 때문에 하나님께서는 그들의 기도를 거절하신다. 물론 사람들에게는 거의 기도하지 않더라도 문제가 되지 않으며, 기도하는 사람조차도 자신이 무엇을 구하는지를 별 관심이 없다. 그들은 자신들이 천국에 합당하지 않다고 판단하면서도 간절하게 천국을 구할 필요를 느끼지 못한다. 만일 기도로 주를 찾지 않는 가정에 표를 하고 그러한 기도 없는 가정에 하나님의 진노가 부어진다면, 그들의 마을은 역병으로 송두리째 뽑힐 것이며, 집 안에서는 사람들이 죽어가고 외부적으로는 심판의 표시가 역력하게 나타날 것이다. 두렵건대, 아마 한 가족 정도는 피할 수 있을지 몰라도 다른 열 가족은 죽음을 당하게 될 것이다. 그럼에도 사람들은 기도하지 않을 것이기 때문에 그들의 집 문들이 "주여, 우리에게 자비를 베푸소서"라고 외칠 것이다.

더욱이 사람들이 그들의 골방에서 무엇을 하는지 볼 수 있다면, 당신은 마을에서 아침과 저녁에 자신들의 영혼을 위해 하나님께 간절히 하루 15분이라도 기도하는 사람을 거의 찾지 못할 것이다. 이처럼 그들은 자신들의 영원한 안녕을 위한 수고에 대해 관심이 없고 게으르다. 오직 습관적으로 그리고 어떤 사적인 유익을 위해 교회의 공적 의무를 감당할 뿐이다. 그들에게 좋은 책들을 읽게 하고, 신앙의 기반을 배우게 하려고 교리서를 읽게 하고, 주의 날에 기도와 묵상과 설교를 들으며 그날을 거룩하게 지키게 하고, 모든 세상의 생각과 말을 버리라고 말해보라. 그러면 그들은 그렇게 사는 것은 대단히 지루한 삶이라고 말할 것이다. 그들은 천국을 위해 전혀 수고할 가치가 없는 것으로 생각할 것이다.

또 다른 부류는 형식적인 고백자들이다. 그들은 외부적인 종교적 의무는 수행하지만, 내적으로는 전혀 깨달음이 없는 자들이다. 그들은 하늘에 대해 설교하고 듣고 읽고 말하며 가족들과 함께 기도도 하고 선한 사람들과 함께 선한 일에 참여하기도 한다. 또한 경건한 사람들 가운데서 존경받기를 원한다. 그러나 당신은 그들을 더 영적인 의무로 이끌 수 없음을 발견할 것이다. 예를 들어, 골방에서 기도하는 모습, 말씀을 묵상하며 자신을 점검하는 모습, 거룩한 마음을 유지하려는 수고, 자신들의 마음과 말과 행동을 삼가는 수고, 정욕을 죽이는 일, 정욕을 채우려고 하지 않는 모습, 원수를 용서하고 사랑하는 모습, 자신들보다 다른 형제를 더 귀히 여기는 모습, 그들이 가진 모든 것을 그리스도의 발 앞에 내려놓는 모습, 모든 것보다 주를 섬기고 사랑하는 것을 가장 소중히 여기는 자세, 모든 것을 두고 그리스도께로 기꺼이 갈 준비를 하는 자세 등을 그들에게서는 찾아볼 수 없다. 그들은 위선자들이기 때문에 절대로 이러한 일들을 할 수 없다.

만일 어떤 위선자가 기쁨으로 복음을 받는다면 이는 단지 형식일 뿐이다. 그는 절대로 복음의 씨에 흙을 덮지 않을 것이다. 따라서 그 복음은 그의 의견을 바꿀지는 몰라도 그의 마음속까지 깊게 녹아들어가 그 마음을 새롭게 하는 일은 없다. 또한 그의 마음속에 그리스도가 최고의 능력과 권위로 임하는 일도 없다. 그의 종교는 단지 그의 의견일 뿐이기 때문에 그의 삶과 대화에서 아무런 영향을 나타내지 않는다. 그는 일반적으로 무지하고 뻔뻔하고 교만한 말쟁이일 뿐, 겸손한 자세로 사랑과 순종 가운데 자명한 진리를 붙들려는 사람이 아니다. 그는 다른 사람의 성품과 판단을 가볍게 여기며, 그리스도의 위대한 일을 겸손한 자세로 심각하게 말하는 적이 거의 없다. 그의 종교는 그의 머리에 있지 절대 마음에 있지 않다. 그의 마음은 그리스도와 은혜로 세워져 있지 않기 때문에 유혹의 바람이 불면 깃털처럼 날려간다. 그는 혼자 있을 때 자신의 마음에 대해 애통해하는 일이 없고, 그리스도께 불 공손하게 행한 사실에 대해 겸허하게 인정하는 일이 없다. 그는 자신이 속한 교단이나 교파로부터 가장 큰 위로를 얻는다.

세상에 물든 위선자도 마찬가지다. 그는 세상의 염려와 욕망의 가시로 복음을 질식하게 한다. 그는 자신이 종교적이어야 한다고 생각하며 그렇지 않으면 구원받을 수 없다고 확신한다. 그래서 그는 읽고, 듣고, 기도하고, 과거 삶의 모습과 과거의 나쁜 친구들을 버린다. 하지만 이 세상에 속한 것을 취하고자 한다. 그는 머리로는 하나님이 최고의 선이라는 사실을 알지만, 그의 마음과 애착은 절대 그렇지 않다. 그는 하나님보다 세상을 더 좋아하며, 그러므로 세상이 그의 신이다. 그는 비록 세상의 의견들과 유행을 다 따르지는 않지만, 자기에게 세상의 유익을 주는 견해가 있으면 반드시 따른다.

사람의 영혼이 어떤 유행성 있는 영적 질병에 의해 쇠약해지듯, 이 사람의 영혼은 세속을 탐하는 역병에 사로잡혀 있다. 이러한 사람의 골방 기도는 얼마나 연약하겠는가? 말씀을 묵상하며 자신을 점검하는 일은 얼마나 형식이겠는가? 자신의 마음을 살피는 일은 얼마나 엉터

리겠는가? 하나님을 사랑하고 동행하며 주 안에서 기뻐하고 주를 바라는 일에는 얼마나 관심이 없겠는가? 이러한 두 종류의 위선자뿐만 아니라 온갖 종류의 위선자가 있다. 이들은 외적으로는 종교적으로 당신과 어울릴 수는 있어도 영적인 내면적 수고와 의무에서는 결코 참 성도인 당신과 같을 수 없다.

심지어 경건한 사람들마저 그들의 영원한 안식을 추구하는 데 너무 게으르다. 아, 우리의 지식과 열정, 우리의 고백과 행함은 얼마나 불균형을 이루는가? 천국을 위한다고 할 때 누가 서두르던가? 누가 천국을 위해 꿋꿋하게 서던가? 우리는 일하는데 게으르며 그 대신 말과 농담과 사소한 것에 우리의 시간을 다 보낸다. 우리는 하나님의 일을 할 때 얼마나 속이는가? 우리는 들어도 안 들은 것처럼 순종하지 않고, 기도해도 헛된 기도를 드린다. 자신을 점검하고 묵상하고 죄의 책망을 경험하지만, 삶에는 아무런 변화가 없다. 그리스도를 즐긴다고 하지만 그리스도를 만나지 않으며, 사도가 우리에게 "세상의 것들을 수단으로 사용하라"고 가르쳤지만 우리는 하늘의 것들을 수단으로 사용하여 세상을 취하려 한다.

얼마나 꽁꽁 언 어리석음이 우리를 마비시켰던가? 우리는 자신이 죽어가는 것을 알지만 움직이지 않으며, 영원한 행복과 비참이 눈앞에 보여도 신경 쓰지 않는다. 죽음이 문을 두드려도 듣지 않는다. 하나님과 그리스도께서는 우리를 부르시며 "오늘날 너희가 내 음성을 듣거든 너희 마음을 강퍅하게 하지 마라. 때가 아직 낮이매 보내신 이의 일을 하라. 밤이 오리니 그때는 아무도 일할 수 없느니라" 히브리서 4:7, 요한복음 9:4고 말씀하신다. 당신은 지금 부지런히 당신의 일에 열성을 내라. 당신의 삶을 위해 수고하라. 지금 당신의 모든 시간과 힘을 다하라. 지금

하지 않으면 영영 못하게 될 것이다. 그럼에도 우리는 마치 반쯤 잠든 것처럼 움직이지 않는다. 하지만 죽음과 심판은 빠르게 임하고 있다.

"오, 주님, 강퍅한 머리는 얼마나 무감각하고 세속적이며 지옥처럼 소름 끼치는지요! 진정한 그리스도인이 되려는 사람은 어디에 있습니까? 제게는 모든 사람이 그들의 영원한 상태를 우습게 여기는 것처럼 보입니다. 그들은 거의 영원한 안식에 신경을 쓰지 않으며 그들의 삶의 주요한 일로 여기지 않습니다. 만일 제가 그들과 같은 병에 걸리지 않는다면 나는 아마 잉크에 눈물을 섞어 글을 써야 할 것입니다. 이 세상에는 영원한 안식을 찾는 자들이 너무나 적어서 저는 얼마나 신음하며 이러한 안타까움을 표현해야 하는지요! 전 세계가 다 죽어 있으니 가슴이 멍든 가운데 탄식합니다."

우리의 집정관들은 그들의 임무를 진지하게 수행하는가? 그들은 하나님을 위해 열심인가? 주의 집을 세우는가? 주의 영광을 소중히 여기는가? 그들은 하나님의 말씀을 지지하는가? 그들은 우리의 평강을 방해하는 악들과 우리의 모든 비참의 요인이 되는 죄인과 악한 자를 대항하는가? 그들은 얼마 후면 자신들의 청지기 사역을 하나님 앞에서 회개할 자로 여기고 그리스도의 나라를 증진하게 하려고 그들의 모든 힘과 부와 명예와 영향력을 활용하는가?

목사 중에도 자신들이 하는 일에 진지한 자들이 얼마나 적은지 모른다. 아니, 최고의 자리에 있는 자들이 이 일에 실패하고 있다. 우리는 복음에 불순종하는 사람들에게 "다만 성령의 나타나심과 능력으로"고린도전서 2:4 복음을 외치는가? 우리는 죄를 우리 마을을 파멸하게 하는 불로 다루며 강제로라도 사람들을 죄에서 나오게 하는가? 우리는 사람들에게 '주의 두려우심'을 알도록 설득하는가? 우리는 그리스도와 거듭남과 믿음과 거룩을 강조하며 이러한 것을 믿지 않으면 영생을 얻을 수 없다고 알리고 있는가? 우리의 심장은 저 무지하고 무관심하고 고집 센 무리를 불쌍히 여기며 가슴 아파하는가? 그들을 만나면 '영원한 안식에서 영원히 그들을 보지 못하게 되는 것은 아닌가' 하고 그들 때문에 마음이 녹아내리는가? 우리는 바울처럼 그들의 육적이고 세상적인 성향에 대해 슬퍼하며 안타까워하는가? 우리는 그들의 영혼 구원을 위해 그들이 이러한 가르침을 받기를 간청하는가?

그렇지 않고 오히려 당신은 비평하는 청중에게 인정받기 위해 공부하고 있는 것은 아닌가? 사역자의 주된 일이 한 시간 동안 재미난 이야기를 해주는 것이 전부인 줄 알고 설교를 준비하느라 사람들을 돌보지 못하는 것은 아닌가? 사람을 신경 쓰느라 열정을 잃어버리고 가장 날카로운 주제를 다룰 때도 생명력이 없는 설교를 하는 것은 아닌가? 주의 백성의 영혼을 그토록 잔인하게 파괴하는 죄악을 다룰 때도 그저 부드럽게 대하는 것은 아닌가? 한마디로, 하나님 나라의 일들에 대한 우리의 진지함의 부족은 많은 영혼을 형식에 빠뜨리고 습관적인 무관심의 자세로 설교를 듣게 함으로써 그들을 망하게 한다. 주께서 이러한 목사들의 무서운 죄악들을 용서하시기를 바란다.

그렇다면 일반 사람들은 어떠한가? 그들은 집행관이나 목사들보다 더 진지한가? 하지만 어떻게 그들에게 다른 것을 기대할 수 있으랴? 먼저 당신은 자신을 살피고 이 문제를 해결하라. 양심에 묻고 아프더라도 진실하게 답변해보라. 당신은 영원한 안식을 항상 마음속에 두고 이 세상에 거하는 동안 가장 중요한 일로 삼고 있는가? 당신은 다른 사람이 당신의 면류관을 취하지 못하도록 깨어 온 힘을 다해 수고하는가? 당신은 너무 늦거나, 일이 마치기 전에 죽지 않기 위해 서둘러서

일하는가? 당신은 많은 반대하는 군중을 뚫고 나아가면서 "앞에 있는 것을 잡으려고 … 푯대를 향하여 그리스도 예수 안에서 하나님이 위에서 부르신 부름의 상을 위하여"빌립보서 3:13~14 달려가는가? 당신은 아무도 보지 않는 곳에서 은밀히 기도하며 신음하며 눈물을 흘리는가? 당신은 가족에게 주를 경외함을 가르치며 지옥의 장소에 떨어지지 않도록 경고하는가? 당신은 "무엇을 해야 구원을 얻으리이까?"라고 외치는가? 당신은 당신의 부패에 대해 경고하는 목사를 따르며 또한 매사에 간절하게 주께 질문하는가? 당신은 경건하지 않은 자를 꾸짖으며 당신의 형제의 영혼 구원을 위해 수고하는가? 하나님과 사람 앞에서 당신은 참으로 진실하게 영원한 안식을 구하는가?

당신은 당신의 사환을 눈으로 다 지켜보지 못했어도 그가 한 일을 보면 그가 빈둥거리고 놀았는지 그렇지 않은지 알 수 있다. 마찬가지로 당신이 이룬 일들을 보라. 그리스도를 향한 당신의 사랑, 믿음, 열정, 은혜는 강한가 아니면 약한가? 당신은 무엇으로 기뻐하는가? 당신이 확신하는 바는 무엇인가? 모든 것이 제대로 되어 있는가? 만일 그날이 오늘이라면 당신은 죽을 준비가 되어 있는가? 당신과 대화를 나눈 사람들이 당신을 축복하는가? 이러한 것으로 당신 자신을 평가해보라. 그러면 당신이 쉬지 않고 수고한 사람인지, 아니면 게으름뱅이인지 드러날 것이다.

사람들이 영원한 안식을 무시하지 않고 알았다면 그들은 분명히 다른 마음을 품었을 것이다. 나는 그들이 영원한 안식을 우습게 여기는 것이 얼마나 통탄할 일인지, 얼마나 큰 죄를 짓고 있는지를 깨닫기를 바란다. 또한 당신이 죽는 그날까지 이러한 죄책감을 피하고자 쉬지 않고 영원한 안식을 추구하며 나아가기를 바란다. 의사가 당신에게

"만일 이 한 가지만 지키면 당신의 병이 나을 수 있습니다"라고 말한다면 당신은 그 한 가지를 지키지 않겠는가? 따라서 나도 당신에게 "만일 당신이 당신의 영혼을 위해 이 한 가지만 지키면 나는 당신의 구원을 의심할 필요가 없습니다"라고 말하겠다. 즉, 그 한 가지는 "게으름을 떨쳐버리고 온 힘을 다해 진실한 그리스도인이 되십시오"다. 이러할 때 당신의 행복을 막을 수 있는 것은 이 세상에 아무것도 없다.

만일 당신이 하나님에게서 멀리 떠나 있다면 온 마음을 다해 주를 찾아라. 당신은 반드시 하나님을 찾게 될 것이다. 당신이 예수 그리스도께 불친절했다면 마음을 다해 주를 찾고 무조건 순종하라. 그러면 당신의 구원은 당신이 이미 가지고 있는 것처럼 확실하여진다. 그러나 그리스도만으로 모든 조건이 충분히 채워지고, 복음의 약속이 완전한 은혜이며, 하나님의 자비는 무한할지라도, 만일 당신이 그것을 간절히 바라지 않는다면 당신은 결코 그러한 축복을 체험하지 못하며 더 나아지지 못할 것이다. 만일 수고해야 할 때 놀기만 한다면 당신은 면류관을 잃을 것이다. 자, 신속하고 진지하게 당신에게 맡긴 일을 하라. 당신에게 아직 그 일을 할 시간이 남아 있음에 대해 하나님을 찬양하라.

내가 당신을 재촉하는 데는 이유가 있다. 그 이유를 위해 나는 다양하고 흥미로운 몇 가지를 말하려고 한다. 모세가 이스라엘 백성에게 "내가 오늘 너희에게 증언한 모든 말을 너희의 마음에 두라"신명기 32:46 "이는 너희에게 헛된 일이 아니라 너희의 생명이라"신명기 32:47고 말했던 것처럼, 지금 당신도 이 사실을 마음에 두라. 주께서 당신의 마음을 열어 주의 권고가 당신에게 강한 효과를 나타내기를 바란다.

원수들의 부지런함을 생각하라

그리스도인의 바람과 수고의 목적은 너무 대단해서 인간의 지성으로는 파악할 수 없다. 지옥의 고통을 피하고 하늘의 영광을 누리며, 자신과 다른 사람의 영혼을 구원하며, 하나님을 영화롭게 하는 것만큼 뛰어나고 중요하고 필요한 일이 어디 있겠는가? 어떤 사람이 그러한 중요한 일에 애착을 갖고 소망하면서 부지런히 수고하는 것이 지나칠 수 있는가?

이 땅에서의 그리스도인의 일은 매우 방대하고 다양하다. 영혼이 새로워져야 하고, 부패가 멈춰져야 하고, 악한 습관과 유혹들이나 세상에 대한 관심을 반드시 이겨야 한다. 육체의 정욕은 억제되어야 한다. 자기 생명과 친구와 명성도 무시할 수 있어야 한다. 선한 양심을 가져야 하고 그 양심에 걸리는 것이 없어야 하며 죄 사함과 구원의 확신을 얻어야 한다. 하나님께서는 우리의 공로 때문에 죄 사함과 구원을 주시는 것은 아니지만, 간절히 찾는 수고함이 없이는 구원을 허락하지 않으실 것이다. 또한 다양한 지식을 습득해야 하고 많은 규례를 사용하고 의무를 수행해야 한다. 우리가 어떤 나이가 되던 매해 매일 모든 장소에서 우리가 대하는 모든 사람과 모든 변화하는 상황에 대해 우리는 늘 새롭게 수고해야 한다. 아내와 자녀, 사환과 이웃, 친구, 원수 등 모든 인간 관계에서 《성경》이 말하는 대로 그 의무를 다해야 한다. 이처럼 그리스도인이 할 일이 많다. 그런데 그리스도인이 그 일을 감당하지 않고 게으르다면 그것이 옳은가 판단해보라. 그 일을 지체하고 빈둥거리는 것이 지혜인지 판단하라.

시간은 지난다. 며칠이 지나면 우리는 이곳에 있지 않을 것이다. 많은 병이 우리를 공격할 준비가 되어 있다. 지금 설교를 하고, 듣고, 말하고, 걷는 우리도 곧 죽어서 흙에 묻힐 것이며 그 시체를 벌레들이 먹을 것이다. 우리는 이미 거의 어둠과 부패에 다 이르렀다. 우리는 언제라도 또 다른 설교할 기회와 또 다른 주일과 시간을 놓칠 수 있다. 그 위대한 일을 위해 이제 남은 시간이 그렇게 많지 않다는 것을 안다면 얼마나 부지런히 일해야 하겠는가? 우리에게는 항상 우리의 멸망을 위해 계획하고 수고하는 원수가 있다. 사탄은 각종 유혹을 뿌리느라 정신없이 바쁘다. "근신하라 깨어라 너희 대적 마귀가 우는 사자 같이 두루 다니며 삼킬 자를 찾나니 너희는 믿음을 굳건하게 하여 그를 대적하라" 베드로전서 5:8~9. 얼마나 사탄의 모든 종이 부지런한가? 거짓 교사들과 조롱하는 자들과 박해하는 자들은 항상 부지런하다. 특히 우리 속의 타고난 죄성은 가장 바쁘고 부지런하다. 연약한 저항만으로 우리가 돌아설 수 있겠는가? 우리는 자신을 보호하려면 원수들이 우리의 멸망을 위해 수고하는 것보다 더 많은 수고를 해야 한다.

우리의 괴로움을 생각하라

우리가 받은 재능은 다양하며 대단하다. 지구에서 숨을 쉬는 백성 중에 우리보다 더 이렇게 분명한 가르침과 강권적인 설득과 끊임없는 훈계를 늘 받는 백성은 없다. 우리는 지루할 정도로 설교를 들으며, 안식일을 모독할 만큼 질리도록 주일을 지킨다. 또한 뛰어난 책도 너무 많아서 우리는 무슨 책을 읽어야 할지 모를 정도다. 우리처럼 하나님을 그렇게 가까이 모시는 백성이 어디 있는가? 누가 우리처럼 그리스도의 십자가의 못 박히심을 자세히 살펴보겠는가? 하늘과 지옥이 우리에게는 활짝 열려 있어서 다 볼 수 있다. 주의 백성인 우리는 참으로 신속하게 언제라도 하늘나라에 들어갈 수 있다. 우리는 날 수 있는 날개가 있으며 신속한 항해를 돕는 바람과 물결도 있다. 우리가 받은 은혜는 너무 커서 적당하게 하나님의 일을 하려는 것은 양해될 수 없다.

우리의 모든 삶은 자비로 충만했다. 자비가 풍성하신 하나님은 우리에게 바다와 땅의 모든 부유함과 하늘과 땅의 모든 부유함을 쏟아 부으셨다. 우리는 안팎으로 자비를 받고 있다. 우리가 받은 은혜를 세어 보려고 하는 것은 하늘의 별이나 바다의 모래알을 세는 것과 같다. 만일 지옥과 땅, 그리고 땅과 하늘의 차이를 말하라고 하면 그것은 분명히 우리가 받은 자비일 것이다. 만일 하나님 아들의 보혈이 자비라면, 우리는 자비에 의해 하나님과 관계가 맺어진다. 하나님께서는 우리에게 아무리 많은 선을 베푸셔도 많다고 생각하지 않으신다. 그렇다면 우리도 주를 위해 무엇을 해야 할지 더 많이 생각해야 하지 않을까? 내가 받은 그 많은 풍성한 자비를 생각하며 나의 게으르고 무익한 삶을 돌아본다면 나는 부끄러워서 아무런 변명을 할 수 없다.

우리가 받은 재능과 자비뿐만 아니라, 우리와 하나님과의 관계 또한 가장 귀하다. 우리는 그분의 자녀이기에 마땅히 우리의 가장 따스한 사랑과 순종을 주께 드려야 한다. 우리는 그리스도의 신부이므로 주께 순종하고 사랑해야 한다. 만일 그분이 우리 아버지시라면 마땅히 존경해야 하며, 우리의 주시라면 그분을 섬겨야 한다. 하지만 우리는 그분을 주와 선생으로 부를 뿐이다. 만일 주를 대하는 우리의 자세가 성실하지 못할 때 우리가 그분의 자녀이며 종이라고 말하는 것은 자신을 정죄할 뿐이다. 이 땅에서 자신들의 주인을 기쁘게 하려고 매일 열심히 수고하며 일하던 사환들이 이 우주의 주인이신 그분을 위해 열심히 수고하지 않는 우리를 정죄하지 않겠는가? 분명히 주님과 같은 분은 이 세상에 없다. 이 땅의 어떤 종들이 주의 종들보다 더 많은 풍성한

엘 그레코El Greco의 〈맹인을 고치신 예수〉(1567년), 독일 드레스덴 게멜데 갤러리 소장.
예수님께서 안식일에 한 맹인을 치료하신 장면이다. 이 사건을 본 바리새인들은 유대인의 전통인 안식일에 어긋나는 행위를 하였다고 하여 예수님께 분노하였다. 그러나 예수님은 "안식일이 사람을 위하여 있는 것이요 사람이 안식일을 위하여 있는 것이 아니니"마가복음 2:27라고 말씀하셨다.

수고의 열매를 기대할 수 있겠는가?

만일 우리가 하나님의 길에서 벗어나 놀고 있다면 모든 피조물이 앞다투어 우리가 그 길로 돌아갈 수 있도록 재촉하는 회초리가 되려 할 것이다. 이때 주의 자비는 우리에게 기쁨이 아니라 슬픔을 줄 것이다. 주께서 다른 회초리를 사용하고 싶지 않으실 때는 우리가 우리 자신에게 채찍이 되게 하신다. 우리의 병든 몸 때문에 우리는 신음하게 될 것이며 우리의 번잡한 마음 때문에 안절부절못할 것이다. 우리의 양심은 우리의 가슴을 전갈처럼 찌를 것이다. 그렇다면 주께서 맡기신 일을 위해 인내하며 수고하는 것이 그 길에서 벗어나 이런 고통을 당하는 것보다 낫지 않겠는가? 그럼에도 당신은 정신을 차리고 계속 수고하기보다 차라리 매를 벌겠는가? 물론 가장 최선을 다하는 사람들도 어려움을 당한다. 하지만 분명한 것은 양심을 지키며 그리스도께 충성할 때 평강이 넘치므로 그들의 어려움의 잔은 덜 쓰다는 사실이다.

절대 다함이 없는 확실성을 생각하라

우리가 하나님을 섬기는 것을 돕기 위해 모든 세상이 우리의 종이 된다. 태양, 달, 별들이 그들의 빛과 영향력으로 우리를 도와준다. 땅은 나무와 꽃과 열매와 새들과 동물들을 공급하며, 바다는 그 안에 거하는 것들을 가지고 도와준다. 공기와 바람, 안개와 눈, 열과 불, 구름과 비 등 모든 것이 우리가 일할 때 우리를 섬긴다. 그렇다. 천사들마저도 우리를 섬기는 영이다. 더욱이 하나님의 오래 참으심은 우리를 돕는다. 예수님은 주의 보혈로 도우시고, 성령은 우리 속의 반항하는 마음과 다투시며 도우신다. 그뿐만 아니라 복음의 사역자들도 연구와 설교와 기도로 무관심한 우리 같은 죄인을 돕는다. 이처럼 천사들과 사람들, 주님 자신까지 우리 곁에 서서 우리를 돌보시는데, 우리가 그들의 도움을 아무런 의미가 없도록 한다면 이 얼마나 용서받지 못할 범죄를 범하는 것인가? 이는 마치 우리를 위한 잔치 준비가 다 되어 있는데 우리는 잔치에 참여하지 않는 것과 같다.

내가 당신에게 간절히 부탁하는 바는 당신이 기도할 때마다, 범죄자들을 꾸짖을 때마다, 의무를 할 때마다 당신이 하는 그 일을 위해 당신이 어떤 도움을 가졌는지를 기억하라는 것이다. 그 후 어떻게 그 일을 수행할 것인지를 판단하라.

우리가 고백하는 원칙은 하나님은 최상의 선이시며 우리의 모든 행복은 그분의 사랑 안에 있기 때문에 무엇보다 하나님을 가장 귀히 여기고 추구해야 한다. 하나님은 우리의 유일한 주시니 오직 그분만을 섬기라. 우리는 우리의 모든 마음과 영혼과 힘을 다해 주를 사랑해야 하며, 이 세상에서 우리가 해야 할 가장 위대한 일은 하나님을 영화롭게 하는 일과 구원을 얻는 일이다. 이러한 말씀들이 실제 우리의 행위에서 나타나고 있는가? 아니면 혹시 우리의 행동은 자신의 고백을 부인하고 있는 것은 아닌가?

그러나 우리가 받은 도움과 고백하는 원칙에 의해 일할 마음이 생겨나 아무리 열심히 일한다 해도 분명히 부족함을 느낄 것이다. 우리는 모든 것을 "행한 후에 이르기를 우리는 무익한 종이라"누가복음 17:10고 말해야 할 것이다. 하물며 우리가 다 행하지 못한 것을 분명히 알 때는 더욱 자신을 무익한 종으로 알아야 하지 않을까? 그 어떤 사람도 하나님을 순종하고 섬기는 데 있어서 결코 충분할 수 없다. 모든 미신과 우리가 생각해 낸 봉사를 통해서는 '넘치도록 의로운 것'으로 불릴지 몰라도 말씀의 규율에 따르지 않는 한 우리는 절대로 의로울 수 없다.

세상은 그리스도를 부지런히 섬기는 것을 어리석다고 생각한다. 그래서 그리스도를 섬기는 사람들을 향해 악의를 두고 화를 낸다. 그러나 그들에게 자신들이 하나님을 사랑함이 너무 부족했고 주를 섬김이 부족했으며 또한 자신들의 영혼 구원에 간절하지 못했음을 고백할 날이 가까이 왔다. 우리는 세상을 위해 너무 많은 일을 하기는 쉽다. 그러나 하나님을 위해서는 아무리 수고해도 그 부족함이 그지없다.

보상과 수고가 비례 되는 것을 생각하라

모든 은혜의 속성과 경향을 보라. 만일 당신이 하나님을 사랑한다면 주를 섬기고 그분을 기쁘시게 하려고 힘닿는 데까지 노력할 것이다. 사랑은 활발하며 갈망하며 활동적이며 순종적이다. 만일 당신이 그리스도를 사랑하면 주의 계명을 지킬 것이며 그 계명이 너무 엄하다고 따지지 않을 것이다. 만일 당신에게 믿음이 있다면 그 믿음은 당신에게 활기를 주고 격려할 것이다. 만일 당신이 영광의 소망이 있다면, 그 소망은 시계 속의 용수철처럼 당신 영혼의 모든 톱니바퀴를 굴러가게 할 것이다. 만일 당신이 하나님을 경외한다면, 당신은 게으름에서 당장 빠져나올 것이다. 당신에게 열정이 있다면 그 열정은 당신을 사로잡아 타오르게 할 것이다. 당신은 거룩하여진 수준만큼 하나님의 일에 진지하고 부지런하여질 것이다.

빈둥거리는 사람은 일을 망친다. 아그립바 왕처럼 거의 그리스도인이 되는 자리까지 갔지만, 결국은 구원받지 못하는 사람이 많다. 만일 두 사람이 달리기 경주를 하면 늦게 달린 사람은 상도 잃고 그의 수고도 헛되다. 역기를 드는 사람이 충분한 힘을 주지 않으면 전혀 힘을 주지 않은 것과 다를 바 없다. 그리스도인이 자신들의 의무를 감당하지 않음으로 말미암아 잃게 된 의무가 얼마나 많은가? "들어가기를 구하여도 못하는 자가 많으리라"누가복음 13:24. 그러나 그들이 들어가려고 노력했다면 들어갈 수 있었을 것이다. 그러므로 당신이 이미 행한 모든 일이 헛되지 않도록 하려면 좀 더 힘을 내어 노력하라.

이미 많은 시간을 놓치지 않았던가? 우리 중에는 벌써 유아기와 청소년기를 보낸 사람이 있다. 어떤 사람은 중년기에 접어들었다. 우리 앞에 있는 시간도 매우 불확실하다. 자고 떠들고 놀며 보낸 시간이 얼마나 많은가? 세상의 욕심과 염려로 보낸 시간은 어떠한가? 반면에 우리가 행한 일은 얼마나 적은가? 잃은 시간을 돌아오게 할 수는 없다. 그렇다면 남은 시간이라도 바르게 사용해야 하지 않을까? 만일 여행자가 온종일 자고 놀았다면 밤이라도 신속하게 여행해야 한다. 그렇지 않으면 여행의 목적지에 닿을 수 없다.

보상은 당신의 수고와 비례한다는 것을 의심하지 마라. 심어진 씨가 죽으면 많은 열매를 낸다. 당신이 수고하며 행한 모든 것은 영원한 안식 때에 다 보상받게 될 것이다. 천국에서는 자신의 수고와 아픔에 대해 안쓰럽게 여기는 일이 없다. 아무도 그곳에서는 "그때 덜 고생을 할걸, 기도도 덜 하고, 덜 엄격하게 살고, 내 이웃처럼 안일하게 살걸!"이라고 말하지 않을 것이다. 오히려 정반대로 그들의 수고와 환난을 돌아보며 하나님의 능력으로 그 모든 과정을 이긴 것을 생각하며 기쁨이 넘칠 것이다. 우리는 모두 바울처럼 "현재의 고난과 수고는 장차 우리에게 나타날 영광과 비교할 수 없다"로마서 8:18라고 말할 것이다. 우리는 잠깐 수고한다. 그러나 영원히 안식할 것이다. 만일 한 시간을 수고하고 평생 왕자로 살 수 있다면 누가 그 고생을 마다하겠는가? "하나님은 불의하지 아니하사 너희 행위와 그의 이름을 위하여 나타낸 사랑으로 이미 성도를 섬긴 것과 이제도 섬기고 있는 것을 잊어버리지 아니하신다" 히브리서 6:10. 그때가 되면 우리의 모든 눈물은 사라지고 의무를 지키기 위해 흘렸던 모든 슬픔은 잊히게 될 것이다.

노력 없이는 천국을 얻을 수 없음을 생각하라

하나님께서는 주권적인 지혜 가운데 구원을 위해 노력이 필요하도록 하셨다. 하나님보다 누가 더 천국에 들어가는 길을 알겠는가? 사람이 우리에게 너무 엄격하다고 할 때 그들이 비방하는 대상은 하나님인가, 아니면 우리인가? 만일 잘못이 있다면 명령하시는 하나님께 있지 순종하는 우리에게 있지 않다. 이들은 우리가 모든 세상보다 더 지혜로운지를 묻지만, 사실 이러한 질문을 하는 그들은 자신들이 하나님보다 더 지혜로운 체하는 것이다. 어떻게 그들은 자신들의 말을 하나님의 법과 조화시킬 수 있겠는가? "천국은 침노를 당하나니 침노하는 자는 빼앗느니라. 좁은 문으로 들어가기를 힘쓰라. 내가 너희에게 이르노니 들어가기를 구하여도 못하는 자가 많으리라. 네 손이 일을 얻는 대로 힘을 다해 할지어다. 네가 장차 들어갈 스올에는 일도 없고 계획도 없고 지식도 없고 지혜도 없음이니라. 항상 복종하여 두렵고 떨림으로 너희 구원을 이루라. 더욱 힘써 너희 부르심과 택하심을 굳게 하라. 또 의인이 겨우 구원을 받으면 경건하지 아니한 자와 죄인은 어디에 서리요" 마태복음 11:12, 누가복음 13:24, 전도서 9:10, 빌립보서 2:12, 베드로후서 1:10, 베드로전서 4:18. 그들로 하여금 이러한 성도들의 거룩한 질문에 타당한 답변을 가져오게 하라. 위의 말씀이면 내가 그들의 주장이 잘못되었음을 논리적으로 설명하기에 충분하다. 하나님의 생각은 인간의 생각과 차원이 다르며 우리가 할 수 있는 것보다 훨씬 많은 것을 명령하셨다. 내가 주의 명령을 따르는 데는 다른 이유를 댈 수 없고 그분의 뜻이라는 이유만으로 내게 충분하다. 우리를 창조하신 그분 외에 누가 우리를 위한 법을 만들 수 있겠는가? 구원을 선물로 주시는 그분 외에 누가 구원의 방도를 정하겠는가? 하나님께서 명하신 삶은 거룩하고 수고하는 삶이다. 그러므로 세상과 육체와 마귀로 하여금 이 대답에 대항하도록 해보라. 과거도, 현재도, 미래도 오직 그러한 삶을 인정하는 사람만이 그날이 올 때 성도의 부지런함이 과연 옳다 할 것이다.

그렇다면 모든 사람이 마침내 박수를 치게 될 그 길로 가려 하지 않겠는가? 그러나 슬프게도 실상은 지금 대부분의 사람이 그 길을 반대하고 있다. 하지만 내가 당신에게 하고 싶은 말은 그 길을 반대하는 대부분의 사람이 사실은 그들의 머릿속으로는 그 길이 맞다는 것을 알고 있다는 점이며 또한 지금은 그 길을 반대해도 조만간 그 마음이 바뀌게 될 것이라는 점이다. 만일 그들이 천국에 들어간다면 그들의 생각은 그곳에 들어가기 전에 반드시 바뀔 것이다. 만일 그들이 지옥으로 간다면 그들의 판단은 원하든 말든 바뀌게 될 것이다.

지금 다수 의견과 길을 따르는 당신은 이 사실을 기억하라. 그날이 되면 지금 당신의 의견은 다수 의견과 달라질 것이다. 또한 지금 당신이 확신하고 있는 판단도 반드시 바뀔 것이다.

심지어 가장 훌륭한 그리스도인이라도 죽음 앞에 서면 그들의 게으름에 크게 탄식하게 된다. 그때 그들은 "오, 내 영혼을 위해 더욱 거룩하고, 더욱 천국을 바라보며, 더욱 수고할 것을. 세상은 내게 너무 지나치게 수고한다고 탓하였지만, 지금 내 양심은 너무 수고한 것이 없다고 나를 나무라는구나. 세상의 조롱을 받는 것이 양심의 채찍을 맞기보다 훨씬 쉽구나. 구원을 소홀히 여기고 하나님께 꾸지람을 받는 것보다 차라리 구원을 추구하다가 마귀에게 비난을 받았더라면 좋았을 것을"이라고 말하며 안타까워할 것이다. 이처럼 천국에 대한 대화로 세상을 깜짝 놀라게 하던 그리스도인마저도 실패한 부분 때문에 마음 아파하고 힘들어할 것이다.

천국을 잃는 이유는 노력이 부족하기 때문이다. 말씀을 듣고 한동안 그 말씀을 기쁨으로 받고, 많은 일을 하고, 그리스도의 사역자들의 말씀을 기쁘게 듣던 사람들이 멸망하는 것을 볼 때 우리는 불안을 느끼지 않는가? 그리스도를 잘 따라오던 많은 사람이 세상의 유익과 소망을 포기해야 하는 순간이 올 때는 세상이 아니라 그리스도를 버리지 않던가? 하나님은 천국이 쉽게 얻어지지 않도록 하셨다. "거룩함이 없이는 아무도 주를 보지 못하리라" 히브리서 12:14.

우리가 진심을 가지면 진지함이 있게 된다. 만일 당신이 진지하지 않다면 당신은 그리스도인이 아니다. 진지함은 기독교의 높은 경지일 뿐만 아니라 기독교의 생명이요 본질이다. 무대 위에서 펜싱 경기를 하는 사람과 생명을 걸고 싸우는 군인이 다르듯, 위선자들과 진지한 그리스도인은 서로 다르다. 만일 사람이 이러한 진지한 노력 없이도 구원받을 수 있다면 그들은 그 구원을 소중히 여기지 않을 것이다.

하나님께 간절한지를 생각하라

하나님은 당신에게 간절하시다. 당신은 왜 하나님께 간절하지 않은가? 주의 명령이나 경고나 약속을 통해 말씀하시는 것은 주님의 진심이다. 주의 심판은 진지하다. 주께서 세상을 물로 심판하실 때 그것은 농담이 아니었다. 소돔과 고모라를 불로 태우실 때, 유대인을 세상에 흩으실 때 주께서는 진지하셨다. 그런데 지금은 하나님을 우습게 여겨도 되는 때인가?

예수님은 우리를 구속하실 때 진지하셨다. 가르치실 때도 진지하셔서 끼니를 때우지 못할 정도였다. 기도하실 때는 밤새도록 하셨으며, 선을 베푸실 때는 제자들이 주께서 정신이 나갔다고 할 정도였다. 주께서는 40일을 금식하셨고, 유혹을 받으시고, 배신당하시고, 침 뱉음을 당하시고, 매를 맞으시고, 가시 면류관을 쓰셨고, 땀이 핏방울이 되시고, 십자가 처형을 당하시고, 창에 찔리신 후 돌아가셨다. 우리도 자신의 구원을 추구하는 데 진지해야 하지 않을까?

성령께서는 우리가 행복할 수 있도록 진지하게 부탁하신다. 성령의 역사는 잦고 강하며 집요하다. 그분은 우리와 다투신다. 우리가 그분을 거절할 때 근심하신다. 그렇다면 우리는 진지한 마음으로 성령의 역사에 순종하고 굴복해야 하지 않을까? 하나님은 우리의 기도를 진지하게 들으시며 우리에게 자비를 베푸신다. 주께서는 우리가 괴로워할 때 함께 괴로워하신다. 주께서는 우리의 모든 슬픔과 한숨을 마음에 두시고 우리의 모든 눈물을 병에 담으신다. 당신이 어려움에 부닥치면 당신은 하나님께서 당신의 기도를 심각하게 여겨주실 것을 구할 것이다. 하나님의 일을 우습게 아는 사람이 주님에게서 참된 자비를 받을 것을 기대할 수 있을까?

그리스도의 사역자들은 당신을 권면하고 가르치는 일에 간절하다. 그들은 세상의 어떤 좋은 것보다 당신의 영혼 구원을 가장 오래 구한다. 만일 그들이 일하다가 죽거나 복음을 전하면서 순교를 당하게 되면 그들은 그들의 삶을 주께 바치는 것으로 생각한다. 그러면서 자신의 죽음이 당신의 영혼을 구원하는 일에 쓰이길 기대한다. 이처럼 다른 사람이 당신의 구원을 위해 주의하고 자신들을 부인하는 때에 당신은 자신의 구원에 대해 그토록 무지하고 무관심해도 되는가?

당신을 섬기는 모든 피조물 또한 얼마나 부지런하며 간절한가? 태양은 얼마나 부지런히 세상을 감싸는가? 샘은 언제나 당신이 사용하도록 물을 뿜어낸다. 강물은 계속 흐르며, 봄과 추수는 자기 때를 지킨다. 모든 피조물이 당신을 섬기는 데 진지한데 당신은 게으를 수 있는가? 주를 섬기는 데 그렇게 무관심해도 되는가?

세상의 종들과 마귀도 매우 진지하고 부지런하다. 그들은 항상 쉬지 않고 일한다. 지옥에 너무 늦을까 봐 두려워하듯 서둘러 일한다. 그들은 목사들을 급습하며 설교나 그들 앞에 놓인 모든 것을 다 무너뜨린다. 구원을 위한 당신의 노력보다 저주를 향한 그들의 노력이 반드시 더 많아야 하겠는가? 당신에게는 더 나은 주인과 더 즐거운 일과 더 큰 위로와 더 큰 상급이 있는데, 그렇다면 마땅히 그들보다 더 부지런해야 하지 않는가?

지금은 아니더라도 과거에 당신이 사탄과 육체를 섬기기에 진지한 때가 있었다. 얼마나 열심히 오락과 악한 사귐과 죄악 된 즐거움을 좇았는가? 그렇다면 지금 당신은 하나님을 향해 더욱 간절하며 더 열심을 다해야 하지 않겠는가?

오늘까지 당신은 먹고사는 일에 열심을 다했다. 만일 지금 아프거나 고통을 당하면 얼마나 심각해질까? 가난하여지면 먹고 살기 위해 얼마나 수고하는가? 그러나 기억해야 할 것은 당신의 구원에 관한 일은 이러한 일들보다 훨씬 더 중요하다는 사실이다.

천국과 지옥에는 농담이 없다. 성도들은 참된 행복을 누리지만, 저주받는 자들은 실제로 비참을 당한다. 천국에는 졸거나 억지로 드리는 찬양이 없으며 지옥에는 장난으로 하는 탄식이 없다. 그곳에 있는 모든 것이 간절하다. 당신은 당신이 죽음과 심판에 이를 때, 그때 당신은 깊이 가슴을 찌르는 생각들을 영원히 하게 될 것이다. 벌써 내 눈에는 당신이 이러한 것들을 어떻게 그렇게 가볍게 여겼는지 그 때문에 깜짝 놀라게 될 모습이 선한다. 심지어 당신의 어리석음과 잘못된 행위들 때문에 절규하는 소리가 들리는 듯하다.

이제 나는 하나님의 이름으로 당신의 결단을 요구한다. 당신은 순종하겠는가? 나는 당신이 양심적으로 당신의 의무가 무엇인지 안다고 확신한다. 이제 감히 당신은 하나님의 명백한 논리와 명령에 대항하며, 당신 자신의 양심의 빛을 거슬러 천박하고 무관심한 삶을 살아가겠는가? 감히 당신은 전처럼 아무렇게나 살고, 대담하게 죄를 범하며, 거의 기도하지 않으며 살겠는가? 감히 전처럼 주일을 모독하고 하나님을 섬기는 것을 우습게 알며 자신의 영원한 상태에 대해 아무렇게나 생각하겠는가?

혹은 당신은 오히려 "마음의 허리를 동이고 근신하기로" 베드로전서 1:13 작정하고, 당신 구원의 일에 온 마음을 쏟으며, 반대 세력들을 이겨내고, 세상의 조롱과 핍박을 우습게 알고, "모든 무거운 것과 얽매이기 쉬운 죄를 벗어 버리고 인내로써 당신 앞에 당한 경주를" 히브리서 12:1 달리겠는가? 나는 당신이 이러한 것을 진지하게 결심하기를 바란다.

그러나 나는 인간의 마음의 완고함을 안다. 하지만 나는 당신의 영혼 구원을 걱정하는 마음에 한 번 더 당신이 다음 질문들에 주목하기를 부탁하고 싶다. 나는 하나님에게서 그 명령을 받아 당신에게 명한다. 그 명령을 받으면서 당신의 양심을 무시하지 말고, 책망을 거부하지 말며, 그 명령에 충성스럽게 대답하고 순종하기를 바란다.

만일 당신이 경건에 힘씀으로써 부자가 되고, 명예를 얻고, 세상에서 높은 자리에 앉고, 병에서 회복되고, 땅에서 형통 가운데 살아간다면 당신은 어떤 삶을 살아갈 것이며 하나님을 섬기기 위해 어떤 수고를 하겠는가? 이 모든 축복보다 영원한 안식이 훨씬 더 뛰어난 행복이라고 믿는가? 만일 안식일을 범하는 것, 복음의 비밀과 가정 예배를 무시하는 것, 느슨한 삶이 중죄라면 그럴 때 당신은 어떤 사람이 되겠는가? 영원한 죽음이 일시적 죽음보다 훨씬 더 두렵지 않은가? 만일 하나님께서 아나니아와 삽비라의 거짓말 사건을 심판하신 것처럼, 일반적으로 현재의 모든 죄의 행위에 대해 어느 정도의 심판을 하신다면 당신은 어떠한 종류의 삶을 살아가야 하겠는가? 또한 영원한 진노는 훨씬 더 두렵지 않은가? 만일 당신이 아는 어떤 사람이 죽음의 세계에서 건너와서 당신에게 말하길 당신이 지은 그러한 죄악 때문에 그가 지옥의 고통을 당하고 있다고 하면 당신은 그 말을 들은 후에 어떠한 사람이 되어야 하겠는가? 하물며 하나님의 경고는 얼마나 당신을 더 많이 두렵게 하겠는가? 만일 오늘이 당신의 마지막 날이라면 당신은 이날을 어떻게 보내겠는가? 만일 당신이 온 세상이 다 무너지는 것을 보았다면, 그리고 모든 세상의 자랑과 영광이 잿더미가 되는 것을 보았다면, 당신은 무슨 생각을 하겠는가? 당신은 그러한 장면을 반드시 보게 될 것이다. 만일 당신이 지옥이 열리는 것을 보며 모든 저주받은 자가 끝없는 고통을 당하려고 그리로 들어가는 것을 보았다면, 또한 스데반에게 하늘이 열린 것처럼 당신에게도 하늘이 열리고 모든 성도가 그곳에서 승리의 영광을 노래하는 것을 보았다면, 그 광경을 본 후 당신은 어떤 삶을 살게 되겠는가? 당신은 분명히 이러한 광경을 오래지 않아 보게 될 것이다. 만일 당신이 단 일 년이라도, 또는 단 하루라도, 한 시간이라도 지옥에 앉아 귀로만 듣던 지옥의 고통을 체험한다면,

> 얼마나 당신은 지옥에 대해 심각하게 말할 것이며 지옥에 들어가지 않기를 기도하게 되겠는가? 지금 당신은 지옥에 대해 체험만 하지 못했을 뿐, 지옥에 대한 모든 하나님의 말씀을 가지고 있다. 혹은 당신이 단 일 년 만이라도 하늘의 영광을 소유한다면, 그러한 비교할 수 없는 영광을 놓치지 않기 위해 얼마나 수고하겠는가?

나는 지금까지 죄인들로 하여금 잠에서 깨어나 진지하게 자신들의 구원을 추구하게 할 만큼은 안 될지 모르지만, 적어도 그들의 입을 막고 하나님의 심판 앞에서 아무런 변명을 하지 못할 만큼은 충분히 말했다. 친구들이 죽으면 우리는 울며 애통해하는 가운데 여러 말과 행동을 한다. 이때 그 말과 행동은 그들에게 아무런 유익을 주지 못하지만, 적어도 그들을 향한 우리의 애정을 보여준다. 마찬가지로 나 또한 이 불행한 영혼들을 위해 그렇게 하고 싶다. 그들이 당황하여 말문이 막힌 채 주님 앞에 설 것을 생각하니 내 가슴이 떨린다. 그때 주께서 묻기를 "너에게는 세상과 사탄이 나보다 더 좋은 친구였더냐? 그들이 내가 네게 해 준 것보다 더 잘해주었더냐? 그들이 너를 구원할 수 있는지, 네가 잃은 천국을 보상해 줄 수 있는지, 내가 네게 베풀 수 있었던 선의를 베풀 수 있는지 확인해보라"고 하실 텐데, 이 가련한 죄인은 이 질문 중 어느 하나라도 답변할 수 있을까?

사람들은 내 말을 들으려고 하지 않아도 나는 하나님께 기도하며 소망을 해본다.

"오, 주께서는 죽은 나사로 때문에 슬피 우시며 괴로워하셨습니다. 아무 감각 없는 죽은 이 사람들을 불쌍히 여기소서. 그들이 자신들을 불쌍히 여기며 슬피 울며 괴로워할 때까지 긍휼을 멈추지 마소서! 주께서 주의 종에게 말하게 하신 것처럼, 이제 주께서 친히 말씀하소서. 그들은 비록 그들 귀에 말하는 제 말은 듣지 않더라도 그들의 마음에 직접 말씀하시는 주의 목소리는 들을 것입니다. 주여, 주께서 그들의 마음을 오랫동안 두드리셨지만, 아무 반응이 없사오니 이제 그들의 문을 부수고 들어가소서."

다른 모든 사람보다 경건한 자들이 천국을 위해 많이 수고해야 하는 이유를 보여주기 위해 나는 이 질문을 하고 싶다. 하나님께서 긍휼의 그릇으로 택한 자들은 과연 어떤 사람이 되어야 할까? 거듭난 생명 안에서 양심이 괴로울 때, 의심과 두려움 가운데, 여러 뼈아픈 고통 가운데 자신의 게으름을 가장 지독하게 느끼는 자들은 누구겠는가? 누가 그렇게 종종 하나님께 게을리했던 자신의 죄악을 기도로 고백하겠는가? 그렇게 많은 약속으로 하나님께 자신을 묶는 자들은 누구겠는가? 하나님의 사녀로서 하나님께 그렇게 가까운 그들은 과연 어떤 사람이 되어야 마땅하겠는가? 그들이 부지런히 순종할 때는 말로 다할 수 없는 감미로움을 맛본다.

자신들의 영혼이 영원한 상태에서 어떻게 될지 확신하지 못하는 사람이 너무나 많다. 거룩함에 거하고 있지만, 아직 성화가 완성되지 않은 경건한 주님의 사람들은 어떤 사람들이 되어야 마땅할까? 이들의 삶과 의무는 수많은 영혼을 구원할 수도 있고 멸망하게 할 수도 있으니 얼마나 중요한가? 이제 나는 주의 이름으로 당신에 질문 하나를 던지며 당신이 생각하고 다짐하기를 부탁한다. "모든 거룩한 대화와 경건에서 우리는 어떤 사람이 되어야 할까?" 당신의 말 뿐만 아니라 당신의 삶이 이 질문에 답변할 수 있기를 바란다.

Chapter 8 | Discern Our Title to Rest

영원한 안식에 들어갈 자격

주님은 《성경》에 구원을 확인할 길을 표시해 놓으셨다. 영원을 향한 당신의 여정의 길이 맞는지 조금만 진지하게 알아본다면 당신은 구원을 놓치거나 망하게 되지 않을 것이다.

하나님의 백성 외에 영광스러운 안식을 그렇게 가까이 두고 즐기는 사람들이 어디 있는가? 대부분의 세상 사람은 영원한 안식에 들어갈 수 있는 확신이 없음에도 안식에 무관심할 뿐만 아니라, 그 안식을 얻을 자격에 대해 무지하다. 그 이유는 하나님께서 천국의 축복은 오직 순종하는 성도들만이 누리게 될 것이라고 분명하게 말씀하셨으며, 따라서 세상 사람들은 영원한 고통을 받게 될 것이라고 말씀하셨기 때문이다. 만일 세상 사람들이 주님의 이 말씀을 믿는다면 그들이 하나님 나라의 상속자임을 확인할 때까지는 절대 마음이 평안할 수 없을 것이다.

"주여, 그들은 이제 다시는 바뀔 수 없는 영원한 기쁨의 상태나 영원한 고통의 상태로 들어갑니다. 그럼에도 그들은 마치 영원한 상태에 대해 한 번도 들어본 적이 없는 사람들처럼, 그들의 운명을 불확실한 상태로 남겨두고 살아갑니다. 얼마나 가슴 아픈 일인지요!"

그렇다. 그들은 마치 모든 것이 평안하며 아무 위험이 없는 것처럼, 불확실의 상태에서도 평안하고 즐겁게 살아간다. 과연 이 사람들은 죽은 자들인가, 아니면 산 자들인가? 그들은 도대체 무엇을 생각하며 사는 것인가? 그들의 마음은 어디에 있는 것인가? 만일 그들이 중대한 법적 소송이 걸려 있다면 그 소송이 자신들에게 유리할지, 불리할지 얼마나 주의하여 알아보겠는가? 만일 이 땅에서 죽음과 관계된 재판을 받아야 한다면, 그들은 자신이 사형 선고를 받게 될지, 아니면 구원받게 될지 얼마나 자세히 알아보겠는가? 병에 걸려 목숨이 위태하면 그들은 의사를 만나 질문한다. "선생님, 제가 병에서 나을 수 있습니까? 어떻게 생각하십니까?" 그러나 신기하게도 구원의 문제에 대해서는 불확실한 채로 만족한다.

만일 당신이 사람들에게 그들 안에 있는 소망에 관한 이유를 묻는다면 그들은 "하나님은 자비하시므로, 그리고 그리스도께서 죄인을 위해 죽으셨기에" 등의 일반적인 이유를 대지만, 그들 자신이 어떻게 그리스도와 관련을 맺으며 어떻게 하나님의 구원의 자비를 누리는지는 아무 말도 하지 않는다. 만일 하나님이나 어떤 사람이 그들 중 한 사람에게 "친구여, 당신 영혼의 상태는 어떠한가? 거듭나고 거룩하여져서 죄사함을 받았는가, 아니면 그렇지 않은가?"라고 물으면 그는 아벨을 죽인 가인처럼, "나는 모릅니다. 제가 나의 영혼을 지키는 자입니까? 저는 잘되기를 바랍니다. 나는 하나님께서 다른 사람만큼 나를 안전하게 지킬 것을 믿습니다. 감사하게도 나는 내 구원에 대해 의심한 적이 없습니다"라고 답변할 것이다. 하지만 그는 자신의 구원에 대해 확인한 적이 없으므로 의심해 볼 이유가 있다. 더욱이 그의 추측은 매우 부정확한 것이므로 의심해 볼 이유가 있다. 그의 표현은 자신의 구원에 대해 전혀 관심이 없음을 비춰줄 뿐이다. 마치 배 주인이 배만 띄워 보내며 "나는 위험을 무릅쓰고 그것을 바다와 파도와 바람 사이로 보내겠다. 나는 하나님께서 그 배와 함께하실 것을 믿는다. 그 배는 다른 배들처럼 안전할 것이다"라고 말하는 것과 같다. 이는 하나님을 신뢰하는 척하면서 자기 자신의 의도적인 게으름을 은폐하는 것이며 하나님에게 무서운 욕설을 하는 것과 다름없다.

만일 당신이 하나님을 진실하게 신뢰한다면 당신은 주의 통치를 받을 것이며 주께서 정하신 방법을 믿고 따를 것이다. 당신은 주께서 "더욱 힘써 너희 부르심과 택하심을 굳게 하라"베드로후서 1:10고 요구하시니 주를 믿고 그렇게 할 것이다. 주님은《성경》에 구원을 확인할 길을 표시해 놓으셨다. 따라서 당신이 그 표시를 찾아가면 마침내 구원의 확신에 이르게 된다. 당신이 바보가 아니라면 자기가 가는 길이 맞는 길인지 확인하지 않으면서 "잘 되겠지. 하나님을 믿으니 계속 가련다"라며 무작정 앞으로 가지는 않을 것이다. 그러나 영원을 향한 여행을 하는 사람 중에는 이러한 어리석음을 저지르는 사람이 셀 수 없이 많다. 길이 맞는지 확인하지 않을 때 당신은 엄청난 고생을 하고도 그 고생은 헛수고가 될 것이며 다시 처음부터 시작해야 한다. 그러나 길이 맞는지 조금만 수고하여 확인한다면 잘못된 목적지에 도착하는 비참을 피할 수 있다. 마찬가지로 영원을 향한 당신의 여정의 길이 맞는지 조금만 진지하게 알아본다면 당신은 구원을 놓치거나 망하게 되지 않을 것이다.

하나님이 당신의 아버지인지, 아니면 원수인지 확실하지 않다면 어떻게 거룩하신 하나님을 두려움 없이 말하거나 생각할 수 있는가? 혹은 예수 그리스도의 피가 당신의 영혼을 정결하게 했는지 그렇지 않은지, 주께서 당신을 심판하실 때 정죄하실지 아니면 무죄로 선고하실지, 주께서 당신의 행복의 기초이신지 아니면 당신의 걸림돌인지 모르고야 어떻게 두려움 없이 예수 그리스도를 말하거나 생각할 수 있겠는가? 《성경》이 당신을 두렵게 한다면 어찌 《성경》을 열어 한 장이라도 읽을 수 있겠는가? 《성경》이 당신으로 하여금 자신을 점검하여 개선할 수 있도록 하는 것이 아니라면 아마 각 구절은 당신에게 벨사살의 벽에 쓰인 심판의 내용밖에는 되지 않을 것이다. 당신이 《성경》 안에서 약속들을 읽게 되더라도 당신은 그 약속들이 당신에게 이루어졌는지 그렇지 않은지 알 수가 없다. 만일 당신이 경고의 내용을 읽게 되면 당신이 아는 한 그 내용은 당신 자신에게 내리는 선고문이 된다. 따라서 당신은 분명한 설교를 들은 후에 목사를 향해서 아합이 참 선지자를 향해 말한 것처럼, "그는 내게 대하여 흉한 일만 예언하기로 내가 그를 미워합니다" 열왕기상 22:8라고 외치는 것은 당연하겠다. 당신은 두려움 없이 어떻게 기도에 동참하겠는가? 주의 성찬을 받을 때도 그것이 당신에게 저주가 되는지 복이 되는지 당신은 모른다.

당신이 친구들과 영광과 집과 땅을 얻게 되었을 때 그것들을 하나님의 사랑으로 받지 못한다면, 또한 죽음과 함께 그 모든 것을 두고 떠날 때 하나님과 안식할 수 있다는 확신이 없다면, 과연 이러한 것들 속에서 평강을 발견할 수 있겠는가? 어떤 죄수가 그 다음 날 자신이 석방될 것을 알면 당신이 그에게 건네는 음악과 옷과 좋은 직장은 큰 위로와 소망이 되겠지만, 만일 그 다음 날 사형을 당할 것을 알면 당신의 선물과 약속은 그다지 큰 위로가 되지 못한다. 아마 당신이 자신의 영원한 상태를 알게 된다면 이와 같으리라. 만일 당신 자신의 구원의 불확실함을 인식한다면 잠자리에 눕다가도 다시 일어날 것이며, 꿈에서

나 잠에서나 깜짝 놀라 일어나 번민할 것이다. 당신이 하나님의 백성이 죽음을 지나 그렇게 평안하게 영광의 자리로 들어가는 것을 보게 되면 그러한 소망의 확신이 없는 자신을 발견하면서 근심에 싸이게 될 것이다.

당신은 자신이 죽는 순간에 어떻게 될지 아무것도 모른다. 당신은 죽음이 가까운 것을 알지만, 죽음을 피할 수도 없고 죽음을 막을 수도 없다. 만일 오늘 죽는다면 (오늘 하루에 무슨 일이 있을지 누가 아는가?) 당신은 자신이 지옥으로 떨어질지 천국으로 올라갈지 불확실하다. 당신은 자신이 지옥에서 벗어날 것이라는 확신 없이도 즐거워할 수 있는가? 대심판의 날과 영원한 불꽃을 생각하면 당신의 마음에는 공포가 생기는데 그 공포를 제거할 수 있는 어떤 조처를 하고 있는가? 당신이 대심판과 영원한 불못에 대해 들으면 벨릭스처럼 두려워 떠는 것은 아닌가? 사도행전 24:25. 만일 주의 무덤을 "지키던 군병들이 주의 천사가 하늘로부터 내려와 그리스도의 무덤에서 돌을 굴려 내는 것을 보고 무서워하여 떨며 죽은 사람과 같이 될 정도라면" 마태복음 28:2~4, 당신이 지옥에서 마귀와 함께 살 때는 과연 그 두려움과 떨림은 어떠하겠는가? 가장 타당한 근거에 의해 당신이 지옥을 피하게 될 것이라고 확인되지 않는다면 어찌 두려움을 피할 수 있겠는가? 그럼에도 당신이 이러한 불확실한 상태에서 잠을 잘 자는 것은 아마 당신의 침대가 너무 부드럽던지, 아니면 당신의 마음이 대단히 강퍅한 것일 것이다.

만일 구원에 대한 이러한 전반적인 불확실의 상태를 해결할 방법이 없다면 그냥 어쩔 수 없이 심판대까지 참고 가봐야 하는가? 그러나 애석하게도 이러한 불확실의 공통 요인은 인간의 의도적 게으름 때문이다. 사람들은 이 문제를 해결할 방법이 있어도 그 방법을 사용할 마음을 갖지 않는다. 이 불확실의 상태를 극복하는 가장 훌륭한 방안은 자기 점검이다. 즉, 자신의 마음 상태를 《성경》을 기준으로 하여 진지하고 부지런히 점검해보는 것이다. 하지만 안타깝게도 대부분의 사람은 이 의무의 특징과 용도에 대해 모르고 있으며, 알아도 이 의무를 하려고 하지 않는다.

수천 명이 모이는 교회에 가서 각 사람에게 물어보라. 그중에 자신이 천국에 들어갈 자격이 되는지를 확인하려고 그들의 전 생애를 통틀어서 단 한 시간이라도 투자한 사람은 거의 없다는 것을 발견할 것이다! 그러면 당신 자신의 양심에 물어보라. 당신은 엄숙한 마음으로 온 정성을 다해 하나님 앞에서 《성경》을 기준으로 하여 자기 자신을 점검하는 이 의무를 수행한 적이 있는가? 그 때와 장소는 언제 어디였는가? 당신의 마음이 거듭났는지 아닌지, 정결하여졌는지 아닌지, 당신 마음이 하나님께 있는지 아니면 피조물에 있는지, 그 마음이 하늘에 있는지 아니면 땅에 있는지 점검하였는가? 또한 《성경》의 기준에 따라 점검함으로써 당신의 마음 상태를 찾아내어 그 기준에 따라 판결하였는가?

이 의무는 귀중하고 중요한 일인데도 무시되어 왔다. 이에 나는 사람들에게 자기 점검의 의무를 시도하게 함으로써 구원의 확신에 이르는 것이 가능하다는 사실을 보이고자 한다. 그 후 그들이 자신의 상태를 점검하고 알아내는 것을 방해하는 것들이 무엇인지 알려주려고 한다. 그 다음으로 자신을 점검하도록 동기를 부여하면서 《성경》의 몇 가지 표준과 함께 점검 방법을 알려주려고 한다. 누구든지 이 표준으로 자신을 점검해보면 자신이 하나님의 백성인지 아닌지를 확실하게 알 수 있다.

구원의 확신

《성경》은 우리가 구원의 확신을 얻을 수 있음을 말하며 그 확신을 얻기 위해 힘쓰라고 권한다. 《성경》이 구원의 확신을 언급하고 있기 때문인지 우리 이전의 성도들은 자신들이 의로워진 사실과 함께 장래의 구원에 대해 확신하고 있었다. 《성경》은 "그를 믿는 자마다 멸망하지 않고 영생을 얻게 하려 하심이라"요한복음 3:16고 선포한다. 하지만 우리 자신이 성도인지 아닌지를 모른다면 이 선포는 우리에게 적용될 수 없다. 《성경》은 하나님의 자녀와 마귀 자녀의 차이가 얼마나 큰지를 말한다. 《성경》은 우리에게 "더욱 힘써 너희 부르심과 택하심을 굳게 하라"베드로후서 1:10고 하며, 또한 간절하게 "너희가 믿음 안에 있는가 너희 자신을 시험하고 너희 자신을 확증하라 예수 그리스도께서 너희 안에 계신 줄을 너희가 스스로 알지 못하느냐 그렇지 않으면 너희는 버림받은 자니라"고린도후서 13:5고 말한다. 《성경》은 우리에게 명하기를 항상 기뻐하며, 하나님을 우리 아버지라 부르며, 주를 찬양하며 살며, 그리스도의 강림을 기뻐하며, 주께서 속히 다시 오시길 기다리며, 주의 다시 오심에 대해 서로 말하며 위로하라고 한다. 그러나 자신이 하나님의 자녀인지 아닌지를 알지 못할 때 어떻게 이 내용을 진심으로 행할 수 있겠는가? 따라서 구원의 확신은 반드시 있다.

확신을 막는 장애 요인

사람들로 하여금 자기 점검을 하지 못하게 하는 많은 장애물 중 사탄의 역할이 크다. 그는 그가 가진 모든 능력과 수단과 도구를 사용하여 다른 의무보다 사람들로 하여금 자기 점검을 하지 못하도록 힘쓸 것이다. 그는 경건한 자들이 자기 점검을 통해 기쁨과 확신과 부패를 이기는 유익을 얻게 되는 것을 싫어한다. 경건하지 않은 자들도 자기 점검을 진지하게 하면 그들은 사탄의 기만과 자신들의 위험을 발견하여 마귀에게서 도망칠 수 있다. 만일 자신들이 어디로 떨어지고 있는지를 안다면 마귀라도 그들을 기꺼운 마음으로 지옥으로 가게 하기는 쉽지 않기 때문이다. 불신자들이 《성경》의 밝은 빛과 분명한 법칙을 통해서 철저하게 자신을 점검해 본다면 지옥으로 향하는 자신들의 상태를 정확히 알 수밖에 없다. 만일 덫이 노출되어 있다면 새가 그 덫을 피할 것이다. 하지만 사탄은 사람들의 마음의 눈을 멀게 하는데 능숙하므로 그들의 눈을 멀게 해서 그가 놓은 갈고리와 줄을 보지 못하게 한다. 사탄은 소란을 일으키거나 자기의 흉측한 모습을 드러냄으로써 그들을 무섭게 하여 도망치게 하는 일이 없다.

마귀는 그들이 복음에 접근하지 못하도록 온 힘을 다해 막는다. 또는 목사가 그들을 찾아 구원의 길을 제시하지 못하도록 막고, 혹시 목사를 만나더라도 목사의 말씀을 무디게 하여 그 말씀이 그들의 마음을 찌르거나 쪼개지 못하도록 한다. 그는 언제나 그들의 생각이 딴 데 있게 하며 자신들의 편견을 따르게 한다. 사탄은 언제 목사가 청중의 영혼 상태와 영혼 구원의 필요를 알리는 설교를 할지 알기 때문에 가능하면 그날은 그들이 멀리 휴가를 떠나도록 한다. 혹시 말씀을 듣게 되면 졸게 하거나 세상 염려와 세상일들을 기억나게 하여 말씀이 그들 마음속에 들어오지 못하게 한다.

자기 점검을 방해하는 가장 큰 장애는 주변의 악한 사람들의 삶의 모습이다. 그들의 흥겨운 만남과 대화들, 세상 것들에 대한 집요한 관심, 경건한 사람들을 향한 조롱과 야유, 그들의 거센 설득, 유혹, 위협 등은 사람들의 마음을 방심하게 하는 대단히 큰 유혹이다. 하나님께서 간신히 가련한 한 죄인의 눈을 열어 그가 가는 길이 잘못된 것임을 보여주면, 얼마 후 사탄의 종 무리가 몰려와서 그를 속여 다시 어느새 그의 이전 주인에게로 돌아가게 한다. 사탄의 종들이 그에게 말한다.

"뭐라고? 자네는 자네의 구원을 의심하고 있다고? 자네는 정말 바르게 살고 남에게 해를 끼치지 않았지 않은가? 하나님은 자비하시지 않은가? 만일 당신 같은 사람이 구원받지 못한다면 과연 누가 구원받겠는가? 하나님께서 그 많은 사람을 어찌하시겠는가? 당신의 모든 조상은 어떻게 될 것으로 생각하는가? 당신처럼 바르게 사는 모든 친구와 이웃도 마찬가지라는 것인가? 그들이 모두 다 저주를 받는다는 말인가? 만일 당신이 그러한 설교자의 말에 귀를 기울이면 당신의 정신은 비정상이 될 걸세. 모든 사람이 죄인 아니던가? 그리스도께서는 모든 죄인을 구원하려고 죽으시지 않았는가? 구원에 대한 그런 고민으로 자네 머리를 아프게 하지 말게나. 자네는 다 잘될 걸세."

많은 사람이 이러한 달콤한 주문呪文에 속아 방심하다가 죽어 지옥에 들어갈 때에야 비로소 깨닫게 된다. 주께서 죄인들을 불러 말씀하신다. "생명으로 인도하는 문은 좁고 길이 협착하여 찾는 자가 적다. 자신을 시험하고 점검하라. 확신을 얻을 때까지 노력하라." 하지만 이 세상은 외친다. "절대 의심하지 마라. 그러한 생각으로 네 자신을 힘들게 하지 마라."

죄인들이여! 그러므로 궁극적으로 당신을 심판할 분은 당신의 조상이나, 이웃이나, 친구가 아니라 그리스도임을 기억하라. 만일 그리스도께서 당신을 정죄하시면 그 어떤 사람도 당신을 구원할 수 없다. 그러므로 상식적으로도 알 수 있는 것은 당신은 당신 구원의 소망을 무지한 사람들의 말이 아니라, 하나님의 말씀에 두어야 한다. 아합 왕이 수없이 많은 아첨하는 선지자의 조언을 듣고 따랐을 때 그 결과는 죽음이었다. 무지한 자들은 사람들에게 아첨하여 그들을 덫에 빠뜨린다. 하지만 덫에 빠진 사람들을 구원하지는 못한다. "누구든지 헛된 말로 너희를 속이지 못하게 하라 이로 말미암아 하나님의 진노가 불순종의 아들들에게 임하나니 그러므로 그들과 함께하는 자가 되지 말라" 에베소서 5:6~7.

그러나 가장 큰 장애물은 인간 자신의 마음이다. 어떤 사람들은 너무 무지해서 자기 점검이 무엇인지 모르며 목사가 그들에게 자신을 시험하라고 권하면 그 말이 무슨 의미인지를 모른다. 또한 그들은 왜 자기 점검을 해야 하는지 그 필요성을 모르며, 모든 사람은 무조건 사실이든 말든 자신의 죄가 용서받았다고 믿어야 한다. 이에 대해 질문하는 것은 큰 잘못을 저지르는 것으로 생각한다.

또한 그들은 구원의 확신은 불가능하다고 생각한다. 각 사람은 개인적으로는 큰 차이가 있을 수 있어도 그리스도인으로서는 동등하므로 더 이상 따지는 일은 필요 없다. 그들은 사람들의 영원한 상태가 어디에서 차이가 나는지 전혀 모른다. 그들은 대체로 니고데모처럼 거듭남이 무엇인지 모르고 있다.

어떤 사람은 하나님께서 각 사람의 내세에 천국과 지옥이라는 그렇게 큰 차이를 만드실 것이라고 믿지 않는다. 따라서 이 땅에서 무엇이 그런 큰 차이를 가져오는지를 찾으려 하지 않는다. 또 다른 사람은 대단히 멍청해서 우리가 그들에게 무엇을 말하든 그 말을 마음에 두지 않는다. 듣더라도 그것으로 끝이다. 또 어떤 이들은 이기심과 교만이 너무 많아서 자신들이 위험에 처해 있다고 의심하지 않는다. 그 모습은 마치 장부 관리를 우습게 여기는 거만한 사업가와 같고, 자녀를 과

잉 사랑하여 자녀가 어떤 나쁜 짓을 해도 믿으려 하거나 들으려 하지 않는 부모와 같다. 어떤 사람은 자신이 지은 죄가 너무 커서 감히 자신을 점검할 생각조차 할 수 없다고 말한다. 그러면서 여전히 더 무서운 죄악을 과감히 저지르곤 한다. 어떤 사람은 죄를 너무 사랑한 나머지 하나님의 길을 대단히 싫어하기에 감히 자신의 길을 시험해보려고 하지 않는다. 그들은 그 점검을 하면 혹시 자신이 즐기던 죄의 길로부터 그들이 싫어하는 길로 강제로 끌려가게 될까 두려워한다. 어떤 사람은 그들의 현재 상태를 절대 바꾸지 않기로 다짐하였기 때문에 자기 점검을 한다는 것을 쓸모없는 것으로 여기고 무시한다. 그들은 너무 오래 그렇게 살았고 너무 멀리 왔기 때문에 새로운 길을 찾기보다는 영원한 상태를 위험에 처넣고 그것이 무엇이든 올 테면 오라고 말한다. 많은 사람이 세상일에 너무 바빠서 자신이 천국에 들어갈 자격이 되는지를 시험해 볼 시간이 없다. 또 어떤 다른 사람은 게으름으로 가득 차서 그들 자신의 마음을 점검하는 데에 단 한 시간의 수고도 하려 하지 않는다. 그러나 이 모든 장애 중에 가장 전반적이고 위험한 장애는 종종 '추정'이라 불리는 어림짐작의 거짓 믿음과 소망이다. 대부분의 세상 사람은 이 장애에 넘어져 자신의 위험을 의심하지 않고 있다.

만일 어떤 사람이 이러한 모든 장애를 이겨내고 자기 점검의 의무를 하기로 맘을 정한다고 해도 아직 구원의 확신을 얻은 것은 아니다. 많은 사람이 자기 점검하는 과정에서 다음과 같은 요인 중 한두 가지로 자신을 속이는 일이 흔하다. 사람의 영혼 안에는, 특히 거듭나지 않은 사람의 마음 안에는 혼동과 어둠이 심해서 자기가 무엇을 하는지를, 또는 자기 안에 무엇이 있는지를 제대로 알지 못한다. 무엇하나 제자리에 있지 않은 어질러 놓은 집에서 사람이 자기가 원하는 물건을 찾는 것이 어려운 것처럼, 모든 것이 무질서한 영혼의 마음도 마찬가지다. 대부분의 사람이 자기 집에서는 물건들이 어디에 있는지 점검하지 않는 것처럼, 자신의 마음의 기질과 움직임에 대해 자세히 관찰하지 않는다.

많은 사람은 점검해보기도 전에 결과부터 정해 놓는데, 이는 마치 뇌물을 받은 재판관이 올바르게 재판하는 것처럼 보이려고 재판 과정을 거치기는 하지만, 실상은 이미 정해 놓은 결과를 향해 재판을 이끄는 것과 같다. 사람들은 자신의 일에 관해서는 편파적이라서 자신의 큰 죄악은 작고, 작은 죄악은 죄가 되지 않는다고 여긴다. 보통은 자신의 일반 재능을 은혜의 역사로 생각하며 "이 재능은 어렸을 때부터 지켜온 것입니다. 나는 부유하며 축복을 많이 받았고 아무것도 아쉬울 것이 없습니다"라고 말한다. 대부분의 사람은 어중간하게 살펴본다. 만일 자기 점검이 쉽지 않거나 쉽게 끝날 것 같지 않으면 실망하고 그만둔다. 어떤 사람은 기독교의 진리가 무엇을 담고 있는지 알지 못한 채 거짓 기준이나 규칙을 가지고 자신을 점검한다. 그들이 사용하는 기준들은《성경》의 기준에서 벗어나거나 그 기준에 부족하다. 또 어떤 이는 자기 자신의 힘으로 구원의 확신을 얻으려 하지만, 자주 실패하여 넘어진다. 어떤 다른 사람은 자신의 수고와는 상관없이 성령께서 구원의 확신을 신비한 방법으로 알려주길 바라고, 또 어떤 사람은 성령의 도움을 구하거나 기대하지 않는 채 스스로 그 확신을 찾아보려 한다. 그러나 두 경우 다 확신을 얻는 데 실패한다.

어떤 장애들은 참된 그리스도인마저도 평안한 확신을 하지 못하도록 방해한다. 예를 들어, 그들에게 은혜가 부족한 때다. 작은 것들은 분별하기가 어렵다. 대부분의 그리스도인은 적은 은혜에 만족하는 가운데 영적 강건함이나 영적 성장으로 나아가지 않는다. 이러한 안일함에 대한 가장 좋은 대책은 은혜가 증가할 때까지 계속 거룩한 의무를 수행하는 것이다. 주께서 규정하여 주신 방법에 따라 주를 섬기라. 그리하면 주께서는 반드시 크신 은혜로 당신에게 복을 베푸실 것이다. 오, 그리스도인이 자신에게 은혜가 있는지 없는지 의심하는 대신에 그 시간을 은혜를 얻는 데 쏟는다면, 불평하는 대신에 더 많은 은혜를 위해 기도하는데 마음을 쏟는다면 얼마나 좋을까? 나는 그리스도인인 당신에게 부탁한다. 이 권고를 하나님에게서 받은 것처럼 여기길 바란다. 그 후 강하게 믿고 열심히 사랑하라. 그러면 당신은 뜨거움을 느끼는 사람이 따스함을 의심할 수 없고, 힘 있고 원기가 왕성한 사람이 자신이 살아 있는 것에 대해 의심하지 않는 것처럼, 당신 자신의 믿음과 사랑에 대해 더는 의심하지 않을 것이다.

그리스도인은 그들이 어떠한 사람이 되어야 하는지를 말해주는 하나님의 말씀보다 현재 그들의 부족한 상태를 드러내는 여러 표시를 더 많이 보게 될 때 낙심하게 된다. 즉, 그들의 현재 상태를 보고 마치 용서받지 못한 사람처럼, 그리고 구제책이 없는 양 자신의 영원한 상태를 확정 지으려 한다. 하지만 어떤 사람이 만유의 왕이 계속 그의 곁에 서서 용서해주겠다고 말하며 용서를 받아들이라고 설득하고 있는데 자신은 용서를 받지 못했다고 주장하며 누워 울고 있다면 그는 미친 것이 아니겠는가? 그리스도인들이여! 의롭다 함을 얻는 믿음은 하나님께 당신을 특별하게 사랑해 달라고 애원하는 데 있지 않고 당신을 하나님의 눈에 사랑스럽게 만드신 그리스도를 영접하는 데 있다. 우리에게 그리스도가 있는지 없는지 의심하며 그렇게 많은 시간을 보내는 것보다 당장 그리스도를 영접하는 것이 훨씬 낫다.

그리스도인에게 근심을 주는 또 다른 요인은 구원의 확신으로 말미암아 오는 기쁨을 구원의 확신으로 오해하는 데 있다. 마치 아버지가 자기를 보고 웃지 않을 때마다, 엄하게 말할 때마다 자신은 아버지의 아들이 아닐지도 모른다고 염려하는 어린아이처럼 오해하는 것이다.

또한 하나님께서 평안을 주시는 일반적인 방식을 모를 때 영혼의 근심은 증가한다. 그들은 하나님께서 은혜를 부으실 때까지 아무것도 안 하고 기다린다. 그러나 그들이 알아야 하는 것은 그들의 평안은 약속의 문제이기 때문에 그들이 평안을 기대하는 만큼 그 약속을 붙들어야 한다. 따라서 매일 부지런히 그 약속을 마음으로 묵상해야 한다. 이렇게 해야 그들은 성령께서 그들의 영혼에 평안을 주실 것을 기대할 수 있다. 약속을 누리는 기쁨과 성령을 체험하는 기쁨은 하나다.

또 한 가지는 하나님께서 허용하시는 확신의 수준보다 더 큰 확신을 요구해서는 안 된다. 확신에도 정도의 차이가 있다는 사실을 생각해야 한다. 이 땅에 있는 동안 우리는 부분적인 증거를 통해 확신할 뿐이다. 우리는 처음에 눈에 잘 보이는 부수적인 것들에 의해 확신을 얻을 때가 많다. 하지만 은혜가 충만한 그리스도인이 될수록 보이지 않는 영원한 은혜의 실체들을 붙들고 더욱 확신하게 된다.

갓난아이는 그가 자신의 생명을 알지 못해도 생명이 있다. 마찬가지로 많은 사람이 여러 가지를 오해한다고 해도 그에게 생명이 없는 것은 아니다. 그리스도인이 이 땅에서 하늘의 위로를 누리는 데 부족함이 있다고 해서 그것이 그들이 영원한 안식에 들어가는 데 차질을 빚는 것으로 오판해서는 안 된다.

많은 사람이 그들의 타고난 능력이 지극히 약해서 영원한 안식을 계속 의심하는 일이 있다. 정직한 마음을 가지고 있더라도 머리가 따라 주지 않아서 자기 점검을 통해 확신을 얻지 못하는 사람들도 있다. 그들은《성경》의 약속을 인정하지만, 여전히 명백한 결론에 도달하지 못한다. 만일 하나님께서 어떤 특별한 방법으로 그들의 사고력의 결핍을 보완해주지 않으신다면 나는 그들로 하여금 이 분명하고 안정된 평강을 어떻게 누리게 해야 할지 모르겠다.

영원한 안식을 확신하는 데 있어서 사람의 영혼을 번민하게 하는 가장 큰 일반적인 요인은 계속되는 어떤 은밀한 죄다. 이러한 죄는 우리의 은혜를 감소하게 하며 나아가 은혜를 분간하지 못하게 한다. 죄는 우리에게 죄가 무엇을 파괴하고 있는지 느끼지 못하게 한다. 죄는 은혜를 우리 마음속에서 몰아냄으로써 은혜가 활동하거나 움직이지 못하게 하며, 부패의 소음으로 은혜가 말하는 것을 듣지 못하게 한다. 죄는 영혼의 눈을 흐리게 하고 둔하게 하여 자신의 상태를 제대로 보거나 느끼지 못하게 한다. 특히 죄는 하나님과 주의 위로와 성령의 도움을 물러나게 하므로 반복되는 은밀한 죄를 범하는 사람은 영원한 구원의 확신을 하기가 쉽지 않다. 하나님께서는 죄와 평강 사이에 간격을 두셨다. 당신이 교만하고, 세상과 육체의 정욕을 좋아하고, 야만적인 습관을 지속하는 한 주의 위로는 없다. 만일 어떤 사람이 "자기 우상을 마음에 들이며 죄악의 걸림돌을 자기 앞에 두고"에스겔 14:7 주의 사역자나 하나님께 위로를 얻고자 할 때 하나님께서는 그를 위로하는 대신에 "그 우상의 수효대로 보응하실 것"에스겔 14:4이다.

하늘의 평강이 부족한 일반적인 요인 중의 다른 큰 요인은 꾸준하게 은혜를 유지하지 못하는 데 있다. 거룩한 의무를 수고롭게 감당하는 것이 충만한 평강을 누리는 비결이다. 은혜와 평강은 성도의 충성과 순종에 화답하여 그리스도께서 주시는 위로다. 그러므로 우리 순종의 공로로 은혜와 평강을 얻는 것은 아니지만, 우리의 의무를 행하는 노력에 따라 그 은혜와 평강은 많아지기도 하고 줄기도 한다. 기도가 응답하려면 그리스도의 보혈과 중보 외에도 우리의 믿음과 간절함이 있어야 한다. 다른 은혜의 부분에서도 우리의 순종이 있어야 주의 위로가 넘친다. 만일 당신이 거룩한 의무에서, 특히 하나님께 드리는 은밀한 기도 의무에서 계속 성장하지 않고 형식적이며 냉담함에도 당신의 기쁨이 그대로 있다면, 두렵건대 당신의 기쁨은 정욕적이거나 마귀적일 가능성이 크다.

그뿐만 아니라 은혜는 은혜가 역사하는 동안에만 그 영혼에게 분명히 감지되므로 은혜의 역사가 없을 때는 확신이 흔들린다. 영혼의 활동이 신령한 영역에 있을 때는 자연스럽게 그 영혼에 위로가 임한다. 예를 들어, 그리스도 안에서 하나님을 사랑하는 행위 그 자체가 말로 다 형언할 수 없는 감미로움을 체험하게 한다. 은혜로 충만한 영혼이 활동하지 않는 경우는 마치 조율이 잘된 거문고가 땅에 놓여 있는 것과 같다. 재능 있는 음악가에 의해 그 거문고가 연주될 때에야 즐거운 가락이 울리는 것처럼, 받은 은혜가 사용되지 않으면 우리에게 위로가 될 수 없다. 불이 있는 곳에 열이 있고 태양에게서 빛과 따스함이 나오는 것처럼, 모든 믿음의 선한 행위에는 그에 합당한 하늘의 위로가 있다. 몸이 차가운 사람은 일을 계속함으로써 열을 낼 수 있는 것처럼, 확신이 부족한 사람은 가만히 있지 말고 의심이 사라질 때까지 그가 받은 은혜들을 사용해야 한다.

구원의 확신으로 말미암은 영혼의 위로가 부족한 다른 요인은 신체적인 우울증이다. 아픈 사람이 신음하는 것이 당연하고 어린이가 매를 맞을 때 우는 것이 이상하지 않은 것처럼, 양심적인 사람이 우울증에 걸리면 의심하고 두려워하고 낙망한다. 이럴 때 의사의 도움을 받지 않으면 목사의 수고는 일반적으로 헛되다. 당신은 그러한 사람들을 조용하도록 할 수는 있지만, 하늘의 위로와 평강을 줄 수는 없다. 당신은 그들을 시켜 자신들에게 어떤 은혜가 있다는 것을 고백하게 할 수는 있지만, 확신의 위로로 이어지는 결론에 이르게 할 수는 없다. 혹시 당신이 그들을 도와서 그들의 상태에 대해 모든 좋은 생각을 하게 해도 그 위로는 하루 이틀을 넘지 못한다. 그들은 두려움에 떨며 죄와 하나님의 진노를 외치는데 그러한 현상의 주된 요인은 다름 아닌 신체적인 질병 때문이다.

하나님의 시험

우리는 천국의 자격에 대해 쉽게 속기도 한다. 어떤 사람은 이 땅에 사는 동안 마음속에 걸리는 큰 잘못이 없고, 세상의 지혜에 뛰어났으며, 복음의 분명한 빛 가운데 살았고, 심지어 다른 사람의 게으름을 나무라며 설교했는데도 지금 지옥에 있다. 지금도 이런 사람들이 있다. 과거 노아의 시대나 소돔 시대에 심판을 두려워하지 않은 사람이 없었던 것처럼, 지금 대부분의 사람이 구원받을 것이라고 진실하게 믿는다. 그러나 그리스도는 우리에게 "생명으로 인도하는 문은 좁고 길이 협착하여 찾는 자가 적음이라"마태복음 7:14고 말씀하셨다.

이처럼 우리는 착각하지 않기 위해서 더 부지런히 자기 자신을 살펴보아야 한다. 착각하는 것보다 더 위험한 상태는 없다. 만일 구원을 얻은 경건한 자들이 그들의 영원한 상태를 잘못 판단한다면 그 착각으로 그들은 인생을 사는 동안 많은 슬픔을 겪게 될 것이다. 그러나 경건하지 않은 자들이 자신의 영원한 상태에 대해 오해를 한다면 그 결과는 말로 다 할 수 없을 만큼 끔찍할 것이다. 그들에게는 그들을 바르게 도우려는 수단도 전혀 먹히지 않는다. 그러한 착각에 빠지면 자신들의 영혼에 대해 안타까워하거나 불쌍히 여기는 마음이 생기지 않는다.

이 문제는 영원한 구원과 영원한 저주를 가르는 문제다. 만일 당신이 죽는 그날까지 실제로는 구원받지 못했지만, 구원받은 것으로 착각한다면 당신은 반드시 영원히 멸망하게 될 것이다. 이러한 위험을 아는 지혜로운 자라면 자신의 안전을 확인할 수 있을 때까지 밤낮으로 자신의 마음을 살필 것이다. 자신을 점검하는 이 수고는 그 수고를 하지 않을 때 따르는 궁극적인 결과와 비교해 볼 때 얼마나 작은 수고이겠는가? 당신은 가난을 막기 위해 일 년 내내 수고하며 땀을 흘린다. 하물며 자신을 점검하는 의무가 영원한 비참을 막을 수 있는 것이라면 왜 그 작은 수고를 하지 않겠는가? 이 의무를 무시한다고 해서 당신이 사탄에게 엄청난 기쁨을 주는 것도 아니고 당신 자신에게 큰 손해를 끼치는 것도 아니다.

사탄의 가장 큰 계획은 당신이 자기 점검을 못하도록 모든 유혹을 동원하여 당신을 속이는 것이다. 그래서 당신이 영원한 불꽃을 직접 체험할 때까지 당신의 위험에 대해 무지하게 한다. 당신은 사탄을 도와 당신 자신을 속이려는가? 만일 당신이 자신의 영원한 상태를 확인해보지 않는다면 이는 사탄을 도와 가장 큰일을 하는 것이다. 그러나 생각해보라. 당신을 망하게 하려는 사탄의 계획에 당신이 그를 도와야 할 만큼, 마귀가 당신에게 그렇게 중요한 존재인가?

하나님께서 당신을 살피실 날이 가까웠다. 만일 당신이 세상을 사는 동안에 고통을 받는다 해도 자신을 시험하고 판단할 수 있게 된다면 나는 그 고통이 당신으로 하여금 하나님의 심판을 피하게 하는 축복이라고 본다. 하나님께서 아담에게 "네가 어디 있느냐? 그 나무의 열매를 먹었느냐?"는 말씀과 가인에게 "네 동생이 어디 있느냐?"는 질문은 무섭고 두려운 말씀이었다. 주님은 말씀하셨다. "내가 모든 악을 기억하였음을 그들이 마음에 생각하지 아니하거니와 이제 그들의 행위가 그들을 에워싸고 내 얼굴 앞에 있도다"호세아 7:2.

자, 이제는 자기 점검을 하면 그 결과가 얼마나 감미로운지 생각해 보자. 만일 당신이 의롭고 경건하다면, 이 점검은 당신에게 하나님의 사랑을 확신하게 할 것이다. 만일 그렇지 않다면 당신은 이 점검을 통해 마음이 번민하게 되겠지만, 그 후 확신을 향하는 길로 회복되어 결국 다행스러운 확신을 얻게 될 것이다. 사람이 자신에게 어떤 일이 발생할지를 아는 것은 바람직한 것이 아니겠는가? 특히 우리의 영혼에 일어날 일들과 우리가 영원히 거하게 될 장소와 상태에 대해 아는 것은 더더욱 중요하다. 구원의 확신을 한 후 하나님을 향한 우리의 생각들은 얼마나 감미롭겠는가? 하나님의 모든 위대함과 공의는 다른 사람에게는 두려움이겠지만, 확신을 얻은 당신에게는 큰 기쁨이 될 것이다. 또한 그리스도와 그분이 흘리신 보혈, 그분이 획득하신 유익들을 생각할 때 얼마나 감미롭겠는가? 당신에게 임하는 하나님의 말씀은 얼마나 반갑겠는가? "이 좋은 소식을 전하는 발이 어찌 그리 아름다운가"이사야 52:7. 당신의 것이 될 약속들을 대할 때는 얼마나 좋겠는가? 또한 심판의 경고들은 당신을 변화하게 하는 기회가 될 뿐, 이제 더는 당신에게 두려움으로 다가오지 않으니 그것들도 당신의 위로가 될 것이다. "나의 아버지"라고 부르며 확신에 찬 기도를 드릴 때는 얼마나 담대함과 평안을 누리겠는가? 주의 성찬은 당신의 영혼을 새롭게 하는 향연이 될 것이다.

구원의 확신은 모든 일반적인 자비를 갑절이나 즐길 수 있도록 할 것이며, 모든 환난 가운데서도 평안을 누리게 할 것이다. 죽음과 심판, 천국과 지옥을 생각할 때도 당신에게는 두려움이 없고 즐거움만 있게 된다. 구원의 확신 때문에 당신은 얼마나 힘차게 주께 봉사하겠으며 당신 주변의 모든 사람에게 유익을 끼치겠는가? 또한 그 확신은 당신이 받은 은혜와 사랑에 활력을 더할 것이다. 그 확신으로 말미암아 당신은 더욱 회개할 것이며 주를 향한 사랑은 뜨거워질 것이고, 당신의 소명은 더욱 새로워져 당신의 믿음을 더욱 확증할 것이다. 이 확신은 끊임없는 즐거움의 샘이며, 당신의 마음을 감사로 차고 넘치게 할 것이다. 또한 주를 찬양하는 즐거운 일에 더욱 신이 나게 할 것이다. 구원의 확신은 당신이 하늘의 마음을 갖도록 도우며 모든 일에 끝까지 견디게 할 것이다. 구원의 확신으로 말미암아 발생하는 이 모든 감미로운 결과는 이 땅에서 당신의 삶을 천국으로 만들어 놓을 것이다.

이러한 동기 부여는 그 자체로도 당신이 자기 점검을 하게 하는 충분한 이유가 된다. 하지만 나는 당신이 더는 할 것이 없다고 오해하고 이 책을 옆으로 밀어두지 않기를 바란다. 내가 당신에게 바라는 것은 지금 이 의무를 당신이 직접 해보는 것이다. 그래서 지금 이 문제를 이 책을 통해 다룬다면 이 순간은 당신의 삶에서 가장 중요한 순간이 될 것이다. 즉, 당신이 영원히 하늘에서 살게 될 것인지 지옥에서 살게 될 것인지 지금 바로 점검하라는 것이다. 더는 미루지 말고 용기를 내어 진지한 마음을 가지고 점검하라. 그리고 점검하기 전에 다음을 생각해 보라. "사람들은 자신들의 영원한 상태에 대해 쉽게 오해한다고 하는데 정말 그러하구나. 영원한 상태를 점검하지 않는 현상은 대부분의 사람에게 일상적인데 그것이 위험한 것이 맞다. 참으로 잘못된 길들로

가는 사람이 많지 않은가? 인간의 마음이 그렇게 잘 속는가? 그렇다면 당신은 당신의 상태를 정확히 알 수 있을 때까지 세밀하게 점검해 보아야 하지 않겠는가? 얼마 후면 그리스도의 심판대 앞에서 시험을 받아야 하는데, 그 시험을 통과할 수 있는지 지금 당신을 점검해 봐야 하지 않겠는가? 점검해보면 과연 당신은 구원받은 것으로 판명될까? 지금 조금 노력해서 그 결과를 알 수 있다면 왜 이 수고를 거절하겠는가?"

그러나 지금 즈음 당신은 "나는 그 점검을 어떻게 하는지 모르겠다"라고 말할 것이다. 따라서 나는 당신에게 그 방법을 알려주려고 한다. 하지만 당신이 그것을 실행할 결심을 하지 않는다면 내가 이 방법을 알려주는 것이 헛될 것이다. 그러므로 이 책을 더 읽어 나가기 전에 지금 주님 앞에서 내가 하나님의 말씀에 근거하여 마련한 방법에 따라 바로 당신 자신을 점검해 볼 것을 약속하라. 그 방법은 비이성적이거나 불가능한 것을 요구하지 않는다. 단지 당신의 영원한 상태를 알기 위해 몇 시간만 내면 된다.

자신을 점검하는 방법

자신을 점검하는 방법은 다음과 같다. 먼저 당신의 마음이 나뉘지 않고 집중할 수 있도록 모든 염려와 생각을 마음에서 비우라. 이 일은 다른 사람과 함께하지 않고 혼자 해야 한다. 그 후 하나님 앞에 무릎 꿇고 엎드려 간절한 마음으로 기도하며 성령께서 당신의 상태를 분명하게 보여주시고 점검 전반의 과정에서 당신에게 빛을 비추어 주시기를 바라라. 가장 편안한 시간과 장소를 택하라. 가장 은밀한 장소이어야 하고 아무도 당신을 방해하지 않는 때이어야 한다. 그러한 환경이 지금 가능하다면 지금 택하라. 성도들에 대해 묘사한 내용과 구원에 대한 복음적인 사항의 내용이 있는 《성경》 구절들을 택하여 암송하든지 아니면 볼 수 있도록 글로 쓰라. 준비한 《성경》 구절들을 통해 당신 자신을 철저하게 점검하라. 그 다음으로 자신에게 질문하라. 이때 그 구절들을 사용해서 당신에게 어떤 좋은 점이 있는지, 혹은 당신이 어느 정도의 은혜를 누리고 있는지를 점검하지 마라. 오직 당신을 의롭게 하는 '구원하는 은혜'가 참으로 당신 안에 있는지 없는지를 점검하라. 혹시 점검하는 그 일이 내키지 않더라도 강제로 밀고 나아가라. 자신에게 명령하고, 이성을 개입시켜 이성의 권위를 사용하라. 그 일을 하나님의 명령으로 삼고, 그것을 순종하지 않으면 주께서 기뻐하지 않으리라고 여기라. 또한 양심이 그 기능을 발휘하게 해서 그 의무를 기꺼이 하도록 하라. 점검하는 그 일을 할 때 빈둥거리며 시간을 보내지 말고 온 마음을 다하라. 〈시편〉의 시인처럼 온 영을 다해 당신의 마음을 부지런히 살피라시편 77:6. 당신이 자기 자신의 마음을 다스릴 수 있을 때 주의 도움을 받을 수 있다는 사실을 기억하라.

만일 이것을 다 한 후에도 점검 결과가 여전히 불확실하면 그때 도움을 얻도록 하라. 경건하며 경험이 많고 유능하고 신실한 성도 한 사람을 만나 당신의 상황을 말하고 그의 조언을 받도록 하라. 그 성도의 진단을 몸에 대한 의사의 진단처럼 여기라. 혹시 그의 조언이 당신 자신에 대한 분명한 점검 결과를 제공하지 못할지라도 그의 조언은 당신의 마음에 남아 당신을 인도하는 큰 도움이 될 것이다. 하지만 그의 조언이 있다고 해서 스스로 하는 자기 점검을 미루는 구실로 삼지 마라. 당신이 할 수 있는 모든 노력을 다해도 점검의 결과를 확신할 수 없을 때 그때 마지막 방책으로 다른 성도의 조언을 구하라.

당신이 점검을 통해 당신의 상태를 발견하였다면 이제 그대로 자신에게 그 판결을 내리라. 그 판결에 따르면 당신은 참된 그리스도인이든지, 아니면 참된 그리스도인이 아닌 것으로 드러날 것이다. 자신을 기쁘게 하려는 목적이나 우울한 공포로 말미암아 양단간에 조급한 판결을 내리지 않도록 주의하라. 그 대신 《성경》과 이성에 조화하는 당신의 양심에 따라 진실하고 정확하게 판결하도록 하라. 이제 판결의 결과를 당신의 마음으로 받아라. 만일 은혜가 없는 상태로 판결되었으면 당신의 비참을 생각하라. 만일 거듭나 거룩하여진 상태로 판결되었으면 주께서 당신을 이끄신 상태가 얼마나 복된 상태인지를 생각하라. 생각을 진지하게 계속함으로써 당신의 마음이 이 판결의 결과에 따라 반응하게 하라. 또한 이 판결을 적어도 당신의 기억에 기록하라. "그 당시 그 때에, 나는 내 자신에 대해 철저하게 점검해서 내 상태가 이러저러한 것을 발견했다." 그러한 기록은 후에 당신에게 매우 유용할 것이다. 단 한 번 점검한 후 그것으로 끝이라고 여기지 말고 다음 기회에 또 점검할 마음을 가지라. 이 점검이 날마다 당신의 삶을 살피는 일을 방해하는 결과가 되어서는 안 된다. 특히 다시 점검해야 하는 상황이 발생하여도 낙심하지 마라. 특히 조심해야 할 것은 거듭나지 못한 것으로 결과가 나왔을 때 '현재 그러하니 앞으로도 가망이 없을 것이다'라는 결론을 짓지 마라. "나는 경건한 자로 판결되지 않았으니 그 상태로 죽겠지. 나는 위선자니 앞으로도 계속 위선자로 있을 거야"라고 말하지 마라. 낙심하지 마라. 그 이유는 지금까지 당신이 그리스도를 소홀히 여기고 주와 상관없는 사람이었을지라도 당신에게 그분을 만나려고 하는 의도만 있다면 당장에라도 그리스도를 만날 수 있기 때문이다.

안식에 들어갈 두 가지 자격

이제 당신이 영원한 안식에 들어갈 자격이 되는지 시험해 볼 수 있는 두 가지의 기준을 말하려고 한다. 하나는 하나님을 최고로 좋아하는가 하는 것이고, 다른 하나는 예수 그리스도를 당신의 유일한 구세주와 주로 진심으로 모시는가이다.

영원한 안식에 들어갈 자격이 있는 영혼은 그들의 최고 행복을 하나님께 둔다. 이 안식은 하나님을 충만하게 그리고 영화롭게 즐거워하므로 이루어진다. 하나님을 최고로 좋아하며 궁극적인 목표로 삼지 않는 사람은 이방인과 악한 우상 숭배자다. 그렇다면 당신은 영광의 주를 즐거워하는 것을 당신의 가장 큰 행복으로 여기는가? 당신은 "주께서는 저의 분깃이니 하늘에서 제게 주밖에 누가 있습니까? 이 땅에서 제가 바라는 분은 주님밖에 없습니다"라고 말할 수 있는가? 당신이 영원한 안식의 상속자라면 그 안식은 지금 당신과 함께한다. 그리고 육체의 쾌락이 당신에게 애걸하고 세상이 당신의 마음을 빼앗으려고 해도 당신이 일반적으로 안정된 가운데 내리는 유력한 결정은 세상의 모든 것보다 하나님을 더 선호할 것이다. 하나님을 당신의 소원과 노력의 가장 큰 목표로 삼을 것이며, 당신이 듣고 기도하면서 이 땅에서 살아가는 주된 이유는 주主를 구하고 당신의 영원한 안식을 확신하는 데 있을 것이다. 이 영원한 안식을 위해서라면 어떤 수고와 고난을 당해도 마다치 않을 것이다. 따라서 당신은 세상의 가장 좋은 것을 준다고 해도 영원한 안식을 누릴 자격이나 그 소망과 바꾸려 하지 않을 것이다. 만일 하나님께서 당신 앞에 한쪽에는 세상의 영원한 즐거움을 두고 다른 쪽에는 영원한 안식을 두고 당신에게 선택하라고 하면 당신은 세상을 거절하고 이 안식을 택할 것이다.

하지만 당신이 거듭남을 통해 거룩하여지지 않았다면 하나님보다 세상을 더 사랑할 것이다. 그러한 당신은 입술로는 하나님을 최고로 좋아한다고 말할지 모르지만, 당신의 마음은 그분을 귀하게 여기지 않을 것이다. 이는 세상이 당신의 최고 소망이며 당신이 노력하는 최고 목적이기 때문이다. 그러나 당신이 죽은 후에는 세상을 위한 당신의 수고와 노력은 헛수고가 된다. 하나님보다 세상을 더 사랑하는 당신은 한 번도 보이지 않는 천국의 뛰어난 영광을 인식한 적도 없고 마음이 끌린 적도 없으며 그것을 위해 온 맘으로 수고한 적도 없다. 혹시 천국을 위해 조금이라도 수고한 것이 있다면 그것은 세상을 얻기 위한 수단일 뿐이다. 즉, 하나님은 당신에게 세상보다 못한 쓰레기 같은 존재이므로 당신은 세상에서 실컷 쓰고 남은 찌꺼기 시간과 수고를 드릴 뿐이다. 당신은 이 땅의 것들에 대해서는 항상 열심을 내며 반갑게 맞이했으나 하나님을 위해 남긴 것은 냉담과 무관심밖에 없다. 당신이 만일 계속해서 세상을 붙드는 방법만 안다면 천국을 위해서는 아무것도 하지 않으려고 할 것이다. 하지만 당신이 이 세상을 더는 붙들 수 없는 때가 오면 지옥으로 떨어지지 않기 위해서라도 뭔가를 해야 할 것을 깨닫게 될 것이다. 그럼에도 당신은 하나님의 법이 너무 엄격하다고 생각해 왔기 때문에 복음의 원칙을 거절할 것이다.

당신에게 그리스도나 세상 행복 중 하나를 버려야 하는 시험이 오면 세상보다는 천국을 포기할 것이며 세상 행복을 위해 의도적으로 하나님께 불순종할 것이다. 분명한 것은 만일 하나님께서 당신에게 이 땅에서 건강하고 부유한 가운데 영원히 살게 해 준다면 당신은 그 상태를 천국의 안식보다 훨씬 좋다고 여길 것이다. 다른 사람이 천국을 구하든 말든 당신은 이 땅의 부유함을 최고의 행복으로 생각할 것이다.

당신이 여기에 해당한다면 당신은 거듭나지 않은 사람이며 따라서 성도의 안식에 들어갈 자격이 없다.

당신이 안식에 들어갈 수 있는지를 알 수 있는 또 다른 기준은 하나님을 최고로 좋아하는 것 외에 그리스도를 진심으로 당신의 유일한 구세주와 주로 모셨는가 하는 것이다. 첫 번째 기준은 율법의 첫째 되며 가장 큰 계명인 "네 마음을 다하여 주 너의 하나님을 사랑하라" 마태복음 22:37를 요약한 것이고, 두 번째 기준은 복음의 명령인 "주 예수를 믿으라 그리하면 너와 네 집이 구원을 받으리라" 사도행전 16:31를 요약한 것이다. 이 두 기준을 실행하는 것이 바로 경건과 기독교 전부다. 이 두 기준은 유일하게 참된 믿음을 정의한다.

당신은 그리스도만이 당신의 구세주라는 사실에 동의하는가? 당신의 의무나 행위는 주께 순종하기 위한 지정된 수단일 뿐 당신에게 구원을 주는 구세주는 아니다. 즉, 당신의 의무나 행위는 조금이라도 율법의 저주를 해결해 줄 수 없으며 율법적인 의나 그 부분이 될 수 없다. 당신은 당신의 구원을 위해 오직 그리스도에 의한 구속만을 의지하기로 동의하는가? 당신은 주님을 당신의 유일한 왕이요 주로 모심으로써 그의 법과 성령에 의해 통치를 받고 인도함을 받기로 동의하는가? 주께서 아무리 어려운 의무를 맡겨도, 당신의 육체의 정욕들을 대항하는 명령들을 내릴지라도, 당신은 주를 순종하기로 동의하는가? 당신은 이와 같은 다짐을 지키지 못할 때 슬퍼하겠는가? 당신의 기쁨은 주께 온전히 순종하는 데에 있는가? 세상을 다 준다고 해도 주와 선생을 바꾸지 않겠는가? 모든 참된 그리스도인은 이러한 질문에 진심으로 "그렇다"라고 대답할 것이다.

당신이 위선자라면 훨씬 달라진다. 당신은 그리스도를 당신의 주와 구세주로 부를 것이다. 그러나 당신은 그분이 없더라도 외로워하지 않는다. 당신은 주를 찾고 신뢰하고 그분께만 구원을 두는 참된 그리스도인들과 다르다. 당신은 진심으로 그리스도를 당신의 주로 모셔 당신을 통치하도록 동의한 적이 없으며, 그리스도께 당신의 영혼과 삶을 인도하시도록 맡긴 적이 없다. 또한 주의 말씀을 당신의 생각과 행동의 규칙으로 삼은 적도 없다. 물론 당신은 당신이 죽을 때 그리스도께서 당신을 지옥에서 구원해주실 것을 바란다. 하지만 당신은 죽는 그날까지 당신의 명성과 쾌락과 세상의 목적을 추구할 것이다. 만일 주께서 당신에게 맘대로 하도록 내버려두신다면 당신은 말씀과 성령보다 세상과 육체를 훨씬 더 추구할 것이다. 당신의 행동과 모습은 때때로 당신이 추구하는 것과 정반대로 보일 때가 있지만, 전반적인 당신의 모습과 행동은 주로 세상을 택할 것이다. 이는 당신의 마음이 세상으로 가득하기 때문이다. 그러므로 당신은 비록 말로는 주님을 시인하지만, 행위로는 주를 부인하는 사람이니 실제로는 그리스도를 믿는 참 성도가 아니라 단지 "가증한 자요 복종하지 아니하는 자요 모든 선한 일을 버리는 자" 디도서 1:16다. 이들은 영원한 안식에 들어갈 수 없다.

내가 질문할 때 특히 마음의 동의와 의지를 강조하는 점을 염두 하라. 나는 당신이 구원을 확신하는지, 당신의 죄가 용서함을 받았다고 믿는지, 그리스도 안에서 하나님께 사랑을 받는지 등의 질문을 하지 않았다. 이러한 질문은 당신의 믿음이 구원을 얻는 믿음인지를 확인하는 내용이 아니라, 당신의 구원하는 믿음으로 말미암아 주어지는 하늘의 열매를 누리는지에 대한 질문이다. 이러한 열매를 누리는 자들은 그 열매로 말미암아 위로를 받는다. 따라서 당신이 그러한 열매를 누린다면 아마 이미 영생을 얻었으며 안식의 참된 상속자이기 때문이다.

아무튼 죄 사함이나 용서 등은 구원하는 믿음의 열매이므로 "나는 내 죄가 용서받은 것을 믿을 수 없고 내가 하나님의 은혜를 입은 것을 믿을 수 없구나. 그러므로 나는 참된 성도가 아니다"라고 말해서는 안 된다. 사실 이러한 결론은 가장 흔한 오해로 생긴다.

우리가 구원의 확신을 위해 물어야 할 질문은 "당신이 진심으로 그리스도를 영접했는가?" 하는 것이다. 그렇게 함으로써 당신은 죄 사함을 받고 하나님과 화목하게 되며 구원을 얻는다. 당신은 그리스도께서 당신을 구속하셨으며 당신을 주님 자신의 방법으로 천국으로 인도하실 것에 동의하는가? 이것이 당신을 의롭게 하는 구원하는 믿음이다. 이 기준에 의해 당신은 자신을 점검할 수 있다. 그러나 이 모든 동의는 진심이며 사실이어야지 가짜이거나 마지못해 한 것이면 안 된다. 당신의 동의는 진실을 숨기고 "아버지, 제가 가겠습니다"라고 말한 후에 가지 않은 아들의 말처럼 되어서는 안 된다마태복음 21:28~29. 만일 그리스도가 아닌 다른 것이 당신을 다스린다면 당신은 주의 제자가 아니다.

나는 이 두 기준이 진실한 그리스도인을 판단하는 기준이라고 믿으며 참된 그리스도인이라면 이 두 표지가 반드시 있다고 본다. 당신이 이 두 기준에 합격하면 세상을 심판하시는 재판장이 당신을 시험하신다 해도 두려워할 필요가 없다. 오히려 주의 심판은 당신은 영원한 안식에 자격이 되는 사실을 입증할 것이다. 또한 죽음과 심판이 다가와도 오히려 당신의 영혼은 고취되며 기쁨으로 충만하게 될 것이다.

만일 당신이 구원의 안전을 확인하고 참 평강을 누리게 되었다면 이제부터 은혜 안에서 자라갈 수 있도록 더욱 수고하라. 당신의 영혼 안에서 그리스도로 말미암은 유익을 증진하게 하고 강화하게 하려면 더욱 힘쓰라. 육체의 유익을 도모하지 말고 육체의 정욕을 제압하라. 그리스도가 모든 것을 다 이루었으니 나는 아무 할 일이 없다고 오해하지 않도록 하라. 세상과 육체와 마귀를 이기기 위해 항상 깨어 있어야 하며 무장한 채 서 있어야 하고 인내와 용기를 가지고 끝까지 싸워야 한다. 이러한 싸움은 우리의 확신과 구원을 위해 대단히 중요하다. 이것이 성령 세례를 받은 우리가 감당해야 할 중요한 부분이다. 만일 이러한 거룩한 의무들을 수행하지 않으면 그는 사이비 그리스도인이다. 주께서는 거짓으로 믿는 자들을 한 사람도 천국에 허용하지 않으신다. 그러나 "이기는 그에게는 그리스도께서 감추었던 만나를 주시고 또 흰 돌을 주신 터인데 그 돌 위에 새 이름을 기록한 것이 있나니 받는 자 밖에는 그 이름을 알 사람이 없다. 이기는 그에게는 그리스도께서 하나님의 낙원에 있는 생명나무의 열매를 주워 먹게 할 것이다. 이기는 자는 둘째 사망의 해를 받지 아니할 것이며, 그리스도께서 그 이름을 하나님 아버지 앞과 주의 천사들 앞에서 시인할 것이다. 이기는 자는 주 하나님의 성전에 기둥이 될 것이며 그가 그곳으로부터 결코 다시 나아가지 아니할 것이다. 그리스도께서 하나님의 이름과 하나님의 성 곧 하늘에서 주 하나님에게서 내려오는 새 예루살렘의 이름과 주의 새 이름을 그의 위에 기록할 것이다" 요한계시록 2:17, 2:7, 2:11, 3:5, 3:12. 그렇다. "그리스도께서는 그가 주의 보좌에 함께 앉게 하여 주기를, 그리스도께서 이기고 아버지 보좌에 함께 앉은 것과 같이하신다. 귀 있는 자는 성령이 교회들에게 하시는 말씀을 들을지어다" 요한계시록 3:21~22.

Chapter 9 | Inform Everyone to Rest

영원한 안식을 알려야 할 의무

—

세상일이란 아무리 중요하다고 해도 영혼을 구원하는 일에 비하면 사사로운 일이다. 그러므로 오늘이라 일컫는 동안에 매일 피차 권면하여 누구든지 죄의 유혹에 빠지지 않게 해야 한다.

하나님께서는 우리 앞에 영광스러운 영원한 안식을 마련하시고 우리에게 그 엄청난 행복을 누리도록 하셨다. 그렇다면 왜 하나님 나라의 백성 중에는 다른 사람에게 이 행복을 알리려는 사람이 적을까? 우리에게는 주변의 가련한 영혼이 눈에 보이지 않아서일까? 우리는 하나님 나라의 영광을 보지만, 그들은 보지 못한다. 우리는 주의 나라에 들어오지 못한 사람들의 화禍를 보지만, 그들은 보지 못한다. 우리에게는 그 길을 알지 못하고 방황하는 사람들이 보이며, 만일 그들이 계속 그대로 방황하면 하나님 나라에 절대로 들어갈 수 없다는 사실도 안다. 하지만 그들은 이러한 사실을 알지 못한다. 그럼에도 우리는 그들에게 잘못된 길을 가고 있으며 위험하다는 사실을 말해주려고 하지 않는다. 그들을 바른길로 오게 해서 생명을 얻도록 돕는 일을 하려고 하지 않는다.

우리는 온 힘을 다해 영혼을 구하려는 일에 힘써야 한다. 이 의무가 하나님의 영광과 사람들의 참된 행복을 갖게 하는데 얼마나 중요한 의무인지 생각해보아야 한다.

안식을 전해야 할 의무의 성격

우리는 다른 사람에게 영원한 안식에 들어가는 일에 대해 관심을 두도록 하고 그들을 도와주어야 한다. 이를 위해 모든 사람이 목사가 되어야 하는 것도 아니며 자신의 직업을 버려야 하는 것도 아니다. 더욱이 분열을 조장하거나 뒤에서는 흉을 보며 앞에서는 침묵하는 그러한 자세와는 거리가 멀다. 이 의무는 차원이 다른 성격이며 다음 사항들을 포함한다.

영혼의 비참을 보며 가슴 아파하라. 우리의 마음은 다른 영혼의 비참함에 아픔을 느껴야 한다. 우리는 그들을 불쌍히 여겨야 하며 그들이 회복되어 구원받기를 바라야 한다. 만일 우리가 그들의 회심을 간절히 사모하게 된다면 우리는 그들에게 유익을 끼치고 싶은 마음이 커질 것이며, 따라서 수고하게 될 것이고, 이에 하나님께서는 복을 주실 것이다.

기회가 있을 때 구원의 길을 알려주라. 우리는 사람들에게 구원 얻는 방법을 알려줄 기회를 놓치지 말아야 한다. 무지한 사람에게 사람의 최고 행복이 무엇인지 이해할 수 있도록 우리가 수고해야 한다. 인간이 한때 그 행복을 누렸다는 사실과 하나님께서 인간과 언약을 맺었다는 사실, 그러나 인간이 그 언약을 어겼고 그로 말미암아 어떤 형벌을 가져왔는지, 어떤 비참의 상태로 떨어졌는지 알려주어야 한다. 그에게 구속자가 필요하다는 사실을 가르쳐야 하고 어떻게 자비로우신 그리스도께서 그 형벌을 대신하여 중재하셨는지, 성도들이 그리스도 안에서 어떤 부유함과 특권을 갖게 되는지를 가르쳐야 한다. 만일 이러한 것들에 의해 그의 마음이 움직이지 않으면 그가 모르는 뛰어난 영광을 보여주고 저주받는 자들의 영원하고 지독한 고통을 말해주라. 은혜를 의도적으로 무시하는 그들을 오래 참는 하나님의 공의를 말하며, 죽음과 심판의 확실함과 함께 그것들의 가까움과 공포를 알리라. 이 세상의 모든 것이 헛됨을 말하며 죄가 얼마나 악한 것인지, 그리스도는 얼마나 귀하신지, 그리고 거듭남과 믿음, 거룩의 필요를 말하라. 타락한 인간의 죄성이 무엇인지 알려주라. 무엇보다도 그가 헛된 소망 가운데 영원한 안전을 바라보고 있다면 그의 영원한 상태를 점검해보도록 부탁하라. 그렇게 할 필요를 알려준 후에 그 점검을 하도록 도우라.

당신은 잊지 말고 그의 비참을 반드시 알려주고 또한 그 해결책을 분명하게 말해주어야 한다. 그리스도를 믿는 것과 이러한 거룩한 의무를 수행하는 것 대신에 자신을 의롭게 여기거나, 자신의 의로운 행위를 의지하거나, 그리스도의 의와 섞으려는 것이 얼마나 허황하며 파괴적인지를 보여주라. 그러면서 그가 은혜의 모든 수단을 사용하도록 이끌라. 예를 들어, 말씀을 듣고 읽게 하고, 하나님께 기도하게 하고, 경건한 자들과 함께하도록 하라. 그를 설득하여 죄를 버리게 하고 죄에 빠지는 모든 유혹을 피하도록 하라. 특히 악한 동료를 피하고, 하나님이 나타나시는 이러한 은혜의 수단을 사용하는 가운데 하나님을 끈질기게 기다리도록 하라.

그러나 이 일을 실행하는 당신의 자세가 대단히 중요하므로 다음 사항을 지켜야 한다. 바른 의도를 가지고 나아가야 한다. 그 사람의 영혼 구원으로 말미암아 하나님께 영광을 돌릴 것을 목표로 하라. 당신의 이름이나 당신을 높이려는 자세는 금물이다. 상대가 하나님 대신에 당신을 의지하도록 하거나, 상대를 당신의 추종자로 만들려고 해서는 안 된다. 오직 그리스도께 순종하고 그리스도를 닮도록 하는데 목표를 두고 사람들의 영혼을 부드럽게 사랑해야 한다. 특히 자녀나 사환들을 다루듯이 그들의 기분이나 입장을 무시하는 투로 말하는 일이 없도록 해야 하고, 하나님께서 정하신 방법으로 그들의 영혼을 구하는 데 힘써야 한다. 이 일을 미루지 마라. 그들이 회개를 미루는 것이 옳은 일이 아니듯이 당신이 그들의 영혼을 구하는 일을 미루는 것도 옳은 일이 아니다. 당신이 그들을 가르치고 도우려는 마음만 가지고 있고 그 생각을 실천으로 옮기지 않으면 그동안 그들은 더 죄의 빚이 많아질 것이고 주의 진노가 쌓일 것이며 죄의 뿌리가 깊어질 것이다. 습관이 그를 꽉 붙들고 놓아주지 않을 것이며, 죄의 유혹이 더욱 많아질 것이다. 양심은 무디어 가고 마음은 강퍅하여지며 마귀가 다스릴 것이다. 그리스도는 여전히 그 영혼 안에 들어가지 못하고 성령은 거부될 것이다. 하나님은 매일 그에게 조롱받고 주의 법은 지켜지지 않을 것이다. 그는 마땅히 섬겨야 할 주님을 섬기지 않은 채 시간이 흘러간다. 죽음과 심판은 문 앞에 있다. 만일 그가 죽으면 지옥으로 떨어진다. 당신은 이 모든 일이 그에게 임하는 것을 막고 싶을 것이다. 그러나 실제로는 당신이 막지 않기 때문에 이러한 일은 지금도 발생하고 있다.

당신이 의사이고 어떤 환자가 약이 필요할 때 당신은 그에게 "내일 오면 그때 진찰하여 약을 주겠다"라고 말하기보다 당장 치료 약을 주어야 한다. 하물며 영혼을 구하는 일에서 더더욱 가만히 두고 뒤로 미뤄서는 안 된다. 의사가 환자를 치료하는 일을 뒤로 미루다가 그 환자가 죽게 되면 그 의사는 살인자와 같게 된다. 세상일이란 아무리 중요하다고 해도 영혼을 구원하는 일에 비하면 사사로운 일이다. 그러므로 세상일 때문에 핑계를 대며 영혼 구원의 일을 미루는 일이 없도록 하라. 그 대신 "오직 오늘이라 일컫는 동안에 매일 피차 권면하여 너희 중에 누구든지 죄의 유혹으로 완고하게 되지 않도록 하라" 히브리서 3:13.

당신의 권면이 사랑과 불쌍히 여기는 마음에서 나오도록 하라. 빈정거리는 말투나 조롱이나 화를 내거나 비방하는 자세로는 사람이 바뀌지 않으므로 그들을 하나님께로 회심하게 할 수 없다. 당신이 그들의 영혼의 가련함을 보고 당신 마음에 고통의 눈물이 가득해야 그들은 참으로 당신이 그들을 비참하게 여기며 진실로 사랑하고 있음을 보기 시작한다. 그들에게 간절함과 겸손함으로 권면하라. 당신이 그들에게 선을 베풀려는 마음이 있는 것을 그들이 인식할 수 있어야 한다. 즉, 당신의 목적은 다른 것이 아닌 그들의 영원한 행복인 것을 그들이 알아야 한다. 당신은 그들의 위험을 느끼고 있으며 그들의 영혼을 사랑한다. 따라서 어쩔 수 없이 말하고 있다는 사실을 그들이 보아야 한다. 심지어 당신은 주의 두려움을 알기 때문에 그들이 영원한 고통에 떨어질까 염려되어 복음을 알리고 있다는 사실을 그들이 알아야 한다.

그들에게 말하라. "친구여, 당신은 내가 당신을 이용하려는 것이 아닌 줄 알 것이다. 당신 기분을 상하지 않게 하며 친구 관계를 유지하려면 당신이 원하는 대로 그냥 두어야 할 것이다. 하지만 나는 당신을 사랑한다. 당신이 멸망하는 것을 가만히 보고 있자니 너무 고통스러워서 말을 하지 않고는 견딜 수가 없다. 나는 당신이 행복해지는 것 외에 아무것도 바라지 않는다. 당신이 그리스도께로 가면 가장 유익을 얻고 위로를 받는 사람은 다름 아닌 당신 자신이다." 만일 우리가 이런 식으로 모든 불신자에게 찾아가면 우리는 어느새 복된 열매들을 보게 될 것이다.

가능한 한 분명하고 신실하게 그 일을 행하라. 그들의 죄악들을 사실보다 가볍게 다루지 말고 그들의 거짓 소망을 격려하지 마라. 만일 당신이 위험을 본다면 분명하게 말하라. "나의 이웃이여, 하나님께서 당신의 영혼을 아직 거듭나게 하지 않으셨습니다. 당신은 아직 사탄의 권세에서 하나님께로 회복되지 않았습니다. 당신은 그리스도를 가장 소중히 여기지 않으며 그분을 진실하게 당신을 주관하시는 주로 모시지 않았습니다. 만일 주로 모셨다면, 당신은 그렇게 쉽게 주님을 불순종할 리 없고 가정 예배와 공식 예배를 소홀히 대하지 않을 것입니다. 그렇게 열심을 다해 세상을 따르지 않을 것이며 세상 이야기만 하지 않을 것입니다. 만일 당신이 그리스도 안에 있으면 당신은 새로운 피조물이 됩니다. 예전 것은 지나가고 모든 것이 새것이 되었을 것입니다. 당신은 새로운 생각과 대화와 새로운 만남과 새 노력과 새 생명을 가졌을 것입니다. 분명한 것은 이러한 것들이 없이는 당신은 결코 구원을 받지 않았다는 사실입니다. 혹시 당신이 구원받은 것으로 착각하고 소망을 갖더라도 그 소망은 당신을 속일 것이기 때문에 당신과 함께 망할 것입니다."

이처럼 당신은 사람들에게 선을 베풀려는 의도를 가지고 신실하게 대하여야 한다. 영혼을 살리는 것은 몸을 치료하는 것과 달라서 사람들은 자신의 영혼의 위험을 모른다. 따라서 그들은 오히려 당신의 권면을 방해할지도 모른다. 먼저 그들 자신이 당신의 권면을 받아 자신들의 위험을 깨닫도록 하라. 그래야 그들의 영혼 문제를 해결할 길이 열린다.

만일 그들이 자신의 비참을 모른다면 그들은 절대로 신음하지 않을 것이며 구세주를 필요로 하지도 않을 것이다.

또한 진지하고 열정적이며 효과적으로 그 일을 하라. 사람들에게 천국과 지옥을 알리는 일은 장난이 아니며 별생각 없이 지나갈 문제가 아니다. "어느 날 당신은 영원한 기쁨의 상태 아니면 영원한 고통의 상태에 있게 될 것입니다. 이 사실이 당신을 정신이 번쩍 들게 하지 않습니까? 주께서는 많은 사람이 멸망의 길로 나아가며 생명의 길을 찾는 자는 매우 적다고 말씀하셨습니다. 그렇다면 멸망의 길을 피하기는 매우 어렵습니다. 그런데 당신은 여전히 가만히 앉아서 쓸데없는데 시간을 보내겠습니까? 당신은 왜 삽니까? 세상은 안개와 같이 지나갑니다. 정욕도 명예도 유익도 점점 사라지더니 당신은 떠날 것입니다. 영원은 당신 코앞에 있습니다. 하나님은 의로우시며 질투가 많으십니다. 그분의 경고는 사실입니다. 그 위대한 날은 무서울 것입니다. 시간이 없습니다. 당신의 생명은 불확실합니다. 당신은 저 멀리 뒤처져 있습니다. 만일 당신이 내일 죽는다면 당신은 전혀 준비되어 있지 않습니다. 두려움 가운데 당신의 영혼은 그 몸을 떠나겠습니까? 당신은 아직도 빈둥거립니까? 생각해보십시오. 하나님은 내내 당신을 만나려고 기다리고 계십니다. 주의 자비가 당신에게 간청합니다. 그리스도께서 당신에게 그분의 보혈과 공로를 제시하십니다. 성령은 설득하십니다. 양심은 당신을 찌릅니다. 사탄은 당신을 차지하려고 기다립니다. 지금밖에 없습니다. 지금 이 기회를 놓치면 다시는 오지 않습니다. 이 땅에서 회개하기보다 지옥에서 영원한 불꽃 가운데서 고통을 당하시겠습니까? 그리스도의 다스림을 받기보다 그곳에서 마귀들에게 고통을 당하겠습니까? 당신은 당신의 죄악을 거절하기보다 하나님과 주의 영광을 거절하겠습니까? 당신은 이러한 것들에 대해 어떻게 생각하십니까? 하나님은 당신을 사람으로 창조하셨습니다. 당신에게 가장 중요한 이 주제에 대해 당신의 이성을 마다하지 말고 사용하기 바랍니다."

장난 반 진담 반으로, 또는 반은 깨어 있고 반은 잠든 상태로 하는 별생각 없는 말로는 마음이 죽어 있는 죄인을 깨울 수 없다. 만일 집이 불이 나면 당신은 불의 본질과 위험에 대해 냉정하게 말하고만 있지 않을 것이다. 당장 달려 나아가 "불이야, 불이야"라고 외칠 것이다. 엘리 대제사장이 그의 아들들에게 말했듯, 당신이 어떤 사람에게 그의 죄를 대수롭지 않게 말해보라. 여호사밧이 아합에게 하듯 "왕은 그러한 말씀을 마소서"라고 미지근하게 꾸짖어 보라. 이러면 당신은 상대에게 선을 행하는 것이 아니라 해를 끼치는 셈이 된다.

한편 나는 당신이 극단으로 쏠리는 것을 막기 위해 당신에게 그 일을 신중하고 사려 깊게 하라고 권하고 싶다. 가장 알맞은 때를 택하라. 사람이 감정에 복받쳐 있을 때나, 혹시 그들이 당신의 말을 부끄럽게 여길만한 장소에서는 영혼 구원의 문제를 다루지 마라. 땅이 부드러울 때 쟁기가 들어갈 수 있다. 고난을 당한 사람이나 설교에 새로운 감명을 받은 사람을 택하라. 신실한 그리스도인은 코앞에 떨어지는 선한 일도 하지만 선한 일을 할 기회를 찾을 수 있어야 한다.

구원하려는 대상의 성격과 기질에 잘 맞추어 대화를 나누도록 하라. 당신이 똑똑한 사람을 대할 때는 설득보다는 논리를 더 사용하라. 무지한 자에게는 둘 다 필요하다. 자기 확신에 찬 사람들은 주로 감정을 다루어야 한다. 고집이 센 사람은 예리하게 꾸짖어야 하며, 소심한 사람은 부드럽게 대해주어야 한다. 모든 사람에게 사랑과 분명한 말과 진지한 태도로 대하라. 어떤 사람은 공포의 말을 견딜 수 없어 한다.

가장 적절한 표현을 해라. 어울리지 않는 말은 듣는 사람에게 싫증이 나게 한다. 특히 호기심이 많고 욕심이 많은 귀를 가진 사람들은 적절하지 않은 표현에 큰 불편을 느낄 것이다.

당신의 모든 책망과 권면은《성경》의 권위로 뒷받침되어야 한다. 당신은 죄인들에게 당신의 생각을 말하는 것이 아님을 확신하게 해야 한다.《성경》의 장과 절을 펴서 그들의 죄가 어디에 정죄 되어 있으며 그들이 명령받은 의무가 무엇인지 알려주라. 사람의 목소리는 멸시받을 수 있지만, 하나님의 음성은 두렵고 무섭다. 그들은 당신의 말을 거절할지 몰라도 감히 전능하신 하나님의 말씀은 거절하지 못한다.

이 권면의 의무를 하려고 자주 사람을 만나라. 하나님은 우리에게 하나님께 강청하라고 하셨으므로 만일 우리가 "항상 기도하고 낙심하지 않으면"누가복음 18:1 반드시 그 과정에서 사람들을 얻게 하실 것이다. 우리는 오래 참음으로 매일 피차 권면하라는 명령을 받았다에베소서4:2. 부싯돌을 부딪친다고 해서 단번에 불이 붙는 것이 아니다. 사람의 감정도 첫 번째 권면으로 불붙지 않는다. 혹시 처음에 불이 붙더라도 계속 권면을 받지 않으면 다시 차가워질 것이다. 사랑 가운데 계속 죄인들을 권면하여 그들이 죄 속에 머물지 못하도록 하라. 이것이 먼 훗날 당신이 자신을 돌아볼 때 위로를 주게 될 참된 자비이며 사람들의 영혼을 구원하는 방법이다.

당신의 모든 권면은 단 한 가지 주제를 다루어야 한다. 만일 우리가 설득력이 있는 많은 말을 하더라도 그를 염려한다는 말만 하고 마친다면 그 수고는 영혼 구원에 성공할 수 없을 것이다. 하나님께서는 일반적으로 듣는 자의 회심을 겨냥한 수고를 축복하신다. 또한 수고한 후에 그 수고가 상대를 회심하게 하는 데 성공했는지를 묻는 자를 축복하신다. 상대의 죄를 책망할 때는 그 사람이 당신에게 그 죄를 떠나기로 약속할 때까지, 또한 죄를 짓게 되는 상황을 피하기로 약속할 때까지 책망해야 한다. 당신이 상대에게 어떤 의무를 행할 것을 권면할 때는 그가 지체하지 않고 그 의무를 행할 것이라는 약속을 그에게 받아라. 만일 당신이 그를 그리스도께로 인도하려면 그가 현재 자신의 거듭나지 못한 상태에 대한 비참을 고백하고 따라서 그리스도의 필요를 고백해야 한다. 만일 그가 변화되었을 때는 앞으로 더욱 은혜의 수단을 신실하게 사용할 것이라는 약속을 받아라.

한 가지 추가하면, 말로만이 아니라 당신의 모범이 된 삶으로 권면하도록 하라. 당신이 그들에게 설득하는 모든 의무는 당신이 그 의무를 꾸준히 실행하고 있어야 한다. 끊임없이 천국을 위해 수고하라. 이러한 당신의 거룩한 천국을 소망하는 삶은 당신 주변의 죄인들의 양심을 계속 찌르는 침이 될 것이며, 끊임없이 그들에게 하나님께로 돌아오도록 하는 간청이 될 것이다.

공식 예배로 인도하라. 사적인 권면 외에도 당신은 사람들이 공식 예배를 통해 유익을 얻도록 도와야 한다. 이를 위해 그들에게 신실한 목사들을 마련해주어야 한다. "전파하는 자가 없이 어찌 들으리요" 로마서 10:14. 귀한 목사들을 충당하는 이 목표를 향해 당신의 관심과 열심을 모아 큰일을 이루어보도록 하라. 당신의 큰 목표를 이루기 위해 다른 여러 목적을 확장해 나아가라. 당신이 이루어낸 사역에 의해 얼마나 많은 영혼이 구원을 얻게 되겠는가? 이 사역은 육체의 필요를 채우는 자비라기보다는 더 높고 고상한 자비를 베푸는 사역이다. 활동과 영향력의 규모가 큰 사람이 청년 중에서 그들의 재능과 경건을 조심스렵게 살펴본 후에 사역자가 될 만한 사람들을 택하여 학문적인 교육을 지원한다면 얼마나 풍성한 선을 행하는 것이겠는가? 그리고 신실한 목사가 얻어지면 가련한 영혼들로 하여금 그로부터 열매를 받아먹도록 도우라. 그들을 이끌어서 계속 설교를 듣게 하고 들은 것을 자주 기억하게 하라. 가능하다면 그들에게 가정에서나 다른 곳에서도 거듭 그 말씀을 듣게 하라. 교회의 공식 예배 모임 외에도 그들이 말씀을 들을 기회를 가지도록 성도들과 자주 만나게 해주라. 물론 교회와 분리된 만남이 아니라 교회에 속한 만남이어야 한다. 그러한 만남을 통해 시간을 유용하게 사용하게 하고 천국을 바라보는 다른 영혼과 서로 도움을 주고받게 하라. 또한 예배와 사역을 귀중히 여기는데 힘쓰라. 그 누구도 자신이 무시하는 것에 의해 큰 변화가 나타나지 않는다. 사도는 "형제들아 우리가 너희에게 구하노니 너희 가운데서 수고하고 주 안에서 너희를 다스리며 권하는 자들을 너희가 알고 그들의 역사로 말미암아 사랑 안에서 가장 귀히 여기며 너희끼리 화목하라" 데살로니가전서 5:12~13고 당부한다.

의무가 방치되는 원인과 방해하는 것

영혼 구원의 의무가 방치되는 원인과 방해 요인이 무엇인지 알면 해결하기가 쉽다.

첫 번째 방해 요인은 자신의 죄와 죄책감이다. 그들은 천국의 황홀함을 누린 적이 없다. 그러한 사람이 어떻게 다른 사람에게 천국의 즐거움을 간절히 찾도록 이끌 수 있겠는가? 그들 자신이 죄로 상실되어 있고 그리스도의 필요성을 느끼지 못하고 성령의 새롭게 하시는 사역을 알지 못하는데 어떻게 다른 사람에게 천국의 즐거움을 발견하도록 도울 수 있겠는가? 그들은 자신들이 책망을 받아야 할 죄악을 범한 상태이기에 다른 사람의 죄악을 책망할 수 없다.

또 다른 요인은 지옥과 천국에 대한 불신앙이다. 우리가 거듭나지 못한 모든 사람이 영원한 고통을 받는 것을 믿는다면 어떻게 사람들을 만날 때, 특히 그들이 우리의 매우 가까운 사랑하는 친구일 때 어떻게 말을 참을 수 있으며 눈물을 참을 수 있겠는가? 이러한 불신앙은 은혜의 힘을 제거하고 의무를 지켜야 할 타당성을 제거한다. 오, 그리스도인들이여! 만일 당신이 죽음이 오기 전에 완전히 변화하지 않으면 반드시 영원한 지옥에 떨어진다는 사실을 믿을 때 당신의 믿지 않는 아내와 남편, 자녀와 이웃에게 설득될 때까지 낮이나 밤이나 그들에게 말하지 않겠는가? 하지만 당신 속에 이러한 불신앙이 있기 때문에 자신이나 이웃의 영혼을 잃어가고 있다.

또한 다른 사람의 영혼을 향한 우리의 자비와 불쌍히 여기는 마음이 없을 때 영혼 구원의 의무가 방해받는다. 우리는 가련한 영혼들을 보지만, 마치 제자장과 레위인이 상처를 입은 사마리아인을 모른 척하고 지나간 것처럼 그냥 그들을 지나친다. 물론 죄에 상처를 입고 사탄에게 사로잡힌 죄인은 아무에게도 도움받기를 원하지 않겠지만, 그럼에도 그가 당한 비참 자체가 크게 소리를 지른다. 만일 하나님께서 우리가 기도로 부르짖기 전에 우리 비참의 부르짖음을 듣지 않으셨다면, 우리도 여전히 사탄의 오랜 노예 상태에서 벗어나지 못하였을 것이다. 당신은 그들을 위해 그들의 눈이 열리고 마음이 바뀌기를 기도하지만, 그들의 회심을 원하는 당신은 왜 아무런 노력을 하지 않는가? 만일 그러한 원함이 당신 안에 없다면 왜 그러한 마음을 달라고 기도하지 않는가? 당신은 하나님께 그들을 변화하게 해달라고 기도하면서 왜 당신은 그들에게 직접 다가가 회심을 권하며 돌아서라고 부탁하지 않는가? 만일 당신이 당신의 이웃이 구덩이에 빠지는 것을 보게 되면 하나님이 그를 도와주시기를 기도하지만, 당신도 당장 그를 돕기 위해 당신의 손을 펴고 그에게 어떻게 하라고 지시하지 않겠는가? 그렇지 않고 만일 그를 돕지 않는다면 누구든지 당신의 잔인함과 위선을 비난하지 않겠는가? 영혼도 마찬가지다. 만일 어떤 사람이 형제 영혼의 "궁핍함을 보고도 도와줄 마음을 닫으면 하나님의 사랑이 어찌 그 속에 거하겠는가?" 요한일서 3:17

그 의무는 또한 사람을 기쁘게 해주려는 우리의 악한 성향 때문에 방해받는다. 우리는 명성과 사람들의 호의를 너무 바라는 나머지 가장 불합리할 정도로 우리의 의무를 소홀히 한다. 병든 환자가 치료를 싫어할까 봐 그냥 죽어가도록 두는 의사가 있다면 그 의사는 어리석고 신실하지 못한 의사다. 어떤 사람이 미쳐 있는데 그를 기분 좋게 해주려고 미친 사람이 원하는 대로 다 해주는 사람은 없다. 하지만 정신이 나간 사람들이 계속 영원한 멸망을 향하여 나아갈 때는 우리는 그들을 기분 나쁘게 하지 않기 위해 내버려 둔다. 하지만 어떻게 우리 그리스도인이 "사람의 영광을 하나님의 영광보다 더 사랑" 요한복음 12:43할 수 있단 말인가? 만일 우리가 "사람들의 기쁨을 구한다면 그리스도의 종이 아니다" 갈라디아서 1:10.

수줍음 때문에 영혼 구원의 의무가 방해받는 일이 흔하다. 이러한 수줍음은 죄가 된다. 우리가 사람들의 죄악을 부끄러운 것으로 드러내지 못할 때 이는 우리가 우리의 의무에 대해 부끄러움을 느낀다는 뜻이다. 죄인들이 욕하고 술 취하고 하나님을 향한 예배를 소홀히 하는데 우리가 수줍음 때문에 그들에게 그러한 죄악에서 돌아서기를 설득하지 못하고 또한 그 죄악들을 말하기를 부끄러워한다면 그 죄인들이 결국 우리를 정죄하지 않겠는가? 수줍음 때문에 꼭 필요한 의무를 실행하지 못하는 것은 부끄러운 일이다. 당신이 하나님께 순종하기 위해 사람들을 죄악에서 돌아서게 하고 그리스도께로 나아오도록 설득하는 것은 부끄러워할 일이 아니다. 당신의 양심은 당신의 의무를 행하라고 셀 수 없이 말하지 않던가? 그 가련한 영혼들에게 말하라고 재촉하지 않던가? 그러나 당신은 입을 열기를 부끄러워하여 그들을 그냥 망하게 두었다. 그러한 당신은 이 말씀을 두려워하라. "누구든지 나와 내 말을 부끄러워하면 인자도 자기와 아버지와 거룩한 천사들의 영광으로 올 때에 그 사람을 부끄러워하리라"누가복음 9:26.

게으름과 끈기 부족이 우리를 방해한다. 이러한 마음의 자세는 사람들에게 상처를 줄 뿐만 아니라, 가끔 그들을 우리의 원수로 만든다. 더욱이 이러한 자세는 처음부터 실패하며 또한 반드시 실패가 뒤따른다. 당신은 무지한 자를 가르치는 것과 고집 센 사람을 설득하는 것이 얼마나 오랜 시간이 걸리는 일인지를 잊지 마라. 하나님께서 우리가 죄악 가운데 있을 때 우리에게 어떻게 참으셨는지를 생각하라. 만일 하나님께서 지금 우리가 다른 사람에게 하듯이 참지 못하셨다면 우리에게 화가 있었을 것이다.

또 다른 방해는 자기의 유익을 추구하기 때문이다. "그들이 다 자기 일을 구하고 그리스도 예수의 일을 구하지 아니하되"빌립보서 2:21. 우리 중에 많은 사람이 교만하며 또한 세상의 지위를 추구하므로 이 일에 큰 장애가 되고 있다. 이 일이 세상에서 형통한 사람들에게 말하는 것이고 그들을 기분 나쁘게 하는 일이 아니라면 우리는 그 일을 얼마든지 하려 할 것이다. 하지만 가난한 자들 틈에 들어가서 그들의 작은 시골집에서 그들과 함께 불편을 겪는 일이라고 하면 하려 하지 않는다. 우리 중에 많은 사람이 부자들을 위해 쓰임 받기를 원한다. 그 이유는 마치 하나님 앞에서 사람이 차등이 있는 것처럼 생각하기 때문이다. 그러나 부자와 귀족과 지혜자 중에 부름을 받은 자는 적다. 복음의 기쁜 소식을 받은 자들은 주로 가난한 자들이었다.

어떤 사람은 이 의무에 대해 무지하여 이 의무를 실행할 생각조차 못한다. 그들은 영혼 구원을 위한 권면이 마땅히 해야 할 의무라는 사실을 모를 수도 있고 또는 그것을 자신의 의무로 알지 못할 수가 있다. 당신이 만일 그러하다면 지금 이 의무를 자신의 의무로 받아들이고 실행하기 시작하라.

당신이 권면할 수 있는 형편이 되지 않더라도 이 의무를 반대하지 말고 그 대신 좀 더 유능한 사람에게 당신의 의무를 맡기라. 또는 당신의 작은 능력이라도 신실하고 겸손하게 사용해서 연약한 자가 하듯 하나님께서 말씀하신 것을 사람들에게 말하라. 조언과 권면이 필요한 자가 당신의 상관이라고 해서 이 의무를 거부해서는 안 된다. 주께서 주신 이 명령은 무조건 필요시에 수행되어야 한다. 대상이 남편이든, 부모든, 심지어 목사라도 만일 그들의 영혼이 구원받지 못한 상태라면 당신은 그들에게 가르쳐야 한다. 부모가 궁핍하면 자녀가 도와야 한다. 남편이 아프면 그 가정에서 아내가 남편의 역할을 채워야 한다. 만일 부자가 망해서 거지가 되면 자선을 받아야 한다. 의사가 병들었으면 다른 사람이 그를 치료해야 한다. 이처럼 가장 천한 사환이라도 그의 주인을 권고해야 하며, 자녀가 부모에게, 아내가 남편에게, 백성이 그들의 행정관들에게 할 수 있어야 한다. 따라서 당신은 구원받은 자로서 천국의 백성이라면 상대가 어떤 신분이든 상관없이 겸손과 온유와 예절로 그들을 권면해야 한다. "그렇다면 우리가 전부 전도자가 되어야 하는 것이 아니냐?"라고 따지지 마라. 모든 그리스도인은 가르치는 자이어야 하며 그 이웃의 영혼에 대해 책임져야 한다.

당신이 제대로 표현을 못 하거나 설명을 못 한다고 해도 낙심하지 마라. 당신이 제대로 못 했다고 해서 하나님께서 한 영혼의 구원을 이루지 못하시겠는가? 또한 은혜의 방법들을 사용했다면 그 수단에 의해 반드시 이루어지지 않겠는가? 영혼 구원을 소홀히 하는 핑계로 돼지 앞에 진주를 던지고 싶지 않다고 말하지 마라. 이 의무에 관한 한 당신이 산산이 찢길 위험에 처하게 되더라도 그리스도께서는 당신이 끝까지 그 일을 하길 원하신다. 하물며 그러한 위험에 처해 있지 않은 당신은 어떠해야 하겠는가? 그들이 들으려 하는 한 그들을 혐오스러운 돼지처럼 여기지 말고 그들에게 말할 용기를 가지라. "그 친구는 내가 많이 의지하는 친구인데 그에게 그의 죄와 비참을 말하게 되면 나는 그의 사랑을 잃게 되거나 우리의 관계가 깨어질 것입니다. 그것이 두렵습니다"라고 말하지 마라. 그의 사랑이 그의 안전보다 더 중요한가? 또는 그의 영혼을 구원하는 것보다 당신의 유익이 더 중요한가? 그가 당신의 친구이기 때문에 그가 저주를 받아 멸망하도록 잠자코 묵인하겠는가? 꼭 그러한 묵인이 그의 우정에 대한 당신의 최선의 보답인가? 당신이 권면함으로써 그에게 호의를 잃고 거리가 멀어지더라도 그것이 그가 영원한 지옥에서 불타는 것보다 낫지 않겠는가?

생활 가운데서 의무 실행하기

하나님을 경외하는 모든 사람이 불신자들을 영원한 안식에 들어갈 수 있도록 하는 이 일에 최선을 다하기 위해 나는 다음과 같은 동기를 생각해보기를 부탁한다. 예를 들어, 영혼은 본성적인 특성뿐만 아니라 은혜 때문에 선한 것을 나누려는 성향이 있다. 그러므로 이 의무를 소홀히 하는 것은 본성과 은혜에 대해 죄가 된다. 만일 어떤 사람이 먹을 것이 있으면서도 자기 자녀나 이웃이 길바닥에서 굶어 죽는 것을 보면서 가만히 있다면 이는 부자연스러운 것 아니겠는가? 그들이 영원히 멸망하는 것을 알면서도 그들을 구원하기 위해 입을 열지 않는 것은 더욱 이상한 일이 아니겠는가? 이러한 무자비하고 잔인한 사람은 참으로 모든 괴수 중에 가장 흉측한 괴수다. 당신이 그들의 구원을 위해 말 한마디 못하는 사람이라면, 당신은 그들의 생명을 구하기 위해 당신의 모든 소유와 생명까지 바치라는 하나님의 명령을 반드시 거절할 것이다. 참으로 당신 남편의 영혼이, 아내와 자녀와 이웃의 영혼이 당신의 몇 마디의 말을 들을 자격이 되지 않는다는 말인가? 폭행이나 살인죄는 극악무도한 죄로 여기지만, 몸보다 훨씬 중요한 영혼이 영원한 고통을 받도록 내버려둔다면 그 태만의 죄악은 과연 얼마나 클까? 아마 당신은 당신의 신실한 권면이 없어서 자신의 죄악 가운데 죽어 지금 지옥에서 고통당하는 사람들이 얼마나 많은지 모를 것이다.

그리스도께서 영혼을 구원하시기 위해 어떤 일을 하셨는지 생각해보라. 주님은 보혈을 흘리실 만큼 그들을 귀히 여기셨다. 그렇다면 우리는 적어도 그들에게 권면의 말을 하는 수고만큼은 해야 하지 않을까? 당신은 그리스도께서 그렇게 큰 희생을 치른 일에 아무 수고도 하지 않겠는가? 구원받지 못한 경건하지 않은 사람들이 얼마나 가련한 대상인지 생각해보라. 그들은 허물과 죄악 가운데 죽은 자라서 자신들의 비참마저 느끼지 못하며 자신들을 불쌍히 여기고 있지 않다. 만일 당신마저 그들을 불쌍히 여기지 않는다면 이 세상에는 그들의 영혼을 불쌍히 여

레오나르도 다빈치Leonardo da Vinci의 〈최후의 만찬〉(1452~1519년), 이탈리아 산타마리아 델레 그라치에 성당 소장.

이 그림은 마가의 다락방에서 유월절을 기념하려고 예수님이 제자들과 함께 모인 장소에서 제자 중 한 명이 자신을 배반할 것마가복음 14:18~21이라고 알린 후 성찬식을 했던 일화를 표현한 것이다. 이 이후 예수 그리스도는 하나님 아버지에게서 받은 사명을 이루시기 위해, 인간의 죄를 위해 십자가의 길을 가신다.

기는 자가 아무도 없다. 이것이 바로 저 가련한 사람들이 걸려 있는 가장 무서운 병으로써 자신들마저 자신을 불쌍히 여기지 않는 병이며 나아가 자신을 파괴하는 가장 무서운 파괴자가 되게 하는 병이다.

당신도 한때 마찬가지였다. 하나님께서는 이스라엘 백성에게 이방인에게 친절히 하라고 당부하셨다. 그 이유는 한때 그들도 이집트에서 이방인이었기 때문이다. 따라서 당신도 한때 그들처럼 그리스도께 이방인이었던 것을 기억하며 지금 그리스도에게 이방인인 그들을 불쌍하게 여기고 영원한 안식과 위로로 인도하라. 당신과 그들의 관계를 생각해보라. 그들은 당신이 자신의 몸처럼 사랑해야 할 이웃이며 형제다. 당신이 매일 보는 이웃을 사랑하지 않는다면 어찌 보이지 않는 하나님을 사랑할 수 있겠는가? 형제나 이웃이 지옥으로 가는 것을 보면서도 막지 않고 그대로 두는 것이 과연 형제를 사랑하는 것인가?

당신이 이 의무를 소홀히 할 때 당신의 영혼이 얼마나 무거운 죄책을 지게 될지 생각하라. 당신은 당신이 소홀히 한 모든 영혼을 죽인 죄와 그들을 저주에 빠뜨린 죄와 그들이 지금 짓는 모든 죄, 그리고 그로 말미암아 하나님께 돌려지는 모든 불명예에 책임을 지게 된다. 또한 그들의 죄악 때문에 그들이 사는 마을과 나라에 초래되는 모든 심판에 대해서도 책임이 있게 된다.

당신의 가련한 친구들이 당신의 게으름으로 영원한 불꽃 가운데 들어갈 때 당신은 그들을 바라보면서 어떤 생각이 들지 생각해보라. 당신이 지옥과 같은 고통을 당해도 그들에게 게을렀던 자세에 대한 가책은 없어지지 않을 것이다. 당신이 천국에 있고, 만일 그곳에서 슬픔이 가능하다면, 당신의 게으름으로 지옥에 들어가게 된 수많은 가련한 영혼의 "오, 만일 당신이 내게 나의 죄와 위험을 분명하게 말해주고 내 마음에 자리 잡게 했다면 나는 어쩌면 이 모든 고통을 피하고 지금 안식에 있을 수도 있었는데!"라는 영원한 외침 소리는 분명히 당신의 슬픈 기억이 되고 말 것이다.

이제 당신이 도구가 되어 하늘나라로 오게 된 자들을 천국에서 만날 때의 기쁨은 어떠할지를 생각해보라. 그들의 얼굴을 보며 그들과 함께 영원히 하나님을 찬양할 것을 생각해보라. 당신이 복된 도구가 되어 주었기 때문에 그들은 예수 그리스도를 알고 순종하게 되었다. 반면에 당신이 얼마나 많은 영혼을 저주의 길로 인도하여 그곳에서 굳어지게 하였는지를 생각해보라. 우리가 무지하던 때에 우리는 죄 가운데 함께 하던 친구들을 죄를 짓도록 유혹하고 죄를 격려했다. 우리가 한때 그들을 멸망하게 하는 일을 했다면 이제 그들을 구원하는 일을 해야 한다. 이 가련한 영혼들의 모든 원수는 그들을 지옥으로 끌고 가기 위해 얼마나 부지런한지를 생각해보라. 마귀는 그들을 밤낮으로 유혹하고 있다. 그들의 내면의 정욕은 여전히 그들의 멸망을 위해 일하고 있다. 육체는 여전히 쾌락을 간청하고 있다. 그들의 옛 친구들은 더욱 그들에게 거룩을 싫어하도록 부추긴다. 만일 아무도 그들이 천국을 가도록 돕지 않는다면 그들은 어떻게 될까?

이 의무를 소홀히 한 것에 대해 양심이 깨어날 때 그 고통이 얼마나 클지를 생각해보라. 사람이 죽으면 그의 양심이 물을 것이다. "너는 네 생애 가운데 무슨 선한 일을 하였느냐? 영혼을 구원하는 일이 가장 선한 일이다. 네가 이 일에 대해 무엇을 이루었느냐? 영혼 구원을 위해 얼마나 많은 사람에게 신실하게 대하였느냐?" 나는 종종 죽어가는 사람이 이 부분 때문에 양심에 걸려 대단히 가슴 아파하는 것을 목격하였다. 내 자신도 죽음에 가까웠을 때 내 양심은 다른 죄보다도 이 죄를 더욱 추궁했다. 내 양심은 주변의 무지하고 세속적인 이웃을 떠올리며 왜 그들에게 복음을 전하지 않았는지를 따졌다. 양심은 내게 "너는 그들에게 조용히 가서 그들의 끔찍한 위험에 대해 분명하게 말해야 했어. 시간이 없었다면 네가 먹고 자는 시간을 줄여서라도 해야 했어"라고 말하는 듯했다. 지금 나의 양심은 내게 이러저러한 때에 권면의 좋은 기회를 어떻게 그렇게 놓쳐버렸는지를 책망한다. 내가 무지한 자와 동행할 때, 죄를 짓는 사람과 함께 말을 타고 갈 때, 그때가 그들을 다룰 수 있었던 좋은 기회였는데 이를 놓친 것이다. 하지만 내게 아직 시간이 남아 있다. 남은 삶의 기간에 내가 더욱 나의 양심에 순종하도록 주께서 도우시길 바란다. 그래서 죽을 때에 내 양심이 나를 추궁하는 일이 적었으면 좋겠다.

지금 당신이 이 일을 위해 얼마나 좋은 시기를 지내고 있는지 기억하라. 복음을 전하려고 하면 위험에 처해야 하는 시기들이 있었다. 영생을 권면하다가 자유와 생명을 잃는 때도 있었다. 그러나 당신은 좋은 시기에 있다. 그뿐만 아니라 당신의 이웃은 곧 죽을 것이며 당신도 마찬가지다. 그러므로 할 수 있을 때 그들에게 말하라. 이 일은 가장 큰 자선이며 우리가 실행해야 하는 자선이다. 부유한 자들뿐만 아니라 가난한 자들도 실행해야 하는 우리의 의무다. 입이 있는 모든 그리스도인은 지옥으로 향하는 죄인들에게 이 귀한 권면의 말을 해야 한다.

그리고 이 일이 신실하게 이루어질 때 그로 말미암아 발생할 복된 결과를 생각하라. 그리스도께서 사랑하셔서 이 세상에 오셔서 죽으신 그 영혼들을 구원하는 데 당신이 도구로 쓰임 받는 것을 생각하고, 한 영혼이 구원받을 때마다 하나님의 천사들이 기뻐할 것을 생각하라. 당신으로 말미암아 구원받게 된 영혼들은 이곳에서뿐만 아니라 그 후로 영원히 당신을 축복할 것이다. 하나님께서는 이로 말미암아 큰 영광을 받으실 것이며 교회는 확장되고 든든해질 것이다. 당신의 신령한 생명은 더욱 성장하고 강하여질 것이며 당신의 양심은 더 큰 평화와 하늘의 기쁨을 누릴 것이다. 나는 내가 개인적으로 누리는 모든 은혜 중에 내 영혼이 그리스도 안에서의 받은 하나님의 사랑 다음으로 내 수고와 노력에 풍성한 열매를 허락하시는 주의 은혜를 가장 기쁘게 찬양한다. 물론 이 부분에서 우리는 우리의 사악한 마음에 대해 경계해야 한다. 즉, 우리의 기쁨이 교만으로부터 나와서는 안 된다. 우리는 본성적으로 선함과 자비에서도 모든 선한 일의 칭찬을 자신에게 돌리려는 경향이 있다. 이러한 자세는 반드시 버려야 한다. 그러면서 우리는 선함과 자비에서 하늘 아버지를 본받아야 한다. 즉, 우리를 통해 다른 사람에게 구원이 나타날 때 주 안에서 맘껏 즐거워하는 것이다. 이러한 즐거움은 모든 하나님의 자녀의 특권이다. 나는 당신을 설득하기 위해 내 자신의 체험을 말했다. 만일 당신이 그 일이 얼마나 기쁨이 넘치는 일인지 안다면 당신은 이 일을 하다가 낙심하게 되더라도 절대 멈추지 않고 밤낮으로 수행하게 될 것이다.

자, 입을 가진 모든 그리스도의 종이여, 일어나서 주인의 일을 행하자. 우리에게 입을 주신 것은 주를 섬기도록 하기 위함이 아니겠는가? 영혼을 구원하는 일에 수고하는 것이 주를 섬기는 가장 분명한 일이 아니겠는가? 마지막 날에 당신을 복되다고 선포하실 주께서는 당신이 "그를 먹이고 입히고 방문하였기 때문에" 당신을 위해 마련된 하나님의 나라로 인도하실 것이다. 그리고 주님은 당신을 복되다고 선언하실 것이다. "가난한 자들은 항상 너희와 함께 있으리라"마태복음 26:11고 말씀하신 주님은 당신에게 경건하지 않은 자들을 언제나 남겨 두셔서 당신이 늘 영적 자선을 베풀 수 있게 하셨다. 만일 당신이 그리스도의 마음을 가지고 있다면 당신의 무지하고 경건하지 않은 이웃의 영혼 구원을 갈망해야 한다. 사마리아의 문둥병자들처럼, "우리가 이렇게 해서는 아니 되겠도다 오늘은 아름다운 소식이 있는 날이거늘 우리가 침묵하고 있도다" 열왕기하 7:9라고 말하자. 하나님께서 당신에게 많은 자비를 베푸셨는데, 당신도 가련한 당신의 이웃에게 자비를 베풀어야 하지 않겠는가?

이 의무는 모든 그리스도인에게 해당한다. 하지만 하나님께서 불러 특별한 자격을 주신 사람들에게는 이 의무는 더욱 특별한 의무가 된다. 이에 나는 더욱 특별하게 당신에게 다음과 같은 말을 하고 싶다.

지식과 언변이 있는 자에게. 하나님께서는 평범한 사람보다 더 다양한 지식과 배움의 기회를 누려온 사람들과 뛰어난 언변의 재능을 가진 사람들에게 이 의무를 요구하신다. 강한 사람은 약한 자를 도와야 하며, 눈이 보이는 자는 시각장애인을 인도해야 한다. 하나님께서는 능력과 재능을 가진 당신이 이 의무를 신실하게 해낼 것을 바라신다. 만일 당신이 이 의무를 소홀히 한다면 차라리 당신에게는 이러한 재능과 능력이 없는 것이 더 나을 수 있겠다. 그 이유는 다른 사람의 구원은 고사하고 자신의 구원을 위해서 그 능력과 재능이 사용되지 않을 때 그것은 당신을 더욱 정죄할 것이기 때문이다.

죄인과 가까운 성도에게. 하나님께서는 경건하지 않은 자들을 매우 잘 알거나 그들에게 관심이 있는 모든 사람에게 이 의무를 바라신다. 그리스도께서도 친히 서기관들과 죄인들과 함께 앉아 먹고 마셨다. 물론 이렇게 하신 이유는 그들과 그들의 세계 속에서 어울리기 위해서가 아니라 그들을 치료하는 의사가 되기 위함이셨다. 하나님께서 당신에게 그들에게 관심을 두게 하신 것은 당신을 사용하셔서 그들을 회복하게 하려는 하나님의 뜻이다. 그들은 낯선 사람의 말을 들으려 하지 않겠지만, 형제나 누이나 남편이나 아내, 가까운 친구의 말은 귀담아들으려 할 것이다. 그뿐만 아니라 친구라는 끈끈한 관계 때문에 당신은 그들에게 친절과 사랑을 베풀 수 있다.

죽어가는 사람을 치료하는 의사에게. 죽어가는 사람을 많이 대하는 의사들은 이 신령한 의무에 대해 더 특별한 의식을 가져야 한다. 그들은 자신의 위치에서 이 의무를 감당해야 한다. 그들은 병에 걸려 위험한 상태에 있는 사람들을 대한다. 환자의 귀는 열려 있고 그들의 마음은 건강할 때처럼 강퍅하지 않고 여리다. 그들은 의사의 손에 자신의 생명이 달린 것을 알며 또한 적어도 그들을 구원하는 데 있어서 의사가 가장 큰일을 한다는 사실도 안다. 그러므로 환자들은 당신의 충고를 값지게 여길 것이다. 이러한 직종에 있는 당신은 당신의 일과 그의 영혼을 구원하는 주의 신령한 의무가 전혀 관계가 없는 것으로 생각하지 마라. 환자의 영혼을 구원하는 일은 목사의 일이라고만 생각하며 당신의 직업을 그리스도인으로서의 의무와 자비를 베푸는 일에서 예외라고 생각해서는 안 된다. 그러므로 당신의 환자가 천국을 향할 수 있도록 도우라. 그들이 삶과 죽음 앞에 서 있는 것을 보면 그들의 몸을 위해서 수고할 뿐만 아니라, 그들의 영혼이 어떻게 하면 살고 어떻게 하면 죽게 되는지를 가르치라. 그러면서 그들의 영혼을 치유하실 수 있는 그리스도께로 인도하라.

부와 권력을 가진 자에게. 부와 권력을 가진 사람들에게는 딸린 사람이 많기 때문에 이 의무를 수행하기에 뛰어난 장점이 있다. 만일 이 사람들이 다른 사람에게 선한 영향을 끼칠 수 있다면 이 세상이 얼마나 좋아지겠는가? 당신은 당신의 명예와 부를 하나님에게서 받지 않았는가? 그리스도께서는 "무릇 많이 받은 자에게는 많이 요구할 것이요 많이 맡은 자에게는 많이 달라 할 것이라"누가복음 12:48고 말씀하셨다. 만일 당신이 하나님의 영광과 딸린 사람들의 영혼을 위해 그들에게 말한다면, 목사가 말하는 것은 듣지 않아도 당신이 말하는 것은 들을지도 모른다. 그러므로 당신은 하나님의 영광과 자신의 평강과 영혼들의 구원을 귀히 여기면서 당신의 고용인과 이웃에게 더 많은 영향을 끼치도록 하라. 그들의 집을 방문하여 가정에서 하나님께 예배하는지 알아보며, 그들에게 그들의 의무를 다하도록 모든 기회를 잡아 강조하라. 하나님은 사람을 외모로 취하지 않는 것을 기억하고 그들을 멸시하지 마라. 당신은 세상의 부귀와 영광을 누리는 데도 탁월하지만, 특히 경건과 사랑과 하나님의 일을 성실하게 이루는 데 있어서 탁월해야 한다. 나는 당신이 이러한 방법으로 탁월하면 영원한 영광을 얻을 때도 탁월할 것으로 확신한다. 그 이유는 천국에는 "능한 자가 많지 않고 문벌 좋은 자가 많지 않기"고린도전서 1:26 때문이다.

목사에게. 복음의 사역자들이야말로 사람들을 천국으로 인도하는 일을 해야 한다. 당신의 연구와 설교가 이 주된 목표를 위한 것임을 분명하게 하라. 목사는 가르침과 설득과 확신을 주는 일에 가장 뛰어나야 하고 결과적으로 영혼들을 얻는 데 능력과 기술이 있어야 한다. 복음을 통해 영혼들을 얻는 설교야말로 가장 뛰어난 설교다. 당신이 하나님보다 자기 자신을 드러내려 할 때 하나님은 당신을 가장 혐오스러운 인간으로 여기실 것이며 당신이 누리는 명성에 대해서도 가장 부끄러워하실 것이다. "자기의 생명을 사랑하는 자는 잃어버릴 것이요"요한복음 12:25.

당신이 얼마나 중대한 사역에 보냄을 받았는지를 예민하게 느끼고 그 사실을 당신의 설득력으로 청중들에게 나타내라. 자신이 가르치는 바를 확실하게 믿고 진지함과 열정으로 설교하며, 청중이 그 설교를 들은 후에는 그 내용을 믿지 않으면 정죄를 받도록 해야 한다. 당신이 해야 하는 모든 일이 연구와 설교라고만 생각하지 마라. 당신은 목자이므로 모든 양을 알아야 한다. 그들의 병을 알아내어 치료해주어야 하고, 길을 잃은 양들을 찾아내어 집으로 데리고 와야 한다. 공식 예배에서만 당신의 백성을 가르치지 말고 바울에게 배워 '집집을 다니며' 가르치도록 하라. 그들이 지식과 거룩에서 자라고 있는지 살피고 어떤 반석 위에 구원의 소망을 세우는지 점검하라. 그들이 올바르게 걷고 있는지, 그들이 관계 속에서 거룩한 의무를 수행하고 있는지 살펴야 한다. 그들이 가정에서 하나님을 예배하는지 묻고 그들에게 어떻게 가정 예배를 드릴 수 있는지 가르치라. 그들과 친밀하여져서 그들에 대한 관심을 유지하라. 만일 어떤 사람이 성령의 일에 아무런 관심을 보이지 않으면 그를 불쌍히 여기되 무시하지 마라. 어떤 사람이 무질서하게 행하면 성실과 인내를 가지고 그를 돌이키라. 만일 그들이 무지하다면 이는 그들의 잘못이기도 하지만, 목자인 당신의 잘못이 크다. 이리가 깨어 있는 동안 당신은 잠들어 있지 않도록 주의하라. 아무도 소홀히 대하지 마라. 어떤 목사는 영향력이 큰 사람들의 죄악에 대해서는 분명하게 말하지 않는다. 또한 경건해 보이는 자들의 죄악에 대해서도 분명하게 지적하지 않는다. 단지 누가 보아도 가난하고 악한 자들을 향해서만 분명하게 말한다. 그러나 목사는 절대로 사람들의 외모를 취해서는 안 된다.

당신이 다루는 문제가 영원한 하늘나라의 뛰어난 주제들이기 때문에 이를 다루는 방법도 그 주제들에 잘 어울려야 한다. 따라서 언제나 생각이 깊고 능숙해야 한다. 생각할 줄 아는 모든 영혼마다 판단과 감정이 있다. 한편 모든 논리적이며 영적인 설교는 분별력과 감동, 이 두 가지를 다 취한다. 연구하고 기도하고, 기도하고 연구해서 "진리의 말씀을 옳게 분별하며 부끄러울 것이 없는 일꾼으로 인정된 자로 자신을 하나님 앞에 드리기를 힘쓰라" 디모데후서 2:15. 그러할 때 당신의 교인들은 당신에게 들을 때 부끄러워하거나 피곤해하는 일이 없을 것이다. 당신은 교훈을 통해서만 아니라 대화를 통해서도 그들을 가르치라. 당신이 다른 사람에게 바른 삶을 살도록 하려면 당신 자신부터 거룩한 하늘나라의 삶을 앞서서 살아야 한다. 당신이 하는 말은 덕을 세우는 신령한 것이어야 한다. 복음의 확장과 사람들의 영혼에 손해를 끼치는 것을 막을 수만 있다면 어떠한 고난이라도 감당하라. 당신의 사역은 돈벌이를 위한 수단이 아니어야 하며, 당신의 마음은 항상 영혼들의 행복에 있어야 한다.

당신은 《성경》으로 그들에게 온유와 겸손, 내려놓음, 자기 부인 등을 가르치면서 당신의 거짓 없는 삶의 본으로 그들을 가르칠 수 있어야 한다. 하나 됨과 평강에 대해 연구하고 그것을 온 힘을 다해 추구하라. 만일 당신이 그리스도의 나라와 당신 교인들의 구원을 더 늘려가길 원한다면 평강과 사랑 가운데 그 일을 하라. 당신의 교인들이 경쟁으로 가득한 이 세상 속에서 건전한 생각과 맑은 양심과 생동하고 은혜가 넘치는 하늘의 마음을 갖고 바른 삶을 살게 하라. 이 일은 마치 큰 풍랑 가운데서 촛불을 꺼뜨리지 않는 것처럼 결코 쉬운 일이 아니다. "주인이 이를 때에 그 종이 그렇게 하는 것을 보면 그 종은 복이 있으리로다" 누가복음 12:43.

자녀와 사환들을 맡은 자에게. 나는 자녀와 사환들을 맡은 자가 다른 사람도 영원한 안식에 들어갈 수 있도록 하는 일에 더 큰 관심을 갖기를 원한다. 하나님의 명령은 분명하다. "오늘 내가 네게 명하는 이 말씀을 너는 마음에 새기고 네 자녀에게 부지런히 가르치며 집에 앉았을 때에든지 길을 갈 때에든지 누워 있을 때에든지 일어날 때에든지 이 말씀을 강론하라 마땅히 행할 길을 아이에게 가르치라 그리하면 늙어도 그것을 떠나지 아니하리라 너희 자녀를 오직 주의 교훈과 훈계로 양육하라" 신명기 6:6~7. 여호수아는 "오직 나와 내 집은 여호와를 섬기겠노라" 여호수아 24:15고 다짐했다. 하나님은 친히 아브라함에게 "내가 그로 그 자식과 권속에게 명하여 여호와의 도를 지켜 공의와 정의를 행하게 하려고 그를 택하였다" 창세기 18:19라고 말씀하셨다.

공의 면에서 당신이 당신의 자녀에게 무엇을 갚아야 하는지 생각해 보자. 당신의 자녀는 당신에게서 죄성과 비참을 물려받고 태어났다. 그러므로 당신은 당신의 자녀가 죄성과 죄의 비참에서 회복될 수 있도록 도움을 주어야 한다. 당신의 자녀가 당신에게 얼마나 가까운지 생각해보라. 그들은 당신의 부분이다. 만일 당신이 죽을 때 그들이 번성하여 있다면 그들의 번성을 마치 당신이 그들 안에서 살며 번성하는 것처럼 여길 것이다. 그렇다면 당신은 그들의 영원한 안식에 대해서도 같은 마음을 품어야 하지 않을까? 그렇지 않으면 당신은 당신의 영혼을 책망하는 증인으로 서게 될 것이다. 이 세상에서 자녀의 삶을 위해서는 모든 돌봄과 수고와 희생을 아끼지 않지만, 그들의 귀중한 영혼을 내버려둘 때 당신의 모든 수고는 당신을 정죄할 것이다.

하나님께서 당신에게 당신의 자녀와 사환들을 맡기셨다는 사실을 기억하라. 사람들은 자신의 영혼 문제는 목사 책임이라고 말한다. 하지만 당신의 가족을 향한 책임은 목사보다 당신이 더 크다. 의심할 여지 없이 하나님께서는 그들 영혼의 피 값을 당신의 손에서 찾으실 것이다. 하나님께서 당신에게 맡기신 가장 큰 책임은 당신의 자녀다. 만일 당신의 훈계와 교훈이 없어서 그들이 무지하고 악하여졌다면 당신에게 화가 있을 것이다.

자녀의 죄성과 삶을 대하면서 당신에게 어떤 일들이 필요한지 생각하라. 그들의 죄악은 하나가 아니라 많다. 이는 인간의 유전적인 죄성을 물려받았기 때문이다. 그러므로 당신은 그들의 정욕적인 관심과 욕구를 바로 잡아 줄 수 있는 말씀으로 그들에게 가르쳐야 한다. 하나님께서 당신에게 맡기신 책임과 일에 민감하기를 바란다.

당신이 주께서 맡기신 의무를 소홀히 할 때 어떤 슬픔이 임할지 생각해보자. 만일 그들이 당신의 눈엣가시가 된다면 이는 당신이 그렇게 심었기 때문이다. 당신은 회개하고 구원을 받았더라도 자녀는 당신의 게으름으로 저주를 받게 된다면 어떠하겠는가? 그것이 당신에게 아무 일도 아닌가? 만일 당신이 자녀에 대한 책임을 다하지 않고 죽게 되면 훗날에 지옥에 간 자녀가 당신을 향해 울부짖지 않겠는가? "이렇게 된 것은 다 부모 때문이었습니다. 우리에게 더 가르쳤어야 하는데 그렇지 않았습니다. 부모는 우리에게 죄를 짓지 못하도록 막았어야 했습니다. 그러나 그렇게 하지 않았습니다." 이러한 부르짖음은 얼마나 당신의 비참을 더하겠는가?

반면에 당신이 이 의무에 신실할 때 얼마나 큰 위로를 얻게 될지 생각하라. 혹시 영혼 구원의 열매가 없더라도 당신의 영혼은 그 책임을 느끼지 못할 것이며, 따라서 양심은 평강을 누릴 것이다. 만일 열매가 있다면 그 위로는 말로 다 형언할 수 없다. 그들은 당신을 사랑하고 순종할 것이며 당신의 필요를 채울 것이다. 또한 그들은 당신의 남은 삶이 영광으로 향하는 동안 줄곧 당신을 즐겁게 해 줄 것이다. 그렇다. 당신의 가족이 거룩한 자녀 하나 때문에, 또는 사환 하나 때문에 다 잘 지내게 될 것이다. 그러나 가장 큰 기쁨은 당신이 "주님, 제가 여기 있으며, 주께서 제게 주신 자녀도 여기 있습니다"라고 말하게 될 때이다.

교회의 행복과 나라의 행복이 이 의무에 얼마나 크게 달렸는지 생각해보라. 만일 개혁이 가정에서 시작되지 않으면 아무리 좋은 법도 우리를 개혁하게 하지 못한다. 가정에서 자녀를 거룩하게 교육하지 못하는 것은 교회와 나라의 모든 비참의 요인이다.

나는 부모들이 자녀의 구원에 힘쓸 때 어떤 유익이 있는지 생각해보기를 원한다. 자녀는 여리고 고분고분할 때 당신과 함께한다. 이 세상에서 당신의 자녀만큼 당신의 사랑과 관심을 많이 두는 것은 없을 것이다. 당신은 또한 그들 위에 가장 큰 권위를 갖고 있다. 그들은 자신을 유지하기 위해 당신만을 의지한다. 당신은 그들의 성격과 기질을 가장 잘 안다. 당신은 자녀와 항상 함께하며, 따라서 영혼 구원을 권면할 기회가 부족할 리 없다.

특히 어머니들은 이 점을 기억해야 한다. 자녀가 어렸을 때는 아버지보다 어머니와 더 많이 함께한다. 자녀를 기르면서 그들의 몸을 위해 얼마나 큰 비용과 수고를 하는가? 그들을 세상에서 잘되게 하려고 얼마나 도와주고 노력하는가? 하지만 그들의 영혼을 구원하기 위해서는 어떤 수고를 하는가? 자녀를 향한 당신의 사랑은 한없이 큰데 그들의 멸망에 대해서는 생각해 본 적이 있는가? 당신에게 부탁하기를, 당신의 몸에서 나온 귀한 자녀를 위해 그들을 가르치고 훈계하고 감독하고 그들이 그리스도께 항상 거하도록 하는 일에 쉬지 말고 수고하라.

나는 마지막으로 모든 그리스도인 부모에게 간절히 부탁한다. 자녀의 영혼을 불쌍히 여기고 하나님께서 당신에게 맡기신 그 귀한 임무에 충실하도록 하라. 만일 당신이 그들의 영혼 구원을 위해 당신의 의무를 실행할 형편이 되지 못한다면 우선 당신이 할 수 있는 작은 일이라도 하라. 이 의무가 가정과 부모에 의해 무시될 때 교회와 나라가 신음하게 된다. 당신의 자녀가 하나님을 모르고 주의 말씀도 모르며, 주의 이름을 망령되게 부르고 예배를 가볍게 여기는 데도 당신이 그들을 교육하지 않고 훈계하지 않는다면 하나님께서는 당신과 당신의 자녀를 직접 다루실 것이다. 당신이 그들에게 너무 따스하면 하나님은 당신과 그들에게 엄하실 것이다. 하나님께서 당신 자녀의 죄악 때문에 당신을 아프게 하신 데는 그 이유가 타당하다. 이는 그들을 변화하게 할 의무를 당신이 소홀함으로써 자녀로 하여금 온갖 죄를 범하게 한 책임이 있기 때문이다. 그러므로 이 의무를 더는 소홀히 하지 말고 이제 성실히 행하기로 다짐하라. 엘리 대제사장을 기억하라. 당신의 자녀는 도움을 받지 않으면 멸망할 수밖에 없는 광야의 모세와 같다. 만일 당신이 하나님 앞에서 그들의 영혼의 살인자로 드러나길 원치 않는다면, 그들이 영원한 불꽃 가운데서 당신을 대항하여 절규하는 것을 원치 않는다면 지금 기회가 있을 때 그들이 지옥을 어떻게 피할 수 있는지 가르치고 하나님을 경외함과 거룩함으로 성장하도록 하라.

나는 하나님께 충성하려는 모든 사람에게 그들이 이제 곧 임할 죽음 앞에서 자신의 의무를 다하지 못했다는 비참한 대답을 하지 않도록 돕기 위해 지금 가장 필요한 이 의무를 거절하지도, 무시하지도 않기를 당부한다. 만일 당신이 나의 당부에 따르지 않는다면 당신은 예수 그리스도의 참된 제자가 되기보다는 하나님을 불순종하는 불량 자녀가 될 것이다. 만일 따르고 싶지만, 방법을 모른다면 나는 당신을 돕기 위해 몇 마디 지시를 더하겠다.

당신은 삶의 본으로 그들을 이끌라. 기도로, 《성경》 읽기로 이끌고 다른 여러 신앙적인 의무를 감당하도록 도우라. 그들의 영적인 지식을 도울 수 있는 정보를 제공해주고, 영적인 지식을 그들의 마음속에 쌓게 하라. 그들의 의지를 바르게 잡아주라. 하나님을 향한 사랑의 감정을 갖도록 도우라. 맑은 양심을 유지하게 하라. 말을 삼가며 은혜로운 말을 하도록 하라. 그들이 외부인들과 나누는 대화를 주목하고 바르게 잡아주라. 이러한 목적을 위해 그들에게 《성경》과 경건한 책들을 마련해주라. 그리고 그들이 읽도록 살피라. 종종 그들이 무엇을 배우는지 점검하라. 특히 주의 날에는 이 의무로 당신의 하루를 보내라. 그들이 오락이나 게으름으로 주일을 보내지 못하도록 하라. 그들이 읽는 것과 배우는 것을 함께 나누고 때마다 《성경》으로 그들을 교육하라. 나쁜 친구들과 사귀지 못하게 하며 경건한 사람들을 만나게 하라. 특히 그들에게 하나님을 섬기는 즐거움에 대해, 그 뛰어남에 대해, 그 필요성에 대해 알게 하라. 이러한 모든 것이 그들 마음속에 깊게 새겨지도록 노력하라.

Chapter 10 | No Rest in Earth

세상에서 기대할 수 없는 영원한 안식

병마와 고통, 박해와 슬픔을 안식으로 여기는 이 땅, 우리를 에워싸는 죄의 잔재가 이 땅에 있다는 사실은 분명히 이 땅이 우리의 안식처가 아님을 말해준다.

우리는 아직 영원한 안식의 장소에 오지 않았다. 그 안식은 우리에게 남아 있다. 그렇다면 이 땅에서 영원한 안식을 추구하고 기대하는 것은 얼마나 어리석은 죄인가? 이러한 어리석음에 해당하지 않는 그리스도인들을 어디에서 찾아볼 수 있을까? 우리는 이 땅에서 계속되는 형통을 원하며 편안하고 재미있는 삶을 원한다. 하지만 그러한 욕망이 어리석음이라고는 생각하지 않는다. 우리는 안락한 집과 물건과 땅과 수익을 즐거워하며 그 안에서 안식을 찾으려 하고, 심지어 하나님께서 우리의 영적 유익과 필요를 위해 정해주신 은혜의 수단에서 영원한 안식을 찾으려 한다. 분명한 것은 우리는 괴로운 상태에 있든, 아니면 부유한 상태에 있든 지나칠 정도로 피조물들을 우리의 안식으로 삼으려 한다.

우리는 하나님보다 세상의 즐거움을 얻기 위해 온 정열을 쏟는다.

하나님을 즐거워하기보다는 세상의 즐거움을 소유할 때 더 즐거워한다. 세상의 즐거움을 잃으면 하나님을 잃은 것보다 더 괴로워하고 슬퍼한다. 세상의 즐거움은 단지 천국을 향하는 우리의 여정에 피곤하지 않도록 돕기 위한 것인데 우리는 그 즐거움을 천국 그 자체로 여긴다. 나는 이러한 자세가 세상의 다른 죄처럼 무서운 죄라고 확신한다. 사실 주께서 우리와 가장 많이 다투시는 부분이 바로 이 부분이다. 나는 이 점을 살피기 위해 현재의 괴로움에 대한 타당성과 현재의 즐거움에 안식하려는 어리석음, 그리고 안식을 바라보지만 죽음을 꺼리는 성도들의 어리석음에 대해 생각해보고자 한다.

현재의 괴로움에 대한 타당성

현재의 괴로움에 대한 타당성을 알기 위해, 괴로움은 안식을 향하는 길이 되고, 이곳을 영원한 안식의 장소로 오해하지 않게 하며, 영원한 안식을 향하는 길을 잃지 않게 하고, 영원한 안식을 향해 더 빨리 나아가게 하고, 육체에 괴로움을 주며, 괴로움 가운데 종종 영원한 안식의 달콤함을 미리 맛보게 한다는 사실에 대해 말하겠다.

괴로움은 안식을 향하는 길이 된다. 일반적으로 수고와 어려움은 안식으로 가는 길이다. 자연 세계에서도 그렇고 영의 세계에서도 마찬가지다. 수고함이 없이 안식하는 것이 가능할까? 먼저 일하고 수고해야 쉼이 있는 것이 아닌가? 일하는 날이 먼저 있어야 그 다음에 안식하는 날이 있다. 자연 세계의 과정도 이러한데 왜 우리는 은혜의 과정을 비정상으로 만들려는 것일까? "하나님의 나라에 들어가려면 많은 환난을 겪어야 하는 것"사도행전 14:22이 정해진 법칙이고 또한 "수고하며 참으면 함께 왕 노릇 할 것이라" 디모데후서 2:12는 것이 주의 법도다. 그런데 자신의 즐거움을 위해 하나님의 규칙을 뒤집으려는 우리는 도대체 누구인가?

이곳을 영원한 안식의 장소로 오해하지 않게 한다. 괴로움은 우리에게 안식을 오해하지 않도록 하는 데 도움을 준다. 천국을 향하는 그리스도인의 여정은 강제로 가는 것이 아니라 자발적으로 가는 것이다. 그러므로 우리의 이해와 의지를 돕는 이러한 수단은 유익이 된다. 우리의 영혼이 범하는 가장 위험한 실수는 피조물을 하나님 자리에 두는 것이며, 이 땅을 천국으로 오해하는 것이다. 우리는 괴로움 덕분에 덜하지, 만일 괴로움이 없다면 이 세상을 더욱 좋아하고 아끼며 세상을 위해 온갖 열심을 다할 것이다. 사람들은 설교자의 설교는 듣지 않아도 괴로움이 주는 음성은 듣는다. 형편없는 그리스도인은 하나님께서 자신들의 부와 자녀와 자기 양심과 건강을 때리실 때까지 세상을 사랑하며 세상을 강한 산처럼 생각하고 의지한다. 따라서 그리스도를 즐기지 못하고 하늘의 기쁨을 잃고 지낼 때가 많다. 쇠사슬에 결박된 므낫세 왕처럼, 꼼짝 못하게 되거나 침대에 누워 시름시름 앓으며 죽음의 그림자를 볼 때야 세상은 아무것도 아니고 천국이 중요하다는 것을 깨닫는다. 만일 우리 주께서 우리의 머리에 이러한 가시를 두지 않으신다면 우리는 착각 속에 살아가면서 우리의 영광을 잃을 것이다.

영원한 안식을 향하는 길을 잃지 않게 한다. 인생의 괴로움은 우리에게 영원한 안식을 향한 길을 잃지 않도록 돕는 하나님의 효과적인 수단이다. 우리의 왼편과 오른편에 이러한 가시 울타리가 없다면 우리는 제대로 천국으로 가는 길을 따라가지 않을 것이다. 우리는 조그마한 구멍이 있어도 그것을 찾아내어 길에서 벗어나려고 한다. 우리가 방탕하며 속물이 되어가고 교만해질 때 질병이나 기타 괴로움이 얼마나 우리를 막아서는지 모른다. 루터Luther뿐만 아니라 많은 진실한 그리스도인은 인생의 괴로움을 가장 훌륭한 선생이라고 불렀다. 이에 다윗은 고백하기를 "고난당하기 전에는 내가 그릇 행하였더니 이제는 주의 말씀을 지키나이다"시편 119:67라고 하였다. 회개하고 돌아온 많은 죄인이 "오, 나를 정신 차리게 한 병마여, 위로로 가득한 슬픔이요, 진정한 보화를 다시 얻게 한 손실들이여, 참된 부유를 허락한 가난함이여! 괴로움 때문에 영원히 복을 받게 되었구나!"라고 고백한다. 푸른 초장과 쉴 만한 물가만이 우리를 위로하는 것이 아니라 주의 지팡이와 막대기도 우리를 안위한다시편 23:1~4. 말씀과 성령이 가장 주된 역할을 하지만, 그럼에도 고난은 우리의 잠긴 마음 문을 열어 말씀이 쉽게 들어가게 한다.

안식을 향해 더 빨리 나아가게 한다. 인생의 괴로움은 영원한 안식을 향한 우리 발걸음을 재촉한다. 우리가 주의 사랑만으로 천국의 매력을 느끼고 자발적으로 나아간다면 주께서 억지로 우리를 천국으로 가게 하시는 일은 없다. 하지만 우리 마음이 악해져서 은혜가 먹혀들지 않을 때는 《성경》의 어리석은 처녀들처럼 빈둥거리다가 천국 문이 닫혀서 못 들어가게 될 수 있으니, 주께서는 우리를 가장 날카로운 채찍으로 때려서라도 계속 천국으로 이끌고 가신다. 만일 우리가 종종 채찍에 맞지 않는다면 천국을 향한 우리의 발걸음은 얼마나 느리겠는가? 우리의 악한 성품에는 정말 매가 필요하다. 그런데 우리는 하나님께서 우리에게 날카로운 수단을 사용하시며 선을 베푸실 때는 대단히 못마땅하게 여긴다. 당신은 잘 생각해보라. 당신이 천국을 향하여 더 조심스럽고 더 신속하게 나아갈 때는 고난 가운데 있었을 때였는가, 아니면 세상에서 형통하며 신이 나는 때였는가?

육체의 괴로움. 괴로움을 당하는 것은 주로 육체다. 만일 우리 스스로 영혼을 괴롭게 하는 것이 아니라면, 우리의 영혼은 육체가 고통을 당하더라도 여전히 자유로울 수 있다. "오, 내 영혼아! 왜 너는 육체의 편에 서서 함께 불평하느냐? 오히려 네 할 일은 육체를 다스려 순종하게 하는 것이 맞지 않느냐? 만일 하나님께서 너를 위해서 고난을 주셨다면 꼭 그렇게 불만을 품어야 하겠느냐? 육체의 즐거움은 네 영혼에 슬픔의 요인이 되지 않았더냐? 그렇다면 육체의 불만은 사실 네 영혼의 기쁨을 더하는 것이 되어야 하지 않겠느냐? 바울과 실라는 그들의 육체가 감옥에 갇혔어도 그들의 영혼은 갇히지 않고 찬송하지 않았더냐? 그런데 너는 하나님께서 네 육체보다 훨씬 더 너를 귀하게 여기셨거늘 불평으로 감사를 대신하려느냐? 네 육체가 무덤에서 썩게 되어도 너는 완전한 의인들의 영혼과 함께하게 될 것이다. 그렇다면 그때까지 너는 육신이 알지 못하는 위로를 알고 있는 것이 아니냐? 하나님께서 네 몸을 다루실 때 불평하지 마라. 주께서 너를 사랑하지 않으신다면 네 육체에 그러한 고통을 주시지 않았을 것이다. 육체가 지팡이와 막대기의 의미를 이해할 것으로 절대 기대하지 마라. 육체는 사랑을 미움이라고 부르고, 주께서 베푸시는 구원을 멸망이라고 말한다. 육체는 고통을 당하는 편에 속하니 재판관이 되기에 합당하지 않다."

우리는 하나님을 믿는 가운데 회초리로 우리를 다루시는 주의 다루심을 주의 말씀으로 분별할 수 있어야 한다. 그때 우리는 그분의 다루심은 우리 영혼의 유익이며 우리를 영원한 안식으로 인도하시려는 사랑임을 알게 된다. 우리가 육체의 모든 시끄러운 불평에 귀를 막을 때 우리는 우리의 고난에 대해 참된 깨달음을 얻게 된다.

괴로움 때문에 종종 영원한 안식의 달콤함을 미리 맛보게 된다. 하나님께서는 깊은 괴로움 가운데 있는 주의 백성에게 미래의 영원한 안식의 달콤한 맛을 허락하신다. 하나님은 그들이 언제 이러한 최고의 위로가 필요하며 귀중히 여기는지를 아신다. 그때 하나님의 위로를 받으면 그들은 하나님께 감사하고 그 위로로 말미암아 즐거워한다. 특히 우리의 고난이 주의 나라와 복음으로 비롯된 것이라면 하나님은 반드시 그들의 쓴 잔을 달게 하신다. 순교자들은 가장 큰 기쁨을 누렸다. 언제 그리스도께서 제자들에게 그러한 위로를 선포하셨던가? 주께서 떠난다는 것을 알고 그들의 마음이 슬픔에 찰 때였다. 언제 주께서 나타나셔서 "너희에게 평강이 있을지어다"요한복음 20:19라고 말씀하셨던가? 그들이 유대인이 두려워 문을 잠그고 집에 숨어 있을 때였다. 언제 스데반이 하늘이 열리는 것을 보았는가? 그가 그의 목숨을 예수를 증거하기 위해 바친 때였다. 우리에게 가장 열악하던 그때가 우리가 하나님의 최고의 위로를 받던 때였다. 그때보다 더 하늘로 가고 싶은 마음이 들던 때가 언제였는가? 그러므로 고난은 성도들이 안식을 향하는 데 있어서 그렇게 나쁜 것은 아니다.

"이 고난 말고 다른 괴로움이라면 참을 수 있을 텐데"라고 말하지 마라. 만일 하나님께서 당신에게 견딜만한 고난을 주셨다면 당신은 절대로 자신의 우상을 발견하거나 제거하지 않았을 것이다. "하나님께서 훨씬 전에 나를 구원하셨더라면 나는 지금 즈음 이 고난을 감당하기를 즐거워했을 텐데"라고도 말하지 마라. 그 고난이 당신의 유익이 될 것이라는 주의 약속이 과연 거짓이겠는가? 당신이 영원한 멸망에서 구원받았다는 확신만으로도 충분하지 않은가? "그 고난 때문에 나는 주께서 맡기신 의무를 행할 힘을 잃었다. 그렇지 않았다면 나는 견딜 수 있을 텐데"라고도 말하지 마라. 고난은 당신을 유익하게 하는 거룩한 의무를 못하도록 막지 않고 오히려 그 의무를 감당할 수 있도록 가장 큰 도움을 주기 때문이다. 다른 사람을 향한 의무에서도 주께서 주신 고난 때문에 막히지는 않는다. 아마 당신은 "경건한 사람들에게 실망해서 내가 고통을 받습니다. 만일 그들이 불신자들이었다면 저는 쉽게 고난을 참았을 것입니다"라고 말할지도 모르겠다. 하지만 누가 도구로 사용되던 고난은 하나님에게서 오는 것이며 고난을 당하는 대상은 당신 아닌가? 따라서 다른 것을 보지 말고 오직 하나님을 바라보는 것이 낫다. 당신은 당신이 가장 멋지게 생각하는 사람들마저 여전히 죄성이 있다는 사실을 몰랐는가? 또한 "만일 내가 하나님께서 고통의 시간을 위해 마련하신 그러한 위로를 받는다면 더욱 만족스럽게 견딜 수 있을 텐데, 그러나 아무런 위로를 찾아볼 수 없구나"라고 말하지 마라. 당신이 의를 위해 더 많은 고난을 받을수록 당신은 이러한 위로를 더 많이 기대할 수 있지만, 당신의 악한 행동으로 고난을 받는다면 하늘에서 내리는 달콤한 위로는 더디 올 것이다. 지금 당신이 바라는 위로가 무시되거나 거부되고 있는가? 그 이유는 무엇인가? 당신은 괴로움을 달게 받음으로써 위로받을 자세가 되어 있는가? 당신에게 위로가 임하게 되는 것은 괴로움 때문이 아니라, 그 괴로움을 대하는 당신의 마음 자세에 달렸음을 잊지 마라. 겸손한 자세로 고난을 대하라.

현재의 즐거움에서 안식하려는 어리석음

현재의 즐거움에서 안식하려는 어리석음에 대해 나는 그것은 우상 숭배이며, 하나님의 목적과 어긋나며, 그 어리석음 때문에 현재의 즐거움이 허용되지 않거나 다시 거두어지거나 또는 오히려 독이 되는 사실을 알리고 싶다. 또한 만일 이 세상에서 안식하도록 내버려두는 것은 가장 큰 저주로서 안식이 없는 곳에서 안식을 찾는 것과 같다. 하나님이 아니라 피조물에서 영원한 안식을 구하는 것은 우리의 비참을 악화시킨다. 우리는 이 사실을 자신이나 다른 사람의 경험을 통해 알 수 있다.

우상 숭배가 된다. 어떤 피조물이나 수단을 우리의 안식으로 삼는 것은 노골적인 우상 숭배다. 하나님만이 우리 영혼의 안식이 되시는 것은 하나님의 특권이다. 부나 명예에 우리의 안식을 두는 것은 분명한 우상 숭배다. 또한 뛰어난 은혜의 수단에 우리의 안식을 취하는 것도 좀 더 세련된 우상 숭배일 따름이다. 우리가 우상 숭배자들처럼 주님 앞에서 우상을 섬길 때 주께서는 얼마나 기분이 나쁘시겠는가? 주의 탄식하시는 소리가 들린다. "내 백성은 잃어버린 양 떼로다. 그들이 쉴 곳을 잊었도다. 내 백성은 내 안이 아니라 다른 곳에서 쉼을 찾으며, 내 안이 아니라 서로의 안에서 즐거워하는구나. 그들은 내 안이 아니라 피조물과 종교 규례에서 기뻐하고, 내가 아니라 자신들의 수고의 의무 그 자체에서 안식을 구하는구나. 그들은 나와 함께하기보다 다른 것을 더 좋아한다. 그들은 이러한 것을 신으로 여긴다. 하지만 그것이 그들을 구속했는가? 나보다 그것이 그들에게 더 잘해주었는가? 내 백성은 앞으로도 내가 아니라 그것이 자신들에게 더 낫다고 생각한다."

만일 당신에게 아내나 남편이나 아들이 있는데 그들이 당신과 함께하는 것보다 다른 것을 더 좋아한다면 당신의 가슴이 아프지 않겠는가? 우리 하나님도 마찬가지다.

하나님의 목적과 어긋난다. 현재의 즐거움에서 안식을 누리는 것은 그 즐거움을 주신 하나님의 목적과 맞지 않다. 주님은 당신이 더욱 주를 바라보도록 돕기 위해 그러한 현재의 즐거움을 허락하셨다. 하지만 당신은 주님 대신에 그 즐거움에 사로잡혔다. 주께서는 당신의 여정에 힘을 내라고 현재의 즐거움을 주신 것인데 당신은 여관에 들어가 그 즐거움을 즐기느라 더 이상 앞으로 나아가지 않는다. 이스라엘 백성에게 "여호와의 언약궤가 그 삼일 길에 앞서 가며 그들의 쉴 곳을 찾은 것"민수기 10:33처럼, 모든 하늘의 위로와 규례도 우리에게 그러한 기능을 해야 한다. 이 땅에서 주어지는 모든 하나님의 자비의 선물도 마찬가지다. 즉, 주의 자비의 선물은 세례 요한이 자신이 그리스도가 아니라고 고백한 것처럼, 그 자체가 우리의 영원한 안식은 아니다. 그 선물은 단지 우리에게 가까이 와 있는 우리의 참된 안식인 '하나님의 나라'를 예비하라고 하는 '광야에서 외치는 음성'이다. 그러므로 이 땅에서 안식하는 것은 모든 자비를 주신 하나님의 목적과 우리 자신의 유익에 어긋난다. 만일 우리를 돕고자 주신 것을 영원한 안식으로 삼고 이 땅에 눌러앉으려 하면 우리는 멸망하게 된다.

즐거움이 거두어지거나 쓴 쑥이 된다. 현재의 즐거움에 안식하려고 할 때 하나님께서는 우리가 구하는 자비를 거절하시거나, 우리가 즐기고 있는 것을 다시 가져가시거나, 그 즐거움이 우리에게 쓴 쑥이 되도록 하신다. 하나님은 이 부분에서 가장 용서치 않으신다. 만일 당신의 아내가 당신보다 당신의 종을 더 사랑한다면 당신은 아내 때문에 괴로워서 그 종을 쫓아낼 것이다. 마찬가지로 만일 주께서 당신이 이 세상에 정들기 시작하여 "나는 이곳을 나의 안식처로 삼겠다"라고 하면, 주님은 당신을 흔들어 놓으실 것이다. 또한 주께서 당신을 사랑하시는데, 당신이 뭔가로 자신을 파멸하게 하고 있다면 주께서 그것을 당장 빼앗으시는 것은 당연하다.

내가 오랫동안 관찰한 것은 많은 사람이 위대한 일을 시작하여 그 일을 마친 직후에, 또는 이 세상에서 큰일을 목표로 하고 있다가 그것을 이룬 후에 어려움에 부닥쳤지만, 그것을 극복한 후에 그 상황을 만족스럽게 바라보면서 안식하기 시작할 때 그들이 거의 죽음이나 파멸에 가까이 이르게 되는 것을 보았다. 어떤 사람이 "내 영혼아, 평안히 쉬고 먹고 마시자"라고 말하면, 그 다음 들려오는 음성은 "어리석은 자여, 오늘 밤에", 이번 달에, 이해에 "네 영혼을 도로 찾으리니 그러면 네 준비한 것이 누구의 것이 되겠느냐"누가복음 12:20~21라는 것이다. 이 어리석은 자는 평생 자기 집을 지은 후에 세상을 떠난다. 혹시 우리도 이 어리석은 부자와 같지는 않은지 생각해보자. 많은 하나님의 종이 이 땅에서 망하는 이유는 하나님보다 더 지나치게 존경을 받거나 사랑을 받기 때문이다. 내가 확신하는 바는 우리가 이 세상을 지나치게 즐기며 그 상태에 머물려고 하는 것이 우리의 불평이나 불만보다 하나님을 더 분노하게 한다. 만일 하나님께서 당신에게서 아내나 자녀나 물건이나 친구들을 데려가시므로 그것들로부터 위로를 얻지 못하게 되었다면, 혹시 그러한 경우는 아닌지 확인해보라. 이는 당신이 어떤 대상을 향해 "이제 됐다"라고 말하며 안식하려 할 때, 바로 그 상황이 하나님의 질투를 일으켜 당신이 그 자리에 안식하지 못하도록 하기 때문이다. 당신이 하나님의 친구이든 원수든 상관없이 하나님은 절대로 당신이 맘껏 우상을 즐기도록 내버려두지 않으신다.

가장 큰 저주가 된다. 만일 하나님이 당신에게 세상에서 안식을 취하도록 내버려두신다면 이는 당신에게 가장 큰 저주다. 영원한 안식에 들어가지 못하는 가장 가련한 존재가 된다. 오히려 세상에 정드는 것보다 이 세상에서 편안한 날이 하루라도 없는 것이 낫다. 이는 세상에서 피곤할수록 참된 안식을 구하게 되기 때문이다. '이 세상에서 자기 분깃을 취하는 것'은 반드시 멸망하게 될 가장 비참한 죄인의 몫이다. 그렇다면 그리스도인이 이곳에서 많은 것을 기대하는 것은 바람직하지 못한 것 아닌가? 우리의 영원한 안식의 장소는 천국이다. 그러나 우리 자신이 안식하는 곳이 바로 우리의 천국이 된다. 당신은 이 세상을 당신의 천국으로 삼으려는가?

어리석음을 들어낸다. 인간의 어리석음은 참된 안식이 없는 곳에서 안식을 찾으려는데 있다. 그 수고는 헛수고일 뿐이다. 만일 당신이 계속 이 땅에서 안식을 찾으려고 하면, 당신의 영혼은 영원히 안식하지 못하게 된다. 우리의 안식은 오직 우리의 궁극적인 목적을 충만하게 얻는 데 있다. 그러나 그 상태는 이 세상에서 기대할 수 없다. 이 땅의 최고의 교회라고 해도 하늘에서처럼 하나님만이 최고의 즐거움의 대상이 되겠는가? 이 땅의 최고 은혜의 수단을 가지고도 성도들이 하나님을 충만하게 다 즐거워하지 못함은 종종 그들이 하는 불평이 증거하고 있지 않은가? 가장 뛰어난 규례라 할지라도 하나님이 계시지 않으면 위로가 되지 않는다. 나그네가 길에서 안식하는가? 그렇지 않다. 그의 집이 그의 여행의 목적지이기 때문이다. 당신이 피조물들과 영적 은혜의 수단이 제공할 수 있는 모든 것을 가졌다고 하자. 그러나 그것이 당신이 기도하고 믿고 고생해온 궁극적인 목적인가? 당신은 그렇다고 말하지 못할 것이다. 우리는 집을 떠난 어린아이와 같다. 하나님은 이제 우리를 집으로 데려가신다. 하지만 우리는 언제라도 아무 집에나 들어가며, 가는 길에 서서 장난하며, 잔디만 있으면 거기 앉으려 한다. 이처럼 우리는 집까지 가는데 온통 야단법석이다.

또한 우리는 수고와 위험 가운데 있다. 이러한 곳에 참된 쉼이 있을까? 우리에게 맡겨진 수고로운 의무는 많다. 당장 우리 앞에는 우리의 이웃에게, 내 자신의 영혼을 위해, 하나님께 마땅히 해야 할 의무가 있다. 우리는 과연 이러한 모든 의무 가운데 안식할 수 있을까? 참으로 이 땅에서 우리에게 안식이 있다면 이는 마치 언약궤가 "요단 강 한가운데 잠시 멈춰 있는 것" 같다고 볼 수 있겠다. 이는 약간, 잠깐의 안식이다. 마치 아브라함이 그의 장막에 천사들이 잠깐 들어와 쉬기를 바라는 것과 같다. 물론 그들은 그의 장막을 자신의 집으로 삼기를 싫어했을 것이다. 과연 이스라엘 백성이 뱀과 원수와 피곤함과 기근이 있는 광야를 그들의 안식처로 삼으려 했을까? 노아가 방주를 그의 고향으로 만들고 물이 다 내려간 후에도 방주에서 나오기를 싫어했을까? 선원이 바다에서 살기로 작정하고 그의 처소를 바위 사이와 모래 위에 세찬 태풍 가운데 두려고 할까? 군인이 원수로 둘러싸인 전쟁터를 안식의 장소라고 여길까? 그리스도인의 이 땅에서의 삶은 그러한 나그네와 선원과 군인과 같다. 우리에게는 안팎으로 두려운 일과 문제가 가득하다. 원수가 놓은 덫이 가득한 이곳은 아무것이나 먹고 마시고 맘껏 자고 노동하고 기도하고 듣고 대화할 장소가 아니다. 우리가 이곳에 앉아 안식할 수 있겠는가?

오, 그리스도인들이여! 당신이 할 일을 계속해 나아가며, 위험을 경계하고, 삶의 목적을 놓치지 마라. 영적 전쟁에서 이기라. 그러나 안주하지 말고 그 땅을 떠나라. 당신이 이 땅에서 계속 안식을 언급하면 이는 마치 변화 산에서 "자기가 하는 말을 자기도 알지 못하던"누가복음 9:33 베드로처럼 된다. 만일 그리스도께서 회심한 도적에게 "오늘 네가 나와 함께 낙원에 있으리라"누가복음 23:43고 말씀하시는 대신에 그냥 십자가상에서 안식하라고 말씀하셨다면 그 도적은 그 말을 조롱으로 여겼을 것이다. 병마와 고통, 박해와 슬픔을 안식으로 여기는 것은 병든 안식이 아니겠는가? 특히 성도인 우리를 에워싸는 죄의 잔재가 이곳에 있다는 사실은 분명히 이 땅이 우리의 안식처가 아님을 말해준다. 그러므로 나는 이 땅을 안식처로 삼으려는 모든 사람에게 말한다. "일어나라. 떠나라. 이곳은 오염되었으니 당신의 안식처가 아니다."

이곳에 있는 것은 그 성격상 참된 그리스도인의 안식이 될 수 없다. 그것은 우리를 부유하게 하기에 너무 형편없고, 우리를 행복하게 하기에 너무 천박하다. 우리의 영혼을 채우기에 너무 허망하며, 우리의 영원한 만족이 되기에 너무 그 지속이 짧다. 번영이든 뭐든, 우리가 이곳에서 원하는 것이 무엇이든, 우리의 하나님이 되기에는 너무 형편없으며, 우리의 안식이 되기에도 너무 천하다. 우리 영혼의 안식이 되려면 영구적인 만족을 주기에 충분해야 한다. 그러나 피조물이 제공하는 만족은 낡아지며, 잠깐 즐기고 나면 약해진다. 하나님께서 천사의 음식인 만나를 하늘에서 비같이 내려도 우리는 곧 싫증을 내지 않았던가? 만일 색다른 것이 없으면 이 땅에서의 즐거움은 어느새 무미건조해질 뿐이다. 모든 피조물은 우리에게 마치 벌에게 꽃과 같다. 각 꽃에는 아주 적은 분량의 꿀이 있기에 벌은 잠깐 표면에만 앉았다가 다른 꽃으로 옮긴다. 이처럼 세상은 알면 알수록 만족은 덜해진다. 세상에 사로잡힌 자들은 세상 외면의 아름다움만 볼 뿐 그 내면의 공허를 알지 못한다. 우리가 다른 사람의 상태를 철저하게 알게 되면 선함뿐만 아니라 악함도 발견하게 되고, 완벽한 부분뿐만 아니라 약점도 보게 되는데 그때 우리는 사람을 향한 찬양을 멈추고 사람에게서 안식을 구하려는 자세도 버리게 된다.

우리의 비참을 악화하게 한다. 하나님이 아니라 피조물이나 수단에서 영원한 안식을 구하는 것은 우리의 비참을 악화하게 한다. 만일 하나님께서 "내 피조물들, 내 말, 내 종들, 내 규례들을 취하고 나만은 취하지 마라"고 말씀하신다면 당신은 이를 행복으로 여기겠는가? 만일 당신이 하나님의 말씀은 있지만 '그 말씀' 되시는 하나님이 없다면, 당신에게 양식은 있지만 '참된 양식'이 되시는 주님이 없다면 이를 행복하다 하겠는가? 유대인은 '주의 성전'이 있다고 외쳤지만, 그들에게는 성전 되시는 주님이 없었다. 이는 형편없는 행복이었다. 세상의 영광을 누리던 가버나움이 그리스도께서 행하신 놀라운 기적들을 보고 또한 그리스도의 말씀을 들었을 때 더 기뻐했던가, 아니면 비참했던가? 그들은 비참을 느꼈다. 분명한 것은 우리의 죄와 비참을 악화하게 하는 것은 우리의 안식이 될 수 없다.

이 모든 내용은 체험에 의해 확증된다. 이 모든 것을 확증하기 위해 우리 자신이나 다른 사람의 경험을 참고해보자. 수많은 사람이 시도해

보았지만, 아무도 이 땅에서 충분한 만족을 발견한 사람이 없다. 나는 그들이 즐거움을 누렸다는 사실을 부인하지는 않는다. 하지만 그들이 참된 안식과 만족을 발견하지 못했다는 사실을 말하려고 한다. 이전의 사람들이 발견하지 못한 것을 우리는 발견할 수 있다고 생각하는가? 아합 왕은 나봇의 포도원을 소유하지 못했을 때 그는 왕국을 차지하고 있으면서도 만족하지 못했다. 그렇다면 그가 나봇의 포도원을 소유하게 되었을 때는 만족하였는가? 노아의 비둘기 같은 당신이 이 땅을 다니며 안식할 곳을 찾아본다면 다시 돌아와서 아무 곳에서도 안식할 곳을 찾을 수 없다고 고백할 것이다. 명예에 가서 그가 안식을 줄 수 있는지 물어보라. 차라리 당신은 폭풍우가 치는 산꼭대기나 화산이 터지는 애트나Aetna 화염 속에서 안식을 찾는 것이 더 나을 것이다. 부에게 가서 안식을 줄 수 있는지 물어보라. 차라리 가시로 만든 침대에 눕는 것이 더 나은 쉼을 누릴 수 있을 것이다. 만일 당신이 세상의 쾌락에서 안식을 구한다면 이는 마치 낚시 미끼를 삼킨 물고기와 같다. 쾌락이 달콤할수록 죽음은 더 가깝다. 지식에게 가서 물어보라. 심지어 거룩한 규례에게 가서 당신의 영혼이 그곳에서 쉴 수 있는지 물어보라. 당신은 참으로 이러한 것을 통해 소망의 감람나무 가지를 붙들 수 있으며 영원과 관련된 정보를 얻을 수 있다. 하지만 그것 자체로는 안식을 누릴 수 없으므로 그것에 머물려 할 때 끝없이 방황하게 된다.

이 모든 것은 야곱이 라헬에게 "내가 하나님을 대신하겠느냐"창세기 30:2라고 말한 것처럼, 우리에게 "영원한 안식을 위해 내게 왔느냐?"라고 다그칠 것이다. 세상에서는 그 어떤 신분의 상태도, 법정도, 나라도, 마을도, 도시도, 가게도, 밭도, 보화도, 책들도, 고독도, 사회도, 연구도, 심지어 말씀의 강단도 참된 안식을 제공할 수 없다. 만일 당신이 모든 세대 가운데 죽은 자들과 모든 지역의 산 사람들에게 물을 수 있다면 그들은 전부 당신에게 "이 세상에는 안식이 없습니다"라고 말할 것이다. 만일 다른 사람의 경험이 당신의 마음을 설득하지 못한다면 당신 자신의 경험을 생각해보라. 당신이 충분히 만족했던 상태가 당신에게 있었는가? 만일 있었다면 그 만족 상태는 지속하였는가? 우리는 바울처럼 하늘의 소망을 확신하는 가운데 이 땅의 안식에 대해서는 "만일 그리스도 안에서 우리가 바라는 것이 다만 이 세상의 삶뿐이면 모든 사람 가운데 우리가 더욱 불쌍한 자이리라"고린도전서 15:19고 고백해야 한다.

자, 만일 《성경》과 이성, 그리고 우리 자신과 세상의 경험이 우리에게 확증하는 대로라면 이 땅에는 안식이 없다. 그럼에도 우리는 대체로 이 죄악을 범하고 있다. 우리는 주를 우리의 안식으로 삼기 전에 얼마나 이곳저곳에 머무르며 머뭇거리는가? 하나님께서는 매번 우리가 이 땅에 앉아 안식하지 못하게 하려고 얼마나 우리를 내모시고 호통을 치셔야 하는가? 만일 주께서 우리에게 번영과 부와 명예를 주시면 우리는 마음속으로 그것 앞에서 춤추면서 "이것이 너의 신이라"고 말하며 "이곳이 참으로 좋구나"라고 결론짓는다. 그러면 그때 주께서는 이 모든 것을 쓴 쑥으로 만들어 놓으신다. 그러면 우리는 전에 맛보았던 달콤한 상황 때문에 이곳저곳 다시 가서 그곳에서 자리를 잡고 안식하려고 끝없이 방황한다. 우리는 우상을 빼앗겨도 하나님께로 가기보다는 때가 되면 그 우상을 다시 얻게 될 것을 소망하며 즐거워하고, 그 소망을 안식으로 삼든지, 또는 그 공백을 메우기 위해 이곳저곳 다른 모든 피조물을 뒤지며 뭔가를 찾아 헤맨다. 그렇다. 우리 인간이란 존재는 이 세상에서 안식을 찾지 못해도 오히려 그 비참 가운데 안주하려고 하며, 나아가 그 비참한 상태를 안식으로 삼으려 한다. 그러나 인간이 끝까지 거절하는 것은 모든 것을 하나님께 맡기고 주께로 오는 일이다. 이러한 그들은 지옥의 장소가 아무리 끔찍해도 하나님께로 오기보다 지옥에서 안식을 찾으려고 한다.

그리스도인들이여! 내가 이러한 세상 것에 안식하는 점에 대해 많은 말을 해도 놀라지 마라. 이러한 예가 당신이 되지 않도록 주의하라. 나는 지금 즈음이면 당신이 부와 명예와 쾌락의 허무함을 깨닫고 이러한 것을 쉽게 포기할 수 있을 것으로 생각한다. 그렇게 되었다면 잘 된 것이다. 그러나 은혜의 방편에 대해서는 거의 의심을 하지 않는 것 같다. 우리는 특히 대부분의 세상 사람이 그 방편을 무시하며 그 안에서 거의 즐거워하지 않은 것을 보면서 그리스도인으로서 긍지를 가지고 그 방편을 더할 나위 없이 끝없이 즐거워한다. 그러나 우리가 하나님보다 규례 그 자체에 만족하게 될 때, 천국보다는 공식 예배 그 자체를, 완벽한 천국 교회의 회원이 된 것보다 이 땅의 교회 회원이 된 것에 만족하게 될 때 이것은 매우 애처로운 실수다. 오직 하나님께서 그 규례와 함께하시는 한, 그 규례 안에서 위로를 받도록 하라. 분명히 기억해야 할 것은 은혜의 방편은 천국의 맛보기이지 천국 그 자체가 아니라는 사실이다. "몸으로 있을 때에는 주와 따로 있고"고린도후서 5:6, 우리가 주와 따로 있을 때에는 우리의 안식도 따로 있는 것이다. 만일 우리가 하나님을 멀리하는 것처럼 하나님께서 기꺼이 우리를 멀리하신다면, 우리가 주 안에서 안식하기를 싫어하는 것처럼 주께서 우리의 안식이 되어주시길 싫어하신다면 우리는 영원토록 안식 없이 주님과 따로 있게 되었을 것이다.

영원한 안식을 바라보지만 죽음을 꺼리는 자의 어리석음

영원한 안식을 소유하려면 죽어야 한다. 그러나 성도 중에는 죽음을 꺼리는 사람이 있다. 마치 소돔의 롯처럼 주께서 우리에게 자비를 더 하셔서 우리를 강제로 끄집어내실 때까지 아쉬운 듯 이 땅에 남아 있으려고 한다. 물론 죽음 자체는 바람직하지 않다. 그러나 하나님과 함께하는 영원한 안식은 바람직하며 이 안식으로 가려면 죽음을 지나야 한다. 그러면 왜 죽음을 꺼리는 것이 죄가 되는지 살펴보자.

하나님의 말씀을 믿지 못하기 때문이다. 만일 우리가 이 영광의 약속을 하나님의 말씀으로 믿고, 또한 하나님은 말씀하신 대로 실행하시는 분이라고 믿는다면, 성도들을 위해 그러한 축복이 정말로 준비되어 있다고 믿는다면, 우리는 죽는 것을 두려워하지 않을 것이다. 그리고 우리가 우리의 마지막 날을 간절히 기다린다면 우리는 인생을 사는 동안 하루가 일 년처럼 길게 느껴질 것이다. 정말로 죽음이 우리를 비참에서 천국의 영광으로 옮긴다는 것을 믿는다면 끝까지 죽음을 싫어하는 것은 가능할 수가 없다. 만일 하늘의 영광을 자신이 소유할 수 있을지를 의심한다면 죽음이 두렵겠지만, 그 안식의 확실성과 뛰어남에 대해 확신한다면 죽음은 두렵지 않고 오히려 반갑다. 하지만 많은 그리스도인이 말로는 주님을 믿는다고 하지만, 마음에는 불신과 이교 사상이 가득하다. 그 증상 중의 하나가 죽기를 싫어하는 것이다.

또한 우리의 사랑이 차갑기 때문이다. 만일 우리가 친구를 사랑한다면 우리는 그와 함께하기를 좋아한다. 그 친구가 있으면 편안하고, 그가 없으면 괴롭다. 그를 만나면 반갑고, 그가 죽으면 지나칠 정도로 애통하다. 이러한 친구와 헤어지게 되는 것은 마치 우리 몸에서 한 지체를 떼어내는 것과 같다. 만일 우리가 하나님을 참으로 사랑한다면 하나님을 향해서도 마찬가지 아니겠는가? 아니, 주께서 모든 친구보다 더 사랑스러우시니 하나님을 향해 훨씬 더 그리워해야 함이 마땅하지 않겠는가? 우리는 이 부분을 스스로 속지 말아야 한다. 만일 우리가 아버지, 어머니, 남편, 아내, 자녀, 친구, 부, 생명 등을 그리스도보다 더 사랑한다면 우리는 전혀 주의 신실한 제자가 아니다. 심판대에서의 질문은 누가 가장 잘 가르치고 잘 듣고 말을 잘했느냐가 아니라, 누가 주님을 가장 사랑했느냐다. 그리스도께서는 우리의 설교와 기도와 금식과 우리의 좋은 것, 그리고 우리의 몸까지 다 태우며 헌신을 한다고 해도 그 안에 주를 향한 사랑이 없다면 받으려 하지 않으실 것이다. 우리는 주를 사랑한다고 하지만, 주님에게서 오랫동안 떨어져 있어도 신경 쓰지 않는다. 야곱이 이집트에 있는 요셉을 만났을 때 얼마나 기뻤을까? 만일 우리가 영광 가운데 계신 그리스도를 보지 않아도 만족하지 못한다면, 과연 우리가 주를 사랑한다고 말할 수 있을까? 나는 감히 결론을 내리건대, 우리가 죽음을 지나기를 싫어한다면 우리는 주를 전혀 사랑하는 것이 아니다. 감히 또 말하기는, 우리의 사랑이 클수록 우리는 더욱 기꺼이 죽고 싶어 할 것이다. 만일 이러한 거룩한 열정이 우리 마음에 철저하게 타오른다면 우리는 다윗처럼 외칠 것이다. "사슴이 시냇물을 찾기에 갈급함 같이 내 영혼이 주를 찾기에 갈급하니이다 내 영혼이 하나님 곧 살아 계시는 하나님을 갈망하나니 내가 어느 때에 나아가서 하나님의 얼굴을 뵈올까" 시편 42:1~2.

그리고 죽음을 꺼리는 것은 죄에 대해 싫증을 느끼지 못하기 때문이다. 우리는 죄가 가장 큰 악이라는 사실을 알고 있다. 그러면서도 우리는 죄가 있는 세상에 살고 있다. 당신은 죄가 있는 곳에서 죄와 함께 있기가 싫지 않은가? "오, 죄악 된 마음이여, 당신은 오랫동안 모든 더러운 정욕의 상자였으며 범죄의 쓴 물을 끊임없이 쏟아내는 샘이었다. 당신은 아직 지치지 않았는가? 당신은 그렇게 오랫동안 모든 기능에 상처를 입고 통탄할 정도로 역할을 감당하지 못하는 가운데 오히려 모든 부정을 맺는 토양이 되었는데, 아직 지치지 않았는가? 당신은 여전히 불완전한 상태에 놓여 있구나. 당신은 죄가 그토록 유익하고 쓸모 있으며 반드시 필요하다고 하며 즐거워하는구나. 그래서 당신은 그 죄를 떠나는 날이 그렇게 싫은 것인가? 당신이 하나님과 떨어져 있기를 원하는 그 소원을 하나님이 허락하시고 당신을 영원한 안식에 들어오지 못하도록 하실까 두렵다. 당신의 귀를 비참의 문에 못 박고 노예가 되게 하시고 영원히 주의 영광으로부터 추방하실까 두렵다."

다른 이유는 우리가 이 세상의 헛됨을 느끼지 못하기 때문이다. "아, 어리석은 영혼아! 모든 죄수가 자유를 바라고, 모든 노예가 해방을 바라지 않는가? 모든 아픈 사람은 건강해지길 원하고, 모든 배고픈 자는 음식을 원하지 않는가? 어찌 당신만 구원을 싫어하는가? 선원이 긴 항해를 마치고 육지를 보고 싶어 하지 않는가? 농부는 추수를 기다리며 품꾼은 삯을 기다린다. 군인은 전쟁에서 승리하기를 기다린다. 그런데 당신만은 수고가 끝나는 것을 싫어하고 당신의 믿음과 수고의 목적을 받기를 싫어하는구나. 지금의 슬픔이 당신의 꿈이었던가? 만일 그렇다면 당신은 그 꿈에서 깨어나게 될까 두렵겠지. 하지만 세상의 즐거움이야말로 단지 꿈이며 그림자가 아닌가? 최근에 세상이 더 좋아져서 당신은 위험을 무릅쓰고 세상과 짝하려고 하지만, 세상은 그리 만만하지 않구나. 오, 가련한 영혼아! 예수 그리스도와 함께 안식하는 것보다 이 어두운 땅에서 살기를 더 좋아하고 황량한 광야에서 방황하기를 더 좋아하다니! 당신은 하늘의 천군 천사들과 함께 주를 찬양하는 것보다 늑대와 이리들 가운데 거하기를 더 좋아하고 날마다 전갈에게 찔리는 아픔을 더 좋아하는구나."

죽음을 꺼리는 것은 주를 향한 반역에 해당한다. 이는 사실 주님보다 세상을 선택한 것이다. 또한 현재의 것들을 우리의 행복으로 삼는다면 이는 결국 현재의 즐거움을 우리의 신神으로 삼는 것이다. 그러나 우리가 하나님을 우리의 목표와 안식과 분깃과 보화로 삼는다면 우리가 세상보다는 주를 더 즐거워할 것이다. 더욱이 죽음을 꺼리는 것은 우리의 위선이 드러나는 것이다. 당신이 주를 당신의 유일한 소망이며 기쁨이고 모든 것 되신다고 말해 놓고, 이제는 죽어서 주님 앞에 가는 것보다 지금의 삶을 끝까지 살아보려고 버둥거릴 때 과연 누가 당신의 고백을 진심이라고 보겠는가? 세상과 육체에 대해 가혹하게 반대하고 죄와 고통에 대해 신음하며 불평하면서도 자유가 주어지는 그날을 싫어한다면, 이 얼마나 모순인가? 천국을 향해 노력하며 싸운다고 고백하면서 천국에 들어가길 싫어하는 것은 또한 얼마나 큰 위선인가? 천국에 들어가는 것을 실제로는 원치 않으면서 매시간 천국에 들어가고 싶다고 기도하는 이유는 무엇인가? 이런 식으로 우리는 주님과 주의 약속에 대해 잘못을 저지르며 세상 사람들 앞에서 주의 길을 부끄럽게 하고 있다. 세상 사람들에게 하나님의 말씀이 진실인지, 《성경》이 말하는 그러한 영광이 과연 있기나 한 것인지 의심하게 한다. 그들은 분명히 "이 사람들이 큰 영광을 기대하며 세상을 대수롭지 않게 여긴다고 고백하더니 막상 죽음 앞에서는 저렇게 싫어하는구나"라고 말할 것이다. 오, 이러한 치욕으로 하나님과 영혼들에게 범한 우리의 잘못을 어떻게 고칠 수 있을까? 만일 그리스도인이 이런 식으로 자신의 고백을 부끄럽게 하고 안식의 복음을 그렇게 비참하게 땅바닥에 떨어뜨린다면, 하나님의 명예와 성도들을 견고함과 불신자에 대한 질책은 많이 흔들릴 것이다.

또한 죽음을 꺼리는 것은 우리가 많은 시간을 사소한 목적을 위해 사용해 왔다는 사실을 입증한다. 우리는 우리의 모든 인생을 죽음을 준비하기 위해 보낸 것이 아닌가? 그렇게 많은 시간을 마지막 한 시간의 죽음을 위해 준비해 온 게 아닌가? 그럼에도 아직 준비가 안 되어 죽음을 꺼린다면 지금까지 뭘 한 것인가? 왜 살아왔는가? 더 중대한 일들이 우리 마음속에 있었는가? 더 잦은 경고가 있었기를 원했던가? 얼마나 자주 우리는 이웃의 죽음 소식을 접했던가? 얼마나 자주 죽음이 우리의 문을 두드렸던가? 많은 병마가 우리 몸을 괴롭혔고, 우리는 죽음의 판결도 확실히 받아두었다. 그럼에도 죽음을 준비하지 못해서 죽음을 꺼리는 이유는 무엇인지 생각해보라.

우리는 죽지 않으면 절대로 행복할 수 없다. 죽음을 피한다는 것은 축복을 피하는 것과 같다. 하나님은 과거의 에녹이나 엘리야처럼, 우리를 옮기시지는 않는다. 그러한 사건은 이제는 없다. "만일 그리스도 안에서 우리가 바라는 것이 다만 이 세상의 삶뿐이면 모든 사람 가운데 우리가 더욱 불쌍한 자이리라" 고린도전서 15:19. 만일 당신이 죽지 않고 천국으로 가지 않는다면, 이 땅에서 당신에게 있는 것은 쾌락을 추구하는 짐승 같은 자들 외에 누가 있겠는가? 우리가 영원한 삶을 바라지 않는다면 왜 우리가 기도하고 금식하고 애통해하는가? 왜 세상에서 멸시를 당하겠는가? 왜 우리 그리스도인이 이교주의나 불신자들과 다른가? 당신은 당신의 믿음과 수고를 포기하겠는가? 당신의 모든 의무와 수고와 삶의 모든 목적과 그리스도의 보혈을 버리고 속물이나 짐승 같은 자들과 함께하며 그들 가운데서 분깃을 얻고 만족하겠는가? 그렇다면 차라리 어떤 사람이 임종 때에 했던 말을 해라. "그리스도와 함께하기를 싫어하는 자마다 죽음을 싫어한다." 하나님은 죽음으로 우리를 영화롭게 하시기를 뜻하셨다. 그런데 우리는 죽음과 영화를 거부하고 있다. 이렇게 그리스도에게 오기를 거부하는 자들에 대해 하나님은 "전에 청하였던 그 사람들은 하나도 내 잔치를 맛보지 못하리라"누가복음 14:24고 말씀하셨다.

예수님은 우리에게 영원한 안식을 주시기 위해 하늘에서 이 땅으로 기꺼이 오셨다. 그런데 우리는 왜 이 땅에서 하늘로 옮겨지는 것을 그렇게 싫어할까? 이러한 사람들에게 주께서 "그들이 그들의 영혼보다 육체를 더 귀하게 여기고 아버지의 사랑보다 그들의 정욕을 더 귀히 여기면서 내 앞에 나아와 수고한 것이 나와 무슨 상관이 있는가? 그들은 자신의 영혼을 썩을 것을 위해 팔고 스스로 쓸모없는 존재가 되어 내 마음을 상하게 하니 꼭 내가 이러한 고통을 당해야 하는가? 그들은 나의 법을 어기는데, 내가 그들이 당할 고통을 대신 당해야 하는 이유는 무엇인가? 나는 그들을 위해 하늘에서 내려와서 인간의 몸을 입고 침 뱉음을 당하고 사람들에게 조롱을 받고 금식하고 울고 땀을 흘리고 고생하고 피 흘리고 저주의 죽음을 죽었는데, 그들은 내가 금한 쾌락을 한 번이라도 참기보다는 차라리 자신들의 영혼의 멸망을 무릅쓰고라도 쾌락을 추구하니, 과연 이 악독한 벌레들을 위해 내가 어떻게 해야 하는가? 그들은 자기 자신을 그렇게 가볍게 여기고 아무 데나 처박아 버리는데, 나는 그들을 그렇게 비싸게 주고 구속해야 하는가?"라고 말씀하실지도 모르겠다. 이처럼 우리는 그리스도께서 우리를 꺼리실 이유를 충분히 보면서도 여전히 우리는 자발적으로 낮아지신 주님 앞에 나아가지 않는다. 우리는 주께로 가지 않을 아무런 이유가 없다. 그런데도 우리는 주께로 가기를 거절하면서 주의 보혈과 수고를 헛되게 하고 있다. 주께서 우리의 이 어리석은 배은망덕함을 용서하시고 치료하시길 바란다.

우리가 죽기를 싫어하고 천국에 들어가기를 싫어하는 동안 우리는 잔인한 원수들의 악한 계획에 일치하게 된다. 마귀가 매일 하는 일은 우리의 영혼을 하나님에게서 멀어지게 하는 것이다. 우리가 천국을 싫어하는 것은 우리 자신이 반 지옥에서 있기를 원하는 것이다. 그리스도인들이여! 당신의 소원과 마귀의 소원이 일치될 때 사탄이 얼마나 좋아하겠는가? 마귀가 당신을 지옥으로 끌고 갈 수 없지만, 당신이 스스로 그렇게 천국을 싫어하기에 마귀는 당신을 천국에 오랫동안 들어가지 못하게 할 수 있으니 얼마나 신이 나겠는가? 오, 꼭 그렇게 자신에게 해를 끼치면서 마귀를 즐겁게 해주어야 하겠는가? 우리가 매일 죽음을 두려워할 때 우리의 삶은 계속적인 고통이 아니겠는가? 다가올 영광된 삶을 매일 묵상하며, 그 달콤하고 즐거운 축복을 생각하며 기쁨으로 충만하게 살아야 할 인생이 왜 이유 없이 공포에 시달려야 하는가? 하나님을 즐거워하는 충만한 기쁨 가운데 눕고 일어나고 맘껏 활보해야 할 우리가 왜 죽음 때문에 괴로움과 두려움 가운데 계속 지내야 하는가? 죽음을 두려워하는 자들이 언제나 두려울 수밖에 없는 이유는 죽음이란 반드시 올 것을 알기 때문이 아니겠는가? 자신의 안락함을 잃어버릴까 봐 계속 두려워하는 사람들의 삶에 어떻게 평안이 있겠는가? 하나님에 의해 우리에게 주어지는 고난은 전부 행복한 결과를 가져온다. 환난에서 인내를, 체험을, 소망을 그리고 마침내 영광으로 이끈다. 그러나 우리가 만드는 고난은 죄에서 고통으로, 고통에서 죄로, 다시 고통으로 끝없이 맴돈다. 그뿐만 아니라 맴도는 과정에서 계속 불어난다. 모든 죄는 이전의 죄보다 더욱 악화하며 모든 고통 또한 마찬가지다. 만일 우리가 하나님께서 우리 자신을 괴롭히는 자로 만드셨다고 생각하지 않는다면 우리는 죽음에 대한 두려움을 키울 이유가 전혀 없다.

죽음에 대한 두려움은 쓸데없고 무익하다. 우리의 모든 염려가 "머리 한 터럭도 희고 검게 할 수 없고"마태복음 5:36 "그 키를 한 자라도 더할 수 없는 것"마태복음 6:27처럼, 죽음에 대한 우리의 두려움은 고난을 막거나 죽음을 한 시간이라도 늦추지 못한다. 원하든지 원하지 않든지 우리는 떠나야 한다. 많은 사람이 두려움 때문에 더 빨리 죽으며, 아무도 죽음을 피할 수 없다. 죽음 이후에 있을 영원한 위험에 대해 조심스럽게 염려하는 것은 많은 사람에게 유익을 주고 지옥의 위험을 막는데 대단히 유용하다. 하지만 그리스도의 지체이며 천국의 상속자인 우리가 우리의 기업으로 들어가기를 두려워하는 것은 죄로 가득한 쓸데없는 두려움이다. 사실 죽음에 대한 두려움은 우리의 영혼에 덫이 되어 더 많은 유혹에 빠지게 한다. 베드로가 왜 주님을 부인했는가? 죽음 앞에서 진리를 버리는 배교자들이 나오는 이유가 무엇인가? 뿌리 없는 믿음의 푸른 잎은 왜 박해 앞에서 시드는가? 투옥과 가난에 대한 두려움은 위력이 크겠지만, 죽음에 대한 두려움은 더 위력이 클 것이다. 일반적으로 죽음에 대한 두려움이 많을수록 하나님의 영광과 관련해서도 겁쟁이가 되어 그만큼 주의 영광을 가리게 된다. 그들은 셀 수 없이 많은 불신의 대책을 마련하고 하나님의 지혜로운 처분에 불평하며 주의 섭리에 대해 강퍅한 마음을 품으면서 죄악을 범한다.

이제 우리가 얼마나 충분한 시간을 가졌었는지를 생각해보자. 어차피 70이나 80세가 되면 죽게 될 어떤 사람에게 하나님이 보시기에 30세나 40세에 그를 데려가시는 것이 좋다고 하시면 그가 꺼릴 이유는 무엇인가? 인생이 길다고 해서 죄의 부패가 없어지는 것은 아니다. 죄의 부패는 시간이 지난다고 해서 시들거나 사라지지 않는다. 오직 우리가 시간과 함께 추가 은혜를 받을 때를 제외하고는 오히려 우리는 시간이 지날수록 자연스럽게 악화한다. "오, 내 영혼아, 평강 가운데 떠나라! 네가 이 땅에서 부와 명예에서 무한한 상태를 바라지 않듯이 시간에서도 무한한 시간을 바라지 마라." 당신이 마지막 인내의 한 시간을 즐기기에도 얼마나 부족한 존재인지를 느낀다면 당신은 평생 많은 시간을 가졌다고 생각할 것이다. 인생의 한계를 정하시는 것은 하나님의 지혜 아니겠는가? 하나님께서는 한 사람과 한 시대만이 아니라 여러 다양한 사람과 다양한 세대 가운데 영광을 받으실 것이다. 당신에게 맡긴 역할을 행하고 당신에게 정해진 과정이 끝나면, 다른 사람이 자기 순서에 따라 자신들의 역할을 이어갈 수 있도록 만족스럽게 그 자리에서 내려오라. 시간이 많을수록 책임도 크다. 그러므로 아직 시간이 있으면 책임을 잘 감당할 수 있도록 은혜를 구하라. 그러나 당신이 가진 시간의 몫에 만족하라.

당신은 또한 안락한 삶을 누릴 능력이 있었다. 하나님께서는 당신이 죽음을 두려워하므로 당신의 삶에 싫증이 나도록 삶의 짐을 지우실지도 모른다. 사실 주께서는 당신이 그리스도를 아는 지식이 없이 무지 가운데 인생을 낭비하도록 두셨을 수도 있었다. 그러나 어느 날 아침, 주께서는 당신의 눈을 뜨게 하여 그때까지의 당신의 삶 가운데 이룬 일들을 대하게 하셨다. 하늘 아버지께서 그때 당신을 거듭나게 하여 주의 나라에서 태어나게 하신 것이 아니던가? 이처럼 하나님께서 당신의 모든 삶을 자비로 채우셨건만, 당신은 당신의 몫이 너무 작다고 생각해 왔다. 하지만 당신의 삶을 돌아보라. 얼마나 많은 위로와 즐거웠던 일들, 복된 연구와 귀한 만남, 놀라운 구원과 뛰어난 기회, 열매가 풍성한 수고들, 즐거운 소식들, 달콤한 체험들, 놀라운 섭리들 등 얼마나 당신의 삶에 하나님의 자비가 넘쳤던가? 이제 지금까지의 당신의 삶이 너무 달콤해서 이 세상을 떠나기 싫은 것인가? 이러한 당신의 자세가 당신의 삶을 달콤하게 이끄신 하나님께 대한 보답인가?

오, 어리석은 영혼아! 만일 하나님께서 당신을 오래 살게 하시면서 지금까지 당신이 즐긴 그 자비들을 허락하지 않으셨다면 어떻게 되었을까? 불평하는 이스라엘 백성에게 메추라기를 보내셨지만, 불평하는 당신에게 아무것도 보내지 않으셨다면 당신의 인생은 어찌 되었을까? 하나님께서 당신에게 정말로 힘든 삶을 주셔서 유다와 아히도벨처럼 자살을 택하도록 하셨더라면 어찌할 뻔했을까? 하나님께서 당신을 이 세상에서 가장 비참한 피조물로 만드신다면 당신은 당신 자신에게 가장 무서운 짓을 하지 않았을까?

그러므로 세상의 삶에 너무 목매지 마라. 그것이 복이 아니라 심판이 될 수 있기 때문이다. 당신 이전에 모든 시대와 여러 다른 장소에 살던 많은 귀한 하나님의 종도 이미 다 세상을 떠났다. 당신은 아무도 밟지 않는 길을 가는 것이 아니며, 처음으로 얼음을 깨뜨리는 사람도 아니다. 에녹과 엘리야 외에는 죽음을 피한 성도는 없다. 당신이 다른 성도보다 나은가? 이미 죽은 성도의 수가 지금 이 땅에 남아 있는 성도보다 훨씬 더 많다. 당신의 많은 죽마고우도 세상을 떠나고 없는데 당신은 그들을 따라가기가 그렇게 싫은가? 예수 그리스도도 죽음의 길을 가셨다. 심지어 주께서는 우리의 죽음의 길을 거룩하게 만드셨고 주의 몸으로 그 길을 평안하게 하셨다. 그럼에도 당신은 주를 따라가는 것이 싫은가? 오히려 당신은 도마처럼 "우리도 주와 함께 죽으러 가자" 요한복음 11:16라고 말해야 하는 것 아닌가?

아직도 당신이 지금까지 내가 말한 모든 것이 이해되지 않았다면 당신에게는 《성경》과 이성이 아무런 효력이 없다. 나는 내 자신과 다른 사람에게 이 주제가 필요하다는 것을 발견하였기에 더 많은 말을 하였다. 그리스도를 위해 많은 순종과 수고를 하는 그리스도인은 꽤 많지만, 주를 위해 기꺼이 죽을 수 있는 사람은 거의 없다는 것을 발견하였다. 많은 그리스도인이 어느 정도까지는 부패를 이겨내지만, 죽음 앞에서 죄악을 이기는 자는 없었다. 나는 불신자들에게 죽음을 두려워하지 말라고 설득하는 것이 아니다. 오히려 불신자들이 죽음을 두려워하지 않고, 또한 끊임없는 공포 가운데 삶을 살아가지 않는 것을 보면 신기하기만 하다.

Chapter 11 | Heavenly Life Upon Earth

세상에서 천국의 삶을 유지해야 할 중요성

—

천국의 길을 알며 날마다 참된 샘에서 물을 긷는 사람은 그 영혼이 생명수로 새로워지며 주의 백성에게만 주어지는 하늘의 생명력을 누릴 수 있다.

그리스도인은 영원한 안식에 대한 생각을 즐겨야 한다. 그러나 많은 그리스도인이 안식을 즐기지 못하고 있다. 왜 우리는 영원한 안식이 있는데도 그곳을 묵상하지 않을까? 우리가 안식을 대수롭지 않게 여겨도 되는 걸까? 이 안식은 영원하신 하나님께서 우리를 위해 마련해 주신 것이다. 그곳에서 하나님은 우리와 함께하시겠다고 약속하셨다. 그러므로 우리의 마음은 강렬하게 천국을 바라야 한다. 그러나 우리는 천국을 믿는다고 하면서 여전히 천국을 잊어버린 체 소홀히 하며 살아간다. 만일 하나님께서 우리에게 이 빛에 접근하도록 허락하신 것이 아니라면 주께서 그렇게 간절하게 초대하실 리 없다. 왜 하나님께서는 땅의 것을 생각하는 마음을 그렇게 야단치시며 하늘의 것을 사랑하라고 명하시는 것일까?

오, 사악한 인간의 마음이여! 만일 하나님께서 천국을 생각하지 못하도록 금하셨다면 우리는 악착같이 천국을 생각하려고 했을 것이다. 그러나 천국에 마음을 두라고 하시기에 우리는 마치 우리의 선배인 죄악 된 이스라엘 백성처럼 한 발자국도 움직이려고 하지 않는다. 그들은 하나님께서 가나안 땅으로 나아가라고 명령하실 때는 반항하며 전혀 움직이려고 하지 않았다. 그러나 하나님께서 가지 말라고 하실 때는 곧바로 나아갔다. 만일 하나님께서 "이 세상이나 세상에 있는 것들을 사랑하지 말라"요한일서 2:15고 말씀하시면 우리는 세상에 홀딱 빠진다. 얼마나 우리는 맘껏 그리고 자주 쾌락과 친구들과 우리의 수고와 육체와 정욕을 생각하는가? 그렇다. 우리는 우리의 잘못과 비참함, 두려움과 고난 등에 마음이 다 가 있다. 그러나 영원한 안식에 마음을 둔 그리스도인은 어디에 있는가? 무엇이 문제인가? 이 세상의 기쁨으로 너무 차고 넘쳐서 더는 하늘의 기쁨이 필요가 없는 것인가?

우리 마음은 정욕 가운데 어리석어져 있다. 마음을 겸손하게 하고 그리스도와 하늘의 영광이 없는 이러한 정욕적인 마음을 내려놓도록 하자. 만일 대화의 유일한 주제가 세상이라면 그들은 불신자가 아니겠는가? 그렇다면 그리스도와 천국에 대해 그토록 관심이 없는 우리 자신을 향해서는 왜 불신자라고 부르지 않는가? 나는 하늘에 분깃을 가진 자들, 곧 그들의 소망이 하늘에 있고 또한 하늘의 영광을 누리기 위해 모든 것을 버린 성도에게 말한다. 그러한 성도들에게 하늘을 생각하라고 설득하는 것이 과연 잘못된 것인가?

그리스도인들이여! 당신이 주의 음성을 듣고 순종하지 않으면 누가 그렇게 하겠는가? 모세가 "이스라엘 자손도 내 말을 듣지 아니하였거든 바로가 어찌 들으리이까"출애굽기 6:12라고 말한 것처럼, 우리가 눈먼 세상을 향해 권면할 때는 그들이 듣지 않을 것이다. 그러나 나는 하늘의 영광에 분깃을 소망하는 당신에게 부탁한다. 하늘을 사모하라. 하나님에게서 멀어지려는 마음을 꾸짖고 헛된 영광을 추구하는 생각에서 돌아서서 영원을 연구하고 내세를 생각하며 천국을 묵상하라. 그것도 자주 깊게 해서 당신의 영혼이 하늘의 즐거움으로 가득 차게 하라. 만일 당신의 영혼이 퇴보하여 헛된 생각이 들기 시작하면 다시 마음을 모아 그 일을 하게 하라. 언제나 게으름을 떨쳐내며 조금이라고 방심하지 마라. 하나님께 순종하여 이 일을 시도하고, 이 일이 익숙해져서 순종이 자연스러워질 때까지 당신의 생각을 지키도록 하라. 그러면 당신은 어느새 하늘의 변두리에 들어가게 될 것이며, 그곳에서 하나님의 감미로운 역사와 방법이 무엇인지 알게 되면서 기독교의 삶은 기쁨의 삶인 것을 발견하게 될 것이다. 그때 당신은 그렇게 오래 기도하고 헐떡이며 신음하며 찾던 풍성한 평강과 위로를 체험하게 될 것이다. 그러나 안타깝게도 현재 이 땅의 그리스도인 중에는 이러한 즐거움을 얻는 비결과 그 가운데서 행하는 것을 아는 사람이 극히 드물다. "우리는 우리 마음을 천국에 둘 수 없습니다. 이 일은 오직 하나님만이 하실 수 있는 일입니다"라고 말하지 마라. 물론 하나님이 당신의 마음을 다스리시는 분이지만, 당신은 주님에게서 받은 명령이 있다. 즉, 당신은 그리스도가 없이는 아무것도 할 수 없으므로 주 안에서 해야 하며 또한 반드시 해야 한다. 그렇지 않으면 당신의 게으름으로 말미암아 모든 일이 허사가 되며 당신 자신도 멸망하게 된다.

그리스도인들이여! 만일 당신의 영혼이 강건하고 활기가 넘친다면 당신은 미래의 축복을 믿고 생각하는 가운데 더 없는 즐거움과 감미로움을 체험하게 될 것이다. 당신에게 이 일은 건강한 몸이 음식을 찾고, 감각이 즐거움의 대상을 찾는 것처럼 자연스러운 일이다. 하지만 우리가 알다시피 육체로 있는 동안 우리에게는 '하나님과 원수 된 육신의 생각'이 남아 있기에 천국을 생각하는 일에 방해가 많다. 따라서 동기 부여가 많이 필요하다. 이에 나는 몇 가지 생각할 것을 당신에게 제시할 텐데, 당신이 편견만 가지지 않는다면, 그 제안은 당신의 마음에 효력을 나타내고 이 뛰어난 의무를 감당하도록 다짐하게 할 것이다.

특별히 우리가 생각해 볼 것은 안식을 생각하는 것은 진실한 신앙임을 입증한다는 점, 그리스도인의 특징 가운데 가장 뛰어난 것이라는 점, 가장 평안한 삶을 유지하게 한다는 점, 유혹을 받아도 죄를 범하지 않도록 막는 가장 좋은 예방약이라는 점, 은혜가 넘치게 하며 의무를 감당할 힘을 준다는 점, 환난 가운데 가장 큰 힘을 준다는 사실, 다른 사람에게 가장 유익이 되는 삶을 살게 한다는 사실, 하나님을 존귀하게 한다는 사실, 영원한 안식을 생각하지 않을 때 주의 명령을 불순종하게 되며 하나님 말씀의 가장 은혜롭고 즐거운 약속을 체험하지 못하게 된다는 점, 하나님의 마음이 우리에게 있듯이 우리의 마음이 주님과 함께하는 것은 더욱 마땅하다는 점이다. 이처럼 우리는 천국의 많은 이로운 점을 생각해야 하며, 그리고 천국 외에는 우리 마음을 둘 곳이 없다는 사실을 기억하자.

천국의 안식을 생각하라

당신이 천국에 마음을 둔다는 것은 당신의 진실함과 함께 당신의 영혼에 참된 구원의 은혜의 역사가 있었음을 분명하게 보여주는, 가장 의심할 수 없는 확실한 증거다. 우리는 종종 "내가 참으로 구원받아 거룩하여진 것을 어떻게 알 수 있을까?"라는 질문을 한다. 그 답변으로는 예수 그리스도께서 친히 하신 분명한 말씀이 있다. "네 보물 있는 그곳에는 네 마음도 있느니라" 마태복음 6:21. 하나님은 성도의 보물이며 행복이다. 천국은 성도들이 하나님을 충만하게 즐거워하는 곳이다. 그러므로 천국에 마음이 있다는 것은 하나님께 마음이 있다는 것이다. 그리스도를 통해 하나님께 마음이 고정된 사람은 구원의 은혜가 그 영혼에 임한 가장 분명한 증거다.

배움이 은혜의 증거가 될 수 없는 때가 있다. 지식과 의무와 은사들도 사라질 때가 온다. 당신의 논리와 수고가 혼동을 겪는 때가 올지도 모른다. 그러나 그러하더라도 당신의 마음이 천국을 향하고 있다면 이는 당신이 참된 그리스도인임을 입증한다. 예를 들어, 이해력이 부족하고 기억력이 약하며 더듬거리는 입을 가진 어떤 가엾은 그리스도인을 생각해보자. 그러나 그의 마음이 하나님께 있고 하나님을 자신의 분깃으로 삼고 있으며 그의 생각이 영원한 나라에 있고 그곳을 소망하며 "오, 내가 빨리 그곳에 간다면!"이라고 외친다면 그는 구원의 은혜를 입은 참된 그리스도인이다. 만일 그가 영원한 나라를 신선하게 대하지 못하는 날이 있다면 그는 그날을 옥에 갇힌 날로 본다. 가장 뛰어난 재능을 갖추고 그 행하는 일로 큰 찬사를 받지만, 그 마음에는 하나님이 안중에도 없는 사람들보다 나는 차라리 이 사람처럼 되어 죽음을 맛보기를 바란다. 그리스도께서 마지막 날에 찾는 사람은 이러한 사람이며, 예복이 없어서 저주받게 되는 자들은 이러한 마음의 자세가 없는 사람들이다. 그렇다면 당신의 지식이나 고백이나 말이 중요한 것이 아니라, 당신이 예수 그리스도를 얼마나 사랑하는지, 그리고 당신의 마음이 어디에 있는지가 중요하다.

그리스도인들이여! 당신이 하늘 영광에 들어갈 자격이 있는지 입증하고 싶다면 당신의 마음을 하늘에 두도록 힘쓰라. 죄와 사탄이라도 하늘을 향한 당신의 애착을 막지 못할 것이며 나아가 당신이 천국에 들어가는 것에 대해서는 더더욱 절대로 막을 수 없다.

영원한 안식을 사모하라

천국을 사모하는 마음은 그리스도인의 특징 중에 가장 뛰어난 것이다. 그리스도인이 세상과 구별되는 여러 공통적인 특징이 있지만, 그 중에 영원한 안식을 사모하는 거룩한 마음은 세상 사람과 자신을 더욱 뚜렷하게 구별하게 한다. 가장 고결한 피조물은 그들의 얼굴을 언제나 천국으로 향하는 그리스도인이다. 그리스도인은 천국을 묵상하는 가운데 그 마음이 하나님께 사로잡힌다. 그리고 그곳에서 그리스도를 새롭게 만난 후에 다시 내려온다. 그들은 그곳에서 무엇을 발견하고 내려오는 것일까? 그리스도를 만나고 내려온 사람과 나누는 대화는 얼마나 고결하고 거룩할까? 그의 말을 듣는 자들은 오직 하나님을 만난 사람 외에는 그러한 말을 할 수 있는 사람이 없다는 것을 알기 때문에 그가 주님을 뵈었다는 사실을 분명히 알게 된다. 그가 바로 고결한 그리스도인이다.

가장 유명한 산들과 나무들은 하늘에 가장 가깝다. 마찬가지로 천국을 자주 들르고 그곳에서 가장 기뻐하는 마음을 가진 그리스도인은 아름다운 그리스도인이다. 왕의 주변에 살거나 페르시아의 황제를 만난 멋진 터키인은 자신들이 그의 동료보다 한 단계 더 높다고 생각했다. 그렇다면 매일 하늘을 다니며 만왕의 왕을 뵙고 그분의 거룩한 존전 앞에 서고 왕의 생명의 나무에서 맘껏 과일을 먹는 사람을 우리는 어떻게 보아야 할까? 나는 그 사람을 이 세상에서 가장 고상하고 가장 부유하고 가장 학식이 많은 사람보다 더 귀하다고 본다.

천국의 마음을 지니는 법을 배우라

천국을 바라보는 마음은 위로의 생활에 가장 가깝고 가장 참된 길을 걷는 마음이다. 북쪽의 나라들은 태양에서 멀리 떨어져 있기 때문에 매우 차갑고 꽁꽁 얼어 있다. 천국에서 멀리 떨어져 사는 그리스도인의 삶처럼 그렇게 차갑고 불편한 삶이 어디 있을까? 하나님께 가까이 나아가는 고결한 삶 외에 다른 사람에게 따스한 위로를 줄 수 있는 삶이 어디 있겠는가? 봄에 태양이 우리가 사는 지구에 가깝게 올 때 모든 피조물은 그 봄을 환영하며 반긴다. 땅은 녹색으로 가득하고 나무는 싹을 내며 식물들이 다시 솟아나고 새들이 노래하는 등 모든 피조물이 우리를 향해 미소를 짓는다. 만일 우리가 하나님과 함께 이러한 삶을 살며 그 마음이 위에 있다면 우리 안에는 얼마나 큰 기쁨의 샘이 넘치겠는가? 우리는 어느새 겨울의 슬픔을 다 잊고 우리의 위대한 창조주를 찬양하기 위해 아침마다 일찍 일어날 것이다.

오, 그리스도인들이여, 위로 향하라! 천국을 맛본 사람은 그곳이 따스한 곳임을 발견한다. 나는 당신도 천국을 맛보았을 것이라고 믿는다. 당신이 가장 큰 평강을 누린 때는 언제였는가? 당신이 하나님과 대화를 나누며 천국에 거하는 백성과 대화를 나누고 그들의 저택을 보면서 당신의 영혼이 앞으로 있을 영광으로 채워지는 때였을 것이다. 만일 당신이 하나님과 대화를 나누며 천국을 맛보았다면, 나는 당신이 영적 기쁨이 무엇인지 아는 사람이라고 말할 수 있다. 다윗이 "주께서 내 마음에 두신 기쁨은 곡식과 새 포도주가 풍성할 때보다 더하니이다" 시편 4:7라고 고백한 것처럼, 누구든지 주께 더 가까이 나아가 주를 뵐수록 하늘의 기쁨으로 충만하여진다.

그러면 우리에게 참된 하늘의 위로가 없는 것은 무엇 때문일까? 그 이유는 게으름 때문이다. 하나님께서는 우리에게 영광의 면류관을 마련해주셨고 이제 곧 그것을 우리 머리에 씌워주겠다고 약속하셨다. 그런데 우리는 그 약속에 대해 아무런 생각을 하지 않는다. 주께서는 우리에게 천국을 바라보며 기뻐하라고 명하셨지만, 우리는 천국을 바라보기조차 싫어하며 하늘의 위로가 없다고 불평한다. 우리가 기쁨과 평강으로 가득하게 되는 비결은 믿음인데, 그럼에도 우리는 믿으려 하지 않는다.

하나님의 성령은 우리를 위로하시며 우리의 마음을 하나님의 약속에 있게 하려고 우리의 생각을 하늘 위로 들어 올리신다. 마치 당신이 탐욕스러운 사람을 즐겁게 하려고 금을 보여주듯, 하나님께서는 주의 백성을 천국으로 인도하시기 위해 그들에게 하나님 자신과 영원한 안식을 보여주신다. 하지만 우리가 게으르거나 다른 것에 사로잡혀 있을 때는 하나님께서 그 기쁨을 거두신다. 주께서는 우리가 땅을 갈고 심고 잡초를 제거하고 물을 주고 보호하고 인내로 주의 축복을 기대할 때 땅의 열매를 주신다. 마찬가지로 우리가 수고하고 기대할 때 영혼의 기쁨을 주신다.

내가 당신에게 주의 이름으로 당부하고 싶은 것은 당신이 기쁨의 삶을 귀히 여기며 즐겁고 선한 양심을 누리고 싶다면, 천국을 묵상하며 하늘의 마음을 지니는 법을 배우라는 것이다. 그러면 당신은 당신의 수고에 수백 배가 넘는 차고 넘치는 엄청난 유익을 얻게 될 것이다. 그러나 문제는 인간의 속성인데, 그 속성 때문에 우리는 비참하게 된다. 즉, 모든 사람은 본성적으로 슬픔을 싫어하고 가장 신 나고 즐거운 삶을 좋아하지만, 그럼에도 기쁨으로 이르는 그 길을 사랑하는 사람들과 그 기쁨을 얻기 위해 수고하는 사람은 극히 드물다. 그들은 참된 기쁨을 얻기 위해 천국에 마음을 두기보다 당장 손에 닿는 것을 취하여 세상의 쾌락으로 만족한다. 아무튼 인생을 다 마친 후에 사람들은 천국에서 참된 기쁨을 누리거나, 그렇지 않으면 아무것도 없다.

하나님과 함께 천국의 일로 분주하라

천국을 바라는 마음은 유혹을 받아도 죄를 범하지 않는다. 천국에 대한 생각은 우리의 마음을 꼭 붙들어주기 때문이다. 부주의한 사람이 도둑을 유혹하는 것처럼, 우리가 게으를 때 마귀는 우리에게 유혹을 받는다. 하지만 천국을 바라보는 사람은 느헤미야처럼 유혹자에게 답변한다. "내가 이제 큰 역사를 하니 내려가지 못하겠노라 어찌하여 역사를 중지하게 하고 너희에게로 내려가겠느냐"느헤미야 6:3. 우리는 정욕에 빠져 방탕할 시간이 없다. 세상을 향해 야망을 취할 여유가 없다. 만일 당신이 주께서 허락하신 소명에 바쁘다면, 당신은 유혹에 빠질 여유가 없다. 만일 하나님과 함께 천국의 일로 바쁘다면 더욱 유혹과는 거리가 멀어질 것이다. 어떤 재판장이 삶과 죽음을 다루는 중대한 재판 과정에 갑자기 자리에서 일어나 밖으로 나가 길가의 어린이들과 장난을 치겠는가? 마찬가지로 천국의 영원한 안식을 바라보는 그리스도인이 사탄의 달콤한 유혹에 귀를 기울일 리 없다. 주의 왕국의 자녀는 사소한 일에 낭비할 시간이 없으며, 특히 그들이 하나님 왕국의 일을 위해 부름을 받았을 때는 더욱 그러하다. 이렇게 성도들이 천국과 깊게 관련하게 될 때 유혹에 빠지는 일은 쉽지 않다.

하늘의 마음은 영적인 것들에 대해 생생하고 참되게 파악하므로 죄로부터 가장 자유롭다. 그는 죄의 악함과 피조물의 허망함, 육체의 극악함, 관능적인 쾌락 등에 대해 깊은 통찰력을 지니고 있기 때문에 유혹은 그에게 힘을 발휘할 수 없다. 솔로몬이 "새가 보는 데서 그물을 치면 헛일이겠거늘"잠언 1:17이라고 말한 것처럼, 영혼을 낚아채려는 사탄의 그물을 분명히 보고 있는 자들에게는 사탄의 그물이 통하지 않는다. 이 땅은 사탄이 유혹하는 장소이며 이 땅의 것은 그가 사용하는 미끼다. 그러나 이 땅에 마음이 없고 하나님과 동행하는 그리스도인에게 이 세상의 것이 어떻게 덫이 될 수 있겠는가? 지혜롭고 박식한 사람들과 대화를 나누는 사람은 함께 지혜로워지기 마련이다. 하나님과 대화를 나누는 사람은 얼마나 지혜로워지겠는가? 만일 이 세상의 여행자가 지혜와 경험을 쌓고 집으로 돌아온다면, 천국을 다녀오는 사람들은 얼마나 많은 지혜와 경험을 쌓을 수 있겠는가? 그러나 세상 사람들은 세상에 대한 대화만을 나누므로 그들의 지식이 어두워지는 것은 당연하다. 따라서 사탄은 자기 뜻대로 그들을 사로잡을 수 있다. 항상 땅 밑에서만 사는 지렁이와 두더지가 어떻게 보겠는가? 이 땅의 먼지로 사람들의 눈이 멀어지면 그들은 소득을 신앙으로, 죄를 은혜로, 세상을 하나님으로, 자신의 뜻을 그리스도의 법으로, 그리고 마침내는 지옥을 천국으로 오해한다.

그러나 그리스도인이 세상의 생각을 멀리하고 하나님과 대화를 나누기 시작하면, 느부갓네살 왕에게 정신이 다시 돌아와서 들의 들짐승 상태에서 왕위로 다시 오른 것처럼 그의 정신이 맑아진다. 그는 영원한 세계를 어렴풋이 보고 다시 세상을 내려다본다. 그때 그가 어찌 그리스도를 소홀히 하는 어리석음에 빠질 수 있으며 육체적인 쾌락과 세상의 염려에 빠질 수 있겠는가? 그는 웃음에 관하여 미친 것이라 하고 헛된 쾌락에 대해 아무 소용이 없다고 말할 것이다전도서 2:2. 그는 의도적인 죄인들을 가장 정신 나간 사람으로, 그리스도와 하늘의 영광을 소홀히 여기는 가벼운 사람들을 무가치한 자로 생각할 것이다. 이러한 이유 때문에 죽어가는 사람이 일반적으로 그렇지 않은 사람보다 지혜로울 때가 많다. 이는 영원이 가까운 것을 느끼면서 건강하고 형통할 때 깨닫지 못한 영원한 세상에 대해 가슴이 아플 정도로 깊게 생각하기 때문이다. 그때 성도들에게 가장 지독하게 행하였던 많은 원수의 눈이 열리며 발람처럼 외칠 것이다. "나는 의인의 죽음을 죽기 원하며 나의 종말이 그와 같기를 바라노라"민수기 23:10. 하지만 죽음에서 회복되고 다시 내세에 대해 생각을 하지 않으면 그들은 다시 그 깨달음들을 잊어버린다.

그리스도인들이여! 만일 믿지 않는 자들도 영원에 접근했을 때 기이한 효과가 나타나 이전보다 훨씬 더 지혜로워진다면, 성도인 당신이 영원을 맛볼 때는 얼마나 귀한 영향이 나타나겠는가? 당신은 항상 하나님을 뵈며 살고 또한 영원한 상태를 생생하게 생각하며 지낼 수 있다. 분명한 것은 성도가 만일 그의 믿음을 성장하게 한다면 그는 보통 불신자가 죽음 앞에서 내세에 대해 깨닫는 것보다 더 빨리 그가 건강한 때에도 내세의 삶을 생생하게 깨달을 수 있다는 사실이다.

하늘의 마음은 또한 철저하게 천국의 고결한 즐거움을 좋아하므로 유혹에 맞서 견고하여진다. 죄의 활동에 가장 쉽게 대항하는 사람은 천국을 가장 잘 아는 사람이 아니라 천국을 가장 사랑하는 사람이다. 진리는 이해되어야 하듯, 선은 의지로 행해져야 한다. 그리스도인이 의지를 가지고 선을 행할 때 감미로운 기쁨을 누리게 된다. 그리스도인의 힘은 여기에서 나온다. 당신이 천국의 즐거운 맛을 보게 되면 당신은 쉽게 천국에서 벗어나지 않는다. 어린아이가 그 입에 사탕을 물고 맛을 보고 있을 때 뱉으라고 해도 뱉지 않는 것처럼. 당신이 숨겨진 만나를 먹으며 하늘의 즐거움을 자주 맛본다면 천국을 놓치지 않을 것이다. 죄를 대항하려는 당신의 결심이 강해질 것이며 세상의 어리석은 것에 대해서는 멸시할 것이고 그러한 유치한 장난감에 속아 놀아나는 것을 비웃을 것이다. 만일 베드로가 변화산에서 그리스도와 대화를 나누는 모세와 엘리야를 보고 있을 때 마귀가 그를 시험했다면 그가 그렇게 쉽게 주를 부인하였을까? 그의 눈에 모든 영광이 보이는데 그럴 수 있었을까? 그럴 리 없다. 마찬가지로 성도가 그리스도와 함께 천국에 있을 때 마귀가 그에게 다가온다면 그 영혼은 "사탄아 내 뒤로 물러가라. 네가 감히 나를 사소한 쾌락으로 설득할 수 있다고 보느냐? 내 마음을 나의 영원한 안식에서 훔칠 수 있다고 보느냐? 내가 너에게 속아 이 즐거움을 거저 팔 것으로 보이느냐? 이러한 영예와 즐거움이 대체 어디 있겠느냐? 내가 이것을 잃어서 얻을 것이 무엇이냐?"라고 외칠 것이다. 그러나 사탄은 우리가 내려올 때까지 기다린다. 그리고 우리 입에 있었던 하늘의 맛이 사라지고 심지어 우리가 보았던 영광을 잊어버릴 때 마귀는 쉽게 우리의 마음을 속인다. 이스라엘 백성이 땅 아래에서 먹고 마시며 우상 앞에서 뛰노는 동안 산 위에 있던 모세는 그렇지 않았다. 오, 만일 우리의 영혼이 하늘의 감미로움을 계속 누린다면 죄의 미끼에 대해 얼마나 경멸하며 침을 뱉겠는가?

그뿐만 아니라 마음이 하늘에 있는 동안 사람은 하나님의 보호하심 가운데 있게 된다. 만일 사탄이 우리를 공격하면 하나님께서는 반드시 우리 곁에 서서 우리를 보호하시며 "내 은혜가 네게 족하도다" 고린도후서 12:9라고 말씀하실 것이다. 어떤 사람이 하나님 축복의 길에 있을 때 그는 죄의 미혹에 빠질 위험이 적다. 만일 당신이 시험 가운데 있다면 강력한 이 치유책을 많이 사용하도록 하라. 하늘의 마음을 갖고 하나님과 친밀하게 지내라. 위에 계신 그리스도를 따라 주와 함께 당신의 일을 감당하라. 그러면 당신은 다른 사람보다 더 확실한 도움을 얻게 될 것이다. "지혜로운 자는 위로 향한 생명 길로 말미암음으로 그 아래에 있는 스올을 떠나게 되느니라"잠언 15:24. 언제나 "노아는 하나님과 동행하였기 때문에 의인이요 당대에 완전한 자"창세기 6:9였다는 사실을 기억하라. 또한 하나님께서 아브라함에게 "너는 내 앞에서 행하여 완전하라"창세기 17:1고 말씀하셨던 사실을 기억하라.

의무를 감당할 힘을 얻어라

당신의 마음을 부지런히 하늘에 둘 때 하나님은 당신에게 은혜로 주의 의무를 수행할 수 있도록 생기를 주신다. 신령한 그리스도인은 생동감 넘치는 그리스도인이다. 우리가 무디어지는 이유는 천국을 잘 모르기 때문이다. 이 땅의 불확실하고 소멸하는 보화를 얻기 위해서도 군인은 자신의 생명을 걸기도 하고 선원은 폭풍과 파도를 헤치고 나아가기도 한다. 이때 그 어떤 어려움도 그들을 막을 수 없다. 그렇다면 그리스도인이 자신의 영원한 보화를 종종 생각할 때 얼마나 부지런한 삶을 살려고 하겠는가? 우리는 주께서 주실 상에 대해 너무나 신경을 쓰지 않기 때문에 천천히 달리며 게으르다.

하늘에 늘 마음이 가 있는 사람을 관찰해보라. 당신은 그가 다른 그리스도인과 다르다는 것을 발견할 것이다. 그가 위에서 본 것들이 그의 모든 대화와 하는 일 가운데 나타날 것이다. 만일 그가 설교가라면 그의 설교는 참으로 천국의 설교일 것이다. 당신 자신이 천국과 관련되어 보라. 다른 사람이 당신과 대화하며 당신의 얼굴에서 빛이 나는 것을 보며 "당신은 산 위에서 하나님과 함께 있었음이 분명합니다"라고 말할 것이다. 그러나 만일 당신이 드러누워 있으면서 당신의 영적 침체와 둔함을 불평하고 있다면 그 불평의 원인은 다름 아닌 당신 자신이다. 당신은 그리스도를 사랑할 수 없고 주의 사랑 안에서 즐거워하지도 않으며, 기도나 여러 신앙의 의무에서 생동감이 없다. 그러면서도 여전히 당신의 영혼을 깨울 수 있는 천국과 관련된 일을 소홀히 한다면 당신의 영적 침체의 원인은 바로 당신 자신이다. 당신의 생명은 하나님 안에서 그리스도와 함께 감추어져 있지 않은가? 영혼의 생동감을 위해 당신이 그리스도 외에 어디로 갈 수 있겠는가? 그리스도가 계신 곳은 천국 외에 어디가 있겠는가? "그러나 너희가 영생을 얻기 위하여 내게 오기를 원하지 아니하는도다"요한복음 5:40. 만일 당신이 빛과 열을 원한다면 왜 햇볕을 쬐지 않는가? 천국을 의지함이 부족하니 당신의 영혼은 빛이 없는 등불 같고 당신의 의무는 제단 불이 없는 희생 제물 같다.

하지만 매일 주의 제단에서 석탄을 하나씩 가져와서 당신의 제물이 타는지 타지 않는지 보라. 당신의 등불에 이 불꽃으로 불을 붙이고 그 후 매일 기름을 공급하면서 그 등불이 찬란하게 빛을 발하는지 보라. 생명력을 주는 이 불을 계속 가까이하면서 당신의 사랑이 따스해지는지 살피라. 하나님의 사랑이 부족할 때 당신의 믿음의 눈을 하늘을 향하여 들고 주의 아름다움을 보며 주의 뛰어남을 묵상해보라. 그러면서 주의 친절하심과 완전한 선하심이 당신의 마음을 어떻게 황홀하게 하는지 살펴보라. 운동하면 식욕이 생기고 몸에는 힘과 원기가 생기듯, 천국을 묵상하는 훈련은 우리에게 은혜와 영적 생명력을 증가하게 해준다.

더욱이 당신의 제물을 위해 당신이 하늘에서 가져오는 불은 거짓되거나 이상한 불이 아니다. 천국을 묵상함으로 타오르게 되는 열정은 대부분 천국에서 오는 열정이다. 어떤 사람의 열심은 그들이 읽은 책에서 왔다. 또 어떤 사람의 열정은 뼈아픈 고난에서 온 것도 있다. 다른 어떤 열심은 감동을 주는 목사의 언변에서 왔고, 또 어떤 열심은 청중의 주목을 받으려는 의도에서 온 것도 있다. 그러나 천국의 길을 알며 날마다 참된 샘에서 물을 긷는 사람은 그 영혼이 생명수로 새로워지며 주의 백성에게만 주어지는 하늘의 생명력을 누릴 수 있다. 당신은 믿음으로 일반 사람들의 제사보다 훨씬 뛰어난 아벨의 제사를 드릴 수 있다. "이로 인해 의로운 자라 하시는 증거를 얻으니 하나님이 그 예물에 대해 그 신실하심을 증언하신다"히브리서 11:4. 다른 사람은 그들의 제물이 타지 않기 때문에 바알의 선지자들처럼 자신들을 칼로 찌르지만, 당신은 엘리야처럼 천국을 묵상하는 불수레를 타고 위로 치솟는다. 비록 육체와 세상은 당신의 제물이 타지 못하도록 찬물을 끼얹겠지만, 당신의 영혼과 제물은 찬란하게 타오른다.

"죽을 인생이 어떻게 하늘에 오를 수 있다는 말인가"라고 말하지 마라. 믿음은 날개가 있으며 묵상은 우리를 하늘로 옮기는 불수레다. 믿음은 당신의 제물을 태우는 화경火鏡(볼록 렌즈로서 빛을 모아 물체를 태움—역주)이며, 묵상은 제물이 태양을 향하도록 한다. 제물을 빨리 치우지 말고 그곳에서 제물을 한참 붙들라. 그러면 당신의 영혼은 행복을 느낄 것이다.

당신은 생동감이 넘치는 그리스도인을 보며 그들의 간절한 기도와 덕을 세우는 대화를 듣게 될 때 "오, 이 사람은 얼마나 행복한 사람인가? 오, 내 영혼이 이러한 복된 상태라면!"이라는 생각이 들지 않는가? 왜 내가 이토록 하나님의 이름으로 당신에게 간절히 권하겠는가?

의식적으로 당신의 영혼을 하늘로 향하라고 왜 이렇게 외치겠는가? 문둥병에 걸려 죽은 당신의 영혼을 요단 강에 자주 가서 목욕시킴으로 다시 소생하도록 하기 위함이 아니겠는가? 당신이 자신에게 주어진 자비를 의도적으로만 소홀히 하지 않는다면 당신은 하나님이 계심을 알게 되면서 더욱 활력이 넘치는 즐거운 삶을 살게 될 것이다.

환난 가운데 힘을 얻는 천국을 묵상하는 기술을 익히라

믿음 가운데 하늘의 영광을 자주 대하는 것은 모든 환난 가운데 힘이 된다. 우리의 영혼을 북돋아 주는 하늘의 위로는 우리의 어려움을 넉넉히 이길 힘과 인내와 기쁨으로 고난을 감당할 수 있는 능력을 준다. 또한 어려움 가운데 그리스도를 저버리지 않도록 우리의 결심을 강하게 한다. 만일 천국으로 가는 길이 항상 힘들기만 하다면 얼마나 지루하겠는가? 오, 우리 장래의 안식과 함께 동반되는 달콤한 병과 징계와 투옥과 죽음이여! 하늘의 기쁨은 영혼이 병들어 고통당하는 것을 막으니, 오직 육체만 고통당할 뿐이다. 만일 영원한 안식을 맛봄 없이 그저 고난만 있다면 우리는 비탄에 빠질 것이며 죽음은 더욱 끔찍할 것이다. "내가 산 자들의 땅에서 여호와의 선하심을 보게 될 줄 확실히 믿었도다"시편 27:13. 여호와의 선하심을 이 땅에서 맛보지 못한다면 낙심하게 될 것이다. "내가 여호와께 바라는 한 가지 일 그것을 구하리니 곧 내가 내 평생에 여호와의 집에 살면서 여호와의 아름다움을 바라보며 그의 성전에서 사모하는 그것이라 여호와께서 환난 날에 나를 그의 초막 속에 비밀히 지키시고 그의 장막 은밀한 곳에 나를 숨기시며 높은 바위 위에 두시리로다 이제 내 머리가 나를 둘러싼 내 원수 위에 들리리니 내가 그의 장막에서 즐거운 제사를 드리겠고 노래하며 여호와를 찬송하리로다" 시편 27:4~6.

우리가 이러한 기쁨을 누리는 한 모든 고난은 아무것도 아니다. 제자들이 박해와 두려움 때문에 문을 닫고 있었어도 부활하신 예수님은 안으로 들어오셔서 그들 가운데 서서 말씀하셨다. "너희에게 평강이 있을지어다" 요한복음 20:19. 바울과 실라는 깊은 감옥에 갇혀 많은 매를 맞고 그들의 발은 차꼬에 든든히 묶이게 되었다. 하지만 그들의 영혼은 하늘에 있을 수 있었다. 순교자들은 박해자들이 우쭐함 가운데 횡포를 부리며 무서운 박해를 가해도 자신들이 지옥의 불꽃을 피할 것을 알고, 하늘의 불수레가 그들을 영원한 안식으로 옮길 것을 미리 보면서, 고통의 불꽃 가운데서도 더 큰 안식을 누릴 수 있었다. 만일 하나님의 아들이 우리와 함께 걸으신다면 우리를 용광로에 넣은 박해자들은 그 불꽃에 타더라도 우리는 그 가운데서도 안전하다. 아브라함은 갈 바를 알지 못하나 그의 고향을 떠났는데 "이는 그가 하나님이 계획하시고 지으실 터가 있는 성을 바랐기" 히브리서 11:10 때문이다. 모세는 "그리스도를 위하여 받는 수모를 애굽의 모든 보화보다 더 큰 재물로 여겼으니 이는 상 주심을 바라봄이라 믿음으로 애굽을 떠나 왕의 노함을 무서워하지 아니하고 곧 보이지 아니하는 자를 보는 것같이 하여 참았다" 히브리서 11:26~27. 심지어 예수님에 대해서도 《성경》은 "믿음의 주요 또 온전하게 하시는 이인 예수를 바라보자 그는 그 앞에 있는 기쁨을 위하여 십자가를 참으사 부끄러움을 개의치 아니하시더니 하나님 보좌 우편에 앉으셨느니라" 히브리서 12:2고 증거하고 있다.

이것이 믿음으로 말미암은 고결한 유익이다. 믿음은 수단과 목적을 동시에 바라본다. 우리가 인내하지 못하고 하나님을 비난하게 되는 가장 큰 이유는 벌어진 악만을 보며 그 악을 넘어선 것을 바라보지 못하기 때문이다. 십자가와 무덤에 계시던 예수님만 보았던 사람들은 머리를 흔들며 예수께서 실패했다고 생각했다. 하지만 하나님께서는 죽으시며 장사 되시며 부활하시며 영화롭게 되시는 예수를 보셨다. 이 모든 것을 한눈에 보셨다. 그러므로 믿음은 하나님 약속의 도움을 받으며 하나님을 본받아 모든 것을 한눈에 본다. 우리는 하나님께서 우리를 땅 아래로 묻으시는 것만을 보지만, 우리가 다시 일어나게 될 따스한 봄을 미리 내다보지 않는다. 우리가 우리를 다루시는 하나님의 모든 섭리의 끝이 우리를 위해 예비 된 천국이라는 사실을 보기만 한다면, 현재의 사건 때문에 비탄에 빠지는 일은 없을 것이다. 만일 하나님께서 우리를 일어나게 하셔서 이 부활의 생명을 얻게 하신다면, 우리는 천국과 죄는 대단히 멀리 떨어져 있음을 발견하면서도 천국과 감옥 또는 추방, 천국과 고래의 뱃속이나 사자의 동굴, 천국과 소멸하게 하는 병마 또는 다가오는 죽음은 그리 먼 거리가 아닌 것을 보게 될 것이다. 오히려 우리는 "아브라함이 그리스도를 볼 것을 즐거워하다가 보고 기뻐하였던 것"요한복음 8:56처럼, 가장 외로운 상태에서도 그리스도께서 우리에게 안식을 주실 그날을 바라보며 기뻐하게 될 것이다.

그리스도인들이여! 나는 복음의 영광을 위해, 당신 영혼의 위로를 위해 당부하기를 천국을 묵상하는 이 아름다운 기술을 잘 배워 가장 어려운 상황에서도 이 기술을 사용하기를 바란다. 스데반과 함께 "하나님의 영광과 및 예수께서 하나님 우편에 서신 것을 보는"사도행전 7:55 사람은 돌에 맞아 죽는 것도 평안하게 감당할 수 있다. 이는 주의 기쁨이 있기 때문이며 천국의 기쁨을 알기 때문이다. 만일 우리가 힘이 되시는 주님과 동행하지 않는다면 우리가 환난 가운데 얼마나 오래 버틸 수 있겠는가?

안드레아 만테냐Andrea Mantegna의 〈십자가에 못 박힌 예수〉(1501~1503년), 파리 루브르 박물관 소장.

인간은 죄인이다. 이는 아담과 하와가 하나님의 명령인 선악과를 따먹지 말라는 말씀을 어겼기 때문이다. 이 문제를 해결해 주시기 위해 예수님이 십자가를 지셨다. 그래서 우리는 하나님 앞에 담대히 나아갈 수 있게 되었다. "누구든지 주의 이름을 부르는 자는 구원을 얻으리라"로마서 10:13. 그러므로 인간은 길이요 진리요 생명이신 예수님을 말미암지 않고는 절대 구원받을 수 없다.

다른 사람에게 유익을 주는 삶을 살라

천국에 대해 대화를 나누는 그리스도인은 그의 주변의 사람에게 유익을 준다. 어떤 사람이 타지에 갔을 때 자기 고향 사람을 만나면 매우 반갑다. 고향 소식과 서로 주고받는 소식은 기쁨을 준다. 요셉이 형제들과 대화를 나누며 아버지와 베냐민에 대해 물을 때 그 즐거움이 어떠했겠는가? 그리스도인이 천국을 다녀온 형제들과 함께 하늘 아버지와 예수님에 대해 묻는 것도 마찬가지다. 세상 사람들은 세상에 대해서만 이야기하며, 정치인들은 나랏일들, 학자들은 지식에 대해, 일반 종교인은 종교 의무에 대해 말한다. 마찬가지로 하늘을 바라보는 사람은 하늘에 대해, 그리고 그의 믿음을 통해 본 신기한 영광과 그곳에서의 신속하고 복된 만남에 대해 대화할 것이다. 이때 그의 표현은 매우 신선하고 유용하다. 그의 말은 듣는 사람의 마음을 찌르고 녹여 그 사람을 다른 사람으로 변화하게 한다. 그의 입이 주의 이름을 말하며 그 위대함을 하나님께 돌릴 때 그의 "교훈은 비처럼 내리고 그 말은 이슬처럼 맺히나니 연한 풀 위의 가는 비 같고 채소 위의 단비 같다"신명기 32:2. 하늘에 대한 그의 감미로운 말은 마치 그리스도의 머리 위에 부어진 '귀한 향유'와 같아서 "그 향유 냄새가 온 집에 가득한 것과 같다"요한복음 12:3. 그래서 그의 주변의 모든 사람은 그 향기로 말미암아 힘을 얻게 된다.

천국을 맛보는 목사를 둔 성도들은 얼마나 행복한가? 천국을 체험하는 아버지와 주인을 모신 자녀나 사환들은 얼마나 복된가? 당신이 가는 길을 살펴주며, 당신이 연약할 때 힘을 주고, 당신이 낙심할 때 격려하는 그러한 하늘을 누리는 동료를 둔 사람은 얼마나 다행인가? 자신이 받은 위로로 남들을 위로할 수 있는 사람들은 보통 하나님께 자주 위로를 받는 사람들이다. 그는 언제나 당신의 영적인 삶에 불이 붙도록 바람을 불어주며 당신의 영혼을 하나님께로 이끌고 사마리아 여인처럼 당신에게 "내가 행한 모든 일을 내게 말한 사람을 와서 보라 이는 그리스도가 아니냐"요한복음 4:29, "이분이 바로 죽기까지 우리의 영혼을 사랑하신 그분이 아니냐? 하나님과 그리스도를 아는 지식이 영생이 아니겠는가? 성도의 영광은 그리스도의 영광을 보는 것이 아니겠는가?"라고 말할 것이다.

이 사람의 집으로 가서 그의 탁상에 앉아보라. 그러면 그가 당신의 영혼을 하늘의 감미로운 맛있는 음식으로 배부르게 할 것이다. 그와 함께 여행을 다녀보라. 그는 당신을 하늘로 향하는 여행으로 인도하며 당신의 마음을 뜨겁게 할 것이다. 그와 이 세상에서 거래해보라. 그는 당신에게 '가장 귀한 진주'를 사라고 권할 것이다. 만일 당신이 그에게 잘못하면 그는 그리스도께서 자기의 더 큰 죄악을 용서해주신 사실을 기억하며 용서할 것이다. 당신이 화를 내더라도 그는 하늘 아버지의 모습을 닮아 온유할 것이다. 만일 당신이 그를 실망하게 하면, 그는 여전히 천국에서 당신이 영원한 자신의 친구라는 사실을 기억하면서 즉시 당신을 찾아와 친밀함을 회복할 것이다.

이것이 그리스도인의 온전한 특징이며 그의 주변에 있는 사람은 그 그리스도인 때문에 점점 나아진다. 이러한 특징에 비교해 볼 때 천국을 바라보지 않는 다른 그리스도인의 모임은 얼마나 무익한가? 어떤 사람이 하늘에서 내려왔다고 하자. 그러면 사람들이 얼마나 그가 다른 세상에서 보고 누린 복에 대해 듣고 싶어 하겠는가? 사람들은 그를 최고의 동료로 생각하며 그와 대화하는 것을 가장 유익하다고 느낄 것이다. 그렇다면 당신은 왜 그러한 성도들과 함께하는 것을 가장 귀히 여기지 않으며, 그들에게 질문하고, 그들과 대화하는 것을 더 즐기지 않는가? 각 성도는 천국을 들러야 하며 영으로 그곳에 늘 있어야 하고 복음의 망원경으로 천국을 자주 관찰해야 한다. 나는 이 세상에서 가장 똑똑한 변론가나 가장 품위 있는 군주들과 함께하는 것보다 하늘의 마음을 가진 그리스도인과 함께하는 것이 훨씬 좋다.

하나님을 존귀하게 여기라

천국에 대해 말하는 사람만큼 하나님을 영화롭게 하는 사람이 없다. 자녀가 옥수수 껍질을 먹고 누더기 옷을 입고 다니며 건달이나 거지들과 함께 돌아다니면 그 부모에게 치욕이 된다. 마찬가지로 하나님의 자녀라고 하는 우리가 하나님 앞에 항상 서기보다, 세상의 것을 먹으며, 세상의 지저분한 것으로 우리 영혼의 옷을 삼고, 세상의 썩을 것에 우리의 마음을 두고 항상 세상의 것들을 말한다면 이는 하나님께 치욕이 된다. 우리는 분명히 높은 하늘의 소망을 따라 하늘 왕의 자녀답게 살아야 하는데 그렇지 못하다. 하늘 아버지의 양식과 성도들을 위해 크게 마련된 것들을 누려야 하는데 그렇지 못하다. 다행히도 우리 하늘 아버지는 자녀가 누더기를 입고 주께 불명예를 끼쳐도 온유하신 사랑으로 그들에게 오래 참으신다. 만일 주께서 먼저 우리에게 관심을 보여주지 않으신다면 우리 자신이든 다른 사람이든 주의 백성인 사실을 모를 것이다. 그러나 그리스도인이 위의 삶을 살며 보이지 않는 것으로 그 영혼을 즐겁게 할 때 하나님은 큰 영광을 받으신다. 주께서는 그러한 그리스도인을 위해 친히 증거해주실 것이다. "이 사람은 나를 믿으며 내 말을 그대로 따랐다. 그는 자신이 소유하게 될 나의 약속 안에서 기뻐했다. 그는 육의 눈으로 볼 수 없는 부분에도 감사할 수 있었으니 그의 즐거움은 육체에 있지 않았다. 그의 마음은 나와 함께 한다. 그는 나와 함께하는 것을 좋아하며 그는 정말로 영원한 나의 왕국에서 영원히 나와 함께하는 것을 즐거워한다."

"보지 못하고 믿는 자들은 복되도다"요한복음 20:29. "나를 존중히 여기는 자를 내가 존중히 여기리라"사무엘상 2:30. 갈렙과 여호수아가 약속의 땅으로 들어가서 그들의 형제들에게 맛있는 열매들을 가져와서 그 좋은 땅에 대해 호평을 하며 백성을 권면했을 때 하나님께서는 얼마나 영광을 받으셨겠는가? 그들이 받은 약속과 보상은 매우 컸다.

영원한 안식에 대한 약속을 기억하라

위의 것을 좋아하지 않는 영혼은 주의 명령을 불순종하게 되며 하나님 말씀의 은혜롭고 즐거운 약속을 체험하지 못한다. 우리에게 믿고 그리스도인이 되라고 명하신 하나님은 우리에게 "위의 것을 찾으라 거기는 그리스도께서 하나님 우편에 앉아 계시느니라 위의 것을 생각하고 땅의 것을 생각하지 말라"골로새서 3:1~2고 명하셨다. 우리에게 살인과 도둑질과 간음을 금하신 하나님께서는 하늘을 생각하는 이 의무를 소홀히 하는 것을 금하셨다. 그런데 당신이 이 명령을 의도적으로 거역하겠는가? 다른 명령을 의식한다면 이 명령도 의식해야 하지 않은가? 하나님께서 하늘을 생각하는 것을 당신의 위로의 수단이며 동시에 당신의 의무로 만드신 이유는 두 겹으로 당신을 붙들어 이 귀한 은혜를 놓치지 않게 하시기 위해서다. 더욱이 당신이 절대로 잊지 말아야 할 것은 천국에 대한 가장 영광스러운 묘사와 미래의 복과 영원한 안식에 대한 귀한 약속들이다. 이는 천국을 놓치지 않기 위해서다. 이러한 것은 《성경》이라는 하늘에 찬란하게 붙어 있는 별들이며 하나님의 책 안에 금으로 쓰인 구절들이다.

당신은 이러한 약속을 하나라도 세상 때문에 버려서는 안 된다. 우리가 받은 모든 자비가 천국에서 완전한 것처럼, 복음이 제시하는 천국의 약속은 복음의 생명과도 같다. 하나님의 입에서 나온 천국의 위로의 말씀은 이 세상의 모든 위로와 비교될 수 없을 정도로 크다. 그런데 당신은 하나님의 많은 약속을 소홀히 여기겠는가? 하나님께서 그렇게 많은 권면을 통해 우리가 소유하게 될 기쁨들을 미리 말해주시는 이유는 지금 우리를 기쁘게 하기 위한 것 외에 무엇이 있겠는가? 만일 하나님께서 우리에게 하늘의 즐거움을 미리 맛보지 못하게 하셨다면, 우리는 주의 목적을 알지 못하며, 주께서도 우리가 직접 가서 그 축복을 체험할 때까지 알려주지 않으셨을 것이다. 심지어 우리가 그 안식을 소유하게 되었다고 해도 주께서 여전히 그 영원함을 감추시면 우리는 그 안식을 잃을까 하는 두려움 때문에 그 즐거움이 덜하여질 것이다. 그러나 하나님께서는 주의 마음을 여시고 우리에게 주의 의도가 무엇인지 알게 해주셨다. 주의 의도는 우리의 기쁨이 충만한 것이며 우리가 주의 나라의 상속자로 살게 하시려는 것이다.

우리는 이 모든 것을 대충 보아 넘겨서는 안 된다. 또한 주께서 기록하여 주신 이 모든 즐거움을 더 이상 즐거워하지 않고 세상 염려와 슬픔에 빠져서도 안 된다. 만일 당신의 왕이 당신에게 높은 지위를 허락하시기로 인을 치셨다면 당신은 그 지위를 직접 차지하게 될 때까지 얼마나 자주 그 지위를 바라보며 마음속으로 즐거워하겠는가? 하나님께서는 당신에게 천국에 들어갈 자격증을 주셨다. 당신은 그것을 곁으로 밀쳐두고 잊지 마라.

우리의 마음을 주님께 두라

하나님의 마음이 우리에게 있듯이 우리의 마음이 하나님께 있어야 공평하다. 만일 영광의 주께서 죄 많은 티끌과 같은 우리에게 마음을 두시기 위해 자세를 낮추셨다면, 우리 또한 그리스도와 천국에 우리의 마음을 두는 것은 당연하다. 주께서 우리에게로 오시기 위해 내려오셨다면 우리는 날마다 사랑하는 마음으로 주께 올라가야 마땅하다. 그리스도인들이여! 하나님의 마음이 당신에게 있다는 사실을 깨닫는가? 나아가 당신이 자신과 주님을 잊을 때에도 주께서는 여전히 따스한 사랑으로 당신을 잊지 않고 맘에 두신다. 주께서는 매일 당신에게 자비를 베푸시고, 당신의 영혼에 역사하시며, 당신의 육체의 필요를 공급하시고 보호해주신다. 주께서는 사랑의 팔로 당신을 계속 안으시고, 모든 것이 합력하여 선을 이룰 것을 약속하시며, 주의 모든 섭리가 당신에게 가장 큰 유익이 되도록 하시고, 당신을 지키시기 위해 주의 천사들을 보내신다. 그런데 당신은 이 땅의 쾌락에 사로잡혀서 당신을 절대 잊지 않으신 주를 잊고 살려는가?

당신은 주께서 우리를 향해 어떤 친절한 마음을 갖고 계시는지 주의 음성을 들어보라. "오직 시온이 이르기를 여호와께서 나를 버리시며 주께서 나를 잊으셨다 하였거니와 여인이 어찌 그 젖 먹는 자식을 잊겠으며 자기 태에서 난 아들을 긍휼히 여기지 않겠느냐 그들은 혹시 잊을지라도 나는 너를 잊지 아니할 것이라 내가 너를 내 손바닥에 새겼고 너의 성벽이 항상 내 앞에 있느니라"이사야 49:14~16. 그러나 주께서는 우리가 주를 어떻게 여기는지를 정반대로 말씀하신다. "처녀가 어찌 그의 패물을 잊겠느냐 신부가 어찌 그의 예복을 잊겠느냐 오직 내 백성은 나를 잊었나니 그날 수는 셀 수 없다"예레미야 2:32. 이는 주께서 마치 "너는 아침에 일어날 때마다 옷 입는 것을 기억하며 옷을 꺼내 입을 때마다 마땅한 옷을 찾지 못한다. 이러한 일이 너의 하나님을 찾는 일보다 더 귀한가? 너의 영생보다 더 중요한가? 그럼에도 너는 여전히 날마다 나를 잊고 영생을 잊는 구나"라고 탄식하시는 듯 하다. 그러므로 하나님께서 우리 때문에 탄식하시는 일이 없도록 하라. 오히려 우리의 영혼이 하나님께로 깨어나서 매일 아침 주를 뵙고 순간마다 우리의 마음이 주를 향하도록 하자.

천국에서 받을 축복을 생각하라

천국에 대한 우리의 관심은 지속적으로 우리의 마음이 천국에 있게 한다. 그곳에서 하나님은 온 우주를 다스리시는 어전회의御前會議를 진행하신다. 우리는 그분을 "하늘에 계신 우리 아버지"로 부른다. 또한 그곳에는 우리의 머리시며 남편이시며 생명이신 그리스도께서 계시다. 우리가 직접 얼굴을 맞대고 주를 뵐 때까지 그분을 바라보며 가능한 한 자주 안부를 전해야 하지 않을까? "만물을 회복하실 때까지는 하늘이 마땅히 그를 받아 두리라"사도행전 3:21 했으니, 하늘이 주와 함께 하려는 우리의 마음도 받아줄 것이다. 그곳에는 셀 수 없이 많은 형제가 있고 이 땅에서 사귀며 함께 즐겁게 지내던 우리의 친구들과 오랜 지인들이 있다.

만일 그들이 이 땅 가까운 곳에 있다면 당신은 그들을 방문할 것이다. 그렇다면 왜 하늘에 있는 그들을 영으로 자주 방문하지 않는가? 그들을 그곳에서 만날 것을 생각하며 미리 기뻐할 수는 없는가? 어떤 나이 든 목사는 "소크라테스Socrates는 자신이 죽게 된 것을 기뻐했는데 그 이유는 그가 호머Homer와 헤시오도스Hesiodos 및 다른 뛰어난 사람을 만날 수 있다고 믿었기 때문이다. 그렇다면 하나님의 영원한 아들이시며 육체를 입으신 예수 그리스도를 분명히 만나게 될 나는 얼마나 더 많이 기뻐해야 하겠는가. 더욱이 지혜롭고 거룩하고 유명한 족장들과 선지자들과 사도들을 만날 것이니 얼마나 기쁘겠는가"라고 말을 했다. 성도들은 천국을 바라보면서 그곳의 복된 상태에 있는 성도들을 묵상하고 이러한 생각을 해보아야 한다. "나는 아직은 여러분과 직접 만나는 행복을 누릴 수는 없지만, 여러분을 만날 생각하니 그것이 매일 나의 위로가 됩니다. 여러분은 나의 형제이며 그리스도 안에서 동료입니다. 그러므로 여러분의 기쁨이 나의 기쁨이며, 여러분의 영광이 나의 영광입니다. 특별히 나는 여러분이 그렇게 존귀하게 된 원인이 똑같은 그리스도를 믿은 것임을 알고 나도 같은 믿음과 같은 순종을 붙들고 있습니다. 나는 여러분과 성령 안에서 기뻐합니다. 나의 매일의 묵상 가운데 여러분의 행복을 축하하고 있습니다."

더욱이 우리의 집과 가정도 위에 있다. "만일 땅에 있는 우리의 장막 집이 무너지면 하나님께서 지으신 집 곧 손으로 지은 것이 아니요 하늘에 있는 영원한 집이 우리에게 있는 줄 안다"고린도후서 5:1. 그렇다면 왜 우리는 더 자주 하늘을 바라보며 "탄식하며 하늘로부터 오는 우리 처소로 덧입기를 간절히 사모하지 않는가?"고린도후서 5:2. 우리의 집이 아무리 비천해도 그것이 우리의 집이기 때문에 우리는 그 집을 분명히 기억한다. 만일 당신이 낯선 땅으로 추방당한다면 당신의 마음은 얼마나 집을 그리워하겠는가? 그런데 하늘에 대해서는 왜 그러하지 못할까? 우리가 영원한 처소를 취할 수 있는 곳으로는 천국이 이 땅의 집보다 우리의 집이 되기에 더욱 안성맞춤 아닌가? 이 땅의 집에서는 언제라도 헤어져 다시는 보지 못하는 때가 있지 않은가?

우리는 이곳에서 이방인이며 천국이 우리의 고향이다. 우리는 천국의 상속자이며 천국은 우리의 유업이다. 그 유업은 "썩지 않고 더럽지 않고 쇠하지 아니하는 유업이며 우리를 위하여 하늘에 간직하신 것이다"베드로전서 1:4. 여기서 우리는 끊임없는 괴로움과 부족함이 있지만, 그곳에는 "더 낫고 영구한 소유가 있다"히브리서 10:34. 그렇다. 우리 영혼의 소망은 그곳이다. 우리의 괴로움으로부터 해방되는 소망도, 이곳의 비참에서 벗어나 행복을 누릴 소망도 하늘에 있다. 우리의 모든 소망은 하늘에 우리를 위해 마련된 것에 있다.

당신은 왜 천국에 많은 축복이 있는데도 그곳을 생각하지 않는가? 왜 전혀 천국을 좋아하지 않는가? 모르는 사람들과 동반하는 것은 즐거워하면서 어떻게 하나님을 잊어버리는가? 우리를 미워하고 괴롭게 하는 자들과 함께하는 것을 즐거워하면서 어떻게 가장 가까웠던 친구들을 잊어 가는가? 잠깐 있다 사라지는 사소한 것은 좋아하면서 어떻게 영원한 기쁨과 안식을 잊어버리는가? 하나님께서는 모든 세상에서 우리를 선택하여 주의 백성으로 삼으셨다. 그럼에도 언제나 우리를 소유하길 원하시며 우리에게 선을 행하기를 작정하신다. 그렇다면 왜 우리는 주님이 우리의 하나님이시며 그곳은 우리의 소유라는 것을 알면서도 왜 주 안에서 그 축복을 간청하지 않으며 마음을 위로 올리지 않는가? 사람들은 일반적으로 자신의 것을 너무 사랑하고 귀히 여기며 마음을 쓴다. 그러나 우리는 참된 가치가 있는 유업을 귀하게 여기며 더 관심을 둬야 한다.

천국 외에는 마음을 두지 마라

천국 외에는 우리 마음을 둘 만한 가치가 세상에는 없다. 만일 하나님이 우리 마음을 받을 자격이 되지 않으신다면 누가 받을 자격이 되는가? 만일 당신의 마음이 주의 안식에 있지 않다면 어디에 있는가? 당신은 하나님 외에 다른 것을 찾아냈는가? 영원한 안식 외에 또 다른 것이 있는가? 이 땅에서 영원한 행복이라도 찾았는가? 그것을 찾아낸 사람은 누구인가? 그 행복은 정말로 지속하는 즐거움인가? 그곳에 거해 본 적이 있는가?

당신이 발견한 것을 신뢰하지 마라. 실제로 확인하기까지는 당신이 얻은 것을 자랑하지 마라. 땅에 존재하지 않는 것을 찾고 있는 자신에게 실망하지 마라. 주의 말씀에서 하나님의 경고에 의해 쉽게 발견하고 배울 수 있는 것을 평생 걸쳐 배운 후에 자신의 영혼을 잃는 사람들이 있다. 당신 앞에 있던 많은 사람이 이미 그들의 영혼을 잃었다. 사탄이 당신을 이끌어 유혹의 산에 데려가서 "천하 만국과 그 영광을 보여주더라도"마태복음 4:8, 그는 당신에게 안식보다 더 좋아할 만한 아무것도 보여줄 수 없다. 우리는 우리의 의무와 필요를 채우기 위해 세상의 것들이 필요할 뿐이다. 그러므로 우리는 하늘의 것들에 마음을 쓰는 것에 만족해야 한다. 하지만 자기 자신을 세상의 것들에 국한하는 그 사람은 누구인가? 만일 우리가 우리의 염려와 생각을 부지런히 절제하면, 우리는 인생의 쓰라림과 고됨을 전혀 발견하지 않게 될 것이다.

그리스도인들이여! 이 세상의 모든 것의 허황함을 보라. 반면에 하늘 위의 것들의 귀중함을 보라. 만일 당신의 생각이 부지런한 벌처럼 세상의 이 꽃 저 꽃을 찾아 헤매며, 피조물에서 피조물로 찾아 헤맨다면 영원한 천국과 관련된 꿀과 달콤함은 전혀 모으지 못할 것이다. 비록 하나님의 모든 진리가 귀하고 또한 흠 없이 보존되어야 하지만, 우리의 모든 진리 연구는 언제나 우리의 영원한 안식과 관련되어야 한다. 그 이유는 "종교적인 논쟁을 사랑하는 자들은 하나님 사랑의 불꽃으로 결코 따스해진 적이 없기" 때문이다. 마찬가지로 교회와 나라의 일도, 하나님의 섭리를 설명하는 것도, 복음의 안정과 그리스도의 다스림을 말하는 것도, 우리 자신의 영혼 구원과 우리 후손의 영혼 구원을 고민하는 것도, 결과적으로 오직 영원과 관련될 때에만 부지런히 관찰할 가치가 된다. 심지어 이 세상에서 우리가 대하는 모든 일, 즉 사고파는 일, 먹고 마시는 일, 집을 짓고 결혼하는 일, 전쟁과 평화 등이 내세의 삶과 연결되지 않고 단지 우리의 육체를 즐겁게 하는 것으로 한정된다면 그리스도인은 이러한 것들에 대해 자주 생각해 볼 필요가 없게 된다. 이제 당신의 양심은 천국 외에는, 천국에 이르는 길 외에는 마음을 쏟을 가치가 없다고 말하지 않는가?

나는 당신이 해야 할 일은 하늘의 것들에 마음을 두는 것임을 입증했다. 만일 당신이 아니라고 말한다면, 나는 당신이 자신의 양심을 속이는 것이라고 확신한다. 만일 당신이 이제 이 의무를 해야 한다고 인정했다면, 이제 당신이 의도적으로 고백한 이 의무를 소홀히 할 때마다 당신의 혀와 당신의 고백이 당신을 정죄하고 책망할 것이다. 철저하게 온 맘을 다하라. 그 일은 이미 반 이상이 이루어졌다. 이제 나는 당신이 이 위대한 일을 잘할 수 있도록 몇 가지 지침을 주고자 한다. 그러나 만일 당신에게 이 지침을 준행할 생각이 없다면 그 지침은 헛될 것이다. 하지만 나는 그 지침을 당신에게 알려주겠다. 주께서 당신의 마음이 그 지침에 따라 행하도록 설득하시길 기도한다.

Chapter 12 | Directions of Heavenly Life

세상에서 천국의 삶을 유지하기 위한 지침

당신이 지금까지 세상의 일들과 헛된 것들과 부적절한 것들을 날마다 생각해 왔다면, 이제는 다가올 삶의 뛰어난 영광을 날마다 생각하라. 그러면 당신의 마음은 어느새 천국에 있게 될 것이다.

당신이 천국의 대화에 담긴 위로를 가치 있게 여기므로 나는 당신이 그 위로를 놓치지 않도록 몇 가지 위험한 장애물과 또한 천국의 삶에 이르는 데 도움을 줄 수 있는 몇 가지 의무 사항을 알려주려 한다.

천국의 생활을 막는 장애물

이 장애물들은 모든 방법을 동원해서라도 당신이 꼭 피해야 한다.

알고 있는 죄 가운데서의 삶. 알고 있는 죄 가운데서 살아가는 것은 천국의 삶을 유지하는 데 가장 큰 장애다. 죄는 우리의 영혼을 황폐하게 하고 기쁨을 파괴한다. 우리의 아름다움을 파괴하고 영혼의 건강을 잃게 한다.

그리스도인들이여! 당신은 양심에 폭력을 행사하는 당신이 잘 아는 죄를 짓고 있는가? 공적이든 사적이든 또는 은밀하든 당신은 마땅히 제거해야 할 어떤 죄를 의도적으로 소홀히 하고 있지는 않은가? 당신은 탐욕에 빠져 있거나 감각의 노예가 되어 있는가? 당신은 자신의 명예를 추구하는 교만한 자인가? 당신은 매사에 시비를 거는 까다로운 사람인가? 누가 조금이라도 당신을 우습게 알면 참지 못하고 당장 분노를 터뜨리는가? 다른 사람을 대할 때 간교한가? 옳고 그른 것에 상관없이 부유해지려고 노력하는가? 만일 당신이 여기에 해당한다면 당신의 영혼은 천국의 생활을 누릴 수 없다. 자기 눈 안의 들보를 보지 못하는 사람은 천국을 볼 수 있는 시력을 잃는다. 당신이 잘 알고 있는 죄 가운데서 살아가는 것은 당신과 하나님 사이에 구름을 끼게 하는 것이다.

당신이 영원을 연구하고 내세로부터 오는 힘을 얻으려고 하면 당신이 지은 죄는 당장 당신을 바라보며 "이러한 일들은 당신에게 해당하지 않아. 어떻게 육체의 정욕 가운데 많은 쾌락을 취하는 당신이 하늘로부터 위로를 받을 수 있겠어"라고 핀잔한다. 당신의 죄가 당신의 기쁨을 얼마나 쉽게 꺾어버리는지, 그날과 상태를 생각할 때마다 당장 당신의 삶은 즐거움이 아니라 괴로움이 된다. 모든 의도적인 죄는 불을 꺼뜨리는 물처럼 당신의 기쁨에 찬물을 끼얹는다. 당신이 기쁨을 생각하려고 하면, 그 죄는 당장 그 기쁨을 제거할 것이다. 날개 잘린 새가 하늘을 날 수 없는 것처럼, 죄에 의해 철저하게 무기력하게 되고 무능해진 영혼은 신성한 묵상 가운데 날아오를 수 없다. 죄는 천국의 삶을 살게 하는 모든 근육을 잘라버리기 때문이다.

그러면 알고 짓는 죄 때문에 당신이 어떤 삶을 잃고 있는지 아는가? 당신의 그 더러운 죄 때문에 날마다 어떤 즐거움을 잃고 있는지 아는가? 만일 천국과 지옥이 닿을 수 있고 하나님이 죄를 사랑하시는 것이 가능하다면 당신은 죄 가운데 살아도 될지 모르겠다. 그러한 일이 가능하다면, 당신의 부패를 소중히 여기면서도 하늘의 영광을 미리 맛보며 하늘의 대화를 나눌 수 있을지 모르겠다. 그러나 그러한 일은 있을 수 없다. 그 죄 때문에 당신의 마음이 천국을 누리지 못하는 것처럼, 혹시 그 죄 때문에 실제로 당신이 천국에서 추방될지 모른다. 지금은 비록 당신이 어떤 죄도 짓지 않았고, 어떤 죄가 당신을 다스리지 않는다고 해도 언젠가 당신이 여기에 해당하게 된다면, 당신은 슬픈 일을 당할 수밖에 없다. 그러므로 죄를 지을 기회나 유혹에서 벗어나기를 결심하라. 매일 "우리를 시험에 들게 하지 마시옵고 다만 악에서 구하시옵소서"마태복음 6:13라고 기도하라.

세상의 마음. 세상의 마음은 우리가 조심스럽게 피해야 할 장애물이다. 하나님과 맘몬, 그리고 세상과 천국이 동시에 당신의 마음에 즐거움이 될 수는 없다. 하늘의 마음을 가진 성도는 하나님 안에서 복을 누리며 다가올 영광의 소망 가운데 기뻐한다. 하지만 세속의 마음을 가진 사람은 세상의 번영에서 복을 누리며 이 세상에서 형통할 소망 가운데 즐거워한다. 하늘의 마음을 가진 성도는 그리스도와 그가 영원히 함께하게 될 천사들과 성도들을 바라보며 그 영혼에 위로를 얻지만, 세상의 마음을 가진 사람은 자신의 부귀로 위로를 받고 자신의 재산과 물건과 소 떼와 건물을 바라보며 흐뭇해한다. 또한 그들은 위대한 사람들의 호의를 좋아하고, 많은 부동산과 자녀에게 물려줄 큰 재산과 가문의 발전이나 식솔이 많아질 것을 생각하며 기뻐한다. 하지만 그리스도께서 "영혼아 여러 해 쓸 물건을 많이 쌓아 두었으니 평안히 쉬고 먹고 마시고 즐거워하자" 누가복음 12:19라고 말한 어떤 부자를 어리석은 자로 선포하셨다면, 그 부자와 똑같은 말을 하는 그들은 얼마나 더 어리석은 자이겠는가?

이 어리석은 부자의 말과 세상을 좋아하는 그들의 마음 사이에 무슨 차이가 있는지 생각해보라. 당신은 마음을 살피는 주의 음성을 기억해야 한다. 분명한 것은 당신이 세상을 사랑하고 세상에 안주하려는 만큼 하나님을 즐거워함이 줄어든다는 사실이다. 당신은 세상의 마음을 갖고도 겉으로는 신앙고백하고 평범한 의무를 수행할 수 있다. 그러나 하늘을 즐거워하며 묵상하는 이 의무를 병행할 수는 없다. 이는 당신이 세상을 위해 온 힘을 다하므로 하늘의 즐거움을 생각할 시간이 없기 때문이다.

오, 종교적으로 보이는 사람들이여! 그들은 너무 많은 일에 자신을 던지더니 결국 일에 치이고 염려로 가득 차버렸다. 따라서 그들의 영혼은 등에 산을 얹고 걷는 사람처럼 너무나 지쳐서 하나님과 대화를 나눌 여유가 없으며, 몸이 태양을 뛰어넘듯 묵상하며 높은 곳에 오를 힘이 없다. 그들은 자신이 이 땅에서 누릴 수 있는 천국을 놓친 후에는 왜 자신이 그럴 수밖에 없었는지를 입증하기 위해 여러 가지 썩어빠진 논리를 편다. 하지만 실제로는 아무것도 입증하지 못한다.

하늘의 즐거움을 맛본 그리스도인들이여! 내가 당신에게 충고하는 것은 만일 당신이 천국의 즐거움을 더 맛보길 원한다면 만족을 모르는 세상의 마음을 피하길 원하다. 만일 당신이 일단 '부유하려고 하면' 많은 유혹과 덫에 빠질 것이며 여러 어리석고 해로운 정욕에 빠질 것이다. 세상의 것을 붙들지 말고 그것을 언제든지 벗어던질 수 있는 외투처럼 여기라. 그러면 필요할 때만 사용할 수 있다. 그러나 하나님과 하늘 영광은 당신의 마음 곁에 항상 있게 하라. 언제나 잊지 말고 기억해야 하는 것은 "누구든지 세상과 벗이 되고자 하는 자는 스스로 하나님과 원수 된다"야고보서 4:4는 사실이다. 또한 "이 세상이나 세상에 있는 것들을 사랑하지 말라 누구든지 세상을 사랑하면 아버지의 사랑이 그 안에 있지 아니하다"요한일서 2:15는 진리다. 이는 진리를 신실하게 받는 자는 복될 것이다.

경건하지 않은 동료. 경건하지 않은 자와 어울리지 않도록 주의하라. 이는 필요한 대화를 하지 말라거나 사랑으로 그들에게 대하지 말라는 뜻이 아니다. 그들에게 소망이 있고 기회가 있다면, 그들의 영혼의 유익을 위해 노력하지 말라는 뜻은 더더욱 아니다. 또한 그들을 책망해야 하는 의무를 피하고자 그들을 개와 돼지로 판단하라는 것도 아니다. 특히 앞으로 나아질 수 있는 소망이 있는 한 절대로 그러한 판단을 해서는 안 된다. 또한 그들에게 신실하게 사랑하는 마음으로 책망해보지도 않고, 그들을 만나 알아보거나 대화를 나누어 보지 않은 상태에서 그들을 개나 돼지로 판단하는 것은 전혀 용납될 수 없는 일이다. 그러나 내가 당신에게 만류하는 것은 전혀 신앙에 도움이 되지 않는 사람들과 친밀하게 어울리는 것이며, 경건하지 않은 자들과 함께 불필요한 단체 활동을 하는 것을 말한다. 즉, 신성모독을 하는 사람들, 욕을 하며 저주하는 사람들, 술주정뱅이들 등 타락한 자들과 어울리는 것은 당신에게 해가 되기에 피해야 한다. 또한 도덕적이며 교양은 있지만, 당신의 생각을 천국에서 벗어나도록 하는 허망하고 무익한 대화를 하는 사람들과의 잦은 만남도 피해야 한다.

영적으로 뒤처지지 않으려면 꾸준하고 강력한 도움이 필요하다. 돌이나 흙덩어리가 저절로 일어나 하늘을 나는 것이 아니듯, 우리의 마음이 저절로 하늘을 향하지는 않는다. 당신은 바위가 하늘로 날지 못하도록 막을 필요가 없다. 그냥 가만히 두면 된다. 마찬가지로 당신의 영혼도 큰 도움을 받지 않으면 아무런 장애가 없어도 위로 솟아오르지 못한다. 당신이 함께 어울릴 사람을 택할 때 이러한 점을 생각하면 좋겠다.

만일 당신의 영이 불꽃처럼 하늘만을 바라는 성향이 있어서 늘 위로 오르며, 그 길에 있는 모든 것을 함께 하늘로 데려갈 수 있다면, 당신은 누구와 어울릴 것인지를 염려하지 않아도 된다. 그러나 그러한 수준이 될 때까지는 천국의 삶의 즐거움을 놓치지 않기 위해 누구와 어울릴지를 주의해야 한다. 당신이 신령한 삶을 사는 데 있어서 경제가 어떻게 돌아가고 날씨가 어떠하며 세상의 소식들이 어떠한지를 세세하게 나누는 것이 무슨 도움이 되겠는가? 이러한 대화는 세상 사람들의 대화다. 그 목사는 훌륭하며, 저 사람은 뛰어난 그리스도인이고, 이 설교가 좋고, 저 책이 훌륭하다는 것을 듣는 것이 당신의 마음을 하나님께로 향하게 하는 것은 아니다. 또한 매우 복잡하고 지적인 것으로 보이지만, 전혀 중요하지 않은 논쟁을 듣는 것도 당신의 신령한 삶에 유익이 되지 않는다. 아마 이러한 대화가 당신 일상의 대화일지도 모르겠다. 이러한 유의 대화는 형식적이고 사색적인 죽은 신앙의 사람들에게서 들을 수 있는 최선의 대화일 것이다. 당신이 하늘의 복된 기쁨을 묵상하여 마음이 새롭게 뜨거워져 있다 하더라도 이러한 대화는 당신의 감정을 마비시키고 당신의 마음을 신속하게 얼어붙게 할 것이다.

나는 이러한 일을 시도해보고 자신의 마음 상태를 관찰한 모든 사람에게 호소한다. 사람은 어떤 대화를 나눌 때 그의 마음이 그 대화와 전혀 다른 것에 갈 수 없다. 특히 세상의 것들과 천국의 것들처럼 그 속성이 정반대일 때는 더욱 그렇다. 세상의 대화에 빠지기 쉬운 젊은이들이여! 내가 말하는 것을 심각하게 생각하라. 당신은 빠나 술집을 다니는 친구들과 함께 어울려 다니면서 당신의 마음이 하늘나라를 생각할 수 있는가? 더러운 저주와 욕설과 어리석은 말과 희롱의 말을 하는 자들과 어울리면서 하늘에 마음을 둘 수 있는가? 아니, 당신이 그러한 사람들과 어울리기를 좋아하고 계속 그들과 함께한다면 당신은 하늘의 대화를 전혀 나누지 못할뿐더러 그 상태로는 절대로 천국에 들어갈 수 없다. 만일 당신의 보화가 그러한 세상의 친구들과 함께하는 데 있다면, 당신의 마음은 저 멀리 하늘 위에 있는 것에 있을 수 없다. 한마디로 말하면, 우리의 사귐은 천국에서 누릴 행복의 한 부분이 될 것이라는 사실이다. 따라서 이 땅에서의 사귐은 그 행복을 향해 나아가는 과정이 되든지 아니면 방해가 된다.

개념뿐인 종교. 별로 중요하지 않은 진리에 대해 다투려는 잦은 논쟁을 피하라. 이러한 논쟁은 개념뿐인 종교에 치우친 자들이 자신의 의견을 주장하느라 생긴다. 그들은 신앙의 부수적인 것들을 붙들고 거칠게 논쟁을 하지만, 천국의 삶에 대해서는 거의 아는 바가 없다. 그의 종교는 단지 의견이며, 따라서 자신의 의견을 쉬지 않고 말하면서 그 의견을 주장하는 데 모든 열심을 다한다. 반면 그리스도 안에서 하나님을 알고 하나님을 사랑하는 신앙인들은 하나님을 만나 하나님을 즐거워하는 그 행복한 시간을 말하는 것을 가장 즐거워한다. 이러한 성도는 드물고 귀한 그리스도인이며 복음의 진리를 증진하게 하는데 능숙하다.

그러므로 나는 하늘의 삶을 갈망하는 당신에게 권하기를 당신의 영혼에 도움을 주지 않는 종교적인 논쟁에 휘말리지 않기를 원한다. 당신의 생각, 시간, 열정, 말을 그러한 논쟁을 위해 사용하지 마라. 위선자들이 껍질과 모양을 먹고 살 때 당신은 하늘의 즐거움을 먹도록 하라. 나는 당신이 하나님의 모든 진리를 변론할 수 있기를 바라며 이를 위해 《성경》을 읽고 연구하기를 바란다. 하지만 그 와중에도 절대로 영원에 대한 생각을 놓치지 않기를 바라며 주된 복음의 진리를 더욱 연구하기를 바란다. 우리의 영혼에 반드시 필요한 진리는 별로 논쟁거리가 없다. 그러므로 《성경》의 교훈을 마음속에 두라. "믿음이 연약한 자를 너희가 받되 그의 의견을 비판하지 마라. 어리석고 무식한 변론을 버리라 이에서 다툼이 나는 줄 앎이라. 주의 종은 마땅히 다투지 마라. 그러나 어리석은 변론과 족보 이야기와 분쟁과 율법에 대한 다툼은 피하라 이것은 무익한 것이요 헛된 것이니라. 누구든지 다른 교훈을 하며 바른말 곧 우리 주 예수 그리스도의 말씀과 경건에 관한 교훈을 따르지 아니하면 그는 교만하여 아무것도 알지 못하고 변론과 언쟁을 좋아하는 자니 이로써 투기와 분쟁과 비방과 악한 생각이 나며 마음이 부패하여지고 진리를 잃어버려 경건을 이익의 방도로 생각하는 자들의 다툼이 일어나느니라. 경건의 모양은 있으나 경건의 능력은 부인하니 이같은 자들에게서 네가 돌아서라" 로마서 14:1, 디모데후서 2:23~24, 디도서 3:9, 디모데전서 6:3~5, 디모데후서 3:5.

교만한 마음. 교만하고 거만한 마음을 갖지 않도록 주의하라. 이 죄는 하나님과 대단히 원수 되기 때문에 이 죄가 당신에게 있는 한 하나님은 당신과 함께할 수 없으며 당신도 하나님과 함께할 수 없다. 만일 이 죄가 천사들을 하늘에서 내어 쫓은 죄라면 당신이 이 죄를 품고 있는 한 당신의 마음은 천국과 거리가 멀다. 만일 이 죄 때문에 우리 최초의 조상이 낙원에서 쫓겨났고 인류와 하나님 사이의 간격이 만들어지고 모든 피조물에게 저주가 임하였다면, 지금 이 죄는 우리의 마음을 낙원에서 멀어지게 할 것이고 하나님에게서 멀리 떨어지게 하는 저주가 될 것이다.

하나님과 교제하는 사람은 겸손하여지며 그 겸손은 하나님과의 교제를 더욱 성장하게 한다. 사람이 하나님과 늘 함께하며 주의 영광스러운 속성들을 연구하는 데 사로잡히면 그는 먼지와 재 가운데 있는 자신을 혐오하게 된다. 이러한 자아 혐오는 우리가 하나님께 나아가는 데 있어서 최선의 준비 과정이다. 그러므로 많은 사람이 어려움을 지내거나 마음이 겸손하여지는 사건을 지난 후에 하나님께 자유롭게 나아가 하늘의 삶을 가장 많이 맛보곤 한다. 하나님은 "무릇 마음이 가난하고 심령에 통회하며 주의 말을 듣고 떠는 자"이사야 66:2를 즐거워하시며, 그러한 영혼들의 즐거움은 오직 하나님 안에 있게 된다. 서로 즐거워하는 대상과는 자유로운 왕래가 가능하고 언제든지 서로 따스하게 환영하며 자주 대화를 나누게 된다.

그러나 하나님은 교만한 자들에게서 멀리 계시며 그들이 가까이 오는 것을 금하신다. 하나님은 "멀리서도 교만한 자를 아시며"시편 138:6, "하나님은 교만한 자를 물리치시고 겸손한 자에게 은혜를 주신다"야고보서 4:6. 교만한 자들은 자만심이 깊고 자신을 드러내기를 좋아하며 육체의 소욕을 갈망한다. 그러나 겸손한 마음은 하나님을 드러내기를 기뻐하고 거룩을 갈망한다. 겸손한 마음과 교만한 마음은 서로 반대되며, 왕과 농부가 아니라 왕과 왕이 전쟁을 치르듯 이 둘은 항상 인간의 마음속에서 전쟁한다.

그러면 당신은 자신을 대단히 가치 있는 사람으로 여기는가? 다른 사람이 당신을 칭찬하고 높일 때는 우쭐해지지만, 그들이 당신을 얕보는 말을 할 때는 매우 낙심하는가? 당신은 당신을 알아주는 사람들은 사랑하지만, 그렇지 않은 사람들은 그들이 아무리 경건하고 정직해도 형편없는 사람이라고 생각하는가? 당신은 자기 기분에 따라 행동하고 자기 판단만이 옳은 규칙이며 자신의 말은 모두가 따라야 하는 법이라고 여기는가? 당신의 말이나 뜻이 좌절되면 분노를 터뜨리는가? 당신은 가난한 성도를 보면 이상하게 여기면서 그들과 어울리기를 가장 부끄러워하는가? 당신은 사회적으로 잘될 때는 하나님을 섬기지만, 그렇지 않을 때는 섬길 수 없는가? 당신은 모든 사람의 관심이 당신에게만 있기를 원하며 그들이 "이 사람이 바로 그 사람이다"라고 말하는 소리를 듣기를 갈망하는가? 당신은 자신의 마음의 간교함과 악함을 잘 모르는가? 당신은 자신의 잘못을 시인하고 자신을 탓하기보다 끝까지 핑계하며 자신은 순전하다고 변론하는가? 당신은 가까운 자의 꾸지람을 견디지 못해 하며 당신에 대한 그들의 솔직한 평가를 듣기 싫어하는가? 만일 이러한 증상이 당신의 마음에 있다면 당신은 교만한 사람이다.

당신의 마음은 천국을 대하기에는 너무 지옥 같은 교만으로 가득 차 있으며, 하나님과 친밀하기에는 당신의 마음은 마귀와 같다. 교만한 자들은 자신을 자기 신으로 삼으며 자신을 자기 우상으로 세운다. 이러한 사람이 어떻게 하나님을 좋아할 수 있겠는가? 어떻게 그의 마음을 천국에 둘 수 있겠는가? 자신을 속이고 꾀를 써서 입술로는 겸손하게 말하고 하늘의 표현들을 말할 수 있을지는 몰라도 그의 마음속에는 겸손도 없고 천국도 없다. 나는 교만한 마음에 대해 더 말을 하려고 한다. 그 이유는 이 죄는 가장 일반적이고 위험한 죄이며, 불신의 큰 죄를 가장 많이 조장하는 죄이기 때문이다.

그리스도인들이여! 만일 당신이 먼지 가운데 겸손하게 꿇어앉아 끊임없이 하나님 앞에서 살아간다면 주님은 당신을 높이 들어 올리시고 "그는 마음이 온유하고 겸손하니 그에게 배우라 그리하면 너희 마음이 쉼을 얻으리라"마태복음 11:29고 말씀하실 것이다. 그러나 그렇지 않다면 당신의 영혼은 "평온함을 얻지 못하고 그 물이 진흙과 더러운 것을 늘 솟구쳐 내는 요동하는 바다와 같을 것"이사야 57:20이다. 당신의 교만한 마음은 하나님 안에서 감미로운 즐거움을 누리는 대신에 끊임없는 불안 가운데 있게 될 것이다.

어린아이와 같이 자신을 낮추는 자는 훗날에도 천국에서 가장 클 것이며, 현재 이 땅에서도 가장 많이 천국을 미리 맛보게 될 것이다. 하나님은 "또한 통회하고 마음이 겸손한 자와 함께하시고 겸손한 자의 영을 소생시키며 통회하는 자의 마음을 소생시키신다"이사야 57:15. 그러므로 "주 앞에서 낮추라 그리하면 주께서 당신을 높이실 것이다"야고보서 4:10. 또한 "사람들이 당신을 낮추거든 당신은 교만했노라고 말하라 하나님은 겸손한 자를 구원하시리라"욥기 22:29.

게으른 마음. 천국의 삶을 유지하는 데 또 다른 장애는 게으른 마음이다. 진리를 잘 알고 있는 사람들이 천국의 삶을 누리는 데 있어서 가장 방해되는 것은 아마 게으름일 것이다. 하늘의 삶을 누리는 것이 그저 입술이나 움직이고 무릎을 펴는 정도라면 다들 친구를 만나듯 천국을 향한 계단을 밟으려고 할 것이다. 그러나 천국의 삶을 누리려면 우리의 생각과 감정을 세상에서 떼어내고 우리의 모든 덕목을 끄집어내어 각 덕목에 해당하는 목표를 향해 자라나도록 힘쓰며 그 일이 형통할 때까지 인내하며 붙들어야 한다. 이 일은 매우 어려운 일이다.

우리는 천국은 우리 위에 있으니 그 가파른 등정을 수고와 결심 없이 여행할 수 있다고 생각해서는 안 된다. 가만히 누워 빈둥거리면서 우리의 땅에 속한 마음을 하늘에 닿게 하고 뒤로 후퇴하는 마음을 하나님께로 인도할 수 있다고 생각하는가? 산기슭에 누워서 꼭대기를 바라보며 그곳에 있기를 원하기만 하면 꼭대기에 당장 닿을 수 있는가? 그럴 수만 있다면 우리는 날마다 천국을 다녀왔을 것이다. 그러나 "천국은 침노를 당하나니 침노하는 자는 빼앗는다"마태복음 11:12. 약속의 땅의 첫 열매를 얻기 위해서도 침노해야 하며, 약속의 땅을 완전히 소유하기 위해서도 침노해야 한다. 당신도 그렇게 생각하지 않는가? 당신이 뜻해야만 당신의 마음이 위로 향하지 않겠는가? 당신은 천국이 당신의 모든 소망이며 이 땅의 그 무엇도 당신에게 그러한 안식을 줄 수 없다는 것을 잘 알고 있다. 천국을 생각하지 않는 마음은 천국으로부터 아무런 위로를 가져올 수 없다. 당신은 하늘을 걸으며 하나님과 동행해야 할 이때에 게으르게 누워 천국을 누릴 기회를 놓치려는가? 당신은 하늘의 삶을 유지하는 것은 감미롭다고 칭찬하며 그 삶을 사는 그리스도인을 최고의 그리스도인으로 평가하면서도 왜 막상 당신은 그 삶을 누리려 하지 않는가? 게으름뱅이가 침대에 누워 있으면서 "오, 이렇게 해서 될 수 있다면!"라고 외치듯, 당신은 잡담하고 빈둥거리며 안일하게 지내면서 "오, 내 마음이 천국에 닿을 수 있으면!"라고 말한다. 많은 사람이 《성경》 안에서 부지런히 위로를 발견하려고 애쓰기보다 책이나 설교를 통해 쉬운 방법을 찾으려고 한다. 만일 그들이 천국의 삶을 발견할 수 있는 지침을 구하다가 자신의 마음에 드는 것을 발견하면 그 지침을 따르며 천국의 그리스도인이 되려고 할 것이다. 하지만 만일 우리가 그들에게 그들이 해야 할 일을 보여주며 쉬운 방법으로는 천국의 즐거움을 얻을 수 없다고 말하면 그들은 젊은 관원이 슬픈 기색을 하고 그리스도를 떠났던 것처럼 우리를 떠날 것이다.

그리스도인들이여! 이제 이 일이 당신의 위로를 위해 반드시 필요한 일임을 알게 되었다면 그 일을 하기로 다짐하라. 만일 당신의 마음이 뒤로 물러서면 이성적으로 따져서라도 강요하도록 하라. 만일 당신의 이성이 흔들리면 이 일은 하나님의 명령임을 선포하고 앞장에서 제시한 사항들을 살피며 당신이 반드시 해야 할 일인 것을 주장하라. 상상도 못할 귀한 보화가 당신이 가질 수 있도록 당신 앞에 놓여 있는데 팔짱만 끼고 가만히 앉아 있겠는가? 당신이 움직이기만 하면 계속되는 잔치의 삶으로 변할 수 있는데 꼼짝 않고 있겠는가? 꽃으로 가득한 화원에서 일어나기만 하면 꽃을 딸 수도 있고 꽃향기를 맡을 수도 있는데 잠이 들어 아무것도 모르는 사람처럼, 당신은 눈앞에 하늘의 위로가 놓여 있어도 아무것도 하지 않고 가만히 앉아서 불평만 하고 있겠는가?

내가 아는 것은 그리스도께서 샘이지만, 그 우물은 깊으므로 당신이 그 물로 목을 축이고 힘을 회복하려면 물을 길어야 한다. 내가 아는 것은 당신이 영적인 한 이 모든 침노하려는 수고는 필요하지 않다. 하지만 당신에게 육적인 부분이 있는 한 수고해야 한다. 파르티아Parthia 사람들의 관습 중에는 자녀의 이마에 수고의 땀이 보이지 않으면 아침을 주지 않는 관습이 있다. 이러한 관습은 하나님께서 주의 자녀를 대하시는 일반 섭리 속에서도 발견된다. 즉, 자녀가 하늘의 즐거움을 구하기 위해 땀을 흘리기 전에는 그 즐거움을 주시지 않는 것이다. 그러므로 당신에게 하늘의 삶과 육신의 안일한 삶 가운데 어떤 것이 좋은지 판단하고, 지혜로운 자처럼 바른 결정을 내리라. 하지만 나는 당신을 격려하기 위해 몇 가지를 더 말하겠다. 당신은 지금보다 더 이상의 생각을 할 필요가 없다. 당신이 할 일은 당신의 생각을 더 낫고 좋은 즐거움의 대상에 고정하는 것이다. 당신이 지금까지 세상의 일들과 헛된 것들과 부적절한 것들을 날마다 생각해 왔던 것처럼, 이제는 다가올 삶의 뛰어난 영광을 날마다 생각하기만 하면 된다. 그러면 당신의 마음은 어느새 천국에 있게 될 것이다.

준비하는 일에 안주하는 삶. 천국의 삶을 한 번도 누리지 못하면서 단지 천국의 삶을 준비하는 일에 만족하는 것 또한 은밀하고 위험스런 장애다. 천국의 것들에 대해 연구하는 일에만 사로잡혀 있고 개념적으로만 천국을 아는 상태에서 그것이 천국에 대해 충분한 것으로 말할 때 얼마나 큰 위험이며 장애인지 모른다. 특히 복음을 전하는 목사들처럼, 다른 사람의 헌신을 이끄는 일에 부름을 받은 사람들이 이러할 때 그 함정의 위험은 더욱 심각하다. 그들은 천국에 대해 읽고 연구할 뿐이다. 설교하고 기도하고 천국에 대해 말하는 것과 천국의 삶을 유지하는 것과는 다르다. 이 모든 것은 단지 준비일 뿐이다. 정보 자료를 모으지만, 건물 자체를 세우는 것이 아니며, 다른 사람을 위해 만나를 모으지만 정작 자신은 하늘의 만나를 먹어본 일이 없는 것과 같다. 이는 어떤 사람이 집에 앉아 각 나라의 정확한 지도를 펼쳐 놓고 있지만 한 번도 그 나라를 여행하거나 본 적이 없는 것처럼, 그들은 하늘의 즐거움을 남들에게 묘사하지만 정작 자신의 마음속에는 그 근처에도 가

본 적이 없는 것과 같다. 또한 장님이 교육을 받아 빛과 색깔을 따지는 것처럼, 자신은 한 번도 하늘의 빛을 본 적이 없으면서 다른 사람에게 그 빛을 설명하는 것과 같다. 당신 자신은 한 번도 하늘의 열기로 따스한 적이 없는 데 다른 사람의 마음속에서 그 열기를 느끼게 할 수 있을까? 발람 선지자가 그의 예언을 통해 천국의 길을 말하였지만, 그의 영은 천국과는 얼마나 멀었던가?

천국의 삶을 누리는 데 있어서 그 삶을 누리지 못하도록 방해하는 이 은밀한 유혹은 세상 사람보다 그리스도인에게 더 많다. 천국의 삶에 대해 연구하고 전파하는 것은 세상에 대해 생각하고 말하는 것보다 훨씬 더 천국의 삶을 닮아있다. 그런데 이러한 유사함 때문에 우리는 쉽게 속는다. 이렇게 속아서 죽게 된다면 가장 비참한 죽음이 될 것이다. 그 이유는 식탁에 빵이 놓여 있는데 스스로 굶어 죽는 것과 같고, 다른 사람을 위해 물을 길어주다가 자신은 목이 말라 죽는 것과 같기 때문이다. 우리 자신의 영혼은 천국의 생수를 한 번도 마신 적이 없으면서 단지 매일 천국을 다룬다는 이유로 충분하다고 생각하면 바로 그와 같이 된다.

천국의 삶을 성장하게 하는 의무

우리는 천국의 삶을 유지하는 것을 막는 장애물을 살펴보았다. 그러한 장애물에 대해 우리는 대항하기로 다짐하며 심각하고 신실하게 그것을 피하여야 한다. 그렇지 않으면 우리의 수고는 헛일이 될 것이다. 이제 나는 당신에게 당신이 다음과 같은 의무를 양심껏 감당할 때 천국의 삶을 미리 맛볼 수 있음을 약속한다.

천국이 유일한 보화이며 행복임을 확신하라. 천국이 유일한 보화이며 행복임을 확신하고 그 보화와 행복이 무엇인지 알기 위해 힘쓰도록 하라. 만일 당신이 이것을 최고 좋은 것으로 믿지 않는다면 당신은 당신의 마음을 그것에 두지 않을 것이다. 이 확신이 단지 개념으로 남아 아무런 영향력을 나타내지 못하는 일이 없도록 당신의 감정에 깊게 스며들도록 하라. 하와가 하나님을 사랑하고 즐거워하는 것보다 금지된 열매를 더 소중하다고 생각했을 때 그녀의 마음이 하나님보다 그 열매에 있게 되었다. 만일 당신이 일단 육체의 즐거움이 하나님과 함께하는 즐거움보다 더 좋다고 판단하면 당신의 마음이 하늘에 있기는 불가능하다. 이 땅의 헛된 것들에 대한 인간의 무지가 그것을 오히려 과대평가하게 하는 것처럼, 하늘의 즐거움의 고귀함에 대한 무지는 인간에게 하늘의 즐거움을 소홀하게 한다.

만일 당신이 금지갑을 보고 가짜라고 믿는다면 당신이 그것에 맘을 둘 리가 없다. 인간의 욕구를 자극하는 것은 뛰어난 가치의 존재 그 자체가 아니라 인간에게 뛰어난 가치로 알려지는 것이다. 무식한 사람들은 예술이나 과학의 비밀을 담고 있는 책을 보더라도 그 책의 가치를 모르기에 일반적인 책 이상으로 더 귀하게 여기지 않는다. 그러나 그 책의 가치를 아는 사람은 그것을 대단히 귀히 여기고 심지어 그것을 읽기 위해 음식과 잠을 참기도 한다. 유대인이 메시야를 기다리면서 참 메시야를 알아보지 못하고 죽인 것처럼, 세상의 마음을 가진 자는 하늘에서 오는 안식을 알아보지 못하고 그저 이 땅에서 정신없이 즐거움과 행복을 추구한다. 그들이 만일 영원한 안식을 철저하게 안다면 영원한 보화를 그렇게 소홀히 할 수 없을 것이다.

천국이 얼마나 좋은지를 알기 위해 힘쓰라. 천국이 당신의 행복이라는 것을 알기 위해 힘쓰라. 우리는 천국이 행복의 최고 조건이라고 말하면서도 그것을 즐기는 것에 대해서는 포기한다. 만일 천국의 행복을 얻는 것이 가능하다고 하면 우리는 그 행복을 소망하고 추구할 것이다. 즉, 천국의 행복을 누릴 자격이 어느 정도 우리에게 있다는 사실을 깨닫기 전까지는 우리는 전혀 천국의 행복을 누릴 수 없다. 예를 들어, 옷을 벗은 사람이 다른 사람이 입은 멋진 옷을 본다고 해서 행복해지는 것은 아니다. 머리 둘 집이 없는 사람이 다른 사람의 휘황찬란한 집을 본다고 해서 그것이 그의 즐거움이 될 수는 없다. 오히려 자신의 비참을 더 느끼게 되면서 괴로움이 더할 수 있다. 어떤 사람이 천국의 뛰어남을 아는데 그가 그것을 누릴 자격이 없다는 것을 안다면 그는 그것을 추구하거나 바라지 못하고 낙심하게 될 것이다. 과연 누가 자신의 것으로 만들 수 없는 다른 사람의 소유에 맘을 두겠는가? 만일 어떤 집과 물건과 소 떼와 자녀가 당신의 것이 될 수 없다면 당신은 그것에 대해 마음을 주지 않으며 또한 즐겁지도 않을 것이다.

오, 그리스도인들이여! 이 안식이 당신의 것이라고 말할 수 있을 때까지 쉬지 마라. 당신의 마음을 하늘 법정으로 가져가서 영원한 안식이 당신의 것인지 아닌지 시험하라. 한쪽에는 하늘의 성도들의 자격과 다른 쪽에는 당신 영혼의 자격을 올려놓아라. 그리고 두 자격이 얼마나 비슷한지 판단하라. 당신은 지금 즈음 그들과 당신을 판단해 볼 수 있는 말씀을 가지고 있다. 당신은 그 말씀으로 대 심판의 날에도 심판받아야 한다. 성도에 대한 《성경》의 묘사를 오해하지 않도록 주의하여 실수로 당신을 용서하거나 정죄하지 않도록 하라. 아무런 근거 없는 소망은 혼동을 일으킬 뿐만 아니라, 대부분의 사람을 멸망하게 하는 가장 큰 요인이 된다. 마찬가지로 아무런 근거 없는 의심은 성도의 혼동과 괴로움을 일으키는 가장 큰 요인이 된다. 그러므로 시험을 정확하게 치를 수 있는 안전한 기반을 마련해 놓고 자신이 안식에 들어갈 자격이 되는지 안 되는지 정확하게 말할 수 있을 때까지 마음을 정하여 확인해보라.

오, 사람이 하나님은 그들의 아버지시며 그리스도는 그들의 유일한 구속자요 머리시고, 천국은 그들의 영원한 처소이며, 그들은 그곳에 영원히 거하며 행복을 누릴 것을 분명하고 진실하게 알게 된다면, 이 모든 것을 미리 생각할 때 얼마나 황홀하여질까? 만일 어떤 그리스도인이 태양과 달과 별들을 바라보면서 그리스도 안에서 자신의 것이 될 모든 영광을 생각하며 "이러한 것이 주께서 나를 위해 마련해 두신 축복이구나. 또한 이것과는 비교할 수 없는 저 위대한 것까지 나를 위해 마련하셨다니"라고 말할 때 그의 영은 얼마나 거룩한 황홀함에 젖어들겠는가?

자신의 불신을 두둔하고 하나님을 신뢰하지 못하도록 하는 사상을 소중히 여기는 것보다 더 자신의 위로와 복음의 은혜에 죄를 범하는 것이 어디 있겠는가? 그들의 구속자를 은혜가 아닌 행위 언약의 대표자로 생각하는 것보다 더 피해가 되는 생각이 어디 있겠는가? 주께서 마치 그들을 불신 가운데 죽게 내버려 두신 것처럼, 그리스도를 구세주가 아닌 원수로 여길 때 이보다 더욱 자기 자신과 하나님의 복음에 죄를 범하는 것이 어디 있겠는가? 주님은 그들을 사랑하여 자주 주께로 오라 부르셨고 심지어 그들이 당할 고난을 친히 당하셨다.

악하고 가련한 우리여! 우리는 주의 사랑 안에서 즐거워해야 할 그 때에 계속 주의 마음에 질투를 일으키는구나! 마치 그리스도께서 우리를 택하기 전에 우리가 그리스도를 택한 것처럼 행세하고, 그리스도께서 우리를 행복하게 만드신다고 생각하기보다 내 스스로 더 행복해지려고 애를 쓰며 그리스도의 마음에 고통을 주는구나! 만일 당신이 이러한 생각을 품었다면 당장 던져버리고 다시는 그러한 생각을 받아들이지 마라. 당신이 당신의 물건에 이름이나 표시를 써놓듯이 하나님께서도 주의 백성의 이름을 하늘에 기록해 두셨다. 그런데 우리가 그것을 가위로 오려 내어 지옥의 문에 붙이려고 시도해야겠는가? 그러나 감사하게도 "견고하게 서 있는 터이신 하나님께서는"디모데후서 2:19 "믿음으로 말미암아 주의 능력으로 구원에 이르도록 우리를 보호해주신다"베드로전서 1:5.

천국이 얼마나 가까운지를 알기 위해 힘쓰라. 당신이 소망하는 영원한 안식이 얼마나 가까운지 이해하도록 노력하라. 멀리서 보던 것을 가까이에서 보게 되면 더 분명하게 느낄 수 있다. 심판과 자비가 멀리 있을 때는 우리는 관심 없이 그것에 대해 말한다. 그러나 그러한 것이 우리에게 가까워지면 우리는 두려워하거나 또는 그 안에서 기뻐한다. 사람들이 천국을 대단히 멀리 있다고 인식할 때 그들은 천국에 대해 무감각해진다. 그들은 천국을 20년, 30년, 40년 후쯤이나 있는 것으로 생각한다. 하지만 "우리 자신이 사형 선고를 받은 줄 알 때"고린도후서 1:9 영원이 얼마나 가깝게 느껴지겠는가? 내가 지금 이 글을 생각하며 쓰고 있는 중에도 천국은 더 가까워지고 있으며 나는 알지 못하는 사이에 그리로 들어가고 있다. 당신이 누구이든 이 글을 읽는 중에도 시간은 흐르고 있으며 당신의 생명은 사라지고 있다. 만일 당신이 내일 죽는다고 믿는다면 오늘 밤 당신은 천국을 얼마나 심각하게 생각하겠는가? 죽은 사무엘이 사울에게 "내일 너와 네 아들들이 나와 함께 있으리라"사무엘상 28:19고 말했을 때 그 소식은 사울의 가슴을 찔렀다. 만일 그리스도께서 믿는 성도의 영혼에 "내일 네가 나와 함께 있을 것이다"라고 말한다면 그 말 때문에 그 성도의 영혼은 미리 천국에 가 있게 될 것이다. 당신이 천국에 계속 들어가고 있다고 생각하라. 그 생각은 당신이 천국을 더욱 심각하게 생각하는 데 큰 도움을 줄 것이다.

천국에 대해 자주 그리고 심각하게 말하라. 천국에 대해 당신 마음속으로 대화를 나누며 천국의 성품을 갖춘 사람들과 함께 영원한 안식을 주제로 하여 깊은 대화를 자주 나누라. 그리스도인이 서로 만나서 헤어지기 전에 천국을 향하는 과정에 대해 그리고 천국에서의 만남에 대해 아무런 대화를 나누지 않는 것은 유감스러운 일이다. 서로 함께 하면서 쓸데없는 많은 대화와 헛된 논쟁으로 많은 시간을 보내지만, 천국에 대해 깊은 대화 한마디 없는 것도 매우 유감스러운 일이다. 우리는 우리의 영원한 안식에 대해 대화를 나누면서 서로의 영혼을 뜨겁게 할 목적으로 서로 만나야 한다.

어떤 그리스도인이 복음의 약속으로부터 생동감과 힘을 가지고 복되고 영광스러운 상태를 제시하는 것을 들으면 아마 우리는 "그가 당신에게 《성경》을 풀어주실 때에 당신의 마음이 뜨겁지 아니하더냐"라고 말하고 싶어질 것이다. 만일 벨릭스와 같은 사람이 자신을 향한 하나님의 심판에 대해 들으면서 떨었다면, 성도가 주께서 마련하신 자신의 영원한 안식을 듣게 될 때 왜 소생하지 않겠는가? 악한 자들은 그들의 악에 대해 대화를 나누면서 기뻐한다. 그렇다면 그리스도인은 그리스도에 대해 이야기하며 기뻐해야 하지 않겠는가? 하늘의 상속자는 그들의 유업을 말하며 기뻐해야 하지 않겠는가? 야곱이 요셉에게서 고센 땅으로 오라는 전갈과 함께 그를 태울 마차를 보았을 때 힘이 솟은 것처럼, 천국에 대한 소식은 우리의 마음을 소생하게 한다.

천국을 더 좋아하게 하는 모든 의무에 노력하라. 주께서 주의 규례를 제정하신 목적은 우리가 영원한 안식에 더 나아갈 수 있도록 도움을 주기 위해서다. 우리는 규례를 통해 그리스도께 순종하면서 날마다 천국을 향한 좋은 감정을 더욱 발전하게 할 수 있다. 천국을 좋아하게 되는 것이 규례를 사용하는 목적이 되면, 의심할 여지 없이 그 규례는 본래 역할에 성공하는 것이다.

당신이 친구를 직접 만날 수 없을 때 친구에게서 오는 몇 마디의 편지는 당신을 얼마나 기쁘게 하는가? 우리가 직접 하나님을 뵙기에는 아직 거리가 멀어도 우리는 주의 규례를 통해 하나님과 교제할 수 있다. 우리가 천국을 유업으로 받는다는 증거와 천국의 특권이 담긴 《성경》 구절들을 읽을 때는 우리의 영혼이 기쁘지 않던가? 우리는 아직 그 행복을 눈으로 직접 보지는 못하더라도 하나님의 사랑에 대해 읽고 천국에 대해 들을 때 얼마나 즐겁고 승리감에 차는가? 바다와 육지에 의해 멀리 떨어진 사람들은 편지로 유익한 교제를 나눌 수 있다. 이처럼 그리스도인은 말씀을 대하는 지혜로운 의무를 수행함으로써 영원한 안식을 주고받을 수 있다. 그러므로 격식과 관습과 세상의 칭찬을 거절하고 당신의 마음이 하나님께 더 가까이 다가가도록 은밀하게 무릎을 꿇고 기도하라. 그리고 일어나라. 《성경》을 펼 때에는 신령한 진리의 말씀을 대하게 될 것을 기대하며 그 말씀 가운데 성령께서 축복하셔서 당신에게 하늘의 영광을 충분히 맛보게 하실 것을 바라라. 당신이 예배당에 갈 때는 다음과 같은 기도를 드리라.

"나는 내가 돌아올 때 하나님에게서 받은 은혜 때문에 천국을 향한 사랑이 뜨거워지길 바랍니다. 성령께서 내게 주의 임재를 허락하셔서 내 마음을 하늘의 즐거움으로 감미롭게 하시기를 바랍니다. 나는 그리스도께서 내게 나타나셔서 내 주변을 하늘의 빛으로 환하게 비춰주시길 바랍니다. 주의 교훈과 음성을 들으며 새 힘을 얻고, 내 눈에서는 비늘이 떨어져서 전에 보았던 영광보다 더 큰 영광을 보게 되기를 바랍니다. 내가 돌아오기 전에 나의 주께서 내 마음을 이끄셔서 하나님 보좌 앞에 있는 안식을 보고 누리게 하시길 바랍니다. 예배를 마치고 돌아온 후에는 내 마음에 하늘의 비전을 간직하고 '목자의 심령'을 가지고 살게 되길 바랍니다. 내가 듣고 본 모든 것으로 말미암아 하나님께 영광을 돌리며 찬양하게 되기를 바랍니다."

인디언이 영국 사람들이 편지로 서로 대화를 나눌 수 있는 사실을 처음으로 알게 되었을 때 그들은 편지 안에 어떤 영이 담겨 있다고 생각했다. 마찬가지로 우리 주변의 구경꾼들은 그리스도인이 그들의 거룩한 의무를 수행하는 가운데 하나님과 교통하며 그들의 마음을 기쁨으로 가득 채우고 황홀해할 때 《성경》에, 설교에, 기도에 뭔가 있다고 생각하며 신기해할 것이다.

천국을 목적으로 하여 모든 소유와 사건을 활용하라. 모든 소유와 사건을 활용하여 영원한 안식을 기억하도록 하라. 모든 소유와 피조물은 우리의 안식을 위한 수단이며 그것은 우리에게 자신의 목표인 안식을 가리킨다. 현재 하나님께서 우리에게 제공하시는 가장 감미로운 것들도 미래의 감미로움과는 비교조차 될 수 없고 또한 죄가 들어오기 전의 원래의 감미로움에 비교할 때 절반도 되지 않는다. 당신이 은혜를 받고 면류관을 잃어버리면, 이는 보증금만 받고 실제 총액을 잃는 것과 같다.

그러므로 만일 당신이 세상에서 형통하면 영원한 안식은 더욱 감미로울 것을 생각하라. 만일 세상에서 실패하면 영원히 눈물과 고통이 사라질 천국을 더욱 소망하라. 당신의 몸이 음식과 잠을 통해 힘을 얻었는가? 그렇다면 그리스도와 함께할 때 오는 말로 형언할 수 없는 신선함을 기억하라. 좋은 소식을 들었는가? 하나님의 나팔 소리와 함께 그리스도의 칭찬의 말을 들을 때 그 소식이 얼마나 기쁠지 기억하라. 당신은 성도들과의 교제를 즐거워하는가? 하늘의 성도의 교제는 얼마나 완전할지를 기억하라. 하나님께서 당신의 영과 교통하는가? 가장 최고의 상태에서 하나님과 교통할 것과 그로 말미암아 기쁨이 얼마나 충만할지 기억하라. 악한 자들과 들끓는 소리와 세상의 혼란에 대해 듣는가? 천국에서의 복된 조화를 생각하라. 당신은 전쟁의 소식을 듣는가? 평화의 왕의 날개 아래서 영원히 완전한 평강을 누리게 될 그날을 기억하라. 이처럼 당신이 모든 상황과 피조물을 활용할 마음을 가진다면 그것은 당신이 천국의 삶을 유지하는 데 도움을 줄 것이다.

천사들의 찬양하는 일에 참여하라. 천국의 일에 동참할수록 당신의 영은 더욱 하늘의 마음을 갖게 될 것이다. 하나님을 찬양하는 일은 천사들과 하늘의 성도들의 일이며 우리의 영원한 일이다. 만일 우리가 지금 그 일에 더욱 행한다면 우리는 그때의 모습을 지금부터 미리 더 닮게 된다. 그리고 우리의 바람과 믿음과 소망은 천국에서 사라지지만, 사랑과 기쁨은 영원하다. 우리의 믿음과 소망을 확증해주던 설교와 기도와 규례도 사라지지만, 사랑과 기쁨의 승리만은 영원히 거하게 될 것이다.

내가 이 땅에서 체험하는 천국의 가장 생생한 상징적 모습은 하나님의 백성이 주의 뛰어남과 풍성하심을 깊게 느끼는 가운데 그 마음에는 사랑과 기쁨이 넘쳐나면서 마음과 목소리로 서로 하나 되어 온 맘으로 즐겁게 주의 영광을 찬양하는 것이다. 이러한 즐거움은 성령의 증거로서 우리가 하나님의 백성임을 증거하며, 우리가 모두 하늘에 속하였음을 증거한다.

우리의 기도에서 하나님을 찬양하는 부분을 빼는 것은 옳지 않다. 또한 고백과 간구에는 많은 시간을 들이면서 찬양의 시간은 거의 두지 않는 것은 그르다. 그러므로 내가 당신에게 부탁하는 것은 당신의 거룩한 의무 가운데 찬양이 많은 부분을 차지하게 하라. 매사에 고백과 간구를 하듯, 매사에 찬양하라. 이를 위해 우리 자신의 부족과 무가치함을 기억하면서 동시에 주의 뛰어나심과 선하심을 연구하라. 당신이 지은 죄악들을 종종 생각하면서 당신이 받은 긍휼과 약속들을 떠올리라. "너희 의인들아 여호와를 즐거워하라. 찬송은 정직한 자들이 마땅히 할 바로다. 감사로 제사를 드리는 자가 나를 영화롭게 하나니, 여호와를 찬송하라 여호와는 선하시며 그의 이름이 아름다우니 그의 이름을 찬양하라. 항상 찬송의 제사를 하나님께 드리자. 이는 그 이름을 증언하는 입술의 열매니라"시편 33:1, 50:23, 135:3, 히브리서 13:15. 다윗이 이러한 하늘의 일을 하였을 때 그는 천국의 영을 가질 수 있었다. 가끔 우리가 모세의 노래와 다윗의 〈시편〉을 읽는 것만으로도 우리의 마음이 하늘로 올라가지 않던가? 하물며 우리가 친히 찬양을 자주하며 능숙하여질 때 얼마나 우리의 마음이 하늘로 치솟고 새 힘을 얻겠는가?

이 찬양의 거룩한 의무의 즐거움과 위로를 파괴하는 가장 큰 장애는 음과 곡조에는 사로잡히면서 찬양하는 가장 주된 목적을 잊어버리는 것이다. 즉, 하나님을 찬양하며 천국을 즐거워하는 대신에 음악의 멜로디에서 힘을 얻으려 하고 곡조 자체로 흥을 내는 것이다. 이러할 때 우리는 하늘의 마음을 가질 수 없다.

하나님의 무한한 사랑에 대해 믿음을 가지라. 당신의 영혼이 하나님의 무한한 사랑에 대한 믿음의 생각에 사로잡히게 하라. 사랑은 사랑을 끈다. 자신을 사랑하는 사람을 사랑하지 않는 사악한 사람은 없다. 우리가 하나님을 우리를 구원하시는 분이 아니라 우리를 저주하는 분으로 인식하면, 하나님에 대해 강팍한 생각을 하게 된다. 이때 우리의 천국의 삶은 반드시 사라지게 된다. 하나님에 대한 그릇된 인식은 복되신 하나님을 마귀로 만드는 것과 같다. 우리의 무지와 불신은 우리 마음속에 하나님에 대한 가장 잘못된 그림을 갖게 한다. 그 후 우리는 하나님을 사랑할 수 없으며 하나님을 즐거워할 수 없다고 불평한다. 현재 많은 그리스도인이 이러하다. 따라서 우리는 하나님을 모욕하고 우리의 기쁨을 날려 보내고 있다.

하지만《성경》이 우리에게 확증하게 하는 바는 "하나님은 사랑이심이라. 주께는 노함이 없나니 주는 악인이 죽는 것을 기뻐하지 아니하고 악인이 그의 길에서 돌이켜 떠나 사는 것을 기뻐하신다" 요한일서 4:8, 이사야 27:4, 에스겔 33:11는 사실이다. 하물며 주께서 택한 자녀에게 주의 사랑을 더 많이 증명하지 않겠는가? 그들을 구원하기로 완전한 결심을 하지 않으시겠는가? 오, 나는 우리가 언제나 하나님을 우리의 친구로 생각할 수 있기를 바란다. 주님은 우리가 자신을 사랑하는 것보다 더 많이 거짓 없이 우리를 사랑하시며 주의 마음은 언제나 우리에게 있어서 선을 베푸신다. 나아가 주님은 우리와 영원히 함께하고 싶으셔서 우리를 위해 영원한 처소를 마련하신다. 그렇다면 우리는 주를 향해 강퍅한 마음을 가져서는 안 된다.

사람이 진심으로 사랑할 때 가장 자유로우며 가장 감미로움을 느낀다. 내가 염려하는 것은 대부분의 그리스도인이 하나님의 사랑보다 진실한 친구의 사랑을 더 귀하게 여긴다는 점이다. 만일 그들이 하나님보다 친구를 더 사랑하고 신뢰한다면 하나님보다는 친구와 더 같이 살려고 하는 것은 당연하다. 그러나 그들에게서 하나님은 멀어질 수밖에 없다.

성령의 역사를 귀히 여기고 조심스럽게 따르라. 성령의 역사를 잘 관찰하고 귀히 여기도록 하라. 당신이 천국의 삶을 누리며 익숙해지려는 데 있어서 성령은 당신에게 엘리야의 불 병거와 같은 것이다. 그렇다. 이 생명의 원리에 의해 당신은 움직이며 위로 오른다. 그렇다면 당신을 인도하는 성령을 근심하게 말며, 당신의 생명을 꺼뜨리지 말고, 당신의 불 병거의 바퀴를 발로 차지 마라. 당신이 성령을 기대하며 의지하면서 순종할 때 당신의 영혼은 큰 은혜와 행복을 누리게 될 것이다. 그러나 성령께서 당신에게 은밀한 기도를 하도록 촉구하거나 당신의 죄악을 금하거나 당신이 가야 할 길을 지시하실 때 당신이 성령의 움직임을 무시한다면, 당신의 영혼이 천국에 대해 서먹해지게 된다. 성령께서 당신을 그리스도와 거룩한 의무로 이끄실 때 당신이 성령을 따르지 않는다면 어떻게 성령께서 당신을 하늘로 인도하시며 어찌 당신의 마음을 하나님의 존전 앞에 두시겠는가? 성령을 늘 순종하는 영혼은 그 놀라운 초자연적인 도움으로 전능하신 하나님 앞에 담대히 나아갈 수 있다. 자신을 인도하시는 성령에게서 종종 도망치는 그리스도인은 이러한 말을 들을 때에 얼마나 움칠하며 부끄럽겠는가?

그리스도인들이여! 당신은 가끔 세상에서 물러나 하나님께로 가까이 인도하는 강한 바람을 느끼지 않는가? 그 바람을 거부하지 말고 받아들이라. 이 축복된 강풍이 부는 동안에 당신의 닻을 올리라. 우리가 성령을 거부할수록 그 상처는 깊어질 것이다. 그러나 우리가 순종할수록 우리의 속도는 빨라질 것이다.

신체의 건강을 잘 관리하라. 우리가 천국의 삶을 유지하는 데 있어서 적절하게 몸의 건강을 돌보는 것도 중요하다. 당신의 몸은 당신이 너무 지나치지 않고 적절하게 돌보는 한 매우 유용한 종이다. 그러나 터무니없는 몸의 요구를 다 허락하면 당신의 몸은 모든 것을 닥치는 대로 잡아먹는 폭군이 된다. 반면에 몸에 필요한 적절한 관리를 무작정 거부할 때는 당신의 몸은 날이 없는 칼과 같아진다. 대부분의 사람이 이러한 양극단으로 치중하고 자신의 몸을 제대로 쓰지 못하고 있다. 이렇게 육체의 욕구에 노예가 된 그들은 육체가 요구하는 것을 거의 거부하지 못하게 된다. 따라서 하나님과 천국을 향해 일어나야 할 때에 그들은 육체에 사로잡혀서 육체의 만족과 즐거움과 헛된 사귐에 빠지게 된다.

당신이 자신의 영혼을 사랑한다면 말씀을 기억하라. "오직 주 예수 그리스도로 옷 입고 정욕을 위하여 육신의 일을 도모하지 마라. 육신의 생각은 사망이요 영의 생각은 생명과 평안이니라. 육신의 생각은 하나님과 원수가 되나니 이는 하나님의 법에 굴복하지 아니할 뿐 아니라 할 수도 없음이라. 그러므로 형제들아 우리가 빚진 자로되 육신에게 져서 육신대로 살 것이 아니니라. 너희가 육신대로 살면 반드시 죽을 것이로되 영으로써 몸의 행실을 죽이면 살리라" 로마서 13:14, 8:6~7, 12~13.

한편 사람 중에는 육체의 필요를 부정함으로써 천국의 즐거움을 상당히 막는 자들이 있다. 그들은 몸이 천국의 즐거움을 돕지 못하도록 한다. 만일 이러한 사람들이 자신의 몸에만 잘못한다면 큰 문제가 아닐 수 있지만, 집을 무너뜨리는 사람이 그 안에 사는 사람들에게 손해를 끼치듯이 그들은 자신의 영혼에 큰 잘못을 끼치기에 문제가 크다. 몸이 병들어 영혼이 기력을 잃으면 하늘의 생각과 즐거움을 누리는 것은 힘들어진다. 그러므로 몸의 건강은 중요하다.

천국을 묵상하기 위한 가장 좋은 시간과 장소와 마음 상태

잦은 만남이 친근감을 더하고 친근감은 사랑과 즐거움을 더하면서 깊고 솔직한 대화를 나누게 한다. 천국을 묵상하는 주요 목표는 하나님과 친밀함을 나누며 교제하기 위해서다.

내가 한 번 더 당신에게 부탁하고 싶은 것은 당신이 계시된 의무를 의식할 때 성령을 의도적으로 거부하지 말 것과 영혼을 황홀하게 하는 천국을 묵상하는 연습하라는 것이다. 그러기 위해서 우리는 부지런히 연구하고 신실하게 다음과 같은 지침을 연습해야 한다. 만일 당신이 이 방법으로 당신의 모든 덕이 늘지 않고 일반 그리스도인의 수준을 넘어서 성장하지 않고, 당신이 처한 곳에서 더욱 섬기는 자가 되지 않고, 모든 분별력 있는 사람의 눈에 더욱 귀하여지지 않는다면, 또한 당신의 영혼이 하나님과 더욱 교통하는 것을 즐거워하지 않게 된다면, 당신의 삶이 더 큰 만족을 누리지 못한다면, 당신이 죽어가는 순간에 더 많은 도움을 받지 못한다면, 이 지침을 내다 버리고 나를 사기꾼이라고 큰 소리로 외쳐도 좋다.

내가 당신에게 그토록 간절하게 강조한 의무를 위해 이제 당신이 실천하도록 주는 지침은 이렇다. "영원한 안식을 묵상하는 데 있어서 당신 영혼의 모든 능력을 사용할 것을 진지하게 정하라." 나는 이 의무의 본질을 좀 더 충분히 설명한 후에 그 의무에 가장 좋은 시간과 장소와 그리고 그것에 맞는 마음가짐에 대해 알려주려 한다.

묵상의 의무, 즉 영적인 것들을 곰곰이 생각해보고 마음속에 깊게 새기는 일에 대해 어떤 방법이 좋은지 그 예를 약간 드는 것은 적절할 것이다. 모든 사람이 이 의무를 해야 한다고 고백하지만, 실제로 실천하는 사람은 많지 않다. 많은 사람이 다른 거룩한 의무는 잘 인식하고 하지만, 이 의무는 쉽게 무시한다. 그들은 금식이나 개인기도, 혹은 기도회나 공식 예배를 빼먹으면 마음이 불편하다. 그러나 천국을 묵상하는 의무에 의해 다른 의무가 개선될 수 있고, 또한 이 의무에 의해 영혼마다 진리를 소화하여 영적 영양분과 위로를 얻음에도 묵상을 빼먹는 것을 지금까지 마음에 불편해하지 않는다. 묵상은 하나님께서 여호수아에게 주신 명령이다. "이 율법 책을 네 입에서 떠나지 말게 하며 주야로 그것을 묵상하여 그 안에 기록된 대로 다 지켜 행하라" 여호수아 1:8. 소화 기능이 음식을 유미乳糜와 피로 만들어서 왕성한 건강을 유지하게 하는 것처럼, 묵상은 받은 진리를 기억하여 따스한 감정과 단호한 결심과 거룩한 대화로 만들어낸다.

묵상은 영혼의 모든 능력의 활동으로서 산 자의 활동이지 죽은 자의 활동이 아니다. 묵상은 가장 영적이며 고상하다. 따라서 정욕적이고 세상적인 마음을 지닌 자는 묵상을 제대로 할 수 없다. 사람이 천국에 대해 친밀하게 대화를 나눌 수 있으려면 그는 그전에 먼저 천국과 반드시 관련되어 있어야 한다. 내가 사람들에게 영원한 안식을 묵상하며 즐거워하라고 권할 때 그 대상은 이미 그 안식의 권리를 가진 사람임을 가정한다. 즉, 나는 지금 당신이 그리스도인이라고 가정을 하고 활동적인 그리스도인이 되라고 권하는 것이다.

내가 당신에게 마음을 정하도록 하는 것은 영적인 일로서 육체적인 훈련과는 상관이 없다. 천국을 묵상하는 일은 영혼의 모든 능력을 다 사용하는 점에서 일반 다른 묵상과 구별된다. 또한 이해력은 영혼의 한 부분의 기능이지 영혼의 전부는 아니므로 어떤 진리를 이해한 것만으로 묵상했다고 볼 수는 없다. 몸 안에서는 위가 음식을 유미乳糜로 바꾸어 간에 넘기고, 간과 지라는 그것을 피로 만들어 심장과 뇌에 보낸다. 마찬가지로 영혼 안에서 이해력은 진리를 취하여 의지와 감정이 활동할 수 있는 요소를 만들어낸다. 그리스도와 천국에는 여러 다양한 뛰어남이 있고 하나님께서는 인간의 영혼이 이러한 뛰어난 것들을 깨달을 수 있도록 다양한 능력을 주셨다. 우리가 냄새를 맡을 수 없다면 우리에게 꽃의 향기가 필요할까? 들을 수 없다면 말과 음악이 우리에게 무슨 유익이 될까? 맛을 모른다면 고기나 음료수에서 무슨 즐거움을 발견할 수 있겠는가? 만일 우리에게 사랑과 기쁨의 감정이 없다면 하나님의 완전하심을 어떻게 즐거워하며 하늘의 영광을 어떻게 누릴 수 있겠는가? 영혼의 감정에 의해 당신은 감미로움과 능력을 느낄 수 있다. 하지만 당신에게 그 기능이 없다면 당신이 영원한 천국을 묵상하더라도 어떤 감미로움과 힘을 얻을 수 없다. 따라서 묵상을 이해와 기억의 기능으로만 보는 것은 잘못이다. 만일 암기와 이해가 묵상이라면 기억력이 맑은 어린 학생이 가장 잘할 것이며 심지어 자신들이 싫어하는 내용을 묵상하는 것도 가능하게 된다. 그러나 감정과 의지가 배제된 묵상이란《성경》이 말하는 묵상이 아니다. 따라서 묵상에는 간신히 천국을 생각하고 기억하는 것 이상의 것이 있다. 어떤 노동은 손과 발만 움직이지 않고 온몸을 움직여야 하듯, 묵상도 온 영혼으로 해야 한다. 세상을 향한 생각이 하나님께로 돌아와야 하듯, 세상을 좋아하던 감정도 하나님을 좋아하는 감정으로 바뀌어야 한다. 전에는 온 영혼이 죄로 가득 찼으나 이제는 하나님으로 가득 차야 한다. 복 있는 사람에 대한 다윗의 묘사를 보자. "오직 여호와의 율법을 즐거워하여 그의 율법을 주야로 묵상하는도다" 시편 1:2.

묵상할 때는 마음을 정하고 진지하게 해야 한다. 진지하게 기도를 하듯, 우리는 이 의무에 온 맘을 드릴 것을 정해야 한다. 물론 바쁜 일정 가운데 하나님께 간단하게 드리는 즉석 기도Ejaculatory Prayer가 있기는 하다. 마찬가지로 묵상에도 온 맘을 다하는 진지한 묵상이 있고 바쁜 와중에 마음속으로 하나님을 생각하는 짧은 묵상이 있다. 그러나 내가 간절하게 당부하고 싶은 것은 기도할 때나 다른 진지한 일을 할 때 다른 일과 겹치지 않게 하는 것처럼, 묵상하는 시간도 다른 바쁜 일과 겹치지 않게 하여 일정하게 진지하게 하라는 것이다.

천국을 묵상하는 것은 당신의 영원한 안식에 대한 묵상이다. 물론 다른 묵상을 버리라는 것은 아니다. 그러나 분명한 것은 천국은 완전한 것이기 때문에 가장 탁월한 묵상의 대상이다. 천국을 소유할 될 때 가장 행복할 것이 확실하듯, 우리가 천국을 묵상할 때 가장 즐거울 것이다. 묵상의 종류에는 《성경》 구절만큼이나 많다. 우리는 온 우주의 피조물, 이 세상에서의 특별한 기적과 섭리에 대해 묵상할 수 있다. 그러나 이 책에서 말하는 묵상은 시온 산으로 오르는 묵상이다. 세상 나라에서 성도의 나라로 가는 묵상이며, 땅에서 하늘로, 시간에서 영원으로 가는 묵상이다. 이 묵상은 하나님의 동산에서 태양과 달과 별들 위를 걷는 묵상이다. 그 길이 멀어 보여도 몸 안이든 몸 밖이든 영으로는 신속하고 빠르게 간다. 당신은 세상 사람들처럼 이러한 생각이 당신을 미치게 할까 두려워할 필요가 없다. 이 묵상은 천국에 있지 지옥에 있지 않기 때문에 나는 당신이 이 묵상의 길을 걷기를 당부한다. 이는 슬픔이 아니라 기쁨이기에 당신이 이 연습을 하기를 권면한다. 어떤 흉측한 사물이 아니라 성도들의 찬란한 영광과 형언할 수 없는 하나님 영광의 뛰어남, 그리고 그리스도의 얼굴에서 흘러나오는 광선을 바라보는 묵상이기에 나는 당신이 이 묵상을 할 것을 촉구한다.

이 묵상은 인간의 유일한 행복을 바라보게 하며 비참한 자들에게 자비를 생각하게 하고 옥에 갇힌 자들에게는 자유를 미리 보게 한다. 가난한 자들에게는 다가오는 부와 명예를 생각하게 한다. 사람들을 미치게 하는 것은 행복 가운데서 그리스도와 함께 거하는 묵상이 아니라 오히려 재앙으로 가득한 세상과 가난과 병마와 악한 자들의 사나움에 대한 염려다. "지혜는 자기의 모든 자녀로 인하여 옳다 함을 얻느니라" 누가복음 7:35.

지식은 무지 외에 다른 원수가 없다. 천국을 묵상하는 과정을 반대하는 사람들은 천국을 알지 못하거나 그 묵상을 해보지 않은 사람들밖에는 없다. 내가 걱정하는 사람들은 천국이 없다고 하거나 천국에 반대 의견을 내는 세상 사람들이 아니라, 천국을 인정하지만 천국을 묵상하지 않는 그리스도인이다.

가장 좋은 시간

시간. 시간을 정해서 하라. 어떤 특별한 시간대를 미신적으로 좋은 시간으로 여겨서는 안 된다. 하지만 당신의 이 의무를 위해 시간을 정해야 한다. 당신이 시간을 정할 때 이 의무에 울타리가 쳐지기 때문에 묵상을 빼먹게 하는 많은 유혹을 막아준다. 어떤 사람은 자기가 원하는 대로 시간을 조정할 수 없어서 정해진 시간을 가지기 어려울 수도 있다. 가난한 사람 중에는 가족을 부양하느라 자유 시간이 없기도 하다. 그러한 사람들은 묵상을 위해 어떤 시간이든 가능한 시간을 찾아낼 수 있도록 노력해야 한다. 예를 들어, 한가한 때가 있을 때마다 놓치지 말고 이 의무를 행하도록 한다. 반면, 자기 맘대로 시간을 낼 수 있는 사람들은 이 의무를 위해 고정된 시간을 갖는 것이 중요하다. 모든 일이 각각 정해진 시간이 있는 것처럼, 우리는 이 의무를 수행하기 위해 시간을 정하는 것이 좋다. 그리고 정해진 시간마다 천국을 묵상하여 그 일이 익숙해져야 한다.

횟수. 정해진 시간에 묵상할 뿐만 아니라 자주 묵상해야 한다. 사람마다 상황이 다르므로 얼마나 자주 해야 한다고 정할 수는 없다. 하지만 일반적으로 《성경》은 밤낮으로 하라고 말씀할 정도로 자주 묵상할 것을 권한다. 그러므로 나는 급한 일이 없다면 적어도 하루에 한 번은 묵상해야 한다고 본다.

하나님과 당신의 영혼이 서먹해지지 않게 하려면 묵상을 자주해야 한다. 잦은 만남이 친근감을 더하고 친근감은 사랑과 즐거움을 더하면서 깊고 솔직한 대화를 나누게 한다. 천국을 묵상하는 주요 목표는 하나님과 친밀함을 나누며 교제하기 위함이다. 이는 거꾸로 당신이 묵상하지 않을수록 하나님과 거리가 생길 수밖에 없음을 말한다.

천국의 그리스도인은 하나님을 잘 알며 친하므로 주의 도움이 필요하고 큰 위로가 필요할 때 "오, 나는 어디로 그리고 누구에게 가야 하는지 잘 알고 있다. 나는 이전에도 수차례 그 길을 갔었다. 그분과 나는 매일 대화를 나누었으며 그 길은 내가 매일 걷던 길이다. 하나님은 나를 잘 아시고 나도 하나님을 잘 안다"라고 말할 것이다. 반면에 하나님을 잘 모르는 사람이 곤경에 빠져서 어쩔 수 없이 급하게 하나님께 나아가야만 할 때 그 영혼은 얼마나 두렵고 조바심이 나겠는가? "아, 어디로 가야 할지 모르겠구나. 전에 그 길을 가본 적이 없다. 나는 하나님 앞에 가 본 적이 없다. 내 영혼은 나와 말씀을 나눌 그 하나님을 모르고 그분은 나를 모르시니 참 두렵구나." 특히 우리가 죽음에 이르러 하나님 앞에 당장 서게 되며 영원한 상태에 들어가게 될 때 그 차이는 현저하게 나타날 것이다. 한쪽에서는 즐거운 생각으로 기뻐할 것이다. "내가 자주 맛보던 그 즐거움의 장소에 들어가는구나. 내가 묵상 가운데 뵙던 하나님을 뵈는구나. 내 마음은 이전에도 천국에 있었고 그 신선한 감미로움을 자주 맛보았다. 내가 그 맛을 보기만 해도 내 눈은 열리고 내 영은 정말로 새로워졌었지. 이제 맘껏 천국을 누리게 되었으니 이 얼마나 기쁜 일인가!" 반면에 다른 쪽에서는 공포에 떨며 생각할 것이다. "이제 죽어서 어디로 갈지 모르겠구나. 내가 잘 알던 곳에서 이제 내가 전혀 모르는 생소한 곳으로 가는구나." 하나님과 천국에 대해 알지 못한 사람들은 죽어가면서 말로 표현 못 할 공포를 느낀다. 만일 성도임에도 죽음 앞에서 이러한 불안과 두려움이 생긴다면, 그 이유는 평소에 천국을 묵상하는 이 의무를 소홀히 여겼기 때문이다. 그러므로 이 의무를 자주 행하기를 당부한다.

천국에 대한 묵상은 하나님과 당신 사이의 서먹함을 제거해 줄 뿐만 아니라, 이 의무 자체에 대한 서투름을 제거해준다. 한 번도 해보지 않은 일을 처음 할 때 얼마나 서투른가? 그러나 자주 해보면 익숙해지면서 쉬워지고 재미있어진다. 언덕을 처음 오를 때는 숨이 차서 헐떡이지만, 익숙해지면 쉽게 달려서 올라갈 수 있다.

잦은 묵상은 당신이 얻은 생동감을 잃지 않게 한다. 만일 당신이 이틀이나 삼일에 한 번 식사를 한다면 힘을 잃을 것이다. 어쩌다 당신이 거룩한 묵상으로 그리스도에게 가까이 나아가 당신의 마음이 사랑의 불길로 뜨거워져도 만일 주께 다시 나아가지 않는다면 이전의 냉랭함이 신속하게 찾아올 것이다. 특히 부패한 죄성을 띤 우리는 더욱 그렇다.

다른 거룩한 의무와 함께 묵상이 병행될 때, 은밀한 기도와 병행될 때 당신의 마음이 천국에 머무는 데 큰 도움이 될 것이다. 그럼에도 묵상은 대부분의 다른 의무의 생명이며, 천국을 바라보는 것은 묵상의 생명이다.

가장 좋은 시간. 가장 좋은 시간을 선택하라. 모든 것에는 제때가 있다. 그때가 가장 아름답고 뛰어나다. 시기가 적절하지 않으면 당신은 수고의 열매를 잃을 수 있고 어려움을 겪을 수도 있다. 나아가 당신은 그 의무로 말미암아 죄를 지을 수도 있다. 똑같은 시간이 어떤 사람에게는 적절하지만, 다른 사람에게는 적절하지 않을 수 있다. 종들과 품꾼들은 그들이 하는 일에 가장 적절한 시기를 붙잡아야 한다. 일도, 여행도, 눕거나 일어나는 일도, 아무 때나 할 수 있는 것이 아니라 가장 적절한 때가 있다. 마찬가지로 우리도 천국을 묵상하기 위해 우리의 영이 깨어 있고 잘 맞는 적절한 때를 찾아서 그 시간을 고정해야 한다. 나는 해가 지는 때부터 밤까지의 저녁 시간이 가장 좋다. 내가 그 시간을 정한 이유는 나보다 낫고 지혜로운 사람, 이삭의 체험에서 비롯되었다. "이삭이 저물 때에 들에 나아가 묵상하다가"창세기 24:63.

주일은 천국을 묵상하는 날로서 지극히 적절한 때다. 우리에게 안식을 상징하는 그날에 우리의 영원한 안식을 묵상하는 것이 가장 적절하지 않겠는가? 나는 이 묵상이 기독교의 주의 날이 제정된 목적이며 그날과 가장 잘 어울리는 의무라고 생각한다. 영원한 안식에 대해 주와 대화를 나누는데 주의 날보다 더 적절한 때가 언제겠는가? 주께서 죽음과 지옥을 이기시고 이 땅에서 하늘로 오르신 주일보다 우리가 하늘로 오를 수 있는 더 적절한 날이 언제겠는가? 참된 그리스도인에게 가장 좋은 심령의 상태는 사도 요한처럼, "주의 날에 성령에 감동되는 것"요한계시록 1:10이 아니겠는가? 신령한 상태에서 다가오는 영광을 보는 것 외에 우리로 하여금 성령 안에서 이 기쁨을 누리도록 하는 것이 무엇이 있겠는가?

한 가지 마음에 두어야 할 것은 오직 주일에 공식 예배만 드리고 그날에 천국을 묵상하는 개인적인 신령한 의무를 소홀히 할 때는 당신의 영혼에 손실이 매우 크다는 사실이다. 당신이 묵상에 친숙해져 있다면 주의 날에도 게으름과 헛된 대화로 시간을 낭비하지 않을 것이다. 주의 날이 가장 길어도 당신에게는 너무 짧을 것이며, 그날 밤이 너무 속히 찾아와 당신은 천국의 즐거움이 줄어드는 것 같아서 매우 안타까울 것이다. 그리스도인들이여! 주일에 더욱 천국을 묵상하도록 하라. 당신이 맞는 주일을 영원한 영광을 향한 계단이 되게 하며, 그 계단을 다 오르는 날이 당신이 천국에 도착하는 날이 되게 하라. 특히 당신이 가난해서 주중에 특별한 시간을 낼 수 없을 때 더욱 주의 날을 활용하도록 하라. 당신의 몸은 노동에서 쉬고 당신의 영은 하나님에게서 안식을 얻도록 하라.

그리고 우리가 매 주일에 적절한 시간을 갖는 것 외에도 매일 적절한 시간을 내어 천국을 묵상해야 할 때가 있다. 예를 들어, 하나님께서 더욱 풍성하게 위로부터 당신의 영을 불로 뜨겁게 하실 때 당신은 더 큰 자유로움 가운데 위로 치솟을 수 있다. 다른 때는 많은 수고를 해도 마음의 뜨거움이 덜하지만, 이러한 때는 약간만 수고해도 당신의 마음은 하늘로 높이 오를 수 있다. 성령의 큰 바람을 관찰하고 어떻게 성령께서 당신의 영을 움직이시는지 보라. "나를 떠나서는 너희가 아무것도 할 수 없음이라" 요한복음 15:5. 즉, 그리스도께서 역사하실 때 당신도 놓치지 말고 함께 일하라! 주께서 오실 때 잠들어 있거나 다른 길에 있지 않도록 주의하라. 성령께서 베드로처럼 감옥에 갇혀 차꼬에 묶인 당신을 찾아오셔서 찌르시며 "빨리 일어나서 나를 따르라!"고 말씀하시면 반드시 일어나서 따르도록 하라. 그러면 당신의 차꼬가 떨어져 나아가고 모든 문이 열릴 것이며 당신은 어느새 천국에 있게 될 것이다.

이 의무를 수행해야 할 또 다른 특별한 시기는 당신이 고난 가운데 있을 때와 시험을 받는 때이다. 기절하는 때 말고 강장제가 가장 필요한 때가 언제겠는가? 이 세상 어디에서도 위로를 얻을 수 없을 그때가 천국의 위로가 가장 필요한 때가 아니겠는가? 이 땅에서 슬픔 외에 아무것도 없을 그때가 우리의 영혼이 더욱 하늘에 대해 대화를 나누어야 하는 때가 아니겠는가? 노아의 비둘기가 밖으로 나갔으나 온 지면에 물이 차서 발 델 곳이 없음을 깨달았을 때 그 비둘기에게는 방주 외에 있을 곳이 없었다. 이 세상에 먹을 것이라고는 아무것도 없고 심지어 음식 껍질마저 없을 때 우리는 아버지의 집을 생각해야 하지 않겠는가? 분명히 하나님께서는 이러한 목적을 위해 우리에게 고난을 허락하신다. 만일 당신이 당신의 궁핍을 이렇게 사용할 수 있다면 당신은 가난하더라도 행복한 자다. 당신이 병을 이렇게 활용한다면 병이 들더라도 행복한 자다. 이집트에서 우리의 짐이 점점 무거울 때, 광야에서 곤경에 빠졌을 때 바로 그때가 약속의 땅으로 나아가야 할 가장 적절한 시기다.

그리스도인들이여! 만일 당신이 슬픔 가운데서도 하늘의 영광을 진지하게 보게 된다면 큰 위로를 얻게 될 것이다. 또한 더욱 당신을 지켜주고 힘을 주는 이 치료법을 사용한다면 당신은 당신의 문제들로 말미암아 더는 해를 받지 않으며 두렵지도 않을 것이다. 다윗은 고백하기를 "내 속에 근심이 많을 때에 주의 위안이 내 영혼을 즐겁게 하시나이다"시편 94:19라고 하였다. 바울은 "현재의 고난은 장차 우리에게 나타날 영광과 비교할 수 없도다"로마서 8:18라고 말하였다. "그러므로 우리가 낙심하지 아니하노니 우리의 겉사람은 낡아지나 우리의 속사람은 날로 새로워지도다 우리가 잠시 받는 환난의 경한 것이 지극히 크고 영원한 영광의 중한 것을 우리에게 이루게 함이니 우리가 주목하는 것은 보이는 것이 아니요 보이지 않는 것이니 보이는 것은 잠깐이요 보이지 않는 것은 영원함이라"고린도후서 4:16~18.

천국을 묵상하는 의무가 가장 필요한 또 다른 때는 하나님의 사자가 우리를 죽음으로 부를 때이다. 이 세상의 삶이 거의 끝난 것을 알 때 우리에게 다른 삶이 마련되어 있다는 소식을 들으면 이보다 더 큰 기쁜 소식이 어디 있겠는가? 죽어가는 사람보다 하늘의 기쁨이 더 필요한 사람은 없다. 죽어가는 이삭과 야곱이 그들의 자녀에게 내린 예언적 축복을 보라. 모세가 자신의 삶을 마감하면서 어떠한 천국의 노래와 신령한 축복을 하였는지를 보라. 주께서 제자들을 떠나시면서 어떠한 권면과 기도를 드렸는지를 살펴보라. 바울이 자신을 제물로 드리기를 기다리면서 빌립보 교인들과 디모데와 에베소 교회의 장로들에게 어떠한 권면과 위로를 하였는지 보라. 밧모 섬에 있었던 사도 요한이 죽음 직

카라바조Caravaggio의 〈의심하는 도마〉(1603년), 독일 포츠담 쌍쑤씨 스티프팅 슐로서 개르텐 소장.

카라바조는 바로크를 대표하는 작가로 불린다. 암흑의 배경 중앙에서 강렬한 조명에 비친 주인공을 마치 연극 연출하듯 표현하는 명암법, 즉 키아로스쿠로Chiaroscuro 기법으로 그려내는 것이 그의 화풍의 특징이다. 부활하여 나타난 예수의 모습에 놀라워하며 직접 예수의 상처에 손가락을 넣어 만져보는 도마의 모습이 생생하고 사실적으로 묘사되어 있다. 예수님은 그에게 말씀하셨다. "네 손가락을 이리 내밀어 내 손을 보고 네 손을 내밀어 내 옆구리에 넣어 보라 그리하여 믿음 없는 자가 되지 말고 믿는 자가 되라"요한복음 20:27.

전에 얼마나 천국을 가깝게 보았는지 느껴지는가? 일반적으로 성도들은 천국에 가장 가까울 그때에 그 마음가짐이 가장 천성에 가깝다.

만일 죽음이 가까운 순간에 성도들의 마음이 이와 같다면, 오, 지금 당신의 마음이 그리스도와 함께하여야 하지 않겠는가? 지금 당신 곁에 서 계신 그리스도를 바라보며 그분을 당신의 아버지와 남편과 의사와 친구로 여기고 말을 걸어야 하지 않겠는가? 당신의 눈에는 당신 곁에서 당신의 영혼에 대하여 마지막 공무를 수행하려고 기다리는 천사들이 보이지 않는가? 거지 나사로의 영혼을 아브라함의 품으로 이끌 때 거드름을 피우지 않았던 그 천사들은 이제 당신의 영혼을 천국으로 인도하는 데 어려워하지 않을 것이다. 야곱이 요셉이 보낸 수레를 보고 즐거워했던 것처럼, 당신은 당신의 죽음의 고통과 병을 하늘에서 보낸 병거로 생각하며 힘을 얻도록 하라. 그리고 "이제 죽어도 좋다. 그리스도께서 여전히 살아 계시도다. 그가 살았기 때문에 나도 또한 살리라"고 고백하라.

당신에게 최고의 위로가 필요한가? 이 세상이 줄 수 없는 최고의 위로가 여기 있으니, 바로 하늘의 모든 기쁨이 당신의 것이며, 이곳에서 복된 자들이 소유하던 모든 것이 당신의 것이고, 심지어 하나님과 그리스도를 친히 뵙게 된다는 사실이다. 이러한 최고의 진미가 그리스도의 손에 의해 직접 당신에게 차려진다. 주께서는 친히 복음의 약속 안에서 당신에게 증서를 써주셨고 당신을 위해 친히 하늘의 잔치를 베푸셨다. 당신이 할 일은 오직 믿음의 손을 내밀어 그것을 먹으며 즐거워하며 살아가는 것이다. 주께서 엘리야에게 말씀하듯이 당신에게 말씀하신다. "먹으라 네가 갈 길을 다 가지 못할까 하노라"열왕기상 19:7. 그 길은 짧을지는 몰라도 수렁 같을 것이다. 그러므로 그 말씀에 순종하여 일어나 먹으라. 그리고 "그 음식물의 힘을 의지하여 하나님의 산에 이르라"열왕기상 19:8. 또한 모세처럼 당신도 당신이 "올라가는 그 산에서 죽어라"신명기 32:50. 그리고 시므온처럼 "주재여 이제는 말씀하신 대로 종을 평안히 놓아주소서. 나의 믿음의 눈이 주의 구원을 보았습니다"누가복음 2:29~30라고 고백하라.

가장 좋은 장소

천국을 묵상하는 데 가장 좋은 장소는 혼자 있는 조용한 장소면 된다. 우리의 영은 이 일을 할 때 방해를 받지 말아야 한다. 주께서 우리의 개인 기도를 위해 "네 골방에 들어가 문을 닫고 은밀한 중에 계신 네 아버지께 기도하라"마태복음 6:6고 말씀하신 것처럼, 우리는 묵상도 같은 방법으로 해야 한다. 예수님도 자주 산이나 광야의 조용한 곳으로 가셔서 홀로 계셨다. 나는 순간적으로 짧게 하는 묵상을 위해서가 아니라 마음을 정하여하는 진지한 묵상을 위해 이 권면을 한다. 그러므로 모든 사람에게서 벗어나 오직 주님과만 함께하라. 만일 생각을 하고 암기해야 하는 학생도 군중 속에서 공부할 수 없다. 하물며 당신의 본질을 넘어서는 대상을 향해 당신의 모든 영혼의 능력을 사용해야 하는 천국에 대한 묵상은 사람들이 있을 때 더더욱 하기 어렵다.

미신에 빠져서 도를 닦는 사람들의 은둔을 너무 싫어한 나머지 묵상을 위한 홀로 있는 시간마저 외면하는 사람이 많다. 《성경》을 보면 하나님께서 주의 선지자들이나 성도들을 만나실 때 많은 무리 가운데 만나시기보다는 그들이 홀로 있을 때 자주 찾아오시는 것을 발견할 수 있다.

집 안이든 집 밖이든 어떤 장소가 당신의 영에 가장 잘 어울리는지를 살펴보라. 이삭은 들에 나아가 묵상했다창세기 24:63. 나는 가장 편안한 곳이 가장 좋은 곳이다. 우리 주님은 조용한 동산을 자주 찾으셨기 때문에 가룟 유다마저도 그가 주를 배반할 때 주께서 어디 계신 줄 알고 있었다. 주께서는 제자들과 함께 그 동산으로 가시더라도 여전히 더 은밀한 기도의 시간을 가지려고 그들과 떨어지셨다. 《성경》에는 그의 기도 외에 묵상에 대한 직접적인 언급이 없어도 주께서 묵상하심은 분명하게 함축되어 있다. 즉, 처음에 주의 영혼은 그의 고난과 죽음에 대해 쓰라린 묵상을 하므로 슬퍼하셨다. 그 후 그 슬픔을 기도로 쏟아내셨다. 아무튼 예수님은 항상 다니시던 장소가 있었으며 그곳에서 습관적으로 묵상하시고 기도하셨다. 우리도 마찬가지여야 한다. 주께서 조용한 장소를 정하시고 제자들과 따로 떨어지셔서 그곳에 계셨던 것처럼, 우리도 그렇게 해야 한다. 주님의 묵상이 생각의 차원을 넘어서서 주의 마음과 영혼을 찌르며 영향을 끼친 것처럼, 우리의 묵상도 그러해야 한다.

주님과 우리의 묵상에 가장 큰 차이가 있다면 묵상의 대상이다. 그리스도는 우리를 대신하여 받게 될 고난에 대해 묵상하셨다. 이는 자신의 모든 영혼으로 하나님 아버지의 진노를 다 겪기 위함이었다. 그러나 우리는 주께서 피로 값 주고 사신 영광을 묵상한다. 우리는 이를 통해 아버지의 사랑과 성령의 즐거움이 우리 생각 속에 들어와 우리의 감정과 영혼에 흘러넘치도록 해야 한다.

가장 좋은 마음의 상태

이제 천국을 묵상하기 위해 당신의 마음을 어떻게 준비해야 하는지를 말하고 싶다. 이 일의 성공은 당신의 마음 상태에 달렸다. 사람의 마음속에 성령을 근심하게 할 아무런 것이 없었을 때는 창조주께서 가장 즐겁게 사람의 마음에 거하실 수 있었다. 하나님께서는 사람이 부당하게 화를 내며 주를 쫓아내기까지는 사람의 마음속에 거하셨다. 사람의 마음이 죄악으로 가득 차기 전까지는 서먹함이나 꺼림이 없었고, 그들의 마음이 하나님이 거하시기에 너무 더러운 지하 감옥처럼 되기까지는 그들을 즐거워하셨다. 만일 사람의 영혼이 과거의 순결함으로 돌아간다면 하나님께서도 전처럼 신속하게 사람의 영혼 안으로 돌아오실 것이다. 그렇다. 사람의 영혼이 성령에 의해 새로워져 고침을 받은 상태에서 정욕으로부터 깨끗하여져 주의 형상으로 아름다워져 있는 한 주께서는 그 영혼을 자신의 것으로 인정하실 것이다. 그리스도는 그 영혼에 자신을 나타내실 것이며 성령은 그 영혼을 자신의 성전과 거처로 삼으실 것이다. 그 마음이 하나님과 대화할 수 있는 자격이 되면 그 영혼은 늘 주를 즐거워한다. 그러므로 특히 모든 지킬 만한 것 중에 더욱 네 마음을 지켜야 한다. 생명의 근원이 마음에 있기 때문이다잠언 4:23.

세상으로부터 가장 깨끗한 마음. 할 수 있는 만큼 세상으로부터 당신의 마음을 깨끗하게 지키라. 당신의 사업과 문제와 즐거움 등 당신의 영혼을 차지하고 있는 모든 것에 대한 생각을 전부 곁으로 밀쳐두라. 당신이 마음을 깨끗하게 비우는 만큼 그 마음은 하나님으로 채워질 수 있다. 당신은 몇 가지 외적인 의무를 수행하면서 영혼의 어떤 부분을 채울 수는 있지만, 영혼 전부를 채울 수는 없다. 무엇보다 이 천국을 묵상하는 의무를 수행하지 않고는 당신의 영혼이 온전히 하나님으로 채워질 수 없음은 확실하다.

당신이 묵상의 산에 오르면 당신은 마치 금광을 발견한 탐욕스러운 사람과 같아진다. 그는 원하는 만큼 가졌지만, 더 가져가지 못하는 것에 안타까워한다. 당신은 당신의 좁은 마음이 담을 수 있을 만큼 하나님과 영광을 발견하여 담지만, 얼마든지 더 가져가도록 허락되어 있음에도 당신의 영이 용량이 되지 않음으로 더는 담지 못한다. 그때 당신은 "오, 내 이해력과 감정이 더 담을 수 있다면! 이곳이 나의 천국이 될 수 없는 이유는 다른 문제가 아니라 나의 영혼의 용량이 작기 때문이로구나. 하나님이 이곳에 계시지만 나는 몰랐구나. 이 산은 병거들과 불로 가득 차 있지만, 내 눈이 닫혀서 그것들을 보지 못하는구나. 오, 그리스도께서 하신 사랑의 말씀들, 주께서 보이신 놀라운 사랑들, 그러나 나는 그것들을 아직도 듣고 볼 수 없다. 하늘은 나를 위해 준비되어 있으나, 나의 마음이 하늘을 위해 준비가 되어 있지 않구나"라고 말하며 아쉬워할 것이다.

그러므로 이 묵상에서 당신이 하나님을 즐거워함은 당신 마음의 용량과 성향에 많이 달렸음을 깨닫고, 가능한 한 이 땅에서부터 당신의 온 영혼을 다해 하나님을 찾아라. 그리스도를 마구간과 구유에 밀어두는 일이 없도록 주의하고 당신의 마음 중심에 그리스도보다 더 중요한 손님을 모시는 일이 없도록 하라. 그리스도께서 제자들에게 "내가 저기 가서 기도할 동안에 너희는 여기 앉아 있으라"마태복음 26:36고 말씀하신 것처럼, 당신도 모든 세상의 일과 세상의 생각에 그렇게 말하라. 아브라함이 이삭을 제물로 바치기 위해 떠나면서 그의 종들에게 "너희는 여기서 기다리라 내가 저기 가서 예배하고 너희에게로 돌아오리라"창세기 22:5고 말한 것처럼, 당신의 여러 다른 세상의 생각에 기다리라고 말하라. 심지어 주제넘게 향을 피워 제사장만이 드릴 수 있는 제사를 드리려다 나병에 걸린 웃시야 왕을 모든 제사장이 힘을 모아 성전에서 쫓아낸 것처럼역대하 26:20, 당신도 당신의 마음속의 성전에서 나병처럼 더러운 생각들을 쫓아내고 하나님의 금기 표를 그것들 위에 붙이라.

가장 엄숙하고 진지한 마음. 이 일을 시작하려면 가장 진지한 마음을 갖고 생각해야 한다. 거룩한 것을 경박하게 대해서는 안 된다. 하나님은 주를 가까이하는 자 중에 주의 거룩함을 나타내실 것이다레위기 10:3. 영혼을 성장하게 하는 이 의무는 잘 사용되면 가장 유익하다. 그러나 불성실하게 사용되면 가장 위험하다. 그러므로 하나님의 임재와 주의 신비한 위대함을 가장 깊이 깨달을 수 있도록 힘쓰라. 만일 왕비 에스더가 왕이 금 홀을 내밀 때까지 왕께 나아갈 수 없었다면, 말씀으로 세상을 지으시고 손으로 지구를 붙드시며 태양과 달과 별들의 운행을 유지하고 격노하는 바다의 한계를 정하시는 하나님 앞에 당신이 나아갈 때는 어떠한 경외함으로 나아가야 할지 생각해보라. 그분은 땅이 떨고 마귀들이 두려워 떠는 분이다. 그분은 당신과 온 세상을 마지막 때 심판하시는 분이다. 당신은 그분을 어떻게 대하여야 하는가?

오, 생각해보라. "그때 나는 주의 위엄을 생생하게 알게 될 것이며 나의 둔한 영은 깨어날 것이고 나의 불손함은 제거될 것이다. 그런데 왜 나는 지금 주의 위대함을 의식함으로 깨어 있지 못하고, 내 영혼은 주의 이름을 경외하지 않고 있는가?" 당신이 시도하려는 천국에 대한 묵상으로 그 위대함을 깨닫도록 힘쓰라. 또한 그 중요함과 뛰어남을 깊게 느낄 수 있도록 노력하라. 만일 당신이 세상 법정의 재판장 앞에서 생명을 살려달라고 애원해야 한다면 매우 진지할 것이다. 그러나 이것도 천국의 일에 비하면 사소한 일이다. 다윗이 골리앗과 국가의 앞날이 달린 싸움을 치른 것처럼, 당신이 그러한 중대한 일에 관련되어 있다 해도 천국을 묵상하는 일과 비교할 때 아무것도 아니다. 당신이 야곱의 씨름과 같은 싸움을 한다고 가정할 때, 세 명의 제자들이 변화산에서 본 그러한 현상을 본다고 할 때 당신은 얼마나 심각하며 경외하는 마음으로 조심스럽게 접근하여 보겠는가? 만일 당신의 묵상 시간과 장소로 하늘에서 천사가 내려와 당신을 만난다면 당신은 얼마나 두려움으로 가득 차겠는가? 그렇다면 당신은 어떠한 마음 자세로 주를 만나야 할지 생각해보라. 당신이 매일 주와 대화를 나눌 때 얼마나 진지한 태도와 경외하는 자세를 취하여야 하겠는가?

이 복된 일을 잘 생각해보라. 만일 성공하면 당신은 하나님 앞으로 받아들여지게 된다. 또한 이 땅에서 영원한 영광이 시작된다. 당신이 다른 사람과 다른 삶을 살 수 있는 수단이며 천사들 곁에 함께 서게 되는 수단이다. 당신은 살든 죽든 기쁨이 넘칠 것이다. 하늘의 상은 대단히 클 것이며 당신이 준비한 모든 것에 다 상을 받게 될 것이다. 이 땅의 그 누구도 하늘의 대화에 익숙한 사람들이 누리는 그 기쁨과 복됨을 누릴 수 없다. 그들이 누리는 기쁨과 복에 비교할 때 세상의 모든 사람의 즐거움은 단지 어린아이의 놀이에 불과하고 어리석은 자의 웃음에 불과하며 아픈 자가 건강을 꿈꾸는 것에 불과하다. 천국을 위해 거래하는 자만이 유일한 이익을 보는 자가 될 것이고, 이를 무시하는 자는 영원한 손해를 입는 실패자가 될 것이다. 그러므로 우리는 이 일을 진지하게 수행해야 한다.

Chapter 14 | Heavenly Contemplation Use

천국을 묵상하기 위한 고찰, 감정, 독백, 기도 사용법

—

당신을 향한 그분의 모든 특별한 자비, 당신과의 모든 감미롭고 가까웠던 관계, 주와 함께 거하던 당신의 영원한 행복 등 당신의 마음이 이 모든 것을 기억하게 하라.

당신의 마음이 잘 조정되었으면 이제 음악을 듣도록 하자. 식욕이 생겼으면 이제 잔치로 나아가서 당신의 영혼을 골수와 기름진 것으로 채우자. 자, 모든 것이 준비되었다. 그리스도와 천국 그리고 지극한 영광이 당신 앞에 있다. 이 초대를 가볍게 여기거나 응하지 않으려고 핑계하는 일이 없도록 하라. 당신이 부유하든 가난하든, 구빈원에 있든 병원에 있든, 형통하든 역경에 처해 있든, 당신은 강제로라도 이 초대에 들어와야 한다. 하나님의 나라에서 음식을 먹는 자들이 얼마나 복된가! 당신의 장막 주위에는 만나가 놓여 있으니 밖으로 나가서 모아 집으로 가져와서 먹어라. 나는 이를 위해 단지 당신에게 당신의 고찰과 감정과 독백과 기도를 어떻게 사용해야 하는지 말하고자 한다.

고찰이 마음에 끼치는 영향

천국을 묵상하는 데 있어서 고찰은 큰 역할을 한다. 고찰은 자발적이어야 하며 강제로 되어서는 안 된다. 어떤 사람은 마지못해서 고찰한다. 예를 들어, 하나님께서 악인들의 눈앞에 그들이 지은 죄악을 보여주시며 생각하게 하는 때가 그렇다. 또는 저주를 받게 된 자들이 한때 그들이 멸시했던 그리스도의 뛰어남과 그들이 어리석음 가운데 놓치게 된 영원한 즐거움을 바라보며 고찰하게 되는 때이다. 고찰은 고찰한 것을 마음에 새기면서 감정을 움직이는 큰 힘을 가지고 있다. 고찰에 의해 다음과 같은 일들이 발생한다.

머리와 가슴 사이의 문을 연다. 우리의 이해력은 진리를 받아 기억 속에 두지만, 고찰은 기억 속에 있는 것을 감정으로 옮긴다. 머리와 가슴이 뻥 뚫려 있어서 감정이 이해한 것에 곧바로 반응한다면 많은 배움과 지식은 엄청난 감정의 변화를 나타낼 것이다. 빠르고 정확한 이해력, 그리고 좋은 기억력을 가지고 있는 사람은 보통 최고의 학자다. 그러나 최고의 그리스도인은 깨달음이 깊을 뿐만 아니라, 감정이 풍성한 사람으로서 귀에서 뇌로 향하는 길이 아닌 귀에서 가슴으로 가는 길이 가장 잘 열려 있는 사람이다. 성령께서 가장 주된 요인이기는 하지만, 우리는 고찰에 의해 귀에서 가슴으로 가는 이 길이 활짝 열려 있어야 한다.

가장 중요한 것을 감정에 제시한다. 고찰은 가장 중요한 것을 감정이 느낄 수 있도록 한다. 가장 아름다운 물체라도 그것을 보지 못하면 즐길 수 없고, 가장 기쁜 소식이라도 듣지 못하면 아무런 감정이 생기지 않는다. 그러나 고찰은 없는 것을 우리 눈에 보이게 하고 그것을 우리의 영혼의 눈과 귀로 가져온다. 그리스도와 하늘의 영광은 바라보는 대상에게 감명을 주지 않겠는가? 그리스도와 하늘의 영광이 분명하게 발견된다면 영혼들에게 기적이 나타날 것이며, 그 영혼들은 그 가치에 대해 어느 정도 깨닫게 되어 있다. 고찰은 그리스도와 하늘의 영광을 우리에게 제시한다. 그리고 고찰은 그리스도인이 땅에서 하늘을 볼 수 있는 시각을 준다.

가장 귀중한 것을 가장 효과적으로 제시한다. 고찰은 가장 귀중한 것을 가장 효과적으로 제시한다. 고찰은 자신의 마음속에서 이성을 가지고 어떤 일을 다루는 것이다. 성도가 그의 마음으로 천국을 묵상할 때 얼마나 많은 이성적인 생각을 하겠는가? 하나님과 그리스도로부터 추론하고, 신성의 각 완전함으로부터, 우리의 이전과 현재 상태로부터, 하나님의 약속으로부터, 현재의 고난과 즐거움으로부터, 지옥과 천국으로부터 얼마나 많은 추론을 하겠는가? 각각의 추론은 우리의 기쁨을 촉진하는 데, 이때 고찰이 모든 것을 끄집어내는 수단이 된다.

고찰은 결국 저울이 기울어질 때까지 각 추론에 다른 추론을 더하며 증거를 얻어낸다. 우리의 모든 불신과 슬픔을 잠잠하게 하는 때까지 고찰은 기쁨을 설득해 내며, 마침내 우리가 기뻐해야 할 이유를 우리 앞에 분명하게 가져다 놓는다. 다른 사람의 의도가 우리를 속이려는 것인지 도우려는 것인지 모를 때가 많지만, 그들의 논리가 강력할 때 우리가 설득된다면, 우리 자신의 의도를 잘 아는 입장에서는 우리 자신의 추론은 얼마나 더 강력하게 우리 자신을 설득하겠는가? 그러니 전혀 속이실 수도, 속으실 수도 없으신 하나님의 추론은 얼마나 더 우리를 확실하게 설득하겠는가? 우리는 고찰을 통해 하나님의 추론을 반복하여 읽으면서 왜 아버지의 집으로 돌아가야 하는지를 깨닫는다. 그러면 우리는 아버지의 영원한 집으로 돌아가고 싶은 감정을 갖게 된다.

이성을 높여 정당한 권위를 갖게 한다. 고찰은 이성이 감각의 노예가 되지 않도록 돕고 영혼의 왕좌에 다시 앉게 한다. 이성이 묵인되면 보통 이성은 다른 것에 종속된다. 특히 이성이 잠이 들면 감각이 우리를 지배한다. 그러나 고찰은 삼손처럼 이성을 깨워 스스로 일어나게 하고 깨어난 이성으로 하여금 육욕의 사슬을 깨뜨리고 육체의 망상을 허물게 한다. 사자가 잠이 들어 있다면 무슨 힘을 쓰겠는가? 왕이 왕좌에서 쫓겨나면 일반인과 다를 것이 무엇이겠는가? 묵상에 의해 깨어난 영적인 이성은 환상이나 육체적 감각이 아니며, 이 영적인 이성은 하늘의 기쁨을 분별해 낸다. 고찰은 믿음의 대상을 높이고 상대적으로 감각의 대상은 부끄럽게 여긴다. 분별력이 없는 사람들은 감각적인 사람들이다. 지식을 거슬러 죄를 짓기는 너무나 쉽고 일반적이다. 그러나 확실하게 깨어서 오랜 고찰을 한 사람들은 죄를 쉽게 짓지 않는다.

이성을 강력하게 활동하도록 한다. 전에는 이성이 고인 물 같았지만, 이제는 앞에 있는 모든 것을 밀고 나아가는 강한 개울 같다. 전에는 이성이 개천에 있는 돌멩이 같았는데, 이제는 우리의 불신이라는 골리앗의 앞이마를 때리는 물매 돌이 되어 있다. 악한 자들이 계속 악을 행하는 이유는 그들의 행동과 사건에 이성을 발휘하지 않기 때문이다. 마찬가지로 경건한 사람들이라도 이성과 믿음을 잠들게 하면 천국을 묵상하는 것을 불편하게 느끼게 되면서 그 거룩한 의무를 하려고 하지 않는다. 우리는 꿈속에서도 얼마나 두려움과 슬픔과 기쁨을 느끼는가? 하물며 심각한 묵상은 우리의 감정에 얼마나 많은 영향을 끼치겠는가?

이성적인 기능을 계속 사용하며 지속한다. 묵상은 이성과 믿음의 활동으로서 마음에 불이 타오를 때까지 불을 지핀다. 몇 걸음 걸었다고 해서 열이 나는 것은 아니다. 그러나 한 시간을 계속 걸으면 몸에서 열이 난다. 천국을 갑작스럽게 생각하면 우리의 감정에 영적인 열이 붙지 않는다. 그러나 묵상을 통해 생각을 지속하면 마침내 우리 마음은 따뜻해진다. 이처럼 당신은 천국을 묵상할 때 고찰을 통해 당신의 영혼이 크게 고취되는 것을 발견할 수 있다.

감정을 촉진하는 묵상

이제 천국을 묵상하는 일이 어떻게 감정을 촉진하는지 보자. 처음에 우리는 기억을 수단으로 하여 고찰하면서 우리가 묵상해야 할 천국에 관한 가르침을 취한다. 예를 들어, 영생의 약속들, 성도의 영광에 대한 묘사들, 부활 등이다. 그러면 우리는 그 내용을 자세히 살펴보고 분별하여 우리 안의 육체와 감각에 지배를 받는 모든 것은 밀쳐내고 그것과 대조되는 천국의 완전한 행복을 올바르게 확정한다. 그 후 우리는 마음속으로 주님을 찬송하며 거룩한 열망으로 가득 차게 된다. 이때 약속의 진리와 약속 안에서 우리의 유익과 자격에 대해 판단력을 발휘하는 것도 중요하지만, 더 중요한 것은 그 약속들에 대한 우리의 믿음이다. 그리고 얼마 후면 우리의 눈으로 그것을 직접 보게 될 것을 믿으면, 우리 안에는 강렬한 열정이 일어날 것이다. 그러한 믿음은 얼마나 놀라운 감동을 만들어내겠는가? 그 믿음은 우리 안에 어떠한 사랑과 열망을 불러일으키겠는가? 오, 믿음은 모든 감정을 다 일으킬 것이다. 천국을 누릴 우리의 자격을 약간만 확신하여도 얼마나 큰 기쁨이 넘치겠는가? 그 길을 인도해야 하는 믿음이 침체하여 있을 때는 결코 사랑과 기쁨이 발생할 수 없다.

그러므로 매일 믿음을 발휘하라. 그리고 믿음 앞에 약속의 은혜와 그 은혜를 받아들이라는 하나님의 모든 당부, 그리스도의 은혜로우신 성품, 그리스도의 사랑의 모든 증거, 약속에 대한 주의 신실하심, 그리고 우리 자신 안에 나타나는 주의 사랑의 증거들을 두라. 이 모든 것을 함께 두고 이 증거들이 당신의 구원을 위해 하나님의 선한 뜻을 증거하는지 그렇지 않은지, 우리의 불신을 적절하게 물리치는지 그렇지 않은지를 생각하라. 이 판단이 서면 믿음은 우리의 행복에 대한 진리를 붙들 것이며, 그 후 우리의 묵상은 우리의 감정을 일으킬 것이다. 특히 사랑과 열망과 소망과 용기 또는 담대함, 그리고 기쁨을 일으킬 것이다.

사랑. 천국을 묵상할 때 제일 먼저 일어나는 감정은 사랑이다. 사랑의 대상은 선함이다. 이 부분이 천국을 묵상하는 당신의 영혼을 소생하게 한다. 당신의 기억과 판단과 믿음으로부터 당신의 마음속에 영원한 안식의 뛰어남을 이끌어 내라. 그 후 그 뛰어남을 사랑하게 되면 당신은 천국에 있는 자신을 발견하게 될 것이다. 마음속에 있는 모든 것을 다 말하라. 사랑은 그 말을 다 들을 수 있다. 심지어 이러한 것을 드러내기만 해도 사랑은 볼 수 있다. 세상의 짐승적인 사랑은 눈이 멀어 있지만, 하나님의 사랑은 지극히 눈이 밝다. 당신의 믿음으로 당신의 마음을 붙들고 그 마음에 당신이 영원히 거하게 될 화려한 건물과 당신 아버지의 영광스러운 보석들과 심지어 그리스도께서 마련하시는 큰 저택들과 주의 나라의 영광을 보여주라. 당신의 믿음이 당신의 마음을 인도하여 하나님 앞으로 가게하고, 가능한 한 가까이 나아간 후에 당신의 마음을 향해 외치라.

"옛적부터 항상 계신 주 여호와를 보라. 그 이름은 '나는 스스로 있는 자'다. 이분이 바로 말씀으로 세상을 지으시고 땅을 붙드시며 나라들을 다스리시고 모든 사건을 결정하시고 원수를 굴복하게 하시며 바다의 솟구치는 파도를 다스리시고 바람을 주관하시며 태양이 그 길을 달리게 하시고 별들의 방향을 알게 하신 분이다. 이분이 바로 영원 전부터 당신을 사랑하시고 모태에서 당신을 만드셨고 당신에게 영혼을 주셨으며 당신을 태어나게 하셨고 당신에게 빛을 보이셨고 당신을 땅의 모든 피조물 가운데 으뜸이 되게 하셨고 당신에게 이해력과 재능을 주셨고 당신의 생명과 그 모든 위로를 유지하여 주시고 당신을 가장 비참하고 사악한 자들로부터 따로 구별하여 주신 분이다. 오, 여기에 당신의 사랑을 받기에 합당한 분이 계시다. 그분께 당신의 사랑을 쏟아 부어라. 이분은 당신이 아무리 사랑해도 다함이 없다. 이분이 바로 예수님의 공로로 당신에게 복을 베푸신 분이시며 '당신 원수의 목전에서 당신에게 상을 베푸시고 당신의 잔을 넘치게' 하신 주시다. 이분이 바로 천사들과 성도들이 찬양하는 분이며 하늘의 천군 천사들이 영원히 찬송하는 분이다."

이처럼 당신은 하나님을 찬양함에 대해 상세히 설명하고 주의 뛰어나심을 당신의 마음속에 열어 보임으로써 마침내 당신 가슴속에 사랑의 거룩한 불이 타오르게 하라.

만일 당신이 당신의 마음속에서 사랑이 타오르는 것을 느낄 수 없다면 당신의 마음을 더욱 이끌어서 살아 계신 하나님의 아들을 보게 하라. 그분의 이름은 "기묘자라, 모사라, 전능하신 하나님이라, 영존하시는 아버지라, 평강의 왕"이사야 9:6이다. 당신의 마음에 영광의 보좌에 앉으신 성도들의 왕을 보여주라. 그분은 "처음과 마지막이요 시작과 마침이며, 이제도 있고 전에도 있었고 장차 올 자요, 살아 있지만 전에 죽었던 분이다. 볼지어다 이제 세세토록 살아 계시며, 그의 십자가의 피로 화평을 이루신 분"요한계시록 22:13, 1:8, 18, 골로새서 1:20이며 당신을 위해 친히 화평의 처소를 예비하신 분이다. 그의 사역은 화평을 이루시는 것이며, 그분의 나라는 화평의 나라다. 그분의 복음은 화평의 소식이며, 당신에게 지금 들리는 주의 목소리도 평화의 목소리다. 가까이 가서 그분을 보라. 주의 목소리가 들리지 않는가? 도마에게 가까이 오라고 하셔서 못 자국난 자리를 보여주시며 그의 손가락을 그의 상처에 넣어보라고 하신 그분은 또한 이제 당신을 부르셔서 "내게 가까이 와서 네 주 구세주를 보라. 그리하여 믿음 없는 자가 되지 말고 믿는 자가 되라. 내니 두려워하지 말라"요한복음 20:27, 6:20고 말씀하신다. 그분을 자세히 보라. 당신은 그분을 알지 않는가? 그분은 당신을 지옥의 구덩이에서 꺼내어 주신 분이 아니신가? 그분은 당신에게 내려진 저주의 판결을 뒤집으려고 당신이 받아야 할 저주를 친히 감당하셨고 잃었던 축복을 회복하게 하셨다. 또한 당신이 영원히 상속받아야 하는 유업의 담보를 주의 피로 값 주고 사셔서 당신에게 주셨다.

당신은 여전히 그분을 모르겠는가? 그분의 손과 머리와 옆구리와 가슴은 찔렸다. 혹시 당신은 언제나 있는 이 표시로 그분을 알 수도 있다. 그분은 "피투성이가 되어 누워 있는 당신을 찾아내어 불쌍히 여기시고 그 상처를 싸매시고 집으로 데려와 '살아 있으라'" 에스겔 16:6고 말씀하셨던 바로 그분이다. 그분은 친히 당신의 상처를 치료하기 위해 자신은 상처를 입으셨으며 당신의 피를 멈추게 하기 위해 그분은 피를 흘리셨다. 만일 당신이 그분의 얼굴을 모른다면, 그 음성과 손과 그 마음으로 그분을 알아볼 수 있을 것이다. 그분의 마음은 영혼을 불쌍히 여기는 마음으로서 바로 주의 마음이다. 사랑과 동정은 그분의 마음의 분명한 기호다. 그분은 자기 생명보다 당신의 생명을 선택하신 분이며 하늘 아버지 앞에서 자기의 피를 근거로 하여 호소하시며 당신을 위해 끊임없이 중보하신다.

만일 그분이 고난을 당하지 않으셨다면 당신은 어떤 고난을 당하였겠는가? 주께서 중보자로 오셔서 당신을 위해 매를 맞으셨을 때 당신과 지옥 사이에는 한 발자국만 남아 있었다. 이 사실은 그분을 향한 당신의 사랑이 끝없이 타오르기에 충분하지 않은가? 이 부분에서 감동을 한 마음마다 진정되지 않아서 요셉처럼 울 장소를 찾을 것이다. 자, 계속 나아가라. 사랑의 영역은 넓고 크다. 당신이 영원히 해야 할 일은 주를 바라보고 사랑하는 일이다. 이제 당신이 천국을 묵상하는 일을 통해 아무리 주를 사랑해도 여전히 부족할 것이다.

당신이 하갈처럼 앉아서 울고 당신의 영혼을 포기하고 있을 때 주께서는 당신에게 위로의 샘을 여시고 또한 당신의 눈을 여셔서 그것을 보게 하셨다. 얼마나 자주 당신은 엘리야처럼 당신의 비참 때문에 죽기를 바랐는가? 하지만 그때마다 주님은 당신에게 기대하지도 않은 위로의 상을 차려주시고 당신에게 새로운 사역을 맡기시며 격려하지 않으셨던가! 얼마나 자주 당신이 엘리사의 사환처럼 절규하며 "아, 천군이 우리를 둘러싸고 있으니 어찌할까"라고 할 때 주께서 당신의 눈을 열어 "당신과 함께하는 자가 당신을 대적하는 자들보다 많은 것"을 보여주셨는가?열왕기하 6:15~16. 당신이 요나처럼 당신의 삶에 대해 짜증을 내며 힘들어할 때마다 그분이 얼마나 자주 부드럽게 말씀하시길 "네가 나에게 성내는 것이 어찌 옳으냐"요나 4:9, "네가 나에게 불평하는 것이 맞느냐"라고 하셨던가? 얼마나 자주 그분은 당신에게 깨어 기도하라고 당부하며, 회개하고 믿고, 그분이 다시 오실 때까지 당신의 잠든 모습을 보이지 않게 하라고 당부하셨는가? 그러면서도 그분은 여전히 사랑의 망토로 당신의 무지를 감싸주시며 부드럽게 "마음에는 원이로되 육신이 약하도다"마태복음 26:41라고 위로하며 안타까워하셨다. 당신이 이러한 것을 생각할 때 과연 당신의 마음이 차가울 수 있는가? 끝없는 주의 긍휼을 기억할 때 그 마음이 진정될 수 있는가?

그러므로 당신은 그리스도의 선함을 마음에 새기고, 당신의 얼어붙은 영혼에 호소하되 다윗의 고백처럼 "내 마음이 내 속에서 뜨거워서 작은 소리로 읊조릴 때에 불이 붙었다"시편 39:3라고 말할 수 있을 때까지 하라. 만일 이렇게 해도 당신의 사랑이 타오르지 않으면 당신에게 주어졌던 그리스도의 모든 뛰어남을 추가로 기억해보라. 당신을 향한 그분의 모든 특별한 자비, 당신과의 모든 감미롭고 가까웠던 관계, 주와 함께 거하던 당신의 영원한 행복 등 당신의 마음이 이 모든 것을 기억하게 하라. 또한 그리스도께서 베드로를 다룬 것처럼 이 문제를 다루라. 주께서는 그가 근심하며 "주님, 모든 것을 아시오매 내가 주님을 사랑하는 줄을 주님께서 아십니다"라고 대답할 때까지 그에게 "네가 나를 사랑하느냐"라고 세 번을 물으셨다. 마찬가지로 당신도 참으로 "내가 아는 것은 내가 주님을 사랑하는 줄을 주님께서 아신다"요한복음 21:17라고 말할 수 있을 때까지 당신의 어리석음에 대해 근심하며 부끄러움을 느끼도록 하라.

열망. 천국을 묵상할 때 사랑 다음으로 일어나는 감정은 열망이다. 열망이란 아직은 없거나 얻지 못한 것을 바라는 감정으로서 그 대상은 선함이다. 만일 사랑이 따스해지면 열망도 차갑지 않다. 당신 스스로 생각해보라.

"내가 무엇을 보았는가? 오, 무한한 영광이여! 오, 초월적 아름다움이여! 오, 나는 이 영광을 저 멀리서 어둠 가운데 구름 사이로 보는데, 지금 천국에서 이 영광을 수천 배 더 분명하게 보며 즐거워하는 복된 영혼들이여! 나의 상태와 그들의 상태 사이에는 얼마나 큰 차이가 있는가? 나는 한숨을 쉬지만 그들은 노래하며, 나는 하나님을 불쾌하게 하지만 그들은 하나님을 기쁘시게 하며, 나는 욥이나 나사로처럼 가련한 처지에 있으나 그들은 완전하며 전혀 흠이 없구나. 나는 이곳에서 세상에 대한 사랑에 얽매여 있는데, 그들은 하나님의 사랑에 사로잡혀 있다. 그들은 내가 가진 두려움이나 염려가 없고 또한 숨어서 우는 일이 없으며 슬픔 가운데 맥이 빠지는 일도 없다. 그들의 눈물은 다 씻겼다. 오, 수천 배 행복한 영혼들이여! 아, 나의 형제들과 동료는 하나님과 함께 거하는 데 나는 아직 이 죄악 된 육체 가운데 살아야 하는구나! 그들이 누리는 고결한 즐거움이 너무 높고 멀어서 이곳에 사는 나는 그것을 보지도 못하고 잡지도 못하는구나! 하나님에 대한 내 생각은 얼마나 희미하고 연약한가? 내 마음은 주를 향해 얼마나 차가운가? 그들의 끊임없는 생명과 사랑과 기쁨이 내게는 왜 이토록 부족한가? 그 적은 것마저 어느새 나를 떠나니 내게는 더 깊은 어둠만 남는구나! 때때로 내 가슴에 불꽃이 일어나지만, 그것을 보려고 하면 오히려 차가운 가슴이 그 불꽃을 꺼뜨린다. 그러나 그들은 주의 빛 안에서 그들의 빛을 가지고 있으며 기쁨의 샘에서 쉬지 않고 마신다. 이곳에서 우리는 서로 의견이 달라 다투며 괴로워하지만, 그들은 한마음을 가지고 한목소리를 내고 날마다 완벽한 조화 가운데 하늘의 할렐루야를 외친다. 오, 나의 믿음은 큰 잔치를 바라보지만, 여전히 내 영은 굶주림 가운데 있다. 오, 복된 영혼들이여! 나는 감히 당신들의 행복을 탐낼 수 없으니 차라리 나의 형제들의 번영을 보며 즐거워하고 내가 당신들의 교제 가운데 받아들여질 날을 생각하며 기뻐한다. 나는 당신들의 행복한 자리를 빼앗고 싶은 것이 아니라, 당신들과 함께 행복해지기를 원하는 것이다. 왜 나는 머물고 울며 기다리고 있어야 하는가? 나의 주님은 떠나셨다. 주께서는 이 땅을 떠나셔서 주의 영광으로 들어가셨다. 나의 형제들도 가고 없다. 나의 친구들도 그곳에 있다. 나의 집, 나의 소망 등 나의 모든 것이 그곳에 있다. 만일 내가 하나님에게서 멀리 떨어져 있다면 나는 불평하면서 무엇이 나를 병들게 했는지 생각하지 못할 것이다. 무지한 미가가 우상을 만들어 놓고 불평하고 아파했던 것처럼, 내 영혼은 살아 계신 하나님을 향해 그렇게 행할 것이다. 내게 즐거움의 소망이 없다면 나는 사막으로 나아가 숨을 것이며 우중충한 광야 가운데 누워 울부짖을 것이며 헛된 소망 가운데 나의 나날들을 보낼 것이다. 그러나 내가 바라는 곳은 약속의 안식의 땅이기 때문에 나는 친히 그곳을 향해 앞으로 나아간다. 내 영혼이 가까이 나아가더니 이제 거의 다다른 것 같다. 나는 사랑하고 그리워하고 바라보고 열망하며 '주님, 얼마나 오랫동안 이 영혼이 헐떡이며 신음하도록 두시렵니까? 주님과 함께 있기를 바라는 자에게 얼마나 오랫동안 기다리게 하시렵니까?'라고 절규한다."

그러므로 당신은 당신의 영혼이 다윗처럼 "누가 구원의 우물물을 내게 마시게 할꼬!" 역대상 11:17라고 외칠 때까지, "여호와여, 내가 주의 구원을 사모하였습니다" 시편 119:174라고 말할 수 있을 때까지 하늘을 동경하며 생각하라. 그리스도의 어머니와 형제가 많은 사람 때문에 주께 가까이 갈 수 없자 그에게 사람을 보내 "당신의 어머니와 동생들이 당신을 보려고 밖에 서 있나이다" 누가복음 8:20라고 말하게 한 것처럼, 당신의 전갈을 주께 보내라. 그러면 주께서는 "내 어머니와 내 동생들은 곧 하나님의 말씀을 듣고 행하는 이 사람들이라" 누가복음 8:21고 말씀하시며 당신을 소유하실 것이다.

소망. 천국을 묵상할 때 일어나는 또 다른 감정은 소망이다. 소망은 고난 가운데 있는 영혼을 도와서 붙들어주며 가장 큰 어려움 가운데 있는 영혼에게 힘을 주고 가장 혹독한 시련에 있는 영혼을 굳세게 하고, 각 영혼에게 거룩한 의무를 행할 수 있도록 활력을 주며, 삶의 모든 바퀴가 잘 움직이도록 하는 원천이다. 만일 천국을 얻을 수 있다는 소망이 없다면 누가 과연 천국을 믿으며 천국을 위해 노력하겠는가? 하나님을 설득할 수 있는 소망이 없다면 누가 기도하겠는가? 만일 당신의 소망이 죽으면 당신의 의무도, 노력도, 기쁨도, 당신의 영혼도 죽게 된다. 당신의 소망이 나타나지 않으면 그 소망은 죽은 것과 같다. 그러므로 당신은 당신의 감정이 천국을 향해 일어날 때 소망을 일으키는 것을 잊지 마라. 다음과 같이 추론하며 생각하라.

"내 영혼이 그러한 긍휼의 구세주 손에 있고 그 나라가 그렇게 풍성하신 하나님의 권한에 있다면, 왜 나는 확신하지 못하고 평안하게 소망하지 못하는 것인가? 주께서 내게 선을 베푸시기를 꺼리신 적이 있으시며 나를 멸하시려는 의도가 있으셨던가? 하나님께서는 '악인이 죽는 것을 조금인들 기뻐하지 않으며 악인이 돌이켜 그 길에서 떠나 사는 것을 기뻐하신다'에스겔 18:23. 주의 모든 행사가 이 사실을 증거하고 있지 않은가? 내가 아무 두려움이 없이 위험에 빠지려고 할 때 하나님께서는 내가 그 위험을 피할 수 있도록 경고하지 않으셨던가? 그분은 내가 나의 행복을 전혀 생각하지 못할 때 내게 참된 행복을 즐길 수 있도록 그 행복을 말해주지 않았던가? 하나님께서는 내가 뒤로 물러나려 할 때마다 얼마나 자주 나를 하나님 자신과 그리스도께로 이끄셨던가? 주의 성령께서는 얼마나 끊임없이 나의 영혼에게 간청하셨던가? 만일 하나님께서 나의 멸망을 의도하셨다면 이 모든 일을 하셨겠는가? 어떤 정직한 사람이 자신이 할 수 있는 일을 내게 약속할 때 나는 그 약속을 바라지 않겠는가? 그렇다면 하나님의 언약과 맹세를 한 나는 더 소망해야 하지 않겠는가? 천국의 영광과 성도들의 큰 저택들이 우리의 눈에 직접 다 보이지 않는 것은 사실이지만, 우리의 눈보다 하나님의 약속은 더 확실한 것 아닌가? 우리는 봄으로써 구원받는 것이 아니라, 소망으로 구원을 얻는다. '우리가 소망으로 구원을 얻었으매 보이는 소망이 소망이 아니니 보는 것을 누가 바라리요 만일 우리가 보지 못하는 것을 바라면 참으므로 기다릴지니라'로마서 8:24~25. 내가 내 육신의 능력에 소망할 때는 부끄럼을 당하였지만, 하나님의 약속에 소망을 갖게 되면 부끄러움을 당하지 않는다. 나의 가장 큰 고난 가운데서도 '여호와는 나의 기업이시니 그러므로 내가 그를 바라리라 기다리는 자들에게나 구하는 영혼들에게 여호와는 선하시도다 사람이 여호와의 구원을 바라고 잠잠히 기다림이 좋도다 … 이는 주께서 영원하도록 버리지 아니하실 것임이며 그가 비록 근심하게 하시나 그의 풍부한 인자하심에 따라 긍휼히 여기실 것임이라' 예레미야애가 3:24~26, 31~32고 말할 것이다. 쇠약하여져서 죽게 될지라도 나는 여전히 소망할 것임은 '의인은 그의 죽음에도 소망이 있기 때문' 잠언 14:32이다. 내가 먼지와 어둠 가운데 눕게 되더라도 여전히 '나의 육체는 희망에 거할 것이다' 사도행전 2:26. 내 육체가 즐거워할 것이 아무것도 없을 때도 나는 여전히 '소망의 확신과 자랑을 끝까지 굳게 잡고 있을 것이니' 히브리서 3:6 이는 '의인의 소망은 즐거움이기 때문' 잠언 10:28이다. 참으로 하나님의 공의를 내 힘으로 만족하게 해야 한다면 내게는 전혀 소망이 없다. 그러나 그리스도께서 '더 좋은 소망을 가져오셨으니 이것으로 우리가 하나님께 가까이 나아간다' 히브리서 7:19. 내가 연약한 인간에게 소망을 둘 때는 소망이 작았으니, 어떻게 그들이 나의 몸을 먼지에서 일으켜서 태양 저 위로 올릴 수 있겠는가? 그러나 무에서 하늘과 땅을 지으신 전능하신 하나님께 이것이 뭐가 어렵겠는가? 그리스도를 죽음에서 일으킨 그 능력이 나를 일으키지 못하겠는가? 머리 되시는 주를 영화롭게 한 그 능력이 지체들을 영광스럽게 하지 못하겠는가? '분명히 그의 언약의 피로 말미암아 하나님께서 그의 갇힌 자들을 물 없는 구덩이에서 나오게 하실 것이니' 스가랴 9:11, 그러므로 나는 '갇혀 있으나 소망을 품은 자로서 요새로 돌아갈 것이다' 스가랴 9:12."

용기와 담대함. 용기와 담대함은 천국을 묵상할 때 일어나는 또 다른 감정이다. 용기는 결단을 이끌어 행동하게 한다. 당신에게 사랑과 열망과 소망이 생기면 멈추지 말고 계속 다음과 같은 생각을 하라.

"하나님께서 참으로 사람들과 함께 거하실까? 우리가 소망하는 그러한 영광이 있을까? 그렇다면 왜 나는 그 소망을 붙들지 않는가? 내 영을 유쾌하게 하는 활력은 어디에 있는가? 왜 나는 '내 마음의 허리를 동이지' 베드로전서 1:13 않는가? 왜 나는 용감하게 사면을 둘러싼 원수들의 저항을 뚫고 앞으로 나아가지 못하는가? 나를 멈추고 위협하는 것은 무엇인가? 하나님께서 이 묵상을 하는 나와 함께하시는가, 아니면 대적하시는가? '만일 하나님과 그리스도께서 나를 위하시면 누가 나를 대적하리요?' 로마서 8:31. 죄의 일에 몸담을 때는 오직 하나님과 주의 종들이 우리를 대적하고 다른 모든 것은 우리를 도울 준비가 되어 있었다. 그러나 그 일은 결국 우리 손안에 얼마나 불행을 만들어내었던가? 하지만 하늘을 향한 여정에서는 모든 것이 나를 대적하고 오직 하나님만 나를 위하신다. 그러나 그 일은 얼마나 행복하게 성공하게 되는가? 나는 천국에 대한 묵상을 내 자신의 힘으로 하는가, 아니면 나의 주되시는 그리스도의 힘으로 하는가? 나는 '내게 능력 주시는 자 안에서 모든 것을 할 수 있지 않은가?' 빌립보서 4:13. 주께서 한 번이라도 원수에게 패한 적이 있으셨던가? 주는 많은 공격을 받았으나 굴복하셨던 일이 없다. 전능자에게 너무 어려운 일이 있는가? 그리스도께서 명령하시니 베드로는 담대하게 바다 위를 걷지 않았던가? 그가 물속에 빠지기 시작한 것은 그리스도의 연약함 때문이 아니라 그의 믿음이 작았기 때문이다. 인간의 위협 때문에 내가 지옥으로 몰린다면 나는 마땅히 지옥에 들어가야 합당한 것 아닌가? 내가 천국으로부터의 책망을 두려워한다면 나는 마땅히 천국에 들어갈 자격이 되지 않는 것 아닌가? 만일 이 세상의 아버지나 어머니, 남편, 아내, 가장 가까운 친구라도 나를 그리스도에게서 멀어지게 하여 저주에 빠뜨린다면 나는 그들을 저버려야 하는 것 아닌가? 하나님께는 원수가 되고 정죄 받은 영혼들에게는 사악한 위로가 되기 위해 악한 자들과 우정을 쌓는 것이 옳은 것인가? 사람들의 비위를 맞추어주기 위해 주님을 향해 강퍅한 마음을 갖는 것이 옳은가?

그들이 무릎을 꿇고 졸라도 나는 그들을 향해 조소를 보내며 돌아보지 않으리라. 나는 귀를 막고 그들의 외침을 듣지 않으련다. 그들이 아첨을 하든지 인상을 찌푸리든지, 나를 향해 악한 혀와 칼을 꺼내 들든지 나는 그리스도의 능력 안에서 그들과의 관계를 끊고 그들을 먼지처럼 보기로 다짐하였다. 그들이 세상의 높은 지위와 세상 나라들을 가지고 나를 꾀도 나는 그것들을 이 땅의 분뇨 이상으로 여기지 않으련다. 오, 복된 안식이여! 영광스러운 상태여! 누가 꿈과 그림자를 얻기 위해 너를 팔겠느냐? 누가 너를 버리고 꿈에 빠져 두려움에 떨겠느냐? 누군들 너를 얻기 위해 노력하지 않겠느냐? 누군들 너를 얻기 위해 싸우고 지켜보고 마지막 숨을 거두는 순간까지 온 힘을 다해 달리지 않겠느냐? 너를 모르는 사람 외에는 너의 영광을 믿지 않을 사람이 아무도 없을 것이다."

기쁨. 천국을 묵상할 때 마지막으로 일어나는 감정은 기쁨이다. 사랑, 열망, 소망, 용기는 다 우리의 기쁨을 향상하는 면이 있다. 기쁨은 누구든지 본능적으로 바라는 것이며 우리의 행복을 구성하는데 가장 필요한 요소다. 나는 당신의 삶에 즐거움을 주는 것들에 대해 많은 말을 할 필요가 없다고 본다. 그 이유는 당신은 견고하고 영원한 기쁨을 얻으려면 하늘에서 받아야 한다는 것을 확신하고 있기 때문이다.

그리스도인들이여! 만일 당신이 천국에 대한 묵상을 잘해 왔다면 당신은 영원한 안식을 맛보는 자리에 있을 것이다. 당신은 천국의 진리를 믿으며, 그 뛰어남을 확신하고 있다. 당신은 천국과 사랑에 빠져 있고 그것을 사모하고 바라고 있다. 당신은 용기를 갖고 그것을 얻기 위해 모험하기로 다짐하였다. 그러나 이 일에 기쁨이 있는가? 우리는 우리가 소유한 좋은 것에서 기쁨을 얻는다. 그러한 기쁨을 주는 대상이 현재 당신 앞에 있어야 한다. 따라서 당신은 "아, 나는 아직 천국의 안식이 없구나"라고 말할지도 모른다.

그러나 좀 더 생각해보라. 하나님에게서 선물 증서를 받았다면 그것이 아무것도 아닌가? 매일 하나님의 나라에 들어갈 기대로 살아가는 것이 아무것도 아닌가? 후에 영광을 얻을 것이라는 확신은 당신이 형언할 수 없는 기쁨을 누리는 데 충분한 근거가 될 수 있지 않은가? 비록 현재는 사환과 다르지는 않지만, 그러나 이제 곧 당신은 하나님 나라의 상속자로서 천국을 소유하게 될 것이다. 이를 생각하는 것은 즐거움이 아닌가? 우리는 "하나님의 영광을 바라고 즐거워하라" 로마서 5:2는 명령과 실례가 있지 않은가?

그렇다면 당신은 한 번 더 마음을 정하여 가장 높은 산 정상으로 당신의 마음을 이끌어 보라. 당신의 마음에 그리스도의 나라와 그 영광을 보여주라. 그리고 당신의 마음에 "이 모든 것이 네 주께서 주를 믿고 예배하여온 네게 주시려는 것이다. 이 나라를 네게 주는 것은 아버지 하나님의 기쁨이기도 하다. 네 위에 있는 놀라운 영광이 보이지 않느냐? 이 모든 것이 네가 소유하게 될 유업이다. 이 면류관이 네 것이며, 이 즐거움이 네 것이다. 이 동료와 아름다운 장소 등 모든 것이 네 것이다. 네가 그리스도와 연합되었으니 너는 그분과 함께 이 모든 것을 소유하였다"라고 말하라.

그 다음 당신의 마음을 약속의 땅으로 이끌라. 당신의 마음에 쾌청한 언덕들과 열매로 풍성한 계곡들을 보여주라. 천국의 땅은 복된 땅으로서 젖과 꿀보다 나은 것이 넘쳐흐르는 땅인 것을 설득하기 위해 당신이 거둔 포도송이를 보여주라. 거룩한 성의 문으로 들어가 새 예루살렘의 거리를 거닐라. "시온을 돌면서 그곳을 둘러보고 그 망대들을 세어 보라 그 성벽을 자세히 보고 그 궁전을 살펴서" 시편 48:12~13 당신의 영혼에게 말하라. 그 성은 "하나님의 영광이 있어 그 성의 빛이 지극히 귀한 보석 같고 벽옥과 수정 같이 맑지 않은가?" 요한계시록 21:11 "그 성의 성곽에는 열두 기초석이 있고 그 위에는 어린양의 열두 사도의 열두 이름이 있다. 그 성곽은 벽옥으로 쌓였고 그 성은 정금인데 맑은 유리 같다. 그 성의 성곽의 기초석은 각색 보석으로 꾸며져 있다. 그 열두 문은 열두 진주니 문마다 한 개의 진주로 되어 있고 성의 길은 맑은 유리 같은 정금이다. 성 안에서 내가 성전을 보지 못하였으니 이는 주 하나님 곧 전능하신 이와 및 어린양이 그 성전이시며, 그 성은 해나 달의 비침이 쓸데없으니 이는 하나님의 영광이 비치고 어린양이 그 등불이 되신다. 구원받은 만국이 그 빛 가운데로 다니고 있다. 이 말은 신실하고 참되다. 거룩한 선지자들의 주 하나님께서 반드시 속히 일어날 일들을 그 종들에게 보이시려고 그의 천사들과 자기 자신의 아들을 보내셨다" 요한계시록 21:14, 18~19, 21~24, 22:6, 1:1. 이제 이 모든 것을 말하라. "내 영혼아, 이것이 너의 안식이라! 이것이 네가 영원히 거하게 될 처소라." 모든 시온의 아들들이 "기뻐하고 예루살렘의 딸들은 즐거워할지어다. 여호와는 위대하시니 우리 하나님의 성, 거룩한 산에서 극진히 찬양받으시리로다 터가 높고 아름다워 온 세계가 즐거워함이여 시온 산이 그러하도다 하나님이 그 여러 궁중에서 자기를 요새로 알리셨도다" 시편 48:1~3.

계속 당신은 다음 일을 행하라. 위로 올라 천국의 예루살렘 거리를 친숙하게 달리며 구약의 족장들과 선지자들을 방문하며 사도들에게 인사하고 순교자들의 무리에게 찬사를 보내라. 당신은 당신의 마음이 거리와 거리를 다니게 하며 위대한 왕의 궁정에 들어가 각 방을 다녀 보게 하라. 그리고 당신의 영혼에게 다음과 같이 말하라.

"이곳이 내가 거할 곳이며 내가 살 곳이다. 이곳에서 나는 찬양하며 사랑하고 사랑받을 것이다. 나는 곧 천국의 찬양 대원이 될 것이며 더 아름다운 음악을 하게 될 것이다. 이 복된 무리 가운데 나도 내 자리를 잡을 것이고 나의 목소리도 그 멜로디를 만드는데 합쳐질 것이다. 그 때 나의 눈물은 씻길 것이며 나의 탄식은 또 다른 곡조가 될 것이다. 진흙으로 만든 나의 오두막은 궁정으로 바뀔 것이며, 나의 누더기 옷은 화려한 의복이 될 것이다. 나의 더러운 육체는 벗겨지고 태양과 같은 영적인 몸을 입게 될 것이다. 이는 '처음 것들이 다 지나갔기 때문이다' 요한계시록 21:4."

내가 이 영광스러운 곳을 바라볼 때 이 땅은 거름더미와 지하 감옥 같아 보인다. 오, 연약하고 고통당하며 신음하며 죽고 무덤에서 썩는 사람과 승리를 거두고 찬란하게 빛나는 성도들 사이의 그 차이란 얼마나 대단한지! 나는 이곳에서 '주의 복락의 강물을 마실 것이며' 시편 36:8 '이 복락의 강물은 하나님의 성 곧 지존하신 이의 성소를 기쁘게 한다' 시편 46:4. 법의 굴레 아래에 있던 이스라엘 백성마저도 '모든 것이 풍족할 때 기쁨과 즐거운 마음으로 하나님 여호와를 섬겨야' 신명기 28:47 마땅하다면, 분명히 나는 영광이 풍족할 때 기쁨과 즐거운 마음으로 주를 섬겨야 마땅하다. 학대받은 성도들이 '소유를 빼앗기는 것도 기쁘게 당하였다면' 히브리서 10:34 나는 나의 모든 손실을 다 돌려받을 때 얼마나 기뻐해야 하겠는가? 유대인이 그들의 원수에게서 벗어난 날에 그들의 슬픔은 기쁨으로, 탄식은 감사로 바뀌었으니 이 얼마나 축제의 날이었던가? 그렇다면 내 영혼에 영원한 안식과 함께 상상할 수 없는 어마어마한 변화가 일어날 때 그날은 어떠한 기쁨의 날이 되겠는가? 동방 박사가 그리스도께로 인도하던 별을 보았을 때 그들은 지극히 큰 기쁨으로 즐거워했다. 그렇다면 이제 얼마 후에 '광명한 새벽별' 요한계시록 22:16이 되시는 주님을 친히 보게 될 때 나의 기쁨은 어떠하겠는가? 만일 제자들이 주께서 죽음에서 일어나셨다는 소식을 듣고 큰 기쁨으로 무덤을 떠났다면, 주께서 영광 가운데 다스리시고 또한 나와 직접 복된 대화를 나누실 때 나의 기쁨은 어떠하겠는가? 그때 나는 참으로 '재를 대신하여 화관을 받으며, 슬픔을 대신하여 기쁨의 기름을 받고, 근심을 대신하여 찬송의 옷으로 받으니' 이사야 61:3 '시온은 영원한 아름다움과 대대의 기쁨이 될 것이다' 이사야 60:15. 그렇다면 우리는 지금 흙에서 일어나 불평을 멈춰야 한다. 헛된 쾌락들을 발로 차서 버리고 미리 보이는 영광의 즐거움을 누려야 한다. 내 영은 천국을 끊임없이 맛보는 가운데 나의 삶은 계속적인 기쁨이어야 한다.

한 가지 기억할 것은, 이러한 감정을 일으키는 데 반드시 이 순서를 따라야 하거나 한 번에 이 모든 감정이 나타나야 하는 것은 아니다. 어떤 때는 이러한 감정 중의 하나가 더 많이 강하게 필요할 수 있고, 또는 어떤 감정이 다른 감정보다 더 생생하게 나타날 수 있다. 혹은 당신의 시간이 짧으면 한 가지의 감정을 어떤 날에 일어나게 하고 그 다음 날에는 다른 감정을 일으킬 수 있다. 이 모든 것은 당신이 결정하기에 달렸다. 당신은 앞에서 말한 고정된 감정들 말고도 오히려 정반대의 감정을 이끌 기회를 가질 수 있다. 예를 들어, 당신의 영혼으로 하여금 부도덕한 기쁨을 막는 죄에 대한 미움이 있고, 당신이 받은 자비를 함부로 대하지 못하도록 하는 경건한 두려움이 있고, 함부로 대하였다면 경건한 부끄러움이나 경건한 슬픔 등이 나타날 수 있다. 또한 진실한 회개와 자아를 향한 분노, 그리고 자아의 마음에 대한 질투, 영원한 기쁨을 놓치는 자들을 향한 동정 등 복잡한 감정들이 나타날 수 있다.

독백과 기도의 유용성

천국을 묵상하는 일은 '독백'과 '기도'에 의해 더 잘 하게 된다. 묵상에서 이해는 가장 주된 과정이지만, 이것은 감정에 영향을 별로 끼치지 못한다. 이러한 점에서 묵상은 마치 설교와 같다. 진리와 의무에 대한 단순한 설명은 사람들의 양심까지 영향을 미치지는 못한다. 특히 진리와 의무가 진정으로 적용되어야 나타나는 신령한 축복은 더욱 그러하다.

독백. 당신은 묵상할 때 독백, 즉 자신을 향한 호소를 통해 당신의 마음을 불러일으킬 수 있다. 마음과 진지한 논쟁을 해라. 가장 감동적이며 영향을 줄 수 있는 언어로 호소하며 가장 강력하고 비중 있는 주장으로 마음을 설득하라. 독백은 모든 시대의 하나님의 거룩한 사람들이 했던 것이다. 다윗도 그랬다. "내 영혼아 네가 어찌하여 낙심하며 어찌하여 내 속에서 불안해하는가 너는 하나님께 소망을 두라 그가 나타나 도우심으로 말미암아 내 하나님을 여전히 찬송하리로다"시편 43:5. "내 영혼아 여호와를 송축하며 그의 모든 은택을 잊지 말지어다"시편 103:2. 다윗은 독백을 영혼의 여러 감정에 맞게 그 필요에 따라 적절하게 사용했다.

독백은 자신에게 설교하는 것이다. 훌륭한 주인이나 아버지는 가정에서 식구에게 좋은 설교가인 것처럼, 훌륭한 그리스도인은 자신의 영혼에 좋은 설교가이어야 한다. 그러므로 모든 그리스도인은 목사가 설교하는 것과 같은 방법으로 자신에게 독백해야 한다. 가장 마음에 감동을 주는 설교가의 주제와 방법을 관찰하라. 그 후 그 설교가를 모방하라. 그가 사람들의 마음을 사로잡는 똑같은 방법으로 당신도 당신의 마음을 사로잡아라. 이러한 독백을 천국을 묵상할 때 사용하라. 당신이 묵상한 것을 당신 자신에게 설명하라. 그리고 묵상 내용을《성경》에 비추어 당신의 믿음을 확증하라. 그 후 그 내용을 그 특성에 맞게 그리고 당신 자신의 필요에 맞게 적용하라. 당신 자신이 독백하기에 무능하다고 느껴진다고 해서 독백을 반대할 필요는 없다. 하나님께서 당신에게 "너희의 자녀에게 부지런히 가르치며 집에 앉아 있을 때에든지, 길을 갈 때에든지, 누워 있을 때에든지, 일어날 때에든지 이 말씀을 강론하라" 신명기 11:19고 말씀하지 않았는가? 만일 당신이 당신의 자녀를 가르칠 능력이 된다면 당신 자신을 가르치는 것은 훨씬 가능하다. 만일 당신이 신령한 것을 다른 사람에게 말할 수 있다면, 당신 자신의 마음에도 말할 수 있지 않겠는가?

기도. 천국을 묵상하는 일은 기도로 하나님께 말씀을 드림으로 나아간다. 즉석 기도는 묵상과 매우 적절하게 섞어서 사용될 수 있다. 〈시편〉을 읽어보면 각 〈시편〉 내에서 다윗이 자신에게 말하다가 갑자기 하나님께 기도드리는 때가 많다. 사도는 우리에게 "시와 찬송과 신령한 노래들로 서로 화답하며 너희의 마음으로 주께 노래하며 찬송하라" 에베소서 5:19고 했다. 이는 자기 자신과 하나님께 기도하는 것을 포함한다. 기도는 우리 영혼에 하나님의 임재를 느끼게 하여 우리의 영혼을 불러일으킨다. 우리의 고찰에서 하나님이 최고의 대상이듯, 우리가 그분을 보고 말하고 호소할 때 묵상의 다른 부분보다 더욱 영혼과 감정을 불러일으킬 수 있다. 우리가 자신에게 호소할 때는 감정에 변화가 없을 수 있지만, 하나님께 말씀드릴 때는 당장 경외감을 느끼게 된다. 기도할 때 느껴지는 하나님의 거룩하심과 위엄 때문에 묵상의 주제와 말씀은 더욱 우리 마음을 깊게 찌른다.

《성경》에서 "이삭이 저물 때에 들에 나아가 묵상하다가"창세기 24:63라는 부분의 주註를 보면 '기도하다가'로 되어 있다. 이는 묵상에 해당하는 히브리 단어가 묵상과 기도를 다 의미하고 있다. 따라서 묵상할 때 독백과 기도를 섞어 사용하여 당신의 마음에 말하기도 하고 하나님께 기도를 드리도록 하라. 이것은 내가 이해하기에는 묵상을 통해 하나님께 나아가는 최고의 방법이다. 묵상은 하지 않고 기도만 하는 것을 좋게 여기지 마라. 이 둘은 서로 다른 의무로서 둘 다 반드시 행해져야 한다. 우리는 기도도 필요하고 묵상도 필요하다. 그러므로 하나라도 소홀히 하여 잘못되는 일이 없도록 하라. 더욱이 둘을 섞어 사용하면 음악처럼 서로 연결이 된다. 즉, 기도는 묵상에, 묵상은 기도에 생동감을 불어넣는다. 중요한 것은 우리는 묵상을 통해 우리 자신에게 먼저 말하고 그 다음 기도를 통해 하나님 앞에 나아가야 한다. 만일 이 순서를 지키지 않으면 생사가 걸려 재판관 앞에 설 때보다, 혹은 천사에게 말할 때보다 오히려 하나님께 기도드릴 때 덜 경외하게 되고 더 무감각하게 될 수 있다. 하늘의 하나님께 기도로 말씀을 드리는 것은 대부분의 사람이 의식하는 것보다 더 중대한 의무다.

Chapter 15 | **Heavenly Contemplation Assisted**

천국을 묵상하면서 감각의 도움을 받고 불성실을 막는 비결

따스함을 느끼고 싶은 사람이 불을 가까이하듯, 천국을 향한 사랑이 일어나려면 천국을 묵상해야 한다. 그러면 사랑이 일어나서 당신으로 하여금 더욱 그 의무를 감당하게 한다.

천국을 묵상할 때 가장 어려운 것은 우리 마음속에 천국에 대한 생생한 느낌을 유지하는 것이다. 천국을 온종일 생각하는 것보다 그 생각을 15분이라도 생생하게 느끼기가 더 어렵다. 우리는 아직 완전히 성화 되어 있지 않기 때문에 믿음 역시 불완전하다. 그럼에도 우리는 믿음을 가지고 세상의 저항을 거슬러 달려간다. 믿음의 세계는 초자연적이므로 우리가 감각에 의해 계속적인 자극을 받지 못하면 침체하고 무력해진다. 감각은 육체의 능력에 해당하며 감각은 우리가 자연 세계에 존재하는 한 자연스럽게 지속한다. 믿음의 대상은 멀리 있다. 그러나 감각의 대상은 가까운 데 있다. 우리는 우리의 기쁨을 위해 천국까지 멀리 가야 한다. 이 땅에는 오직 《성경》의 약속 외에는 아무것도 없고 또한 천국을 본 사람도 없다. 이러한 상황에서 우리가 전혀 본 적이 없는 것 안에서 기뻐하는 것은 우리가 보고 소유하는 것을 기뻐하는 것처럼 쉽지 않다. 그러므로 믿음을 돕기 위해 감각을 끌어들이는 것은 중요하다. 그러나 사실 감각은 종종 우리를 하나님에게서 멀어지게 함으로 그만큼 영적인 신중함이 필요하다. 하지만 만일 우리가 이러한 일반적인 원수를 친구로 만들 수 있고, 그것을 우리가 하나님께 다가가기 위한 수단으로 사용할 수 있다면 좋은 일이다.

만일 감각과 감각의 대상이 주를 찬양하는 데 쓰임 받을 수 없다면 하나님께서 왜 우리에게 그러한 것을 허락했겠는가? 왜 성령께서는 새 예루살렘의 영광을 인간의 육체가 좋아하는 그러한 것으로 표현하셨을까? 천국이 진짜 황금과 진주로 만들어졌다고 생각해야 하는 것이 맞는가? 천국에서 성도들과 천사들이 먹고 마신다고 생각해야 하는가? 우리가 알아야 하는 것은 그러한 표현은 우리가 직접 볼 때까지 우리의 인식을 돕기 위해 빌린 표현으로서 우리가 그 표현으로 천국의 것을 불완전하게라도 볼 수도 있다는 것이다. 이 장에서는 천국에 대한 묵상이 어떻게 감각의 대상에 의해 도움을 받을 수 있는지 보여주며, 천국에 대한 묵상으로 어떻게 방황하려는 마음을 보호할 수 있는지 보여준다.

감각의 대상에 도움을 받는 묵상

천국에 대한 묵상은 감각의 대상에 도움을 받을 수 있다. 나는 당신이 감각에서 강력한 상상을 끌어오기를 바란다. 그리고 믿음의 대상과 감각의 대상을 비교해보기를 바란다.

감각에서 강력한 상상을 끄집어내라. 천국을 묵상할 때 당신의 감정을 북돋으려면 당신의 감각에서 강력한 상상을 끄집어내라. 《성경》이 표현하는 그대로 과감하게 하늘의 기쁨을 생각하라. 당신의 개념을 감각의 수준까지 끄집어내라. 사랑과 기쁨은 잘 아는 대상에 의해 나타나게 된다. 우리가 《성경》의 방법을 따르지 않고 하나님과 천국의 영광을 생각하려고 할 때 우리는 길을 잃게 되고 우리의 생각을 어디에 두어야 할지 알 수 없게 된다. 우리가 생각을 너무 먼 곳에 둘 때 그 생각들은 매우 낯설어 위의 것은 우리에게 아무 관련이 없다고 말하기 쉽다. 하나님과 천국의 영광이 우리가 인식할 수 없는 대상으로 여겨지면 천국을 향한 사랑은 생길 수 없다. 너무 먼 곳에 있어서 우리의 사랑이 닿을 수 없다면 기쁨도 생길 수 없다. 그러므로 그리스도께서 자신을 두신 것 이상으로 우리가 그리스도를 더 멀리 두어서는 안 된다. 그러할 때 우리는 다시는 신적인 본성에 접근할 수 없다.

그리스도를 인간의 본성이 영화로워진 상태로 생각하라. 영화로워진 성도들에 대해서는 우리가 완전한 사람이 된 상태와 같다고 생각하라. 당신이 새 예루살렘과 보좌들과 위엄과 하늘의 천군 천사들을 구경할 때 그 화려함을 이미 본 사도 요한의 생각을 따라 생각하라. 당신 자신을 요한과 함께 천국을 여행하는 자로 여기라. 자, 당신은 흰옷을 입은 모든 성도가 그들의 손에 종려가지를 들고 있는 것을 본다. 당신은 모세와 어린양의 노래를 듣는다. 만일 당신이 이러한 것을 보고 들었다면 당신은 어떤 황홀함에 빠지게 되겠는가? 당신이 이러한 상상을 깊게 할수록 당신의 묵상은 당신의 마음을 더욱 흥분하게 할 것이다. 그러나 그 상상을 가톨릭교도처럼 그림으로 그리지 마라. 《성경》이 묘사하는 것을 묵상하면서 당신의 마음속에 그것이 생생하게 살아나도록 하라. 그러면 당신은 다음처럼 말할 것이다.

"그 영광을 희미하게나마 보는 것 같구나! 기쁨과 찬양의 외침이 들리는 것 같구나. 심지어 나는 아브라함과 다윗, 베드로와 바울, 그리고 다른 승리의 영혼과 함께 서 있다. 나는 하나님의 아들이 구름 가운데 나타나는 것과 세상은 그분의 법정 앞에 서서 멸망을 선고받는 것을 본다. 하지만 주의 백성을 향해서는 '오라. 나의 아버지께 복 받은 자들이여'라는 음성이 들리고, 그들은 듣고 주의 기쁨으로 들어가는 것을 본다."

이러한 것을 가끔 꿈을 꾸어도 내 감정이 뜨거워지는데, 근거 있는 상상은 나의 감정에 더 큰 영향을 끼치지 않겠는가? 바울이 보았던 말로 형언할 수 없는 것들을 내가 보게 된다면 어떠할까? 오, 스데반처럼 하늘이 열리고 그리스도께서 하나님의 오른편에 앉아 계신 것을 보게 되면 어떠할까? 분명히 그러한 광경을 한 번만 보아도 폭풍 같은 돌 세례를 다 이겨낼 수 있을 것이다. 만일 내가 미가야처럼 "여호와께서 그의 보좌에 앉으셨고 하늘의 만군이 그의 좌우편에 선 것"열왕기상 22:19을 본다면 어떠할까? 이러한 것을 하나님의 사람들은 보았다. 이제 얼마 후면 나는 그들이 몸에서 벗어나서 보았던 것보다 훨씬 더 대단한 것들을 보게 될 것이다.

이처럼 당신은 천국을 묵상할 때 《성경》에 근거하여 상상하라. 그러면 그 상상이 어떻게 우리의 감정을 일깨우는지를 보게 된다. 만일 우리가 성령께서 천국의 축복에 대해 우리 수준에 맞추어서 표현하셨다면 우리는 우리의 상상력을 강력하게 발휘하여 그 표현에 친숙해져야 한다. 그러면 우리의 감각은 그 상상에 크게 반응하게 될 것이다.

감각의 대상과 믿음의 대상을 비교하라. 우리가 천국을 묵상할 때 감각으로부터 도움을 받는 또 다른 방법은 믿음의 대상과 감각의 대상을 비교하는 것이다. 예를 들어, 당신은 마음속으로 하늘의 기쁨과 감각의 부패한 즐거움을 비교해 볼 수 있다.

"죄인이 죄를 범하면서도 즐거워한다. 그렇다면 하나님과 동행하는 것은 즐겁지 않겠는가? 술주정뱅이가 술을 마시는 것을 좋아해서 파멸의 두려움도 그로 하여금 술을 끊게 하지 못한다. 방탕한 사람들은 자신의 쾌락을 채우기 위해 명성과 재산과 구원마저 포기한다. 지옥으로 떨어지는 길에도 그러한 쾌락이 있다면, 하늘의 성도들의 즐거움은 어떠하겠는가? 탐욕스러운 사람들이 자신의 부귀에서 큰 즐거움을 느끼고 야망에 찬 사람이 권력과 명성을 얻으면서 기뻐한다면, 성도들이 영원한 보화를 소유하고 천사들의 지위와 권세보다 더 높은 지위와 명성을 얻게 될 때, 나아가 그리스도의 영광스러운 신부가 될 때 어떤 즐거움과 기쁨을 누리겠는가? 향락을 즐기는 사람들이 아침부터 밤까지 오락을 즐기며 밤낮으로 카드 게임과 주사위 놀이를 하며 얼마나 즐거워하는가? 그렇다면 우리가 영원한 안식에 들어가 살아 계신 하나님의 얼굴을 보며 하나님과 어린양에게 찬송을 드릴 때 과연 우리의 즐거움은 어떠하겠는가!"

또한 하늘의 즐거움을 이 땅에서의 합법적이고 건전한 감각적 즐거움과 비교하라.

"내가 배고플 때 맛있는 음식은 얼마나 좋은가? 마치 이삭처럼 별미를 맛볼 때는 그 즐거움이 어떠하였는가? 그렇다면 내 영혼이 '산 떡이신 그리스도'를 먹고 '그의 나라에서 주와 함께 그분의 상에서 먹을 때' 얼마나 즐겁겠는가? 에서가 배가 고플 때 장자권을 팔만큼 팥죽이 맛있었다면, 나는 절대로 멸하지 않는 천국의 음식을 먹을 때 얼마나 맛있겠는가? 향긋한 냄새를 맡고, 좋은 음악을 듣고, 아름다운 광경을 보는 것은 얼마나 즐거운가? 그렇다면 영광을 입으신 우리 구세주의 머리에 부어지는 귀한 향유의 향기는 어떠하겠는가? 그 향유가 모든 성도의 머리에 부어질 것이니 온 하늘이 그 향기로 가득할 것이다. 사람의 손으로 짓지 아니한 하나님이 계시는 집과 하나님의 도성의 거리와 광경은 얼마나 찬란하겠는가?"

또한 우리의 일반 지식에서 얻는 즐거움과 하늘의 즐거움을 비교해보라. 지식의 즐거움은 감각의 즐거움보다 훨씬 뛰어나다. 그러나 하늘의 즐거움은 이보다 훨씬 더 뛰어나다. 생각해보라.

"아르키메데스Archimedes(?BC 287~212년에 살았던 고대 그리스의 자연과학자—역주)가 그의 수학적인 발견에 너무 마음이 사로잡혀서 죽음의 위협마저 그를 막지 못하여 결국 그는 수학을 생각하다 죽어갔다. 우리는 하늘 영광의 즐거움에 더욱 사로잡혀 내 영혼에 신선함을 주는 이러한 묵상과 함께 죽어가야 하지 않겠는가? 특히 아르키메데스의 즐거움은 그의 죽음과 함께 사라졌지만, 우리의 죽음은 우리의 즐거움을 완벽하게 하지 않는가? 자연의 비밀을 파헤치고 예술과 과학의 신비를 발견하는 것도 절묘한 즐거움이다. 특히 우리가 그중 하나를 새롭게 발견한다면 그 기쁨이 클 것이다. 그렇다면 하나님과 그리스도를 알아가는 지식에는 얼마나 고결한 즐거움이 있겠는가? 만일 인간의 배움이 매우 아름다워서 감각적인 즐거움을 천하고 야만스럽게 보이게 만든다면, 하나님을 배움은 얼마나 아름답겠는가?"

또한 천국의 즐거움을 도덕적인 즐거움과 인간 본성의 감정적인 즐거움과 비교해보라. 많은 건전한 이방인이 도덕적 의무와 규칙을 따르면서 얼마나 즐거워하는가? 그들은 처벌 때문이 아니라 사랑의 덕 때문에 정직하게 행하는 사람을 따로 떼어 존귀하게 여긴다. 그렇다. 그들에게는 이러한 도덕적 가치가 너무나 귀하기에 사람의 행복은 도덕 속에 있다고까지 생각한다. 그렇다면 생각해보자.

"우리가 하나님의 완전하심과 우리가 천국에서 완전하게 될 상태를 볼 때 그 뛰어남이 어떠하겠는가? 인간의 본성적인 사랑이 나타날 때도 얼마나 감미로운가? 자녀를 향한 사랑, 부모를 향한 사랑, 동료와 친구들을 사랑하는 것이 얼마나 즐거운가? 다윗은 요나단에게 '그대가 나를 사랑함이 기이하여 여인의 사랑보다 더하였도다' 사무엘하 1:26라고 말했다. 요나단이 다윗을 자기 생명같이 사랑한 것이다. 이처럼 가까운 우정을 통한 위로와 즐거움이 이렇게 크다면 지극히 높으신 분과 가장 사랑하는 성도들과의 사귐 가운데 누릴 즐거움은 어떠하겠는가? 분명히 이것이 이 땅의 우정보다 더 완전한 우정일 것이며 태양 아래 그 어떤 친구들과의 사귐보다 더 사랑스럽고 바람직한 사귐일 것이다. 하나님과 구세주를 향한 우리의 애정과 특히 그분이 우리를 향해 가진 애정은 우리가 이곳에서는 절대로 알 수 없는 애정이다. 천사장이 타락한 천사의 무리를 멸망하게 할 수는 있어도 성도들의 영적인 애정은 강해 무너뜨릴 수 없다. 따라서 천국에서 우리는 지금 아는 것보다 수천 배나 더 열정적인 사랑으로 서로 사랑할 것이다. 하나님의 모든 속성과 일을 헤아릴 수 없음 같이 우리는 헤아릴 수 없는 완전한 사랑으로 하나님을 사랑하고 하나님은 이 사랑을 무한하게 초월하여 우리를 사랑하실 것이다. 그때 이러한 상호 간의 사랑은 어떠한 것일까?"

또한 천국의 뛰어남을 우리의 눈으로 지금 볼 수 있는 영광스러운 피조물과 비교해보라. 우리는 피조물 안에서도 지혜와 능력과 선함을 볼 수 있다. 이 세상의 틀 속에서 빛나는 창조주의 엄위는 얼마나 대단한가? "여호와께서 행하시는 일들이 크시오니 이를 즐거워하는 자들이 다 기리는도다" 시편 111:2. 사람과 짐승의 몸 구조와 형성을 볼 때 하나님의 솜씨는 얼마나 대단한가? 모든 식물 안에 있는 주의 솜씨는 얼마나 탁월한가? 물이 있는 바다와 그 움직임과 광대함, 끝없이 이어지는 봄과 가을과 여름과 겨울 등 그 기묘함은 다 말할 수 없다. 이제 다음을 생각해보자.

"단지 죄 많은 인간을 섬기라고 존재하는 이러한 피조물 안에도 놀라운 신비가 가득한데 하나님께서 친히 거하시는 그곳과 그리스도와 함께 완전하게 된 의로운 사람들을 위해 마련된 것들은 얼마나 더 큰 신비로 가득하겠는가? 달과 모든 행성을 넘어서서 방대하고 눈부신 천체가 있고 작은 별들에도 영광이 있다. 태양은 얼마나 놀라운 영광을 지니고 있는가? 그러나 이 모든 것도 하늘의 영광에 비하면 아무것도 아니다. 저 천국에는 태양이 아무 쓸모가 없다. 저 하늘의 태양은 나의 아버지 집의 빛에 비하면 어둡과 같다. 이 모든 지구는 아버지 집의 발등상에 불과하다. 천둥은 주의 두려운 음성에 비하면 아무것도 아니며, 광풍도 주의 입의 기운에 비하면 아무것도 아니다. 만일 '그 해를 악인과 선인에게 비추는 일이' 마태복음 5:45 그렇게 멋지다면, 성도들과 천사들에게만 비치는 '그 태양'은 얼마나 더 멋지고 찬란하겠는가?"

또한 하늘의 즐거움과 이 땅에서의 교회와 세상을 향한 놀라운 섭리를 비교하라. 바다의 오른편과 왼편이 벽처럼 서고, 마른 땅이 그 중간에 나타나며, 이스라엘 백성은 그 사이로 안전하게 지나가고, 바로와 그의 군대는 물에 잠겼다. 그 장면을 본다면 얼마나 대단하겠는가? 이집트에 열 가지 재앙이 일어나며, 바위에서 물이 솟아나 시내가 되고, 만나와 메추라기가 하늘에서 비처럼 내리며, 땅이 갈라져 악한 자들을 삼키는 일 등 이 얼마나 엄청난 광경이었겠는가? 그러나 우리는 이러한 광경보다 훨씬 더 위대한 광경을 보게 될 것이다. 그 광경은 더 놀라울 뿐만 아니라 더 즐겁다. 피와 진노가 뒤섞이지 않을 것이며 우리는 벧세메스 사람들처럼 "누가 능히 여호와 앞에 서리요"사무엘상 6:20라고 말할 필요가 없게 된다.

만일 우리가 기도를 통해 가뭄과 비를 조절할 수 있고, 엘리사처럼 하늘에서 불을 내려 원수를 멸할 수 있다면, 혹은 사도들처럼 기적으로 병들을 고칠 수 있고 모든 언어를 말한다면 우리의 삶은 얼마나 놀랍겠는가? 아! 이러한 기적들도 우리가 하나님을 보며 소유하게 될 기적들에 비하면 아무것도 아니다. 우리는 이 땅에 있었던 사람 중에 그 어떤 사람보다 더 놀라운 자비를 받는 대상들이 될 것이다. 요나는 물고기 뱃속에서 삼일 있다가 그 후에 일어났다. 그러나 우리는 여러 해 동안의 부패와 먼지 가운데서 다시 일어날 것이다. 그 먼지는 태양의 영광에 견주게 될 것이며 또한 영원토록 견고한 영광이 될 것이다. 분명한 것은 태양의 움직임이나 바다의 조수나, 땅의 견고함이나, 땅을 적시는 비의 내림 등 심지어 악하고 혼동된 세상 가운데서도 유지되는 질서와 많은 일반 섭리는 모두 감탄할 만하다. 하지만 우리가 하나님의 시온과 하나님의 위엄을 보며 하늘의 천군 천사들의 질서를 볼 때 이 모든 것이 어찌 비교되겠는가?

이 외에 당신의 삶에 남아 있는 특별한 섭리를 당신이 천국에서 누리게 될 자비들과 비교해보라. 당신의 청소년 시절과 성숙한 시절, 역경과 번영의 때 여러 장소와 관계들 가운데 받은 자비를 돌아보라. 특별한 주의 섭리가 셀 수 없이 많았고 그 섭리는 풍성하고 대단하여 당신의 마음을 사로잡지 않았던가? 하나님께서 당신의 의심을 해결해주셨을 때, 당신의 두려움을 흩어놓으셨을 때, 당신의 계획이 좌절되자 새로운 길을 열어주셨을 때, 당신의 고통을 덜어주셨을 때, 병을 고쳐 주셨을 때, 죽음과 무덤에서 일으키셨을 때, 이러한 주의 섭리는 당신에게 얼마나 감미로웠던가? 그렇다면 다음을 생각하라.

"만일 이러한 섭리가 없었다면 우리의 삶은 연속적인 비참이었을 것이다. 이 땅에서의 주의 섭리가 우리의 마음을 드높이고, 주의 온유하심이 우리의 마음을 크게 하셨다면, 영광스러운 주님 앞에 설 때 우리의 마음은 얼마나 감미롭겠는가? 그의 영원한 사랑은 우리의 마음을 얼마나 드높이겠는가? 우리 순례의 길과 전쟁 같은 인생 가운데서도 그러한 자비가 넘쳤다면 내가 승리와 함께 고향 집에 도달하였을 때는 과연 얼마나 풍성한 자비가 기다리고 있겠는가?"

하늘의 기쁨을 당신이 주의 말씀 가운데서 받는 안위와 비교해보라. 당신은 《성경》을 통해 밤낮으로 위로를 받았다. 당신의 마음은 《성경》과 예배를 통해 주어진 합당한 약속들로 가득 찼었다. 그래서 당신은 다윗처럼 "주의 법이 나의 즐거움이 되지 아니하였다면 내가 내 고난 중에 멸망하였으리라"시편 119:92고 말하였다. 그렇다면 생각해보자.

"만일 주의 말씀이 이렇게 풍성한 위로를 줄 수 있다면 우리가 하나님을 직접 뵙고 그 음성을 들을 때는 그 위로가 어떠하겠는가? 만일 주의 편지가 이렇게 평안을 준다면 주께서 내 앞에 계실 때의 평안은 어떠하겠는가? 만일 주의 약속이 이렇게 감미롭다면 그 약속이 이루어질 때는 얼마나 감미롭겠는가? 만일 주의 증거와 그 나라에 들어갈 수 있는 허가증 때문에 이렇게 안심이 된다면, 하나님의 나라 그 자체를 소유하게 될 때는 어떠하겠는가?"

더 깊이 생각해보자.

“주의 말씀이 선포될 때 나는 얼마나 즐거웠던가? 가슴을 울리는 천국의 설교를 들으면서 얼마나 내 가슴이 따스해졌던가? 그 순간은 내 자신이 마치 천국에 있는 것 같았다. 얼마나 자주 힘든 마음으로 교회에 갔다가 기쁨이 충만하여 돌아왔던가? 얼마나 자주 의심을 했다가 그리스도 안에 있는 주의 사랑에 설득되어 집으로 돌아왔던가? 만일 모세의 얼굴이 그렇게 찬란하게 빛났다면, 하나님의 얼굴에 있는 영광은 얼마나 찬란하겠는가? 만일 ‘평화를 공포하며 복된 좋은 소식을 가져오는 발이 그리 아름답다면’ 이사야 52:7 평강의 왕 얼굴은 얼마나 아름답겠는가? 만일 이 보화가 질그릇 안에서도 그렇게 귀하다면 하늘에 쌓인 보화는 그 귀함이 어떠하겠는가?”

주의 만찬에 대해서도 생각해보자.

“주의 만찬에 앉는 것을 허락받고 그곳에서 주의 언약의 인이 우리에게 있음을 확인할 때 이 얼마나 큰 특권이던가? 오, 이 땅에서의 그리스도의 마지막 만찬과 그 위대한 날 어린양의 혼인 잔치의 만찬은 얼마나 다르겠는가? 그때 혼인 방은 찬란한 천국이며, 그의 하객들은 모든 천사와 성도이다. 그곳에는 가룟 유다도 없고 예복을 입지 않는 하객들이 없다. 그때는 오직 겸손한 성도들이 서로 앉아서 사랑과 기쁨 가운데 그들의 향연을 즐길 것이다.”

성도의 교제에 대해서도 생각해보자.

“이 땅에서 하늘을 바라보는 그리스도인들과 함께 교제하는 것은 얼마나 큰 기쁨이었던가? 다윗은 이러한 기쁨이 그의 모든 기쁨이라고 고백했다. 그렇다면 천국에서 함께하게 될 교제는 얼마나 즐거운 교제이겠는가? 거름더미에 있는 욥을 보았다면 인내의 본을 보는 것이지만, 영광 가운데 있는 그를 보는 것은 어떠하겠는가? 바울과 실라가 감옥에 갇혀 찬양하는 소리를 듣는 것도 즐겁거늘, 그들이 천국에서 찬양하는 소리를 듣는 것은 그 즐거움이 어떠하겠는가? 삼천 층에서 내려온 바울과 한 시간만 맘껏 이야기해 본다면 얼마나 신기하겠는가? 하물며 이제 곧 우리 눈으로 삼천 층을 보며 그것을 소유하게 될 때 우리의 기쁨이 어떠하겠는가?"

추가로 성도들과 일치하여 하나님을 찬양하는 것을 생각해보자.

"만일 우리가 '지극히 높은 곳에서는 하나님께 영광이요 땅에서는 하나님이 기뻐하신 사람 중에 평화로다' 누가복음 2:14라고 노래하던 천군 천사들을 보고 들은 목자들 틈에 함께 있었다면 어떠했을까? 그러나 우리는 더욱 영광스러운 장면을 보고 듣게 될 것이다. 우리가 그리스도께서 하늘 아버지께 감사의 말씀을 드리는 것을 듣는다면 우리 자신은 얼마나 복되다고 생각하겠는가? 나아가 그리스도께서 우리를 복되다고 선포하시는 것을 들을 때에 얼마나 더 우리 자신이 복된 것을 느끼겠는가? 만일 솔로몬 왕의 대관식에서 사람들이 매우 기뻐하여 땅이 진동했다면, 교회의 왕이 나타나실 때 그 기쁨의 환호성은 어떠하겠는가? 만일 '주께서 땅의 기초를 놓을 때에 새벽 별들이 기뻐 노래하며 하나님의 아들들이 다 기뻐 소리를 질렀다면' 욥기 38:4, 7, 영광의 나라가 건축되어 완성되고 그 머릿돌이 놓일 때, 그래서 '거룩한 성이 어린양의 신부로서 단장될 때' 요한계시록 21:2 그 즐거운 노래는 어떠하겠는가?"

천국에서 누릴 기쁨을 천국에 이르는 길을 발견할 때의 기쁨과 천국의 맛을 미리 볼 때의 기쁨과 비교해보라. 하나님께서 그의 성도 중에 누구에게든지 약간만 자신을 계시하셔도, 그들의 마음은 기쁨으로 그 계시에 화답하지 않는가? 베드로는 변화산 상에서 어떤 황홀함 가운데 있었을 때 "주여 우리가 여기 있는 것이 좋사오니 우리가 초막 셋을 짓되 하나는 주를 위하여, 하나는 모세를 위하여, 하나는 엘리야를 위하여 하사이다"누가복음 9:33라고 말했다. 이는 마치 "오, 저 핍박하는 오합지졸들에게 내려가지 않겠습니다. 우리의 천하고 고통 받는 상태로 돌아가지 않으렵니다. 이곳에 거하는 것이 훨씬 낫습니다. 이곳에 더 좋은 동무와 더 감미로운 즐거움이 있습니다"라고 말하는 것과 같다. 바울이 자신이 본 것 때문에 얼마나 황홀했던가? 모세가 하나님과 대화를 나눈 후 그 얼굴이 얼마나 빛이 났던가? 이러한 일은 특별하게 천국을 미리 맛본 예이다. 그러나 하나님의 영광과 얼굴을 직접 충만하게 대하게 된다면 이 모든 것은 아무것도 아니다.

우리는 죽어가는 성도들이 기쁨으로 충만했다는 간증을 자주 듣는다. 그들의 몸은 심한 병과 고통 가운데 있었지만, 그들의 영은 하늘로 가득 차서 그들의 기쁨은 그들의 슬픔을 훨씬 능가했다. 이처럼 역경의 바다 가운데서도 이러한 불꽃이 찬란하게 비칠 수 있다면, 찬란함만으로 충만한 곳에서의 찬란함은 과연 어떠하겠는가? 순교자들이 화형을 받으면서 누렸던 기쁨, 몸이 불타는 순간에 그들이 기뻐할 수 있음은 아마 그들의 영이 뭔가 뛰어난 것으로 가득 차 있었음이 확실하다. 다음을 묵상하며 생각해보라.

"분명히 하늘 영광을 미리 맛봄으로 말미암아 화형을 견디며 공포의 왕을 환영할 수 있었음이 틀림없다. 그렇다면 하늘 영광 그 자체를 누릴 때는 어떠하겠는가? 바울로 하여금 이 세상을 떠나 그리스도와 함께할 것을 바라게 하고, 성도들로 하여금 그들이 죽기까지는 가장 행복한 것이 아니라고 생각하게 하는 이 영원한 안식은 얼마나 복된 것인가? 손더스Saunders(1500~1555년, 영국 개신교 순교자-역주)가 십자가를 껴안으며 '십자가여, 오라'고 외쳤다면, 우리는 우리의 축복을 껴안으며 '면류관이여, 오라'고 더 즐거워하며 외쳐야 하지 않겠는가? 윌리엄 브래드퍼드William Bradford(1590~1657년, 매이 플라워를 타고 미국 플리머스에 자리를 잡은 개신교 지도자—역주)가 못된 사람들에게 입을 맞추었다면, 우리는 주님께 입을 맞추며 기뻐해야 하지 않겠는가? 어떤 가련한 여 순교자가 필포트Philpot(영국에서 1555년 12월 18일 화형으로 죽은 개신교 순교자—역주)가 차던 쇠고랑을 자기 발에 차면서 기뻐하지 않았던가? 그렇다면 우리는 그리스도와 사도들이 이 세상을 떠나 도착한 영광의 장소에 우리 영혼이 살게 될 것을 알고 기뻐해야 하지 않겠는가?"

하늘나라의 영광을 이 땅에 있는 교회의 영광과 그리스도의 영광과 비교해보라.

"만일 죄인들을 대신하여 고난받으신 그리스도의 영광이 그렇게 뛰어나다면, 아버지의 오른편에 계신 그리스도의 영광은 어떠하겠는가? 만일 죄악과 원수로 둘러싸인 교회임에도 그토록 아름답다면, 어린양의 혼인 잔치에 참여하는 교회는 얼마나 아름답겠는가? 하나님의 아들이 종의 형태를 취하고 있어도 그렇게 멋지지 않았던가? 그분은 문둥병자를 깨끗하게 해주시고 병든 자를 고치시며 불구자들을 회복하게 하시고 눈먼 자를 보게 하시고 죽은 자를 일으키셨다. 주께서 비천한 상태에서도 그러한 역사를 일으키시고 영광을 받으셨다면 주의 천국에서의 영광은 얼마나 더 놀랍겠는가? 주께서 부활하실 때 죽음과 무덤이 그 힘을 잃었고, 천사들이 무덤의 돌을 옮기자 무덤을 지키던 자들은 두려워 떨며 죽은 자처럼 되었다. 천사들은 한 여인에게 제자들에게 이 소식을 알리라고 보내었으며 주께서는 제자들이 보는 앞에

프라 안젤리코Fra Angelico의 〈최후의 심판〉(1432~1435년), 이탈리아 피렌체 산 마르코 미술관 소장.

예수님이 감람산에서 승천하실 때 그 모습을 보고 있던 제자들에게 천사가 "갈릴리 사람들아 어찌하여 서서 하늘을 쳐다보느냐 너희 가운데서 하늘로 올려지신 이 예수는 하늘로 가심을 본 그대로 오시리라 하였느니라"사도행전 1:11고 말해주었다. 그러나 예수님의 재림 시기는 아무도 알지 못한다. 다만 그리스도께서 알려주신 징조들을 통해서 재림의 임박함을 가늠할 수 있을 뿐이다.

서 하늘로 오르셨다. 그렇다면 지금 하늘에서 주께서 소유하신 능력과 다스림과 영광은 어떠하며 우리가 영원히 주와 함께 소유하게 될 영광과 능력은 어떠한 것이겠는가?"

당신이 마지막에 갖게 될 영광스러운 변화를 성령이 당신의 마음속에 역사하실 때의 영광스러운 변화와 비교해보라. 당신 안에 아무리 작은 양이라도 진정한 은혜가 있다면 그 가치는 온 인도 제국의 부富보다 크다. 그리스도를 진심으로 앙망하는 마음은 세상 나라들보다 더 귀하다. 새로워진 본성은 하나님의 형상 그 자체다. 그리스도는 우리 안에 거하시며 하나님의 영이 우리와 함께하신다. 새로워진 본성은 하나님의 얼굴에서 나오는 광선이며 하나님의 씨앗이 우리 안에 남아 있는 것이고, 이성이 있는 영혼에게 유일하게 상속되는 아름다움이다. 새로워진 본성은 사람을 가장 고상하게 하며 창조주의 즐거움을 이해하고 주의 뜻을 행하고 주의 영광을 누린다. 만일 겨자씨 같은 이 씨앗이 그렇게 귀중하다면 하나님의 낙원 중앙에 있는 생명나무는 그 귀중함이 얼마나 더하겠는가? 만일 생명의 불꽃이 부패를 대항하여 싸우고 몇몇 대단히 소중한 거룩한 열망과 신음을 타오르게 한다면, 이 생명의 샘은 얼마나 영광스럽겠는가? 우리가 죄에 짓눌리고 있을 때도 하나님을 닮은 자라는 말을 들었다면 우리 안에 죄 같은 것이 없을 때는 더욱 하나님을 닮아있을 것이 분명하다. 하늘을 바라고 사랑하는 것이 그렇게 뛰어나다면 천국 그 자체가 임할 때는 어떠하겠는가? 미리 보고 믿을 때의 기쁨이 그렇게 감미롭다면 그것을 완전하게 소유할 때의 기쁨은 어떠하겠는가? 그리스도인이 그의 마음이 무너지며 죄악된 생각을 버리게 될 때 얼마나 기뻐하는가? 심지어 이러한 슬픔은 그에게 기쁨을 준다. 그렇다면 우리가 최고의 완벽한 상태에서 알고 사랑하고 기뻐하며 찬양할 때 그 상태는 어떠하겠는가? 당신 스스로 생각해보라.

"내가 태어난 상태에서, 내가 풍습에 물든 상태에서, 그리고 수천 가지의 죄악이 내게 있는 상태에서 내가 변하였다니! 만일 내가 변하지 못하고 죽었다면 나는 영원히 저주를 받았을 텐데! 이 모든 무서운 죄악에서 내가 의로워졌고, 이 모든 무서운 역병에서 자유로움을 얻고 천국의 상속자가 되다니, 이 얼마나 놀라운 변화인가? 하나님의 천사들이 나의 회심을 보고 즐거워하였으니, 분명히 그들은 나의 구원의 축복을 보며 축하할 것이다. 미덕은 잿더미에서 모은 불꽃에 불과하여 내가 세상을 바라볼 때 그 미덕은 육체에 의해 덮이기도 하고, 가끔 내 자신의 시야 때문에 부패로 덮이기도 한다. 그러나 나의 영원한 영광은 그렇게 가려질 리 없으며 나의 빛도 언덕 위나 말 아래 있지 않고 하나님의 시온 산 위에 있게 될 것이다."

한 가지 더 당신이 천국에서 소유하게 될 즐거움과 성령께서 이곳에서 당신에게 허락하는 천국의 맛을 비교해보라. 하나님께서 가끔 당신의 영혼에게 특별하게 자신을 계시하셔서 하늘 영광의 물방울이 당신 위에 떨어지게 하지 않았던가? 그때 당신은 "이러한 은혜가 내 영혼에 계속 임할 수 있다면!"라고 말하지 않았던가? 당신은 순교자들과 함께 오랜 애통의 기다림 가운데 있다가 "주가 오셨다. 주가 오셨다"라고 절규하지 않았던가? 당신은 천국의 생생한 설교를 듣다가, 또는 복된 상태에 대해 깊은 묵상을 하다가 당신의 수그러진 영이 소생하는 것을 인식하지 않았던가? 당신의 낙심한 마음은 이제 그 머리를 들며 천국의 빛은 당신의 영혼에 임하였다.

다음을 묵상해보라.

"충만한 유업에 대한 이 보증은 무엇인가? 오, 나를 놀라게 하고 기쁨을 주는 이 모든 빛은 고작 이 어둔 세상을 통해 그곳으로 나를 인도하기 위한, 천국에서 비쳐오는 촛불밖에 되지 않는구나! 만일 몇몇 경건한 자마저 이 땅의 은혜로 말미암은 기쁨에 감격하여 '주님, 주의 손을 멈추소서. 제가 더는 감당할 수 없습니다'라고 절규할 정도였다면, 나의 영혼이 하나님을 보고 즐거워할 때는 어떠하겠는가? 하지만 그 빛이 태양보다 수백만 배 더 크고 밝더라도 나의 눈은 여전히 그 빛을 영원히 볼 수 있게 될 것이다!"

만일 당신이 아직 이러한 감미로운 맛을 느끼지 못했다면(심지어 모든 성도가 그 맛을 보지 못했다고 하더라도), 당신은 이후에 천국에서 느낄 것을 더 잘 분별하기 위해 지금 당신이 가진 그러한 즐거움을 사용하도록 하라.

천국을 묵상할 때 경계해야 할 것

이제 천국을 묵상하다가 곁길로 빠지는 것을 어떻게 막을 수 있는지 살펴보자. 천국을 묵상할 때 우리를 벗어나게 하는 요인을 찾아내어 그 해결책을 찾아보자. 우리의 마음 그 자체가 천국을 묵상하는 데 방해하는 가장 큰 장애물이다. 우리의 마음은 묵상을 시작하기도 전에 뒤로 물러나거나 소홀히 여기거나 다른 관심 때문에 곁길로 빠져 묵상하지 않는다. 이러한 위험 요소들은 반드시 제거해야 한다.

뒤로 물러나는 이유. 세상의 다른 일처럼 당신은 묵상하다가 여러 핑계를 대며 뒤로 물러날 때가 많다. 묵상해야겠다는 다짐을 하고도 나중으로 미루거나, 아니면 묵상해야 하는 것이 성도의 의미인지 아닌지 등을 따지며 여러 이유를 말하기도 한다. 혹은 다른 사람에게는 필요한 의무지만 자신에게는 필요하지 않다고 한다. 당신은 "이 일은 연구밖에는 할 일이 없는 목사나 여가가 많은 사람에게 필요한 것이지 나같이 바쁜 사람에게는 맞지 않다"라고 말할지 모른다. 혹시 당신이 목사라면 "이 일은 일반 성도들이 해야 할 의무이지 나는 그들에게 설교하는 것으로 충분하다. 그들이야말로 나의 설교를 묵상해야겠지"라고 말할지 모른다. 마치 당신의 일은 그들의 음식을 차리는 것이고 그들이 할 일은 먹고 소화하고 힘을 내어 살아야 한다고 생각하는 것이다. 또한 이러한 이유가 아니더라도, 다른 바쁜 일을 핑계하거나 다른 거룩한 의무를 한다는 이유를 대며 천국을 묵상하는 이 의무를 건너뛰려고 한다. 이때 당신은 '다른 의무가 더 중요해. 시간이 없으므로 천국에 대한 묵상은 포기하자. 공적인 일들이 더 중요해. 영혼 구원을 위해 연구하고 설교하는 일이 개인적인 묵상보다 더 급해'라고 생각할 것이다. 당신은 다른 사람의 영혼 구원을 위해 당신 자신의 구원을 돌볼 시간이 없으며, 다른 사람에게 자선을 베풀어야 하는 일이 너무 중요해서 당신 자신의 영원한 행복을 소홀히 할 수밖에 없는 양 말한다. 분명히 천국은 우리의 촛불에 불을 붙이는 최고의 불이며 설교자가 연구해야 할 최고의 책임인 데도 우리는 이를 우리의 행동으로 입증하기보다는 다른 더 좋은 방법이 있는 것처럼 행동한다. 하지만 우리가 천국을 더 연구한다면 교회는 더 많은 천국의 빛들을 공급받게 될 것이다. 우리의 연구가 신령하고 우리의 영이 신령할 때 우리의 설교도 신령하며 우리 또한 신령하여질 것이다.

천국에 대한 의무를 우리가 이런저런 핑계를 되면 우리의 마음은 그 의무를 내일이나 다음으로 연기하면서 시간을 낭비하려고 한다. 그러면서 그 의무를 계속 멀리한다. 혹은 노골적으로 거부하거나 그 의무의 타당성에 그냥 이유 없이 반대한다. 이러한 현상은 우리 마음이 여전히 정욕에 빠져 있다는 증거다. 하지만 마음이 영적이라면, 우리는 천국의 의무야말로 이 세상에서 가장 감미로운 일이라는 것을 제대로 분별할 것이다.

그렇다면 이제 어떻게 하겠는가? 내가 말해주면 따라 하겠는가? 다음과 같은 생각을 해보라. "일하지 않는 사환에게 내가 어떻게 해야 하는가? 여행하려 하지 않는 말Horse을 내가 어떻게 해야 하는가? 그것들이 가만히 보고 있도록 그냥 두어야 하는가? 그럴 수 없다." 이처럼 당신도 게으른 마음을 성실하게 다루도록 하라. 일하도록 설득하고 거부하지 못하도록 하며 뒤로 물러서려는 자세를 꾸짖어라. 강제로라도 묵상하게 하라. 당신은 당신의 생각을 다스릴 수 있지 않은가? 묵상하는 것은 당신의 선택이 아닌가? 만일 바른 판단을 내렸다면 바로 묵상할 수 있지 않은가? 분명히 하나님께서 당신에게 새로운 본성과 함께 당신의 생각을 다스릴 수 있는 어떤 능력을 주셨다. 당신은 다시 부패한 죄성에 노예가 되려는가? 당신의 마음을 다스릴 수 있는 당신 자신의 권위를 회복하고 절대로 그러한 선한 일에 물러서지 않으신 성령의 도움을 청하라. 성령께서는 정당한 이유라면 절대로 도움을 거절하지 않으실 것이다. 주께 말씀을 드리라. "주여, 주께서는 제게 제 생각과 감정을 다스릴 수 있는 이성을 주셨습니다. 저는 제 생각과 감정을 다스리라는 권위를 주에게서 부여받았습니다. 보십시오, 지금 제 생각과 감정이 주의 권위에 불순종하고 있습니다. 주께서는 제게 그것들로 하여금 천국을 묵상하는 일을 하게 하라고 명하셨지만, 그것들이 고집을 부리며 반발하는 가운데 이 의무를 거절하고 있습니다. 주께서 제게 주신 이 권위를 제가 행사할 수 있도록 도와주시기 바랍니다. 오, 주의 영을 내려주셔서 제가 주의 명령을 강요할 수 있게 하셔서 그것들이 주의 뜻에 효과적으로 따르도록 하소서!" 이처럼 당신은 당신 마음속의 거역하려는 성향을 꺾고, 뒤로 물러나려는 자세에서 돌아서서 당신의 이성을 쾌히 잘 따르도록 하라.

소홀히 여김. 효과적인 묵상을 방해하는 장애물은 묵상을 소홀히 여기는 마음이다. 당신이 묵상을 소홀히 하면 아마 당신에게 한 시간의 묵상 시간이 있다고 해도 진지한 마음을 갖는 데까지 오래 걸릴 것이다. 묵상하면서도 하는 것 같지 않게 하며, 묵상을 빠뜨릴 기회가 있으면 어떻게 해서든 빠뜨릴 것이다. 이러할 때 당신의 마음을 지켜보라. 얼마나 오래 묵상하는지를 지켜보지 말고 얼마나 깊게, 그리고 얼마나 많이 묵상하는지를 보라. 당신은 당신의 사환이 얼마나 부지런하게 일하였는지를 알려면 그의 행한 일의 양과 질을 보면 알 수 있다. 당신 자신에게 물어보라. "어떤 감정이 일어났는가? 나는 얼마나 더 천국에 가까워졌는가?" 당신의 마음이 묵상을 소홀히 여길 때 계속 소홀히 여기도록 내버려두지 마라. 만일 그냥 내버려두면 결국 당신은 모든 영적인 순종을 내려놓게 될 것이다. 또한 당신이 아직 육신에 거하는 한 당신의 마음이 아무리 최고의 마음이라 할지라도 아직은 완전하게 성화 되어 있지 않아서 그 의무를 거부하려는 성향이 남아 있음을 기억하라. 그러나 당신의 본성이 부패하여 여전히 죄악 된 거부 현상이 나타난다고 해도 하나님의 명령을 폐지할 수 없으며 또한 변명의 죄마저 더하게 할 수 없다는 사실도 기억하라. 하나님께서는 우리의 감정을 일으키는 수단을 정해주셨다. 천국에 대한 묵상의 자아 추론과 자아적인 고찰은 천국을 향한 사랑을 일으키게 하고 증가하게 하는 가장 효과적인 수단이다. 그러므로 마음속에 천국에 대한 묵상을 사랑하는 마음이 일어날 때까지 자아 추론과 고찰을 통한 묵상의 의무를 소홀히 하지 마라. 따스함을 느끼고 싶은 사람이 불을 가까이하듯, 천국을 향한 사랑이 일어나려면 천국을 묵상해야 한다. 그러면 사랑이 일어나서 당신으로 하여금 더욱 그 의무를 감당하게 할 것이다.

벗어나서 방황함. 당신의 마음에는 천국을 묵상하면서 다른 대상을 바라보며 그 대상에게 치우치려는 경향이 있을 것이다. 이는 신중하지 않은 사환이 지나가는 사람들과 쓸데없는 잡담을 나누며 본래 맡은 일에서 벗어나는 것과 같다. 당신의 마음에는 천국 외에 다른 것이 있어서는 안 되는데, 당신은 당신의 소명과 고난, 보이는 모든 새, 나무, 장소 등을 생각한다. 이에 대한 해결책은 앞에서 설명한 것과 같다. 즉, 당신의 마음을 살펴보고 강제력을 동원하는 것이다. 당신의 마음에 이렇게 말하라. "이런, 천국이 아니라 세상과 사람과 장소와 소식과 허영을 생각하다가 이 지경까지 왔다니, 이것은 잘하는 것이 아니구나. '네가 나와 함께 한 시간도 이렇게 깨어 있을 수 없더냐?' 마태복음 26:40 너는 이 세상을 떠나 그리스도와 함께 영원히 거하게 될 텐데, 묵상 가운데 그리스도와 한 시간도 거할 수 없느냐? 이것이 네 친구를 향한 네 사랑이냐? 네가 지금 하는 것보다 더욱 그리스도와 네 영원한 장소와 영원한 축복을 사랑할 수 없느냐?" 만일 방황이라는 탐욕스러운 까마귀들이 천국을 묵상하는 시간을 게걸스럽게 잡아먹고 있고, 그래서 당신 생각의 생명력과 기쁨을 앗아가고 있다면, 당장 그것들을 몰아내어 당신의 신령한 제사를 보호하도록 하라. 당신의 마음이 신령한 그 일을 붙들도록 엄하게 마음을 지키라.

갑자기 묵상을 멈춤. 묵상을 제대로 시작하기도 전에 묵상을 갑자기 끝내는 것은 스스로 자신의 마음에 속는 것이다. 당신은 다른 경건한 의무에서도 이러한 일을 쉽게 의식할 수 있다. 은밀한 기도를 드리려고 하는데 당신의 마음이 갑자기 기도를 줄이고 기도를 다 한 것처럼 무릎을 일으켜 세운다. 천국을 묵상할 때도 마찬가지다. 당신의 마음은 이 일을 지겨워하여 당신이 따스함을 느끼기 전에 천국을 향하던 걸음을 멈추게 한다. 그러나 이때 하나님의 이름으로 당신의 마음에 그 자리에 머물라고 명하라. 그 위대한 일을 반 정도 하다가 멈추는 일이 없도록 하라. 그리고 당신의 마음에 이렇게 말하라.

"어리석은 마음아! 만일 한동안 구걸하다가 자선을 받기 전에 가버리면 그동안의 구걸은 쓸모없는 수고가 되는 것 아니냐? 만일 여행을 마치지 않고 중간에 서버리면, 여행하지 않은 것과 같지 않느냐? 너는 네가 상속할 영광을 보고 싶은 소망에 이곳까지 왔는데, 그 언덕의 꼭대기가 바로 코앞인 이곳에서 멈추려 하느냐? 너는 전망을 보기도 전에 돌아가려느냐? 너는 하나님과 대화를 나누려는 소망을 가지고 이곳까지 왔다. 그런데 그분을 뵙기 전에 돌아가려느냐? 너는 위로의 강물에서 목욕하려고 이곳까지 왔다. 그런데 강가만 밟고 돌아가려느냐? 너는 약속의 땅을 정탐하러 왔다가 네 형제를 격려해줄 포도송이 하나 없이 형제에게 돌아가려느냐? 네가 기쁨으로 포도주를 맛본 사실을 그들이 보아야 하지 않겠느냐? 네 얼굴의 유쾌함으로 네가 기름부음을 받았음을 알려야 하고, 온유하게 변한 네 성품과 달콤한 대화를 통해 네가 젖과 꿀을 먹은 것을 보여주어야 하지 않겠느냐? 천국의 불은 너의 얼은 마음을 녹일 것이며, 너를 아름답고 신령하게 만들 것이다. 그러나 그 불이 붙으려면 반드시 시간이 필요하지 않겠느냐?"

이처럼 당신 마음속에 어떤 변화가 일어날 때까지 계속 천국을 묵상하라. 그러면 하늘의 즐거움으로 말미암아 당신의 미덕이 움직이고 감정이 살아나면서 당신의 영혼은 새로워질 것이다. 혹시 당신이 이러한 목표들을 단번에 이루지 못하더라도 다음번에 다시 더욱 진지하며 간절하게 해보도록 하라. "주인이 이를 때에 그 종이 그렇게 하는 것을 보면 그 종은 복이 있으리로다" 누가복음 12:43.

Chapter 16 | Heavenly Contemplation Exemplified

천국에 대한 묵상의 예와 의무

사슴이 시냇물을 찾기에 갈급함 같이 우리가 천국을 묵상하면 그곳에서 내 영혼의 맥박을 진동하게 하는 생동하는 영이 나오며 꺼져가는 주의 사랑의 불꽃이 타오르게 된다.

우리는 매일 기도와 묵상할 때 가장 편한 시간에 조용한 장소에서 세상의 생각을 제쳐놓고 가능한 한 가장 진지하고 경외하는 마음을 가지고 하늘을 바라보아야 한다. 그리고 하늘나라에 당신의 영원한 안식이 있음을 기억하라. 그 뛰어남과 실재함을 연구하라. 하늘의 기쁨과 땅의 기쁨을 비교하면서 감각에서 믿음으로 올라가라. 그 후 즉석 기도와 독백을 겸하여 행하며 묵상하라. 하나님을 경외함으로 당신의 사정을 아뢰고 특히 당신의 마음에 대해 주께 진지하게 간청하라. 굳은 마음에 불길이 타오르기를 간구하고, 죄인의 자리와 세상을 사랑하는 자리에서 하나님을 뜨겁게 사랑하는 자리로, 두려움이 많은 겁쟁이의 자리에서 마음을 정한 그리스도인의 자리로, 열매 없는 슬픔의 상태에서 기쁨이 넘치는 마음으로 변하도록 간청하라. 한마디로 기도와 독백 가운데 당신의 마음이 땅에서 하늘로, 세상과 친교 하던 자리에서 하나님과 동행하는 자리로 옮겨지게 하라. 그리고 앞으로 나눌 내용을 묵상함으로 도움을 받으면서 당신의 마음을 영원한 안식에 고정하고 그리스도의 품 안에 있는 것같이 당신의 영원한 안식을 묵상하도록 하라.

영원한 안식의 뛰어남에 대해

'영원한 안식이여!' 얼마나 감미로운 말인가? 이는 내 귀에 들리는 곡조다. 영원한 안식은 내 마음에 힘을 북돋아 주며, 그곳을 묵상하면 그곳에서 내 영혼의 맥박을 진동하게 하는 생동하는 영이 나온다. 이 안식은 땅에 박힌 바위의 안식이 아니며 무덤에서 쉬는 육체의 안식도 아니고 세상이 원하는 정욕적인 안식도 아니다. 이 복된 안식은 "거룩, 거룩, 거룩, 전능하신 주 하나님이여!"라고 밤과 낮으로 쉬지 않고 찬양하는 안식이다. 우리는 죄로부터 안식하지만 예배로부터 안식하지 않을 것이며, 고난과 슬픔으로부터 안식하지만 기쁨으로부터 안식하지 않을 것이다.

하나님과 함께 안식하게 될 우리는 주의 품에서 안식할 것이다. 이때 우리는 배우며, 사랑하며, 기뻐하며, 찬양하며 안식할 것이다. 우리의 완벽한 영혼과 몸이 다 같이 가장 완벽한 하나님을 완벽하게 즐거워할 것이다. 사랑 그 자체이신 하나님께서도 우리를 완벽하게 사랑하시며 그 사랑 안에서 안식하실 것이며, 우리는 하나님을 사랑하는 안식 가운데서 안식할 것이다. 우리는 기쁨으로 충만하여 기뻐할 것이고, 찬양이 넘쳐서 기뻐하는 가운데 주 안에서 기뻐할 것이다.

그날의 가까움에 대해

가장 복되고 기쁜 그날은 얼마나 가까운가? 그날은 신속히 온다.

"잠시 잠깐 후면 오실 이가 오시리니 지체하지 아니하시리라" 히브리서 10:37. 주께서는 오시기를 지체하는 것같이 보여도 잠시 후면 주께서 오실 것이다. 수백 년이 지체되더라도 결국 주님은 오신다. 주께서 오실 때는 그 징표가 확실할 것이다. 주께서는 깨어 있지 않은 세상에 "번개가 동편에서 나서 서편까지 번쩍임 같이" 마태복음 24:27 임하실 것이다. 또한 주께서는 떠나셨던 대로 다시 오실 것이다. 내 귀에는 주의 나팔이 울리는 듯하다. 내 눈에는 주께서 위엄과 영광 가운데 천사들을 데리고 구름을 타고 오시는 것이 보인다.

죄인에게 임하는 두려움에 대해

오, 안심하던 죄인들이여! 이제 당신은 무엇을 하려는가? 어디에 숨으려는가? 무엇이 당신을 가려주겠는가? 산들이 떠나고 전에 있었던 하늘과 땅이 사라져 없고 오직 삼키는 불火만이 남아서 당신들만 남기고 모든 것을 태웠으니 당신들은 영원한 땔감이 될 것이 분명하다. 오, 당신이 땅처럼 타서 없어질 수 있다면, 하늘처럼 녹아 없어진다면! 아, 이러한 당신의 바람은 이제 얼마나 헛될 것인가? 그 어린양이 당신의 친구가 되었더라면 당신을 사랑했을 것이며, 당신을 다스렸을 것이고, 당신을 구원하셨을 텐데. 그러나 이 땅에 있을 때 당신은 그 어린양을 거절하였고 이제는 너무 늦었다. "주여, 주여"라고 외치지 마라. 이제 너무 늦었다. 왜 주변을 둘러보는가? 누가 당신을 구원할 수 있는가? 당신은 어디로 뛰겠는가? 당신을 숨겨줄 것이 있는가? 오, 가련한 자여, 당신 스스로 이곳까지 왔구나!

성도에게 임하는 기쁨에 대해

주님을 믿고 순종하여 복 받은 성도들이여! 이것이 믿음과 인내의 결과다. 이것이 당신이 기도하고 기다렸던 것이다. 당신은 뒤를 돌아보면서 고통과 슬픔과 자기 부인이나 거룩의 삶을 후회하겠는가? 당신의 회개 눈물은 지금 어떻게 변했는가? 쓴가 아니면 달콤한가? 재판장이신 우리 주께서 당신을 향해 미소를 띠신다. 그 얼굴에는 사랑이 가득하다. 그의 다정하고 빛나는 얼굴에는 '구속자', '남편', '머리'라는 칭호가 쓰여 있다. 들어보라! 그분이 당신을 부르신다. 그분이 당신에게 그분의 오른편에 서라고 명하신다. 두려워 마라. 주께서 그의 양들은 그곳에 두시기로 정하셨기 때문이다. "오라, 내 아버지께 복 받을 자들이여, 나아와 창세로부터 너희를 위하여 예비된 나라를 상속받으라" 마태복음 25:34. 주께서 당신의 손을 잡으시니 주님 나라의 문이 열린다. 그 왕국은 주의 것이니, 그러므로 당신의 것이다. 주의 보좌 앞에는 당신의 자리가 놓여 있다. 하늘 아버지께서 당신을 자기 아들의 배필로 받으시고 당신에게 영광의 면류관을 받으라고 명하신다. 전혀 자격이 되지 않는 당신이지만 면류관을 받는다. 이것이 거저 주시는 구속의 계획이었으며 영원한 사랑의 목적이었다. 오, 당신의 마음에는 사랑과 기쁨이 얼마나 무한하게 일어나겠는가? 나는 그 사랑과 기쁨을 표현할 수 없으며 헤아릴 수조차 없다.

비싼 값을 치른 점에 대해

이 기쁨은 슬픔으로 얻은 것이며 이 면류관은 십자가로 얻은 것이다. 주께서 눈물을 흘리셨기에 이제 우리의 눈물이 씻겨 사라진다. 주께서 피를 흘리셨기에 우리는 기뻐하고, 주께서 버림을 받으셨기에 이

제 우리는 버림을 받지 않으며, 주께서 그때 죽으셨기에 나는 이제 살게 된다. 오, 그렇게 사악한 벌레 같은 나를 높이시는 흘러넘치는 자비여! 그리스도께는 보혈과 고통을 치르신 값비싼 것이었지만, 내게는 거저 임하는 주의 은혜다. 수천 명이 버림받을 때 나를 택한 은혜여! 죄 가운데 있던 나의 친구들은 지옥에서 타야 하는데 나는 이곳에서 안식하며 기뻐하는구나! 이곳에서 나는 안식 가운데 기뻐한다. 이곳에서 모든 성도와 함께 산다. 오, 내가 기도하고 울고 아파하면서 이날과 장소에 대해 자주 대화를 나누었는데 그때 나와 대화를 나누던 나의 오랜 지인들을 이곳에서 만나게 되니 참으로 평안하구나. 나는 무덤이 우리의 만남을 막을 수 없다는 사실을 깨닫는다. 주의 사랑이 또한 우리의 만남까지 구속하여 누리게 하셨다.

세상과의 차이에 대해

천국은 흙으로 만든 우리의 오두막이나 감옥이나 이 땅의 거처와 같지 않다. 이곳의 기쁨의 소리는 우리 과거의 불평이나 참지 못하던 신음이나 한숨과 같지 않다. 이곳 찬양의 곡조는 우리가 땅에서 듣는 비웃음과 욕설, 신성모독이나 저주와 같지 않다. 이곳의 몸은 우리가 가졌던 몸과 다르며, 영혼은 우리가 가졌던 영혼과 같지 않고, 삶은 우리가 살았던 삶과 다르다. 우리는 변화된 장소와 상태에 와 있으며, 우리의 옷과 생각과 모양과 언어와 동료도 다 변화되어 있다. 전에는 성도들이 약하고 무시 받았었다. 성도들이라도 어떤 때는 매우 교만하고 까다로워서 주의 은혜를 분별하지 못한 적도 많았다. 그러나 지금은 얼마나 영광스러운 성도들이 되었는가? 우리나 주변의 사람을 성가시게 했던 죄의 몸은 지금 어디 있는가? 서로 달랐던 우리의 판단들과 부끄러운 이름들과 분리하는 영들과 비정상적인 열정과 불쾌한 표정과 무자비한 비난들은 이제 다 어디로 가고 없는가? 이제 우리는 다 같이 하나의 판단을 하며 하나의 이름에 속하며, 한마음과 한 집과 하나의 영광을 나눈다.

이제 더는 복음이 우리의 어리석음으로 말미암아 부끄러움을 당하는 일이 없다. 나의 영혼도 성도들의 고통과 교회의 무너짐 때문에 탄식하는 일이 없다. 고통 받는 친구들 때문에 슬피 우는 일도 없을 것이고 그들의 죽음과 무덤 앞에서 우는 일도 없을 것이다. 당신은 다시는 사탄이나 세상이나 당신 자신의 정욕 때문에 유혹받는 일이 없을 것이다. 당신의 고통과 병은 다 치유되었다. 당신의 몸은 더는 연약함과 피곤으로 말미암아 짐이 되는 일이 없을 것이다. 머리와 가슴에는 찢어지는 아픔이 없을 것이고 배고픔과 목마름과 노동과 졸음도 다 사라졌다. 이 얼마나 엄청난 변화인가? 거름더미에서 보좌로 오르고, 박해받던 죄인에서 찬미를 부르는 성도로 바뀌었다. 비천한 몸이 변하여 궁창의 밝음처럼 빛나는 몸이 되고, 하나님의 마음을 아프게 하던 자리에서 사랑 가운데 하나님을 완벽하게 즐거워하는 자리로 나아오게 되었다. 모든 의심과 두려움은 이 영광을 소유하게 되면서 다 사라졌고, 죽음에 대한 나의 모든 두려운 생각은 이처럼 기쁨에 찬 생활로 바뀌었다.

이제 죄와 슬픔과는 영원히 작별이다. 나의 완고하고 교만하고 불신하던 마음과도 작별이며, 나의 세속적이고 정욕적이고 육욕적인 마음과도 작별이다. 이제 나는 가장 거룩한 천국을 맞이한다. 회개와 믿음과 소망과는 작별하고, 사랑과 기쁨과 찬양을 맞이한다. 이제 나는 밭의 흙을 일구어 심지 않아도 거두는 추수를 맞이할 것이다. 설교자가 없고 하늘의 약속이 없어도 기쁨이 넘칠 것이다. 심지어 하나님의 얼굴로부터 모든 것을 다 얻을 것이다. 시내에는 온갖 다양한 것이 섞여 있을지라도 그 샘에는 순수한 기쁨밖에 없을 것이다. 이곳에서 나는 영원에 둘러싸여서 영원히 살며 영원무궁토록 주를 찬양할 것이다.

나의 얼굴에는 다시는 주름이 없을 것이며 나의 머리카락은 다시는 희어지지 않을 것이다. "이 썩을 것이 썩지 아니함을 입고 이 죽을 것이 죽지 아니함을 입을 때에는 사망을 삼키고 이기리라고 기록된 말씀이 이루어지리라 사망아 너의 승리가 어디 있느냐 사망아 네가 쏘는 것이 어디 있느냐"고린도전서 15:54~55. 나의 몸의 임차 만기는 더는 없으며 죽음 때문에 고민할 필요가 없고 죽음으로 말미암아 기쁨을 잃지도 않는다. 수백만 시대가 지나도 나의 영광은 여전히 시작일 뿐이다. 또 다른 수백만 시대가 지나도 전혀 끝에 다가가지 못한다. 날마다 항상 오전이며 모든 달이 추수이고, 매해가 희년이며 날마다 전성기다. 이 모든 것이 하나의 영원이다.

마음에 호소함에 대해

혹시 당신은 이러한 소생의 날을 냉담하게 생각하는가? 하나님의 궁정에 거하는 것보다 차라리 오물 가운데 앉아 있는 것이 더 나은가? 지금 당신은 세상의 일을 기억하며 정욕과 이 땅의 쾌락과 왁자지껄한 만남을 생각하고 있는가? 하나님과 천국에서 함께하는 것보다 이 세상이 더 나은가? 이 땅에서의 교제가 더 좋은가? 이 세상의 쾌락을 버릴 수는 없는가? 당신은 이것을 떨쳐 버리라. 핑계를 대거나 지체하지 마라. 하나님께서 명하시며 나도 당신에게 명한다. 당신의 허리띠를 매고 산으로 오르라. 믿음과 진지함을 가지고 주변을 둘러보라. 차이를 생생하게 느끼기 위해 황량한 사막과 천국의 왕국을 비교하라. 그 외에는 광야의 길을 돌아보지 마라.

저곳에 우리 아버지의 영광이 있다. 저곳이 바로 우리가 이 몸을 떠날 때 가게 되는 곳이다. 주께서 주의 능력으로 우리를 다시 깨우셔서 저곳으로 데려가실 것이다. 저 너머에서 우리는 하나님과 영원히 살 것이다. 그곳은 찬란한 새 예루살렘이며 그 문들과 바닥은 진주로 되어 있다. 거리와 보도는 투명한 정금으로 되어 있다. 온 세상을 비추는 태양은 그곳에서 쓸데없으니, 우리는 거기서 빛나는 태양처럼 밝을 것이다. 하나님이 '태양'이시며 그리스도는 빛이시고 너는 그 빛 안에서 빛을 얻을 것이다.

불신을 떨쳐 버림에 대해

당신은 왜 하나님의 약속을 믿지 못하여 망설이는가? 당신이 하나님의 약속을 믿었다면 그 약속으로 말미암아 당신의 마음에는 변화가 있었을 것이다. 그러나 그렇지 못하다면 당신의 믿음을 의심해 보아야 한다. 그 약속들은 하나님께서 맹세하고 주의 손으로 인을 치신 것들이다. 하나님이 거짓말을 할 수 있으신가? 진리이신 하나님이 잘못일 수 있는가? 하나님께서 나에게 아첨하거나 당신을 속일 이유가 있는가? 하나님께서 이룰 수 없는 것들을 우리에게 약속하실 리가 없지 않은가? 지혜가 충만하시고 전능하시고 신실하신 하나님을 조금이라도 이런 식으로 여기지 마라. 우리가 기도할 때 얼마나 많은 약속이 이루어졌는가? 허위 약속이라면 하나님께서 약속을 이루어주실 리 없다.

그럼에도 불신으로 가득한 사람들은 하나님께서 약속하신 안식을 믿지 않으려고 한다. 하지만 귀와 모든 감각은 망상을 붙들 수 있으나 하나님의 약속은 허황할 수 없다. 사실은 우리의 눈으로 보는 것과 손으로 느낄 수 있는 것보다 하나님의 말씀에 기록된 약속들이 훨씬 더 확실하다. 이는 우리가 서 있는 곳이 지구이며 우리의 눈으로 보는 것은 태양인 것이 확실한 것처럼, 살아 계신 하나님의 약속은 더욱 확실하다. 만일 악한 불신앙이 우리의 마음에 임하는 것을 차단한다면 우리는 별들 저 너머 더 높은 곳의 거룩한 성에서 영원히 살게 될 것을 확신하게 될 것이다.

분별없는 가련한 세상에 대해

영원한 안식은 참으로 감미롭고 확실하다. 하지만 분별없는 세상에는 영원한 안식이 무슨 의미가 있겠는가? 그들은 자신이 무엇을 무시하고 있는지 모른다. 그들이 이 안식에 대해 듣기라도 했는가? 세상은 여전히 잠들어 있거나 죽어 있다. 그들이 그들 앞에 놓인 면류관을 안다면 저렇게 가만히 앉아서 사소한 것들을 따르겠는가? 분명한 것은 그들은 천국을 향해 급히 서둘러 가야 하는 인생길에서 양식 걱정을 너무 많이 하느라 정신이 나가 있다는 사실이다. 따라서 그들의 영원한 행복은 위태롭다. 그들에게 이성의 불꽃이 조금이라도 남아 있어 미쳐 있지 않다면 그들은 절대로 고생을 위해 자신들의 영원한 안식을 팔거나, 세상의 헛된 것들을 위해 그들의 영광을 팔거나, 죄악 된 쾌락을 위해 천국을 팔지는 않을 것이다.

사랑의 대상인 하늘의 안식에 대해

우리는 가장 열정적인 사랑을 가지고 하늘의 안식을 향해 더 가까이 나아가야 한다. 이 일은 가장 중요한 일이며 우리가 사랑할 만한 가치가 있다. 당신은 천국의 아름다움이 무엇을 제시하는지를 보라! 세상의 모든 아름다움이 이곳에서 하나로 연합되지 않는가? 이 아름다움에 비할 때 다른 아름다움은 불구에 지나지 않는다. 누군가가 당신을 설득해야만 당신은 이 아름다움을 좋아하겠는가? 당신의 눈이 맘껏 누릴 수 있는 향연Feast이 이곳에 있다. 누군가가 부탁을 해야 당신은 마지못해 이 향연을 즐기겠는가? 당신은 약간의 빛이라도 남아 있는 세상과 흙으로 만들어진 동물들을 사랑하지 않는가? 그렇다면 참으로 무한하게 사랑스러운 하나님과 그리스도와 하늘의 영광을 사랑할 수 있지 않겠는가?

당신은 친구가 당신을 사랑할 때 그 친구를 사랑할 수 있다. 그러면 당신을 향한 친구의 사랑이 그리스도의 사랑과 비교될 수 있는가? 당신을 위한 친구의 슬픔과 피 흘림은 당신의 슬픔과 피 흘림을 막지 못한다. 그러나 주님이 흘리신 눈물과 피는 당신의 모든 것을 치유하는 은혜를 가지고 있다. 이러한 주님의 사랑에 당신의 모든 애정을 쏟아부으라.

당신은 적합성을 사랑하는가? 그리스도보다 더 적합할 수 있는 사람이 있는가? 그분의 신성과 인성, 충만함과 자유로움, 자원하심과 변함없으심 등 이 모든 것은 우리의 가장 적합한 친구는 바로 그리스도임을 입증한다. 우리가 비참에 처할 때 긍휼보다 더 적합한 것이 무엇이겠는가? 우리가 죄와 부패 가운데 있을 때 우리의 죄를 해결하여 주고 우리의 명예와 완벽함을 부여하는 것보다 더 적합한 것이 있겠는가? 우리의 가장 적합한 곳으로 천국보다 더 나은 곳이 어디 있는가? 이 세상이 우리가 바라는 것과 잘 어울리는가? 당신은 이 세상의 고통을 충분히 맛보았는가? 혹시 당신은 유익을 좋아하며 가까운 관계를 사랑하는가? 그렇다면 천국보다 더 유익한 것이 어디에 있으며 천국보다 더 가까운 관계를 맺을 수 있는 곳이 어디에 있겠는가?

당신은 익숙함과 친밀함을 좋아하는가? 우리는 직접 눈으로 주를 뵌 적은 없어도, 그분의 목소리를 들었으며 그분에게서 혜택을 받았고 그분의 품 안에서 살았다. 주께서는 우리가 주를 알 수 있도록 가르치셨다. 주께서는 우리의 첫 번째 창문을 열어주셔서 하늘을 볼 수 있게 하셨다. 우리의 마음이 정신이 나가서 잊어버릴 때는 주께서 그 마음을 깨워주셨고, 우리의 마음이 강퍅하여지면 부드럽게 녹여주셨다. 완고할 때는 순복하게 하시고, 안일할 때는 어려움을 주셨다. 태평할 때는 부수시고, 낙망하였을 때는 다시 회복하게 하셨다. 우리가 은밀한 눈물과 한숨과 신음 가운데 있을 때는 주께서는 당장 모든 것을 제쳐놓고 우리를 찾아오셔서 위로하셨다. 이러한 주님을 당신은 잊어버렸는가? 그때 주님은 당신을 품에 안으시고 물으셨다. "불쌍한 영혼아, 무엇 때문에 그렇게 아파하느냐? 내가 그렇게 많이 울었는데 네가 왜 우느냐? 힘을 내어라. 네 상처는 너를 구원하기 위함이지 치명적인 것은 아니다. 내가 그 아픔을 허락했다면 너에게 해를 끼치려는 의도였겠느냐? 내가 너의 고통을 허락하지만, 네 생명이 멸망하는 것을 허락할 리 없다. 그렇지 않겠느냐?"

나는 지금도 주께서 내게 이렇게 말씀하시는 것을 듣는 듯하다. "가련한 죄인아! 너는 나를 불친절하게 대하며 나를 버렸을지라도 나는 여전히 네 곁에서 네게 친절을 베풀 것이다. 너는 나를 소홀히 여기고 나의 모든 자비를 무시하였을지라도 나와 나의 모든 자비는 여전히 너의 것이다. 네가 갖고 싶어 하면 내가 줄 수 있지 않겠느냐? 네가 원하는 것 중에 내가 줄 수 없는 것이 무엇이냐? 내가 가진 것 중에 네게 즐거움이 될 만한 것이라면 너는 뭐든 가질 수 있다. 용서인가? 나는 얼마든지 모든 죄의 빚을 용서하련다. 은혜와 평강인가? 너는 그 둘을 다 가질 수 있다. 나를 갖고 싶은가? 보라. 나는 네 것이며, 네 친구이며 네 주인이며 네 형제요, 네 남편이며 머리다. 아버지를 원하는가? 내가 너를 아버지께로 이끌면 너는 내 안에서 나를 통해 아버지를 만날 수 있다." 이러한 말씀은 주께서 나를 소생케 하기 위해 하셨던 말씀이다.

내가 주의 사랑을 의심할 때도 주께서는 압도적인 주장으로 나를 굴복하게 하셨다. "이 죄인아, 나는 나의 사랑을 입증하기 위해 그렇게 많이 행하였건만, 너는 아직 나를 의심하느냐? 내가 네게 내 자신과 사랑을 그렇게 오랫동안 제시하였거늘, 너는 여전히 네 것이 되고자 하는 나의 기꺼운 마음을 의심하려느냐? 내가 너를 사랑한다고 말하기 위해 얼마나 값비싼 대가를 치렀느냐? 너는 사랑에서 나오는 나의 쓰라린 고난을 믿지 않으려느냐? 내가 복음 안에서 내 자신을 너의 원수들에게는 사자로, 너에게는 양으로 나타났거늘, 너는 나의 양과 같은 본성을 무시하려느냐? 내가 너를 멸망하게 할 의도가 있었다면 왜 그렇게 많은 일을 하고 왜 그토록 고난을 받았겠느냐? 왜 내가 너를 쫓아다니며 인내를 가지고 간청하였겠느냐? 왜 너는 궁핍하다고 내게 불평하느냐? 내가 너와 나를 위해 뭐든 충분하게 갖고 있지 않느냐? 왜 자신의 자격 없음을 불평하느냐? 만일 네가 스스로 자격이 있다면, 네가 나와 관계하며 나를 소중히 여기지 않았겠느냐? 내가 한 번이라도 스스로 자격이 있고 의롭다고 믿는 사람을 초청하거나 구원한 적이 있느냐? 실제로 스스로 구원받을 자격이 되는 그러한 사람이 이 땅에 있느냐? 너는 아무것도 없으며 길을 잃었으며 비참하며 버림받았으며 아무런 가망이 없지 않느냐? 하지만 너는 내가 모든 것을 충족하게 하는 구세주인 사실을 믿지 않느냐? 그렇다면 나를 갖지 않겠느냐? 보라. 나는 네 것이라. 나를 취하라. 만일 네가 원하면 나는 네 것이다. 죄와 사탄도 이 끈을 끊지 못할 것이다." 이것은 주의 성령께서 복음으로부터 내게 말씀하셨던 복된 말씀이다. 나는 결국 주의 발 앞에 엎드려 크게 소리 질렀다. "내 구세주요, 나의 주여! 주께서는 나의 마음을 상하게도 하시며 소생하게도 하십니다. 당신은 언제나 이기시며 제 마음을 얻으십니다. 제 마음을 받으소서. 주의 것입니다. 만일 이러한 제 마음이 주를 즐겁게 할 수 있다면 이 마음을 받으소서. 그러나 그렇지 않다면 주께서 원하시는 대로 이 마음을 빚어주소서."

당신은 나처럼 그리스도와 함께 나누었던 감미롭던 친밀감을 기억하라. 익숙해야 사랑이 생기는 것이니 네 마음을 주께 드리라. 주는 병들었던 당신 곁에 서 계셨던 분이며, 당신의 고통을 누그러뜨리고 지친 당신에게 새 힘을 주고 당신의 두려움을 제거해주신 분이다. 주는 당신이 간절히 찾기만 하면 아무 때라도 당신에게 오실 준비가 되어 있으므로 개인적으로든 공적으로든 당신을 만나주신다. 주님은 예배 가운데 당신을 찾아오시며 당신의 집에, 은밀한 기도 방에, 일터에, 밤에 깨어 있을 때, 가장 깊은 위험에 처했을 때 언제나 찾아오신다.

만일 관대함과 긍휼함이 사랑을 끈다면 나는 무한하게 주님을 사랑할 수밖에 없다. 내 인생을 가득 채운 모든 자비, 내가 살았던 모든 장소, 내가 대화를 나누며 교제했던 모든 모임과 사람, 모든 나의 직업과 관계, 내가 처했던 모든 상황, 나의 모든 변화 등 이 모든 것은 주의 샘이 선함으로 차고 넘치는 것을 말해준다. "주님, 제가 주께 얼마나 큰 사랑의 빚을 졌는지요! 또한 나의 빚은 얼마나 계속 증가만 하는지요!

제가 어떻게 주께서 제게 베푸신 그렇게 큰 사랑을 사랑으로 보답할 수 있겠는지요? 그러나 저는 감히 주께 보답할 것을 엄두도 내지 못하며 저를 향하신 주의 모든 사랑에 보상할 생각조차 할 수 없습니다. 제가 가진 먼지로 어찌 주의 금광을 보답하겠으며, 어찌 주의 변함없는 관대함을 보답하겠노라고 실낱같은 소망이라도 가져 보겠습니까? 제 것은 아무것도 아니며 또한 실제로 제 것도 아니지만, 주님의 것은 무한하며 모든 것이 주님의 것입니다. 어찌 감히 제가 주의 사랑을 제 사랑으로 경쟁하겠으며, 태양 같은 사랑 앞에서 잠깐 빌려 온 촛불의 사랑을 그 앞에 두겠습니까? 제가 사랑 그 자체처럼 높고 깊고 넓고 길게 사랑할 수 있겠습니까? 나는 주께서 나를 만드신 만큼, 사랑하게 하신 만큼, 제가 가진 소량만큼 사랑하며 줄 수 있을 뿐입니다. 나는 능력에서도 세상을 창조하시고 보존하시고 다스리시는 주의 능력에 비할 수 없으며 사랑에서도 더욱 주와 경쟁할 수 없습니다. 오, 주님, 저는 항복합니다. 졌습니다."

우리는 계속 승리하며 나아가야 한다. 사랑 안에서 이기며 승리해야 한다. 사랑의 포로가 된 자마다 승리를 선포할 것이다. 그 사랑이 우리를 승리 가운데 땅에서 하늘로 인도할 것이며, 죽음에서 생명으로, 심판받는 자리에서 하늘 보좌로 이끌 것이다. 나와 당신은 우리를 바라보는 모든 존재에게 사랑으로 이기고 그 모든 존재에게 "보라, 주께서 나를 어떻게 사랑하셨는지 보라!"고 고백하게 할 것이다.

"나는 주의 사랑에 굴복하며 주를 사랑하렵니다. 당신과 경쟁하며 사랑하는 것이 아니라 당신이 사랑으로 값 주고 사신 노예로서 사랑하렵니다. 제가 주께서 저를 사랑하시는 분량만큼 주를 사랑할 수 없다고 해서 주를 전혀 사랑하지 않을 수는 없습니다. 제가 제 자신과 친구들을 향해 갖는 사랑의 느낌으로라도 주를 향해 '당신을 사랑합니다' 라고 말할 수 있으면 좋겠습니다. 사도처럼 '제가 주를 사랑하는 줄을 주께서 아십니다'라고 말하지는 못하더라도 '주를 사랑하고 싶어 하는 이 마음을 주께서 아십니다'라고 말할 수 있기를 바랍니다. 나는 당신을 사랑하지 않는 제 마음에 화가 납니다. 고쳐지지 않은 이 마음을 꾸짖습니다. 제 마음과 따져서 설득은 할 수 있어도 제힘으로 주를 향한 사랑으로 타오르게는 할 수는 없습니다. 예배와 기도, 묵상 등을 사용하여 나의 마음을 비벼 따뜻하게 해보려고 하지만, 여전히 제 안은 냉랭합니다."

만일 당신이 주님의 사랑을 받아들이지 않고 있다면, 지금부터라도 주님과 사랑을 시작하라. 지금 주님과 '사랑으로 병이 들라.' 그러면 당신은 그곳에서 사랑으로 건강하게 잘 지내게 될 것이다. 이제 하나님의 사랑 가운데 거하며 '사망이나 생명이나 다른 아무것이라도 하나님의 사랑에서 끊지 못하게 하라.' 그러면 당신은 영원한 사랑의 충만함 가운데 머물게 될 것이며 그 무엇도 당신의 즐거움을 쓰리게 하거나 약하게 하지 못할 것이다. 그 이유는 주께서 주의 택한 자들과 사랑의 대화를 나누기 위해 사랑의 도성을 예비하셨고 주의 이름을 사랑하는 자들이 그곳에 거하도록 하셨기 때문이다.

기쁨에 대해

나의 영혼아, 깨어라! 은혜의 빛 아래에서 잠이 드는 것도 합당치 않는데, 영광의 빛이 다가올 때는 더욱 합당치 않구나. 나의 둔하고 굳은 영아! 앞으로 나아오라. 주께서 너에게 "기뻐하고 기뻐하라"고 명하신다. 너는 충분히 오랫동안 내 육체의 감옥에 갇혀 있었다. 그때 사탄이 네 간수였고 너는 염려의 철창에 갇혀 있었으며 두려움의 채찍이 너를 때렸고, 고통이 너의 음료이며 양식이었다. 슬픔이 너의 처소였으며, 네 죄와 원수는 네 침상이었고, 불신하는 마음은 너를 가두는 문이며 빗장이었다. 이제 언약의 천사가 너를 불러 "일어나 나를 따르라"고 명한다. 오, 나의 영혼아! 기분 좋게 순종하라. 너의 사슬과 빗장이 활짝 열릴 것이다. 어린양이 어디로 가시든 따라가라. 그러한 인도자를 따르는데 무슨 두려움이 있겠느냐? 너를 죽음으로부터 구원하신 주께서 너를 죽음으로 인도하시겠느냐? 주를 따르라. 주께서 네게 새 예루살렘을 보여주실 것이며 생명나무를 맛보게 하실 것이다. 앞으로 나아오라.

나의 축 늘어진 영혼아! 이제 봄이 왔으니 너의 겨울옷을 벗어 던지고 기쁨과 찬양의 옷을 입어라. 이제 너의 위로가 푸른 것을 보니 이제 얼마 후에 그 위로들이 희어져 추수를 기다리겠구나. 그 후 너는 추수하라는 부르심을 받고 위로의 알곡을 모아 소유하게 될 것이다. 그렇다면 그때까지 하늘의 기쁨을 누리기를 연기하고 중지하여야 하겠는가? 봄의 즐거움은 추수의 즐거움보다 앞서 가야 하지 않는가? 소유하기 전에 있는 소유권이 아무런 의미가 없는가? 상속자의 신분이 종의 신분보다 나은 것이 있지 않은가? 주께서는 내게 주의 영광의 소망 가운데 기뻐하라고 가르치시며 감옥의 창살 틈으로 그 영광을 어떻게 보는지 알려주셨다. 내가 의로 말마암아 박해를 받을 때는 주께서 "기뻐하고 즐거워하라. 하늘에서 너희의 상이 큼이라"마태복음 5:12고 알려주셨다.

나는 주께서 나의 슬픔보다 나의 기쁨을 지극히 크게 하실 것을 안다. 주께서 겸손한 자와 회개하는 자를 즐거워하신 것처럼, 주께서는 주 안에서 즐거워하는 영혼 안에서 더욱 즐거워하신다. 주께서 광야에서 내게 식탁을 마련해주시고 영원한 영광의 약속으로 그 식탁을 채우시며 천사의 음식을 내 앞에 두셨다. 주께서는 자주 간절하게 내게 그 자리에 함께 앉아 맘껏 들자고 하셨다. 주님은 이러한 목적으로 내게 이성과 믿음을 주시고 천국을 기뻐할 수 있는 기능을 주셨다. 그렇다면 주께서 나의 기쁨을 못마땅하실 가능성이 있을 수 있는가? "주 안에서 기뻐하라"빌립보서 4:4는 명령은 주의 명령이 아니던가? 주께서는 "또 여호와를 기뻐하라 그가 네 마음의 소원을 네게 이루어 주시리로다"시편 37:4라고 약속하지 않으셨던가? 당신은 "항상 기뻐하라"데살로니가전서 5:16고 권면을 받았으며 "기쁘게 노래하며 즐거이 소리치라"시편 81:1는 부탁을 받았다. 그렇다면 왜 나는 실망하는가? 내가 기뻐하고자 하면 하나님은 얼마든지 기쁨을 주신다. 주께서는 내가 즐거워할 때 즐거워하신다. 주께서는 내가 묵상 가운데 주께 가까이 갈 때, 주의 선함을 감미롭게 생각하며 살아갈 때 온종일 기쁨을 주실 것이다.

"나의 주님, 당신께서 잔치를 벌이셔도 제 입맛이 없으면 아무것도 아닙니다. 주께서 제 앞에 하늘의 진미를 차리셨습니다. 그러나 저는 눈먼 장님이라 그 진미들을 볼 수 없습니다. 나는 병들었기 때문에 그 맛을 알 수 없습니다. 나는 몸이 마비되어 있어서 그것을 잡기 위해 손을 내밀 수 없습니다. 그러므로 겸손히 은혜를 구하오니, 주의 말씀 안에서 하늘을 열어 주시고 그것을 볼 수 있도록 제 눈을 열어주소서. 그렇지 않으면 천국이라도 제게는 천국이 아닐 것입니다. 오, 생명의 성령이시여! 당신의 은혜를 제 안에 불어넣어 주소서. 제 손을 붙들고 이 땅에서 나를 올리셔서 저로 하여금 주께서 주를 사랑하는 자들을 위해 마련하신 영광이 무엇인지 보게 하소서."

영혼을 괴롭히는 염려와 두려움과 가슴을 속상하게 하는 슬픔이여 떠나거라! 적어도 잠시만이라도 참고 멈추어 서 있으라. 내가 위로 올라가 나의 안식을 볼 때까지 여기 저 아래 머물러 있으라. 위로 올라가는 길은 내게 낯설지만, 그리스도께는 낯설지 않다. 그곳은 주의 영광스러운 신성이 영원히 머물던 곳이며, 주께서는 그곳으로 주의 영광스럽게 된 몸을 가지고 가셨다. 그 안식은 주께서 수고하셔서 사신 것이고, 주께서는 그 안식을 나를 위해 마련하시고 나를 그 안식으로 인도하신다. 우리의 영원하신 하나님은 내게 약속을 주시며 맹세함으로 인을 쳐 주셨다. 그리스도를 믿어라. 그리하면 멸망하지 않고 영생을 얻을 것이다 요한복음 3:16. 나의 영혼은 그곳으로 신속하게 옮길 것이며 내 몸도 곧 따라갈 것이다. 나는 나의 입으로 내가 이제 곧 틀림없이 하나님과 함께 살게 될 것이라고 말한다. 이때 내 가슴은 여전히 두근거리지 않을 수 있을까? 믿음으로 그 사실을 말하면서 내 맘으로는 기뻐하지 않는 것이 가능할까?

아, 믿음이여! 나는 지금 너의 연약함을 얼마나 예민하게 감지할 수 있는지! 불신이 나의 빛을 어둡게 하고, 나의 삶을 무디게 만들고, 나의 기쁨을 짓누르는구나. 그럼에도 불신이 나를 정복하거나 파괴할 수는 없을 것이다. 불신이 나의 모든 위로를 시기하더라도 나는 여전히 이 땅에서 얼마간의 위로를 받을 것이다. 만일 불신이 방해하지 않는다면 나는 얼마나 풍성한 하늘의 위로를 이 땅에서도 누리겠는가? 하늘의 빛은 나의 마음속에 비칠 것이며 나는 이 땅처럼 그곳에 대해 거의 익숙하여질 것이다. 그렇다면 내 영혼아, 벗어나라. 무지한 불신앙이 하는 말에 네 귀를 닫아라. 너는 모든 불신앙의 주장에 답변할 수 있다. 그러나 그럴 수 없더라도 네 발아래 불신앙의 주장들을 밟아 버리라. 불신앙에서 멀리 벗어나라. 서서 무덤을 돌아보거나 죽은 무덤을 파헤치지 말며 이제는 흙 속에 있는 네 교훈을 읽지 마라. 그 교훈들은 곧 씻겨 사라질 것이다. 네 머리를 들고 하늘을 보라. "죽임을 당한 어린양의 생명책"요한계시록 13:8에 네 이름이 금으로 된 글자로 적혀 있는 것을 보라.

만일 천사가 네게 말하길 하늘 위에 큰 저택이 마련되어 있으며 틀림없이 그 저택은 영원토록 네 것이라고 하면 그러한 메시지는 네게 기쁨을 주지 않겠느냐? 너는 성령과 하나님의 아들에 의해 전달된 오류 없는 약속의 말씀을 가볍게 여기려는가? 너를 위해 불수레가 와서 엘리야처럼 너를 하늘로 데려간다면 너는 기쁘지 않겠느냐? 주께서는 네게 당신에게 나사로의 영혼이 천사들의 호위를 받고 아브라함의 품으로 이끌려 간다는 사실을 분명하게 말씀하신다.

이 땅에서도 부모와 가까운 사랑하는 친구들을 사랑하며 함께할 때 즐거움이 있다. 특히 나의 온 맘을 다 쏟은 친구를 사랑할 때 얼마나 즐거운가? 그렇다면 오, 하나님과 영원한 사랑 안에서 살아갈 때의 기쁨은 어떠하겠는가? "보라 형제가 연합하여 동거함이 어찌 그리 선하고 아름다운고"시편 133:1. 사랑 안에 거하는 가족을 보는 것은 얼마나 즐거운 일인가? 남편과 아내가 사랑하고, 부모와 자녀가 사랑하며, 종들과 주인이 서로 사랑 가운데 행하는 모습은 얼마나 행복하고 즐거운가? 가족 모두가 사랑 그 자체이신 주의 사랑 안에서 살 때 얼마나 복되겠는가?

비천한 피조물의 작품을 보고 연구하는 것도 즐거움이 된다. 우리가 거하는 이 세상은 아름다운 구조로 되어 있다. 그 바닥은 풀과 꽃과 나무로 옷을 입고 샘과 강으로 물을 적시며, 그 지붕은 넓게 펼쳐져서 너무나 감탄스러울 정도로 아름답게 장식되어 있다. 태양과 달과 별들, 그리고 바다와 바람은 얼마나 놀라운 기이함을 담고 있는가? 그러나 새 예루살렘의 영광은 이 땅의 현재의 모든 영광보다 더 뛰어나다.

자, 내 영혼아 묵상 가운데 일어나라! 세상의 뛰어난 것들을 생각할 때의 감미로움보다 천국의 영광을 생각하며 훨씬 더 지극한 감미로움을 맛보도록 하라. 이 몸과 세상을 떠나는 것을 두려워 말고 죽음의 그 순간을 행복하게 여기라. 어떤 사람이 죽어가며 말한 것처럼 말하라. "자연을 살피는 가운데 하나님의 위엄에 감탄하였고 그분의 선하심을 찬미하였으며 믿음으로 그분을 주로 여기고 바라며 구하여왔다. 이제 시간이 되어 전능하신 주 하나님을 얼굴과 얼굴로 대할 수 있게 되었으니 기뻐 떨 정도로 참으로 즐겁구나."

오, 내 영혼아! 네게 주의 말씀들은 얼마나 감미로웠던가? 기도와 감사 가운데 천국의 설교를 들을 때, 성도의 교제 가운데 "주께서 구원받는 사람을 날마다 더하게 하실 때"사도행전 2:47 너는 얼마나 즐거웠던가? 이러한 교회들이 마지막까지 참고 그날에 다 함께 모이면 어떠할까? 눈물의 골짜기에서 시온 산으로 올라간 교회는 얼마나 귀할까? 더 이상 죄와 아픔이 없는 교회는 어떠한 것일까? 옛 예루살렘의 영광은 새 예루살렘의 영광에 비할 때 어둠이며 불구일 것이다. 천국의 성전이 얼마나 아름다운지를 보며 동시에 이 땅의 교회의 비천함을 기억할 그때 우리는 얼마나 기쁨 가운데 소리치겠는가?

하늘의 기쁨을 잃어 한탄하는 마음에 대해

나는 묵상 가운데 어쩔 줄 모르고 난처해한다. 나는 묵상하는 내내 내 마음을 다했다고 생각했는데 그렇지 않은 것을 발견한다. 거기에는 감정이 없는 허망한 생각과 말뿐인 삶이 있다. 하나님도 나도 그러한 삶을 기뻐하지 않을 것이다. 가치 없는 마음아! 내가 영원한 보화들을 네게 보여주고 있을 때 너는 어디에 있었느냐? 주께서 네게 천사들의 즐거움을 제시하는 때에 너는 불편한 삶에 대해 그토록 불평하고, 너의 슬픔 때문에 하나님을 비난하며 그 즐거움을 헛되게 하였으니 참으로 부끄럽구나! 네가 나를 잘 따라왔다면 지금 너는 생기를 얻어 기쁨으로 뛰놀며 네 고통과 슬픔을 잊었을 텐데 지금 보니 그렇지 않구나. 나는 내 마음이 하늘의 즐거움을 누리기에 그렇게 많이 퇴보했다고 생각하지 못했다.

소망의 대상인 하늘의 안식에 대해

"주여, 주께서는 천국에 나의 완전한 기쁨을 예비하셨습니다. 그러므로 제가 그 기쁨을 소유하는 그날까지 그 기쁨을 바라게 도우소서. 제가 바랄 수 없을 때는 바라게 하시고, 바랄 때는 기뻐하게 하소서."

오, 나의 영혼아! 너는 슬픔 가운데서 네가 아직 안식에 도착하지 않았음을 알라. 안전하고 조용한 항구에 도착해야 더는 폭풍과 풍랑과 위험이 없다. 언제 피곤하고 힘든 이 밤과 낮에서 자유로워지겠는가? 그날이 되면 더는 나의 삶에 소망과 두려움, 기쁨과 슬픔, 내 안의 정욕과 성령, 믿음과 불신, 겸손과 교만이 계속 다투는 일이 없을 것이다.

아! 이곳에 서서 보니 교회와 그리스도의 대의가 세상 가운데 흔들리며 사적인 영달과 허황한 것들에게 굴복하는 것을 본다. 그러나 저곳 하늘의 예루살렘에는 이러한 무질서가 없구나. 나는 그곳에서 완벽한 영들이 조화로운 연주를 통해 그들의 영원한 왕께 찬양하는 것을 본다. 이 소란스러운 세상에서 장군이 되는 것보다 그곳 새 예루살렘의 문지기가 되는 것이 훨씬 낫다. 나는 왜 이러한 이 땅의 피곤함을 지겨워하지 않는가? 왜 나는 영원한 안식의 장소를 그렇게 자주 잊는 것일까? 오, 내 영혼아! 그날이 될 때까지 가장 고취된 가운데 가장 열정적인 바람을 갖도록 하라! 이 육체가 너와 함께 바랄 것이라고 착각하여 천국을 바라는 일을 멈추는 일이 없도록 하라. 감각이 너의 복된 대상을 깨달을 것이라고 기대하지 마라. 감각이 네게 언제 무엇을 바라야 하는지를 말해 줄 것이라고 기대하지 마라.

네가 영원한 안식을 바라는데 굳어 있다면 이는 가장 무서운 배은망덕이며 가장 큰 어리석음이다. 주께서 그렇게 값비싼 대가를 치르고 너의 안식을 마련해주셨는데 너는 그것을 우습게 여기려느냐? 주께서 너처럼 천한 영혼을 위해 그토록 찬란한 저택을 준비하시기 위해 앞서 가셨는데, 너는 그 저택을 싫어하고 또한 그곳에 가기를 싫어하는구나. 영광의 주께서 너와 동행하기를 그렇게 바라시는 데 너는 주를 바라지 않는구나. 네게 기꺼이 하나님과 동행하고 싶은 마음이 들려면 반드시 그전에 이 땅이 지옥이 되어야만 하겠느냐? 가장 아름다운 피조물들을 바라보며 무엇이 가장 바람직한 상태인지를 생각해보라. 네가 하나님과 함께하지 않는다면 너는 어디에 있으려는가? 가난은 짐이고, 부귀는 덫이다. 병이 든 때는 유쾌하지 않았고 건강해도 안전하지 않다. 위압하는 세상은 너의 발뒤꿈치를 상하게 하고, 미소 짓는 세상은 네 가슴에 독침을 놓는다. 세상을 사랑하며 즐거워할수록 더 아프고 위험하다.

만일 세상이 사랑스럽지 않다면 왜 세상을 바라야 하는가? 만일 네가 세상에서 칭송을 받으면 너는 어느새 독감에 걸려 쓰러지고, 만일 욕을 먹고 버려지면 너는 세상을 사랑하지 않게 될 것이다. 만일 너의 일이 성공하고 네 친구가 하나님과 함께하는 생명보다 더 귀해지면 그 때가 하나님께서 그것들을 네게서 취하시는 때다. 네 연구가 달콤하였어도 쓰라림도 있었다. 또한 기껏해야 그 연구는 네가 진리의 영원한 하나님을 뵐 때 아무것도 아닌 것이 될 것이다. 친구들이 네 즐거움이었지만, 또한 네 슬픔이며 괴로움이었다. 그들은 은혜롭지만, 또한 죄악 되지 않던가? 그들은 친절하지만, 어느새 삐치지 않던가? 그들은 겸손하지만, 어떤 때는 얼마나 교만하던가? 그들의 미덕은 감미롭고 그들의 재능은 도움이 되지만, 그들의 부패는 네게 쓰라림이 되고 그들의 불완전함은 아픔을 주지 않던가? 그런데 너는 그들로부터 네 하나님께로 가는 것을 참으로 싫어하는구나!

오, 내 영혼아! 슬픔의 세상을 넘어 저 하늘을 바라보라! 너는 오랫동안 뼈아픈 고통의 회초리를 맞았어도 깨달음이 더 나아지지 않는구나! 모든 매는 너를 이 세상에서 그곳으로 몰아가는 것이 아니겠느냐? 그 목소리는 마치 엘리야에게 들린 "네가 여기서 무엇을 하느냐"라는 소리가 아니던가? 너는 "세상에서는 너희가 환난을 당하나, 내 안에서 너희는 평안을 누리리라" 요한복음 16:33는 주의 예언을 잊었는가?

"아, 나의 사랑하는 주님, 저는 주의 뜻이 무엇인지 느낍니다. 주의 뜻이 이제 제 육체에 쓰여 있고, 제 뼈에 새겨져 있습니다. 주께서 목표하시는 것은 제 마음입니다. 주의 막대기는 저를 모시며, 주의 비단으로 만드신 사랑의 띠는 저를 끌어당깁니다. 그리고 모든 것이 제 마음을 주께로 이끕니다. 주님, 제 마음이 주께서 받으실만한 자격이 되는지요? 제 마음을 가치 있게 만드소서. 그리하면 제 마음은 주의 것입니다. 제 마음을 취하시며 저를 취하소서. 이 흙덩이가 생명이 있어서 움직이기는 하지만, 일어나지는 못하고 있습니다. 연약한 어린아이가 자상한 어머니에게 하듯, 제 마음이 주를 바라며 주께서 제 마음을 취하기를 바라시기에 제 팔을 내밉니다. '제 영혼이 주를 바랍니다'라고 말할 수는 없어도 '저는 그러한 바라는 마음을 갈망합니다'라고는 말할 수 있습니다."

"마음에는 원이로되 육신이 약하도다"마태복음 26:41. 제 영이 외칩니다. "주의 나라가 임하소서. 제가 주의 나라에 들어가겠습니다. 그러나 육체는 주께서 제 기도를 들으시고 제 말대로 하실까 두려워합니다." 오, 복된 주의 은혜여! "주는 저의 부패를 이용하여 그 부패를 제거하십니다. 저는 저의 두려움을 두려워하고 저의 슬픔 때문에 슬퍼하며 천국을 더 바라기를 바랍니다." 이처럼 나의 바람을 얻게 되는데 사용되는 고통스러운 수단은 나를 더 힘들게 하지만, 또한 나로 하여금 안식에 이르기를 더욱 신음하게 한다.

"주님, 참으로 제 영혼 자체는 역경 가운데 있습니다. 저는 무엇을 택하여야 할지 모르지만, 주님은 무엇을 주셔야 하는지 아십니다. '차라리 세상을 떠나서 그리스도와 함께 있는 것이 훨씬 더 좋은 일이라'빌립보서 1:23. 그러나 '육체 안에 거하는 것'이 아직 필요해 보입니다. 주께서는 제가 주의 일에 싫증이 난 것이 아니라 슬픔과 죄에 싫증이 나 있는 것을 아십니다. 주께서 제 손에 주의 일을 맡기시고 급하게 보내시는 한 저는 이곳에 머무를 것입니다. 그러나 주께 간구하는 바는 이 일이 마친 후에는 더는 이곳에 머물지 않게 하소서. 그러나 이곳에 있어야 하면 저를 계속 이곳에 있게 하시며 고쳐주시고 위로 오르게 하소서. 계속 제가 나아져서 최고의 때에 있을 때 저를 취하소서. 저는 감히 제 인내함을 포기하고 주께 제 생을 단축하게 해달라고 강요할 수 없습니다. 아직 제가 준비되지 않은 때에 저를 낚아채지 마소서. 제가 알기는 제 영원한 상태는 이 땅에서의 생명이 얼마나 발전되어 있는지에 달렸기 때문입니다."

"그러나 나의 일이 다 마치면 이곳에 더 머물지 않으렵니다. 나의 형제들은 승리를 얻고 있으니 제가 이곳에 남아 계속 죄를 짓지 않으렵니다. 하늘의 별들은 영광의 궁창에서 반짝이는데 주의 발걸음 소리는 이 벌레에게 멍을 만들지 않겠습니까? 그러나 저도 그들처럼 똑같이 당신의 자녀입니다. 그리스도께서 그들의 머리 되심 같이 제 머리이십니다. 그렇다면 왜 그곳은 그렇게 멉니까? 하지만 저는 주의 길은 공평하다는 것을 인정합니다. 우리는 모두 주의 자녀라도 아직 저는 탕자이기에 하늘나라에 더 적합하게 될 때까지 이 땅의 쥐엄 열매를 먹는 것이 맞을 것입니다. 그들은 지금 언제나 주와 함께 거하지만, 그들도 한때 저와 같은 상황이었으니 저도 이제 곧 그들의 상황이 될 것입니다. 그들도 최고 높은 곳에 가기 전에 가장 비천한 형태로 있었으며, 다스리는 자리에 가기 전에 고난을 당했습니다. 그들은 '큰 환난에서 나와서 당신의 보좌 앞에 있습니다' 요한계시록 7:14~15. 따라서 저도 그들처럼 저의 면류관에 이를 때 만족하겠지만, 주의 왕국에서 그들과 함께 앉기 전에 그들의 잔을 마실 것입니다."

"주님, 저는 주의 정한 시간까지 머무는 것과 주의 길을 가는 것에 만족합니다. 그러므로 주께서 주의 때에 저를 영화롭게 하시고, 제가 무르익은 것을 보실 때에 저를 주의 곳간으로 데려가소서. 그동안 저는 불평하지 않고 바랄 것이며 믿고 소망할 것이고, 죄악 된 마음으로 서두르지 않을 것입니다. 저는 주를 기다릴 것이며 주를 잃지 않을 것입니다. 주께서 제가 주 없이도 만족하는 것을 보시면 저의 축 처진 열망을 새롭게 하시며 꺼져가는 주의 사랑의 불꽃을 불어 일으키소서.

심지어 저를 친히 간섭하셔서 제가 진심으로 '하나님이여 사슴이 시냇물을 찾기에 갈급함 같이 내 영혼이 주를 찾기에 갈급하니이다. 내 영혼이 하나님 곧 살아 계시는 하나님을 갈망하나니 내가 어느 때에 나아가서 하나님의 얼굴을 뵈올까? 나의 친교는 하늘에 있습니다. 거기로부터 구세주를 기다립니다. 나의 마음은 위의 것에 있으니 거기는 그리스도께서 앉아 계시며 나의 생명이 감추어져 있습니다. 나는 믿음으로 행하고 보는 것으로 행하지 않습니다. 나는 차라리 몸을 떠나 주와 함께 있기를 원합니다' 시편 42:1~2, 빌립보서 3:20, 골로새서 3:1~2, 고린도후서 5:7~8라고 외치게 하소서."

"제가 이 헛된 세상에 무슨 관심이 있겠습니까? 세상 안에 있는 모든 사랑스럽게 보이는 것들이란 주님을 향한 제 소망을 유혹하여 흔들 뿐입니다. 또는 저로 하여금 위로 오르는 것을 싫어하게 할 뿐입니다. 제가 세심한 눈으로 세상을 바라보니 그것은 황량한 광야이며 그 안에 거하는 많은 사람은 길들지 않은 괴물입니다. 이제 제 눈에는 그 모든 아름다움이 불구로 보이고, 그 모든 쾌락은 회개의 눈물에 잠겨야 하는 것으로 보입니다. 또한 단 한숨의 바람이 그 모든 것을 흩어버릴 것입니다. 오, 이 육체가 내 영혼을 꾀어 주 앞에 놓인 즐거움보다 이 피곤한 생을 더 좋아하도록 하지 못하게 하소서. 죽음 그 자체는 본성상 반가운 것은 아니지만, 주의 은혜로 저로 하여금 주의 영광을 보게 하셔서 공포의 왕을 제 기쁨의 심부름꾼으로 맞이하게 하소서. 제 영혼이 폭력에 의해 강제로 몸에서 빠지는 일이 없게 하시고 제 뜻에 어긋나게 그 거처를 잃는 일이 없게 하소서. 그러나 주의 사랑의 신비한 능력으로 제 영혼을 주께로 이끄시며 봄의 햇살이 겨울 감옥에서 피조물들을 나오게 하듯, 제 영혼이 몸에서 나오게 하소서. 주께서 중간까지 마중 나오셔서 자석이 철을 끌어당기듯, 큰 불꽃이 작은 불꽃을 사로잡듯 제 영혼을 사로잡아 신속히 이끄소서. 그러므로 주의 사랑을 보이지 않게 가리는 구름을 흩어주시며, 주를 바라보는 것을 막는 제 눈의 비늘을 제거해주소서. 다른 것이 아닌 주의 얼굴에서 나오는 광선과 주의 위대한 구원을 미리 맛봄으로 말미암아 제 영혼이 거짓 없이 '주여, 이제 종을 평안히 놓아 주소서' 누가복음 2:29라고 말하게 하소서."

"그러나 평소에 발견한 것들만으로는 죽음의 때에 충분하지 않을 것입니다. 죽음이 어려울수록 주의 도움이 더욱 필요합니다. 오, 이 두려움을 강한 소망으로 바꾸소서. 죽기를 싫어하는 마음을 죽기를 바라는 마음으로 변화하게 하여 주소서! 제가 주님과 함께하지 않는다면 그동안 내내 건강을 잃은 몸이 신음하듯, 제 영혼이 가슴 깊이 신음하게 하소서! 만일 제게 이 땅에서 보낼 시간이 더 있다면, 제가 한때 주님 없이 세상에서 살았던 것처럼, 이제 남은 생을 당신 안에서 세상이 없는 듯 살게 하소서! 제가 기억해야 할 것이 있어도 주를 잊는 일이 없게 하시고, 혀를 움직여야 한다면 즐거움으로 주를 언급하게 하소서. 제게 호흡이 있는 동안 오직 주를 앙망하며 주를 위해 호흡하게 하소서. 무릎을 꿇을 수 있는 동안 매일 주의 발등상 아래 엎드리게 하소서. 주께서 저를 질병으로 가두실 때는 제 침상을 만드시고 나의 고통을 헤아리시며 나의 눈물을 주의 병Bottle에 담으소서."

"내 육체가 내 영이 싫어하는 것을 바라듯, 이제 나의 영은 나의 육체가 싫어하는 그날을 바라옵니다. 혹시 나의 친구들은 심한 눈물로 제 영혼을 떠나보내는 것을 바라지 않을지라도 제 영혼은 떠나기를 바라옵니다. 물론 끝이 없는 영광으로 옮겨지겠지만, 그때 '저로 하여금 의인의 죽음을 죽게 하시며 저의 종말이 주님과 같기를 원합니다' 민수기

23:10. 호위하는 천사들이 저의 떠나는 영혼을 인도하여 완벽하게 된 의로운 영들 가운데로 있게 하시며, 제가 저보다 먼저 그리스도 안에서 죽은 나의 가장 가까운 친구들을 따라가도록 허락하소서. 나의 슬픔에 찬 친구들이 나의 무덤에서 우는 동안 내 영은 주와 함께 안식에 들어가게 하소서. 나의 몸이 땅에 누워 썩는 동안 나의 영혼은 빛 가운데 있는 성도들의 기업을 받게 하소서! 오, 나의 머리카락까지 다 세시는 주님, 나의 몸이 흙 가운데 놓여 있는 모든 날을 세소서. 주의 책에 나의 모든 지체를 기록해 두신 주님! 나의 흩어진 뼈들도 기록하여 두소서!"

"오, 나의 구세주여. 주의 재림을 재촉하소서. 주의 천사들을 보내셔서 나팔을 불게 하소서. 그 나팔 소리는 두렵지만, 기쁨에 찬 소리일 것입니다. 살아 있는 자들이 그들의 소망을 포기하지 않도록 주의 재림을 지체하지 마소서. 땅이 지옥처럼 되기 전에 오소서. 교회가 분열되어 먼지처럼 부서지기 전에 오소서. 주의 원수들이 주의 양 떼를 사로잡기 전에 오소서. 교만한 자들과 위선자들과 정욕적인 자들과 불신하는 자들이 소수 남은 성도들을 장악할 때까지 지체하는 일이 없도록 하소서. 악인들이 주의 모든 유업을 누리는 일이 없도록 하소서. 주여, 주께서 이 땅에 믿음이 있는 자를 찾아볼 수 없는 그때까지 지체치 마소서. 오, 주여, 무덤이 승리한 것으로 착각하여 자랑하지 못하도록 하시며, 주를 거역한 자들이 손님을 맞이하여 주께 마땅한 경외를 거부하자고 제안할 때까지 그렇게 오래 지체하는 일이 없게 하소서."

"오, 그 위대한 부활의 날을 재촉하소서. 그날에 온 우주가 주의 명령에 순종할 것이니, 바다와 땅은 그들의 포로들을 내놓을 것이며 무덤에 잠든 자들은 깨어날 것이고 그리스도 안에서 죽은 자들은 먼저 일어날 것입니다. 그때는 주께서 심으셨던 썩을 씨가 썩지 않을 것을 낼 것이며, 부패와 먼지를 받았던 무덤들이 주께 찬란한 별들과 태양을 돌려 드릴 것입니다. 그러므로 감히 저는 제 몸을 흙 가운데 내려놓으며 무덤이 아니라 주님께 제 몸을 의탁합니다. 그러므로 주께서 그 몸을 일으켜 세우셔서 영원한 안식을 소유하게 하실 그날까지 제 몸이 소망 가운데 잠들게 하소서. '주여, 돌아오소서. 언제까지니이까? 오, 주님의 나라여 임하소서' 시편 90:13. 주의 외로운 신부가 말합니다. '오소서.' 신부 안에 계신 주의 성령이 말합니다. '오소서.' 그러므로 신부에게 '말할 수 없는 탄식으로 기도하도록' 가르치소서. 그렇습니다. 모든 피조물이 말합니다. '오소서. 이 썩어짐의 종노릇하는 데서 해방되어 하나님의 아들들의 영광의 자유에 이르기를 원합니다' 로마서 8:21. 주께서 친히 '내가 진실로 속히 오리라'고 말씀하셨으니, '아멘 주 예수여, 오시옵소서' 요한계시록 22:20."

하나님과 동행하며 영원한 샘으로부터 위로를 길어오라

나는 당신에게 천국의 대화를 유지하기 위한 나의 최선의 권면을 제시했다. 만일 당신이 내가 알려준 방법으로 충분하게 묵상할 수 없다면, 당신이 할 수 있는 최선을 다해보라. 단지 묵상할 때 반드시 진지하게 하고 자주 하라. 이 천국에 대한 묵상에 친숙해지도록 하라. 그러면 어느새 하나님과 친숙하게 될 것이다. 당신의 묵상의 대상들은 복된 것이기 때문에 그 속성에 따라 당신의 기쁨도 영적이며 효력이 강하며 오래갈 것이다. 당신은 죽으나 사나 평안을 누릴 것이다. 당신이 가난하며 건강하지 않더라도, 이 세상의 즐거움이 없더라도 당신은 여전히 위로를 받을 것이다. 친구나 친구의 도움이 없더라도, 목사도 없고 책도 없고 모든 수단이 없더라도, 심지어 아무것도 없더라도 당신은 여전히 힘찬 위로를 누릴 수 있다. 당신의 미덕들은 더욱 강해져서 힘이 넘칠 것이며 승리할 것이다. 이는 하늘에서 내려오는 매일의 기쁨이 당신의 힘이기 때문이다.

당신은 높은 산꼭대기에 서 있는 것 같을 것이다. 산꼭대기에서 저 아래 세상을 바라보듯 당신은 이 세상을 바라보게 될 것이다. 숲이며 도시며 마을도 작은 점으로 보인다. 따라서 당신은 저 밑의 모든 것을 하찮게 여기게 될 것이다. 가장 위대한 왕들도 단지 메뚜기처럼 보이며, 바쁘고 경쟁하는 탐욕스런 세상은 개미 떼처럼 보일 것이다. 사람들을 위협하는 것들은 더는 당신에게 공포가 아니며 세상의 명예도 당신에게는 아무런 매혹이 되지 않는다. 유혹들은 당신 앞에서 힘을 잃어 더는 당신에게 해를 끼치지 못하며 환난도 그 침을 잃은 것처럼 그다지 아프지 않다. 모든 자비는 더 분명하여지면서 당신은 그 자비를 더 누리게 된다.

이제 이러한 복된 삶을 살 것인지 말 것인지에 대한 선택은 하나님 앞에서의 당신의 몫이다. 내가 당신을 위해 행한 이 모든 수고가 풍성한 열매를 맺을지, 아니면 헛수고로 끝나게 될지는 당신의 선택에 달렸다. 만일 당신의 방관으로 나의 수고가 헛되게 된다면, 가장 큰 손해를 입게 되는 사람은 당신 자신이다.

당신은 하나님과 천국 외에 무엇을 염두에 두고 있는가? 당신은 이미 세상에서 거의 벗어나 있지 않은가? 이런저런 질병이 매일 당신의 영혼을 육체로부터 해방하게 하려는 것을 보지 못하는가? 무덤이 당신의 집이 되고자 기다리고 있으며 벌레들이 당신의 얼굴과 심장을 먹으려고 기다리고 있다. 당신의 맥박이 몇 번밖에 못 뛴다면 어떠하겠는가? 당신이 마지막 호흡을 내쉬기 전에 숨 쉴 시간이 얼마 남지 않았다면 어떠하겠는가? 흙 속에서 가장 깊은 잠이 들기 전에 이제 잠잘 날이 며칠 남지 않았다면 어떠하겠는가?

당신의 마지막 순간이 끝나면 어떻게 될 것인가? 이미 거의 다 지나지 않았는가? 조만간 스스로 당신의 거울을 볼 수 없을 때 혼자 말할 것이다. "내 인생이 끝이로구나! 내 시간은 다 지났구나! 이제 내 삶은 전부 과거의 회상이 되었구나. 이제 내게 남은 것은 천국과 지옥 외에는 아무것도 없구나." 그렇다면 당신의 마음은 지금 천국 외에 어디에 있어야 하겠는가? 사람이 죽어가면서 천국을 의심하는 것보다 더 무서운 일이 어디 있겠는가? 그 의심이 당신을 일으키겠는가? 이전에 천국을 심각하게 생각해보지 않은 사람은 이제 의심 외에 무엇을 할 수 있겠는가?

이렇게 말하는 사람이 있을 것이다. "하늘의 위대한 기쁨을 생각하기 위해 그렇게 많은 시간과 수고를 하는 것은 가치가 없다. 만일 우리가 천국의 기쁨이 우리의 것임을 확신한다면 물론 그것이 크다는 것은 안다." 그러나 이 사람들은 "하늘에 대해 대화하며 하늘을 바라라"빌립보서 3:20는 하나님의 명령을 순종하지 않기에 하나님께서 그들 앞에 두신 즐거움을 거절하고 있다. 따라서 의도적으로 자신들의 삶을 비참하게 만들고 있다. 만일 이것이 전부라면 별문제가 되지 않는다. 그러나 천국의 즐거움을 소홀히 할 때 여러 다른 잘못이 따라온다. 예를 들어, 이러한 게으름이 제거되지 않는다면 천국에 대한 묵상의 무시는 어느새 하나님을 향한 그들의 사랑을 꺼지게 한다. 그러면 그들은 하나님에 대해 생각하고 말하는 것이 불편하게 되며 주를 섬기는 일도 싫어하게 된다. 어느새 그들은 하나님의 길과 말씀에 대해 왜곡된 판단을 내리게 되고, 자신도 모르는 사이에 정욕적이고 관능적인 사람으로 변한다. 더 나아가면 그들은 모든 고난과 유혹에 무너지면서 전적인 배도를 준비한다. 이제 그들은 죽는 것이 두려워 죽음을 회피하려고 한다.

그러나 당신에게는 영원한 천국의 즐거움이 당신 앞에 있다. 하나님께서 원하시는 바는 당신이 매일 하나님과 동행하는 것이며 영원한 샘으로부터 위로를 길어오는 것이다. 만일 당신이 이 일을 원치 않으면 그 대신 손실을 감당해야 한다. 당신이 죽어갈 때 위로를 구해보라. 육체적인 즐거움이 당신에게 남아 있을 수 있겠는가? 그때 당신의 양심은 더 뛰어난 즐거움을 누릴 길을 설득받았던 때를 기억하며 당신을 찌를 것이다. 죽음을 통과하여 당신을 따라왔을 그 즐거움과 영원히 지속할 그 즐거움을 놓친 것에 대해 통탄할 것이다.

이 땅의 것에 향했던 마음을 하나님께로 돌린 당신이 나는 계속 천국의 삶을 귀하게 여길 것을 바란다. 새 예루살렘에서 매일 한 번씩 산책하라. 하나님은 당신의 사랑이며 소원이다. 당신은 기꺼이 주님과 친밀해지길 원할 것이다. 내가 알기에는 당신의 마음이 주께 가깝지 않을 때 당신은 괴로워한다. 당신이 느끼기에 당신 자신이 주를 덜 사랑하고 더 즐거워하는 것 같으면 매우 슬퍼한다.

오, 하늘의 안식을 묵상하는 이 삶을 살아보라! 여기에 흔들거리는 당신 영혼의 방주가 머물 수 있는 높은 산이 있다. 당신의 천국의 삶을 세상이 바라보게 되면 참 종교는 의견이나 말다툼, 그리고 외적인 종교적 의무보다 훨씬 뛰어난 것임을 발견하게 될 것이다. 만일 그리스도인이 진실하게 되고 자신의 원칙과 고백에 일치된다면 그는 이 의무를 가장 진지하고 생동감 있게 수행하게 될 것이다. 모세가 죽기 전에 느보 산에 올라가 가나안 땅의 전경을 한눈에 보았던 것처럼, 그리스도인은 묵상의 산에 올라 믿음으로 그가 누릴 안식을 전망해야 한다. 그는 저곳의 찬란한 저택을 바라보고 "하나님의 성이여 너를 가리켜 영광스럽다 말하는도다!" 시편 87:3라고 말하며, 천국의 찬양대의 곡조를 듣고 "이러한 백성은 복이 있나니 주를 자기 하나님으로 삼는 백성은 복이 있도다" 시편 144:15라고 고백할 것이다. 그는 영화로워진 천국 백성을 바라보고 "이스라엘이여 너는 행복한 사람이로다 여호와의 구원을 너 같이 얻은 백성이 누구냐 그는 너를 돕는 방패시요 네 영광의 칼이시로다" 신명기 33:29라고 말할 것이다. 그가 영광되는 주를 친히 뵐 때는 그는 천국의 안식을 느끼며 그분 앞에 "엎드려 세세토록 살아 계시는 이에게 경배하고 이르기를 거룩하다 거룩하다 거룩하다 주 하나님 곧 전능하신 이여 전에도 계셨고 이제도 계시고 장차 오실 이시라! 주 하나님이여, 영광과 존귀와 권능을 받으시는 것이 합당합니다" 요한계시록 4:10, 8, 11라고 말할 준비가 될 것이다. 그가 영화로워진 구세주를 뵐 때는 그는 새 노래에 아멘으로 화답하며 "보좌에 앉으신 이와 어린양에게 찬송과 존귀와 영광과 권능을 세세토록 돌린다. 이는 주께서 일찍이 죽임을 당하사 각 족속과 방언과 백성과 나라 가운데에서 우리를 피로 사서 하나님께 드리시고 우리로 하나님 앞에서 나라와 제사장들을 삼으셨기 때문이다" 요한계시록 5:13, 10, 11. 그가 세상의 광야를 돌아보게 되면, 그는 믿고 인내하며 멸시받는 성도들을 축복한다. 그는 무지하고 고집 센 비참한 세상을 불쌍히 여긴다. 그는 혼자 베드로처럼 "여기 있는 것이 좋사오니" 누가복음 9:33라고 말하고, 아삽처럼 "하나님께 가까이함이 내게 복이라. 그러나 보라, 무릇 주를 멀리하는 자는 망할 것이다" 시편 73:28, 27라고 말한다. 또한 포로로 잡힌 다니엘이 비록 보이지는 않아도 매일 예루살렘을 향해 창문을 열고 하나님께 나아가 묵상한 것처럼, 그 믿는 영혼은 이 육체에 포로가 되어 있어도 '위의 예루살렘'을 바라본다. 바울이 골로새 교인들에게 한 것처럼, 그 성도는 영화로워진 천국의 영혼들과 함께하며 "육신으로는 떠나 있으나 심령으로는 그들과 함께 있어 그들의 하늘의 질서를 기쁘게 볼 것이다" 골로새서 2:5.

"오, 사랑과 즐거움의 바다가 되시는 모든 영의 자비로우신 아버지시여! 쓸모없는 이 영혼들을 당신이 계신 곳으로 이끄셔서 그 영혼들이 신령하여지고 아름다워질 때까지 그곳에 두소서. 이 종의 연약한 수고를 지원해주셔서 이 책을 읽은 영혼들이 그 즐거운 천국의 일을 수행하도록 설득하여 주소서! 오, 당신의 가장 부족한 이 종의 영혼이 다른 사람에게 묘사한 그러한 기쁨에 낯선 자가 되지 말게 하시고, 저를 지켜주셔서 이 땅에 사는 동안 매일 당신을 갈급해하며 호흡하게 하소서. 저로 하여금 항상 주를 믿고 사랑하며 주와 동행하게 하소서! 주께서 오실 때 제가 제 육체를 섬기거나 잠들거나 저의 등불을 꺼뜨린 모습이 아니라 주를 묵상하는 모습 가운데 발견되게 하소서. 오직 주의 재림을 기다리고 바라는 모습 가운데 발견되게 하소서. 주여, 이 천국의 지시를 읽은 자들이 제 연구의 열매만을 먹지 말게 하시고, 나의 살아 있는 소망과 사랑의 대상이신 생명 되시는 주를 마시게 하소서. 만일 나의 마음이 그들의 눈에 보인다면, 그들이 이 책을 읽으면서 그들의 마음이 하나님 아들의 얼굴로부터 나오는 광선에 의해 가장 깊게 새겨지게 하소서. 이 책에 헛됨과 정욕과 교만이 발견되지 않게 하시고, 생명이 없는 말씀이 되지 않게 하소서. 그래서 이 책의 모든 내용이 제 의도와 반대로 증거되는 일이 없게 하소서. 그 대신 저자의 마음으로부터 나오는 표현이 주의 은혜를 통해 독자들에게 효력을 나타내게 하시고, 저자의 마음이 그들의 마음에 임하게 하소서. 그래서 저자나 독자가 다 같이 주의 생명의 맛을 보게 하소서. 아멘."

복음의 비밀과 삶의 지혜를 보다

모태 신앙으로 태어나서 나름대로 많은 책을 읽어보았지만, 이 책을 읽으면서 내 자신이 복된 사람이라는 확신을 셀 수 없이 했다. 그러면서 이 책을 좀 더 젊었을 때에 읽었더라면 하는 아쉬움이 끝내 내 마음을 떠나지 않았다.

하나님께서 《성경》을 주시고 그 안에 우리에게 구원을 주시는 복음의 비밀을 감추어 두심은 결론적으로 천국과 지옥을 알려주시기 위해서다. 저자 리처드 백스터는 평범한 사람을 초월하는 깊은 깨달음과 통찰력으로 이 문제를 심도 있게 다룬다. 역자는 이 글을 번역하며 천국에도 다녀오고 지옥에도 다녀왔다. 그것도 생각 속에서만 다녀온 것이 아니라, 감정과 영혼이 다녀온 듯했다. 그러면서 죽음 앞에 서 있던 저자의 마음을 헤아릴 수 있었다.

이 책은 죽음 앞에 서 있는 자들에게 가장 큰 위로의 책이 될 것이다. 또한 복음이 무엇인지 정확하게 모르는 자들에게 복음의 비밀을 알려줄 것이다. 젊은이들에게는 그들의 인생을 낭비하지 않는 비결을 알려줄 것이며, 중년들에게는 아직 남은 삶을 바르게 준비할 지혜를 줄 것이다. 황혼에서 죽음을 바라보는 자들에게는 마지막 순간까지 세월을 아끼도록 해줄 것이다. 세상의 헛됨을 모르는 자들에게는 영원을 발견할 수 있도록 도와줄 것이며, 하나님을 경외하지 않는 자들에게는 지옥의 공포가 무엇인지 보게 할 것이다. 그러나 복음 안에서 주 예수 그리스도를 의지하는 자들에게는 이 책이야말로 매일 읽고 싶은 마음이 들 것이다.

리처드 백스터의 글은 약 400년 전의 영국 영어라서 바르게 저자의 의도를 전달하기는 쉽지 않다. 그러나 주께서 은혜 가운데 도와주셔서 번역하면서 저자의 의도와 마음을 그대로 느낄 수 있도록 하셨다. 따라서 저자의 의도를 그대로 전달하고 있다고 확신하면서 번역에 자신감을 가질 수 있었다.

이번에 평단문화사를 통해 이 책이 출간하게 되는 것은 거룩하신 하나님의 은혜와 경륜이라고 본다. 역자의 소망으로는 리처드 백스터의 깊은 복음의 글들이 이 마지막 때에 한국교회와 성도들을 깨우게 되기를 기도한다.

2011년 9월

스데반 황

리처드 백스터의

성도의 영원한 안식

리처드 백스터 지음 · **스데반 황** 옮김

발 행 일 초판 1쇄 2011년 10월 7일
초판 2쇄 2011년 10월 14일
발 행 처 평단문화사
발 행 인 최석두

등록번호 제1-765호 / 등록일 1988년 7월 6일
주 소 서울시 마포구 서교동 480-9 에이스빌딩 3층
전화번호 (02)325-8144(代) FAX (02)325-8143
이 메 일 pyongdan@hanmail.net
ISBN 978-89-7343-352-0 03230

* 잘못된 책은 바꾸어 드립니다.

이 도서의 국립중앙도서관 출판시도서목록(CIP)은 e-CIP 홈페이지(http://www.nl.go.kr/ecip)와 국가자료공동목록시스템(http://www.nl.go.kr/kolisnet)에서 이용하실 수 있습니다.
(CIP제어번호: CIP2011003817)